Adrian Naef   Religion·ohne Religionen

Für meinen Freund Max

Adrian Naef

Religion ohne Religionen

Essays über das, was wir hinter uns lassen
und über das, was wir mitnehmen wollen

Herausgegeben von Bernd Zocher

Elster Verlag • Zürich

Bibliografische Information der Deutschen Bibliothek:
Die Deutsche Bibliothek verzeichnet diese Publikation in der deutschen
Nationalbibliografie; detaillierte bibliografische Daten sind im Internet über
http://dnb.dnb.de abrufbar.

© 2015 by Elster Verlagsbuchhandlung AG, Zürich.
Alle Rechte vorbehalten.
Dieses Werk ist urheberrechtlich geschützt. Dadurch begründete Rechte,
insbesondere der Übersetzung, des Nachdrucks, des Vortrags, der Entnahme
von Abbildungen und Tabellen, der Funksendung, der Mikroverfilmung
oder der Vervielfältigung auf anderen Wegen und der Speicherung in Datenverarbeitungsanlagen bleiben, auch bei nur auszugsweiser Verwertung,
vorbehalten. Vervielfältigungen des Werkes oder von Teilen des Werkes sind
auch im Einzelfall nur in den Grenzen der gesetzlichen Bestimmungen des
Urheberrechtsgesetzes in der jeweils geltenden Fassung zulässig. Sie sind
grundsätzlich vergütungspflichtig.

Elster Verlagsbuchhandlung AG
Hofackerstrasse 13, CH 8032 Zürich
Telefon: 0041 (0)44 385 55 10, Fax: 0041 (0)44 305 55 19
info@elsterverlag.ch
www.elsterverlag.ch

ISBN 978-3-906065-14-4
Druck: CPI Ebner Ulm
Umschlag: nach einem Entwurf der dreh gmbh, Zürich

Gesetzt aus der Adobe Garamond 10/13 LW 5

Ich sträube mich sogar gegen Wahrscheinliches ...
Unsere Religion ist geschaffen, die Laster auszurotten; doch sie beschirmt sie, zieht sie groß, und spornt sie an.
Montaigne

Inhalt

Vorwort des Herausgebers   11
Einleitung   13

I. Wo es herkommt   27
Ewige Verdammnis oder himmlische Befreiung   27
Die Weltsicht des Wissenden   32
Warum wir glauben   34
Religiosität   35
Rituale   36
Religion gegen die aktuellen Gefahren der Welt   37
Das Ritual und sein Sinn   38

II. Die Bibel und ihre Bilder   43
Mein Gott   43
Kein Gott   51
Kein Gottesbeweis   54
Bibel: Die Sieger schreiben die Geschichte   57
Altes Testament: Auf so etwas beruft man sich   67
Die Apokryphen, das sind die Aussortierten …   69
Über die archaischen Grenzen der Religionen   71
Nachweis der Religiosität   72
Überholtheit der Religionen   73

III. Das Bodenpersonal des Herrn 79
   Christus würde aus der Kirche geworfen 79
   Adam – von der Evolution entlassen 87
   Eva – Gott war einmal eine Frau 93
   Kain und Abel oder:
      Immer sind die Sieger die Guten 98
   Rahel oder:
      Was für dich gut ist, weiß nur deine Seele 100
   Josef und seine Brüder – der erste Wirtschaftskrimi 104
   Apostel – nichts für Frauen 110
   Hatte Jeses eine *Amour fou* mit Maria Magdalena? 122
   Franziskus von Assisi: Wo fängt das Tier an? 131
   Durch Intrigen zu Gott 133
   Pfarrer – ein übles Konstrukt 135
   Babel oder:
      Die CEOs in den heutigen Wolkentürmen 140
   Jerusalem oder: 143
      Die Stunde schlägt bald zwölf

IV. Christliche Macht und ihr Verfall 149
   Kreuz – das lukrative Rezept des Boulevards 149
   Mission – Antworten, die nach Fragen suchen 153
   Die Macht des Gestus – der Gestus der Macht 170
   Kathedralen – ein Eindruck von Größe 172
   Wo hängt ein Toulouse-Lautrec in der Kirche? 176
   Kloster – mehr brauchte es nicht 177
   Rituale sind am Ende noch das Einzige, das trägt 180
   Theologie – *to big to fail?* 189
   Man kann es nicht reparieren 195
   Jüngstes Gericht – Gott straft sofort 196
   Reformation – Calvin träfe der Schlag 200

V. Die Seele und falscher Segen	211
Vom Wirken der Seele	211
Falscher Segen – Kinder, die Eltern belehren	220
VI. Glauben kontra Staunen	227
Vom Glauben	227
Vom Glauben II	231
Von der Hoffnung	238
Hoffnung und Wille	243
Vom Staunen	245
Beten – Appell an das Unbewusste	247
Rituale des Opferns	268
Was ist mit Barmherzigkeit?	273
Demut – eine ungeliebte Tugend	285
Mitgefühl contra Mitleid	295
Pilgern – auch mal weg?	300
VII. Vom Heiligen und Teuflischen	307
Was ist schon heilig?	307
Keine Ökumene	315
Der kirchliche Glaube	317
Aberglaube	322
Das Übernatürliche in den Religionen	325
Luzifer – *who the hell is Lucifer?*	328
VIII. Schuld und Sühne	335
Erbsünde und Schuldhaftigkeit	335
Der Fluch – Wie Menschen zu Fröschen werden	341
Opfer	344
Über die Sünde	349
Der Teufel – wir hatten ihn schon mal	354

IX.	*Wohin mit den Religionen?*	363
	Religionen und Ökumene	363
	Kulturelle Synthese	367
	Ist Philosophie eine Alternative?	368
	Psychologie zur Sinnfrage	370
	Fallen die Feste, wie wir sie feiern – als Ritual?	371
	Über Agnostiker	379
	Toleranz ist kein religiöser Begriff	390
	Versöhnung oder: von Ohrfeigen	391

Vorwort des Herausgebers

Das Thema hat ihn umgetrieben: Seit Jahren schon beschäftigt sich Adrian Naef mit den institutionalisierten Religionen. Und seit Jahren ist er sich darüber im Klaren, dass die dem Menschen innewohnende Fähigkeit zur Religiosität und zum mystischen Erfassen ganz sicher nicht an einen personalen Gott gebunden ist, an einen Herrn im Himmel mit langem Bart und Schlüssel zum Himmelstor am Bund.

Nun ist es nicht seine Sache, in der Auseinandersetzung darum ein nach wissenschaftlichen Kriterien geschlossenes Werk zu liefern. Eigentlich geht es ja um das Leben, um die Zufriedenheit des Menschen, um das kontemplative Versenken, um das Staunen über die Schöpfung und über das Staunen über das Universum, ohne dass dazu wieder große Theoriegebäude aufgehäuft werden müssen.

Naef hat es deshalb so gehalten, wie er es auch schon in früheren Büchern gemacht hat: Er hat sich mit einzelnen Themen beschäftigt, denen er näher zu kommen versucht, und das Essay (mittelfranzösisch *essai* = Probe, literarischer Versuch) ist der geeignete Weg, eine Versuchsanordnung zu schaffen. Sie ist offen genug, um neu zusammengestellt werden zu können, bietet aber auch die Chance, bereits erkannte Dinge pointiert zu formulieren.

Der vorliegende Band macht den Versuch, verschiedene Essays von Adrian Naef thematisch zu bündeln – soweit das überhaupt möglich ist.

Er ist der Vorgriff auf ein noch umfangreicheres Buch, dass alle bisher von Naef geschriebenen Texte zu Religion und Religionen wiedergibt.

Aber auch hier gilt der Ratschlag für die Lesenden: Es besteht keine wirklich inhaltliche Notwendigkeit, sich mit den Inhalten linear zu beschäftigen. Es ist ausreichend, an einer beliebigen Stelle anzufangen und sich mit irgendeinem Thema zu beschäftigen. Das Inhaltverzeichnis soll eine Hilfe sein, sich zu orientieren.

Deutlich werden sollte auch, dass in den Texten eine ganz wichtige Sache zum Tragen kommt: *Religion* meint die Denkfähigkeit des Menschen und seine Fähigkeit zum mystischen Empfinden; *Religionen* sind jene erstarrten Institutionen, die das menschliche Leben und den individuellen Geist mit ihrer organisierten Struktur einzuengen versuchen. Es liegt in der Natur der Sache, dass dabei vor allem auf die christlichen Institutionen eingegangen wird, denn sie haben in den letzten Jahrhundert Mitteleuropa mitgeprägt.

Zürich, im Dezember 2014
Bernd Zocher

Einleitung

Wir befinden uns möglicherweise im größten Umbruch der letzten zwei Jahrhunderte. Es könnte auch der größte Umbruch aller Zeiten sein; wer kann das wissen? Und weil wir mitten in ihm umgetrieben werden, merken wir ihn nicht einmal – so wenig, wie ein Fisch das Wasser wahrnimmt, in dem er schwimmt. Oder so wenig, wie die Menschen zu Gutenbergs Zeiten wissen konnten, was diese Handwerker in den «Garagen» ihrer Zeit gerade anstießen, als sie aus den Pressen der Weinbauern Druckerpressen entwickelten und das Wissen explodierte. Heute zeigen neue biologische, medizinische und technische Möglichkeiten, weitergetragen von einem Kommunikationsnetz fast in Lichtgeschwindigkeit, Perspektiven, die unsere bisherigen Gesellschafts- und Generationenverträge umpflügen werden wie nie zuvor. Es sind nicht allein die Umwälzungen, die das zwanzigste Jahrhundert hervorgebracht hat» es ist vor allem der Eintritt der Gesellschaften in die globalisierte Gesellschaft.

Beängstigend ist nicht das Neue, sondern das Tempo, das wir uns zumuten und das uns immunisiert gegen Ungeheuerlichkeiten wie das Ausspionieren unserer Privatsphäre bis in die Schlafzimmer hinein. Werden wir es schaffen? Wird der Weltmeister der Anpassung – der Mensch – es schaffen, die Turbulenzen der Reibung zwischen dem Althergebrachten und dem Neuen, den Ethnien und Klassengegensätzen, den Naturkräften und den Betonmischern, zu verkraften?

Das Gut-böse-Denken und das Links-rechts-Schema der politischen Debatten erscheinen vor diesem Hintergrund geradezu vernachlässigbar. Neue Positionen werden bereits schüchtern bezogen. Wo sich früher Parteien nach klassischen ideologischen Mustern des achtzehnten und neunzehnten Jahrhunderts organisierten, haben heute kulturelle und soziale Bewegungen in lockeren Verbindungen Zulauf – die «Piraten» in den mittel- und osteuropäischen Ländern sind, trotz ihrer Wahldebakel und ihres Niedergangs, ein eindrückliches Beispiel dafür, wie sich neue geistige Bewegungen schnell formieren: Sie tauchen auf und verschwinden vielleicht auch wieder, doch die durch sie verkörperte soziale Kraft kann sich ebenso schnell wieder neu organisieren und veränderte soziale Gruppierungen bilden. Sie organisieren sich nicht mehr nach den Mustern der klassischen Soziologie, also nach produktionsorientierten Schichten (aus der Bauernschaft, der Arbeiterklasse oder den herkömmlichen Mittelschichten), sondern mit ihren digitalen Hilfsmitteln nach ihren ideologischen Interessenlagen.

Am meisten durchgeschüttelt werden die alten Weltreligionen, auch wenn diese Altherrenbastionen noch heftig verteidigt werden. Gleichwohl ahnen ihre Führer, dass sie ohne radikale Reformen keine Zukunft haben werden. Aber reichen Reformen noch aus? Wie können Häuser renoviert werden, deren Fundamente inzwischen auf Sand gebaut erscheinen, während sie sich früher auf den Felsen verordneter absoluter Glaubensgewissheit abstützen konnten?

Unsere Antwort auf die Herausforderungen dieser Zeit wird vorerst eine politische sein müssen. Gott oder andere Götter haben zwar über Jahrtausende ein moralisches Regelwerk zum Erkennen von Gut und Böse geliefert, und das System hat trotz aller menschlichen, sozialen und militärischen Katastrophen als Kompass für das eigene Verhalten funktioniert. Doch es reicht nicht, «es» gut zu meinen, Freiwilligenarbeit zu leisten, barmherzige Spenden zu geben und zu einem personalen Gott zu beten. Die technischen und medialen Umwälzungen haben alle menschlichen Vorgänge derart beschleunigt, dass gesellschaftliches Fehlverhalten nicht mehr mit moralischen oder religiösen Appellen behoben werden kann. Die Schamlosigkeit verschiedener Medien, die Arroganz arrivierter Forscher, die Zügellosigkeit einiger Wirtschaftskapitäne kann nur politisch in Schranken gewiesen werden.

Früher konnten Kaiser und Könige durch die Drohung der Exkommunikation durch den Papst in die Knie gezwungen werden. Davon ist in der kollektiven Erinnerung nur noch der Spruch vom «Gang nach Canossa» übrig geblieben, jener Buß- und Bittgang des deutschen Königs Heinrich IV. im Jahr 1077. Drei Tage musste der Salier-König im Büßerhemd vor der Burg Canossa stehen, bis ihn Papst Gregor am vierten Tag vom Kirchenbann erlöste. So mächtig war der Glaube, dass er Könige in den Staub drücken konnte.

Doch die Allmacht der zentralen religiösen Autorität ist gebrochen. Der zivilisierende Impuls der großen Religionen, den sie trotz schlimmer Verirrungen allerortenlange Zeit hatten, ist verpufft. Der Verstand muss uns eingeben, dass zum Wohle unserer Kinder und Enkel auch gegen die eigenen kurzfristigen Interessen entschieden werden muss.

Heute ist der Wille nach Wachstum mit allen Mitteln zur Religion geworden, neben vielen anderen Ersatzreligionen, die auch nichts taugen. Aber ihr Aufkommen zeigt, dass Glauben auch mit anderen Mythen verbunden sein kann als mit einem einzigen Gott – oder mit mehreren Göttern. Oder auch ganz ohne einen personalen Gott, wie der Buddhismus zeigt.

Wenn islamische Konfessionen aufeinander schießen und es drei christliche Konfessionen seit Jahrhunderten nicht einmal fertigbringen, ein sakrales Abendmahl gemeinsam einzunehmen (so sieht Ökumene aus), ist jede Hoffnung verloren und jede ihrer schönen Behauptungen widerlegt; ihre Oberhoheit über den menschlichen Geist haben sie längst verloren.

Es gibt bislang nur eine Konsequenz: die Orientierunglosigkeit des Menschen in den modernen Dienstleistungs- und Industriegesellschaften. Der Zweifel in die Wirkungsmächtigkeit in die bestehenden Glaubenssysteme frisst den moralischen Kern unserer Gesellschaften an und beeinflusst sogar Männer und Frauen, die in den religiösen Institutionen tätig sind. Sie zweifeln am System der Wissens- und Glaubensvermittlung, aber nicht an Gottes Existenz an sich. Bereits gibt es in der Schweiz eine Pfarrerin, die offen bekennt, dass sie nicht an einen Gott glaubt. Und in England sollen es sogar fünfhundert Geistliche sein.

Das klassische Inventar der monotheistischen Religionen ist in weiten Teilen nicht mehr nachvollziehbar, auch wenn es im Kern keine neuen Themen geben kann auf dem Gebiet, das man gemeinhin «Seele» nennt. Seit dem Entstehen der ersten der drei abrahamitischen Religionen (Judentum, Christentum, Islam) vor rund dreitausend Jahren ist weder beim Judentum noch ihren Folgereligionen eine wesentliche Anpassung an den Zeitgeist vorgenommen worden. Zwar führte die Reformation zu einer notwendigen, reinigenden Rückwendung an das Wort. Das Wort aber blieb das Gleiche, Gottvater blieb im Himmel und auch der protestantische Teufel durfte weiterhin sein Unwesen treiben. Frauen und Zweifler wurden weiterhin auf die Scheiterhaufen gestellt oder im Zürich des Huldrych Zwingli

(1484–1531) in der Limmat ertränkt. Ob der Scheiter von der alten oder neuen Kirche angezündet wurde, das Ertränken von einem Scharfrichter der Neu- oder der Altgläubigen durchgeführt wurde, macht letztlich keinen Unterschied.

Im Glaubensgebäude der jüngsten der Weltreligionen, dem Islam, liegen selbst für Steinigungen noch entschuldigende Glaubenssätze parat. Im Vatikan und nicht nur in Niederbayern werden noch fröhlich Dämonen exorziert. Bisher hat sich der neue Papst Franziskus nicht daran gestoßen, im Gegenteil. Solchen aus barer Trägheit des Geistes und unverzeihlicher Ignoranz erwachsenden Ungeheuerlichkeiten kann nur durch Empörung begegnet werden, ein Begriff, den der französische Essayist Stéphane Hessel (1917–2013) in seinem fulminanten Essay «Empört Euch!» erst kürzlich mit gutem Recht wieder zur Debatte gestellt hat.

Immerhin stamme ich noch aus einer Zeit, als Empörung einiges in Bewegung gebracht hat. Ich werde mich nicht zurückhalten, wo sie mich ergreift, und ich hätte mir nicht die Mühe gemacht, dieses Buch zu schreiben, wenn Enttäuschung und Empörung vor dem Versagen der Kirchen nicht die Triebfeder wäre. Denn nichts hätten wir in Zeiten zunehmender Anonymität nötiger als Räume der Zusammenkunft und des Kennenlernens, wofür Kirchen und Kathedralen mit ihren Glockentürmen zum Zusammerufen der Festgemeinde geradezu bestens geeignet wären ...

Aber die einfache, scheinbar auf Vernunft basierende Alternative – der völlige Atheismus – erweist sich auch nicht als Alternative. Vor fünfunddreißig Jahren wunderten sich meine linken Genossen, warum ich mich mit Religion auseinandersetzte. Im real existierenden Sozialismus sei dieses Thema ohnehin vom Tisch. Wie man sich irren kann: Der real existierende Sozialismus hat sich verflüchtigt, nicht aber die christliche Religion. Das ändert nichts daran, dass wir hier das letzte Aufbäumen eines Todkranken beobachten.

Und so dümpeln wir dahin mit unserer unbestreitbaren Sehnsucht nach Halt und Ritualen, suchen Halt bei Ersatzreligionen, die das Zeug zur gleichen Inbrunst nicht haben, oder klammern uns aneinander, dass die Handys rauchen.

Gläubige, die glauben, nun nicht mehr zu glauben, nur weil sie aus der Kirche ausgetreten sind, irren sich gewaltig. Ich kann in fünf Minuten aus der Kirche austreten, aber bis die Kirche aus mir austritt, kann ich lange warten. Sie hat über meine Vorfahren Jahrhunderte Zeit gehabt, sich im menschlichen Leben, im gesellschaftlichen kollektiv zu verankern.

Die neuen Glaubensfragen, der Katholizismus der ästhetischen Apple-Kirche mit ihren Ritualen und dem angebissenen Apfel-Logo, und der nüchtern belehrende und nie mehr verzeihende Protestantismus namens Google plündern fleißig das religiöse Inventar der Alten und zeigen in ihrer Begeisterungsfähigkeit selbst hier Anzeichen unseres unabdingbaren Bedürfnisses nach Religion.

Es brauchte Jahrtausende, um ein geistiges Gebäude zu errichten – gefallen ist es in ein paar Jahrzehnten. Viele Orte im katholischen Glaubensgebiet sind bereits ohne Pfarrer. Die Protestanten haben zwar genügend Hirten, aber zu wenig Schafe. Sie überlegen sich, wie sie ihre überflüssigen Kirchen verscherbeln könnten, als ob diese nicht für wunderbare Zusammenkünfte aller Art zur Verfügung stünden. Beide Kirchen sind finanziell aufgrund automatischer und individueller Steuerzuwendungen und Grundbesitz noch gut dotiert, aber wie lange noch?

Der verrottete Charakter der alten Glaubenssysteme ändert allerdings nichts daran, dass der Übergang in eine menschlichere und ökologischere Zukunft ohne Religion im Sinne eingestandener Religiosität nicht gelingen kann, ja Religion der entscheidende Taktgeber sein wird.

Religion kommt erwiesenermaßen ohne Religionen aus, sie braucht nicht einmal Kirche, geschweige Glauben. Trotz aller Altlasten – es wird von der Religion abhängen, ob wir die Kurve schaffen oder nicht. Denn Demokratie ist gut und recht und muss die konkrete Arbeit tun, aber wie stimmen wir ab, wofür und aus welchen Motiven? Hinter den meisten politischen Entscheidungen lauert der Wille zur Macht, das potenteste Gift auf dem Weg zu mehr Menschlichkeit unter uns Menschen und Völkern. Der Wille zu mehr Menschlichkeit nährt sich aus einer anderen Quelle. So lange sich Menschen nicht verändern, werden sich auch Königreiche nicht verändern, soll jener Revolutionär des Geistes gesagt haben, der nach der Legende in Palästina als Wanderprediger von theokratischen Rabbinern ans römische Kreuz geliefert wurde. «Im Hause muss beginnen, was leuchten soll im Vaterland», sagte auch der Schweizer Schriftsteller Jeremias Gotthelf (1797–1854). Um diese Quelle geht es, ums Wasser geht es hier, nicht um die Brunnen mit ihren bunten Fähnchen und Standarten.

Die wohl segensreichste und genialste Frucht philosophischen und politischen Denkens, die Gewaltenteilung, ist eine machtvolle historische Errungenschaft. Die Aufklärer John Locke (1632–1704) und Montesquieu (1689–1755) wendeten sich beispielsweise gegen die Machtkonzentration und die Willkür im Absolutismus. Welche innere Einstellung aber hat die Denker der Aufklärung dazu getrieben, statt das Gute zu wollen, das Böse zu teilen und damit einzuschränken? Die Anliegen der Aufklärer und die Versprechen der Priester lagen nämlich nicht weit auseinander, einige Aufklärer waren sogar tiefreligiös, und nicht alle Priester waren nur konservativ. Selbst der Astronom Nikolaus Kopernikus (1473–1543), der das mittelalterliche Weltbild revolutionierte, indem er nachwies, dass die Erde sich um die Sonne dreht und nicht umgekehrt, wollte die Kirche nicht widerlegen.

Will heißen: Obgleich der gesellschaftsgestaltende Akt ein politischer sein muss, ist der Impuls dazu seinem Wesen nach ein religiöser, zumindest eine Gewissensfrage, eine Frage der persönlichen Einstellung.

Der Gedanke der Gewaltenteilung geht davon aus, dass der Mensch in der Welt mit maßlosem Eigeninteresse agiert und ein Stück weit auch so agieren muss. Allerding sollten die individuellen Allmachtsfantasien durch ein kluges gesetzgeberisches Regelwerk begrenzt werden. In einer modernen, in verschiedene Gewalten geteilten Gesellschaft sollten die Jurisprudenz die Politiker in Schranken halten, die Parlamentarier die Regierenden und die freie Presse durch Offenlegung von Missbräuchen («Vierte Gewalt») und ihrer Macht der Ächtung und Denunziation alle zusammen.

Aber als Dach über allem figuriert das Transzendente – nicht wie bisher der bloß geglaubte und daher machtlos gewordene personale Gott, sondern die Religiosität aufgrund der Einsicht in das reale Mysterium des Lebens und des Universums, das uns der Sternenhimmel in seiner Wucht und Pracht eröffnet, auch wenn wir nicht verstehen, was sich dahinter verbirgt.

Demokratie hat sich bisher als die beste aller schlechten politischen Systeme erwiesen, ihr Erhalt ist allerdings nicht von Natur aus gegeben, sondern ein Produkt Jahrtausende alten, ständigen Kampfes. Aber der Impuls für den Kampf um größtmögliche Selbstbestimmung, Freiheit genannt, hat neben der rationalen Einsicht um dessen Notwendigkeit auch irrationale, moralische und damit mystische Gründe.

Selbst die in der Logik der Vernunft beheimateten aufklärerischen Regeln sind nichts als moralische Appelle, wünschbares Wollen. Der kategorische Imperativ, mit dem der Philosph Immanuel Kant (1724–1804) das gesellschaftliche Denken revolutioniert hat, ist einfach gesetzt, er leitet sich allein aus dem Bedürfnis nach Menschenwürde ab, die einen tiefreligiösen Ursprung hat. Georg Wilhelm Friedrich Hegel (1770–1831) wiederum hat das System der organisierten Religiosität als Bestandteil eines gesellschaftlichen Herrschaftssystems durchschaut, und die Philosophen des neunzehnten Jahrhunderts sind ihm darin gefolgt – um sofort ein neues geistiges System zu errichten.

Doch das geistige Dach über uns allen sollte nicht löchrig sein wie das der Geburtskirche Jesu in Jerusalem, sondern eine stabile geistige Grundlage haben, wie sie unter anderem die Allgemeine Erklärung der Menschenrechte von 1948 entwirft. Das haben die Religionen natürlich nicht. Zwar verspricht ihr moralisches Regelwerk Glück und Frieden für jeden Menschen – noch nur, wenn man sich Regeln und Hierarchie unterwirft. Aber wir haben keine Wahl. Der Mensch ist mit der Begabung zu Religion geboren; er kann sie nur unterdrücken und zudröhnen, aber sie rumort in seinen Unbewussten, ob er will oder nicht.

Es ist ja auch nicht anders in säkularen Dingen: Was uns den Abstimmungs- und Wahlzettel so und nicht anders ausfüllen lässt, gründet nicht im rationalen Denken. Es ist nicht der Verstand, der uns die Hand führt, es ist auch nicht Jesus oder der personale Gott, es ist unser Unbewusstes, das ohnehin unsere wichtigsten Entscheidungen fällt.

Ein zum Denken fähiger Mensch kann nicht anders als

zum Mystischen befähigt zu sein, hat er erst einmal den Kopf zu den Sternen erhoben. Religion*en* sind das Produkt der Angst vor dem Nichts, Religion ist das Produkt des Staunens vor dem Alles. Da wir ohne Andere nicht überleben könnten und somit Gemeinschaftswesen sind, drängt sich der Ausdruck unserer Religiosität in einer Gemeinschaft auf, auch wenn es allein ginge und geht. Religion ist nun einmal ein Produkt des aufrechten Gangs; wir können dahinter nicht zurück, wie es die Atheisten glauben.

Wer unsere gegebene Spiritualität negieren wollte, müsste vor tausenden Pyramiden, Tempel, Statuen von Ägypten bis zur Osterinsel die Augen verschließen, die schlicht das Größere meinen. Religiosität aber hat mit Gott, Glaube und Kirche erst einmal nicht das Geringste zu tun, vielmehr mit Staunen und Erkennen, auch wenn unsere religiösen Bedürfnisse auf eine organisierende Institution hin tendieren, ob man sie Kirche nennt oder anders. Was erstaunlich wenig bekannt scheint – immer schon gab es Religionen, die ohne dieses nach menschlichen Projektionen gestaltete Inventar auskamen.

Es geht hier um diesen erweiterten religiösen Hintergrund, der Gott im ganzen Universum erkennt und als Begriff somit überflüssig macht – ja sogar seit Anbeginn der Schriften ausdrücklich verboten ist und somit den Ungläubigen zum legitimierten «Bewahrer» ernennt, was die Glaubensverwalter in ihren Ämtern auf den Tod nicht hören wollen, macht es sie doch überflüssig.

Man kann die Geschichte der Religionen auch als reine Kriminalgeschichte sehen, wie es einige Historiker (unter anderem der Religionskritiker Karlheinz Deschner) getan haben. Andere siedeln Gott in den Genen an. Wieder andere glauben an die Nüchternheit des Atheismus. Doch wenn wir die Ausübung unserer religiösen Bedürfnisse nicht selbst an die Hand nehmen, tun es andere gern für uns.

Hatten die Kommunisten der ersten Stunde in ihrer Selbstüberschätzung Religion per Federstrich abgeschafft, kam die Staatsreligion mit Gott Stalin und Himmlischem Kaiser Mao durch die Hintertür wieder herein, mit allen schrecklichen Folgen, die Massenbewegungen mit sich bringen, seien sie politisch oder religiös motiviert. Gemeinschaften über siebzig Personen werden zur Masse, und Masse ist eine gleichgültige Walze, die eigenen Gesetzen gehorcht.

Deshalb sollten wir den Zerfall der Religionen nicht schulterzuckend hinnehmen, sondern sollten unsere Zeit als eine Interimszeit begreifen, in der wir zum Wohle unserer Seele und unserer Kinder im überschaubaren Rahmen unser per se gegebenes religiöses Bedürfnis ausleben, und zwar mit dem noch brauchbaren Inventar der alten Religionen – welche es auch seien – und dem Neuen, das noch niemand deutlich erkennen kann.

In Autobahnkirchen, Bahnhofskirchen und Flughafenkirchen, gedacht für alle Religionen, ist bestimmt der erste Atem einer globalen Ökumene zu orten. Einige «Simultankirchen», also Kirchen beider christlicher Konfessionen, haben sogar seit den Anfängen der Reformation überlebt.

Häufig werden neue religiöse, ungebundene Formen abschätzig als Patchwork-Religion bezeichnet. Aber welche der großen Religionen hat nicht mit Patchwork angefangen und ist ein geistiger Patchwork-Teppich geblieben? Auch die christliche ist eine Melange aus jüdischen, griechischen, römischen und mittelalterlichen Vorstellungen. Ob das neue globale Bewusstsein dereinst eine neue globale Religion hervorbringen wird, steht in den Sternen und ist dort auch gut aufgehoben.

Was aber ist jetzt mit unserer Religiosität in einer Welt, in der sich die beiden jüngsten der Religionen, das Christentum und ungleich heftiger, der Islam, noch Rückzugsgefechte liefern, als gebe es keine wichtigeren Themen als Engel, Paradiese und Jungfrauen? Das Thema des richtigen oder falschen Glaubens bleibt offensichtlich weiterhin eine Ursache für Mord und Krieg, immer eng verbunden mit Fragen der Macht und Herrschaft und Unterdrückung.

Religion kommt also so oder so mit in unsere Zukunft, gerade deshalb ist es ist nicht egal, ob wir sie bewusst leben oder unbewusst. Denn Missbrauch an und mit ihr ist nirgendwo schneller zu Hause als im Feld des Religiösen. Auf keinem anderen Gebiet werden Menschen, wenn sie sich nur geschickt hinstellen, mit Ermächtigungen zur Macht geradezu beworfen. Auch beim Religiösen wäre eine Art Gewaltenteilung fällig, die einem selbstgefälligen Priestertum den Riegel vorschiebt. Zu durchschauen wären auch die angeblichen Effekte des Religiösen, die sich – nicht anders als in der Medizin – allein dem profanen Placeboeffekt verdanken. Religion ist auf Wunder nicht angewiesen, Erkennen genügt. Staunende Ergriffenheit fängt von alleine an zu singen.

Damit ist umrissen, um was es hier nicht gehen kann, und um was es hier gehen sollte.

Es wird an dieser Stelle keine weitere Philosophie über das Ende der Religionen entwickelt werden – das haben die vorhin genannten Philosophen bereits ausgiebig getan. Sie haben – jeder auf etwas andere Weise – das Herrschaftssystem der organisierten Religion durchleuchtet und nachgewiesen, dass es für die menschliche Entwicklung nicht brauchbar ist.

Es kann also deshalb nur um die Frage gehen, wie das religiöse Bedürfnis der Menschen in der Zukunft zufriedengestellt werden kann. Dafür mag dieses Buch ein paar Anstöße geben. Mehr will es nicht. Mehr wäre Anmaßung vor der Größe des Themas. Denn das Wesentliche kam schon immer aus dem Unerwarteten heraus. Gottes Wege sind unergründlich, würde ein Gläubiger sagen. Wir beschränken uns also darauf, die Überholtheit der bestehenden Dogmen für unsere Zukunft nachzuweisen und – dies vor allem – über einige Elemente der Spiritualität, die unseren Bedürfnissen entspricht, nachzudenken.

Es liegt in der Natur der Sache, dass Religiosität gleichzeitig auch in gewissem Sinne «vermintes Gelände» ist. Nach meinen drei religionspädagogischen Büchern zur Zeit meiner Tätigkeit als ungläubiger Religionslehrer im Dienste des Schulamtes der Stadt Zürich in den Siebziger- und Achtzigerjahren, weiß ich, wovon ich spreche. Der Vorwurf der «Verletzung religiöser Gefühle» – also ob das möglich wäre und diese durch Angriffe nicht vielmehr gestärkt würden – ist diesem Buch so sicher wie das Amen in der Kirche. Sei's drum.

Zürich, im August 2014
Adrian Naef

I.

Wo es herkommt

Ewige Verdammnis oder himmlische Befreiung

Fangen wir mit dem Einfachsten an: Das Wort Religion leitet sich aus dem lateinischen Wort *relegere* ab und bedeutet laut Wikipedia «bedenken», «achtgeben»; ursprünglich sei damit die «gewissenhafte Sorgfalt in der Beachtung von Vorzeichen und Vorschriften» gemeint gewesen. Das kann man sich bei den nüchternen Römern gut vorstellen. Ihren Kern hatten sie in Vegetationskulten der bäuerlichen Gesellschaft.

Damit ist der Begriff geklärt, aber nicht sein Zweck. Regeln und Vorzeichen beachten und einhalten setzen voraus, dass ihre Befolgung Kräfte, die außerhalb des menschlichen Einflusses stehen, das menschliche Leben positiv beeinflussen.

Die Römer hatten Auguren, also Beamte, die aus dem Vogelflug oder dem Geschrei der Vögel schlossen, ob bestimmte Unternehmungen von guten Vorzeichen begleitet waren oder nicht. Der Glaube an außermenschliche Kräfte war offensichtlich bereits in Urzeiten vorhanden, und so hat es seine Folgerichtigkeit, dass mit der Menschwerdung an eine Welt geglaubt wurde, die es nach dem «ersten» Leben geben müsse. Den Toten wurden Essen und ihre Lieblingsaccessoires mit ins Grab gegeben – in Erwartung der Auferstehung oder der Weiterexistenz nach dem Tod; sie sind ein Bestandteil fast aller Religionen.

Durch den Sündenfall des sich selbst bewussten Denkens hat der Mensch Gott das Schöpferwerkzeug entrissen und uns sein «Paradies», die Natur, untertan gemacht. Man könnte es als unsere «Ursünde» bezeichnen. Aber uns ist nicht ganz wohl dabei, so einsam auf unserem Wachtturm über allem, was kreucht und fleucht. Das Allerschlimmste und Treibstoff wie Schlüssel zum Verständnis des Meisten, insbesondere des Religiösen ist, dass wir erkannt haben, dass wir endlich sind. Keine Pflanze, kein Tier scheint der Tod zu kümmern. Der Grund unserer gut versteckten Dauerpanik heißt aber nicht *Tod* – wer sollte sich kümmern im großen Schlaf –, sondern *Angst*: Angst vom Leben ausgeschlossen zu sein, auf ewig getrennt zu sein von seinen Lieben, von der üppigen Natur, vom gewohnten Alltag, von der Welt, es ist die Angst vor dem Sterben, nicht vor dem Tod. Ausgeschlossen sein, also nicht länger verbunden zu sein, ist uns offensichtlich das Schlimmste, daher *Relegio* das Naheliegende und die Hinwendung zu Religionen und Ersatzreligionen geradezu logisch.

Ohne Relegio muss ein Sippenwesen früher oder später eingehen. Selbst der einsamste Indianer und Trapper muss ab und zu in die Menschenwelt zurück. Özi, der Gletschertote von Similaun, war nicht einsam; er war unterwegs, vielmehr wurde er verfolgt.

Nach Essen und Trinken und nach sexuellen Bedürfnissen kommt umgehend «die Moral», kommt die Religion. «Der Mensch lebt nicht vom Brot allein», sagt Jesus Christus (Matthäus 4,17). Wir benötigen Religion – ob mit oder ohne Kirche und Gott. Appetit ist das Korrektiv des Körperlichen, Seele das Korrektiv des Psychischen und Religion ist das zwangsläufige Korrektiv zu unserem Unverständnis der Welt. Sie ist die Vorstellung einer höheren Ordnung, der das Universum zugrunde liegt. Wir haben keine andere Wahl als zu glauben.

Schlimmer als Tod ist der Untod: weder tot noch lebendig, weder auf dieser Welt noch in einer andern, nicht einmal in der Hölle, wo wenigstens geheizt wäre und man immerhin erwartet würde. Untoten werden Minuten zu einer qualvollen Ewigkeit. Ewigkeit ist durchaus eine reale Erfahrung. Denn Zeit ist ein Produkt der Hoffnung und löst sich in Nichts auf, wenn die Hoffnung verschwindet, und das kann uns von einer Sekunde zur andern passieren. «Mein Gott, warum hast du mich verlassen» – jener Satz von Jesus am Kreuz (Markus 15,24), dem alle Zensoren offenbar nichts anhaben konnten, benennt diese Erfahrung in aller Deutlichkeit.

Wenn schon eingetreten ist, was du stets befürchtet hattest – deinen Ausschluss von den Menschen, sogar der Natur, dein Herausfallen aus der Zeit, wie es offenbar auch Hiob passierte –, dann hilft auch Religion nichts mehr. Man kann das Bedürfnis nach Religion von dieser anderen Warte aus nur umso deutlicher wahrnehmen. Was dann aber erkennbar wird, kann man Seele nennen, die Instanz, die uns diese Lektion eingebrockt hat, damit wir umkehren, wie es immer wieder in der Bibel heißt. Dann helfen nur noch Rituale – oder seien es schlicht Gewohnheiten oder nenne man es Struktur.

Rituale sind älter als Religionen, auch Tiere kennen Rituale. Was Hänschen einmal gelernt hat, oder was Hänschen dann befohlen bekommt, wenn er im Loch steckt, trägt als Einziges noch durch die Nacht. Wer in einer schweren Depression Hoffnung und Wille verliert, fällt nicht von

Religion ab – auch wenn sie nicht tröstet –, er erkennt nur ihren Sinn im Ganzen deutlicher denn je. Nein, er fällt vom Glauben ab, von den Religionen, denn er fällt aus der Illusion, vor allem aus der Illusion der Zeit. Unser Zeitbegriff ist mit der Hoffnung im Bunde, dass es eine Zukunft gebe.

Der Gefallene hat aber keine Hoffnung mehr, darum fällt er in die real erfahrbare Ewigkeit der Gegenwart. In der Depression erst erkennt man, worauf Glaube gründet und wie trügerisch Glaube ist. Wer noch *glaubt*, gehört zu denen, die sich durch Handeln ablenken können vor der furchtbaren Wahrheit, dass jeder allein vor der Unendlichkeit steht. Sich umbringen, um die als Ewigkeit empfundene Qual zu beenden, hieße auch noch, handeln zu können. Aber der Untote, der Zombi, kann es nicht mehr, er hat keinen Willen mehr und fühlt sich in alle Ewigkeiten zum Leiden verdammt. Daher der auf Erfahrung mit Angst besetzte Begriff: *ewige Verdammnis*. (So konnte man sich im angeblich finsteren, aber religiösen Mittelalter nicht vorstellen, jemanden lebenslänglich in eine Zelle wegzusperren, so unmenschlich durfte man doch nicht sein, ihn zum Untoten zu machen, also besser ihn gleich hinrichten …)

Ewige Verdammnis ist das nihilistische Gegenteil zu einer Spiritualität, die sich eingebunden in eine universale Ordnung glaubt. Ewige Verdammnis beruht, wie auch andere Begriffe aus dem religiösen Vokabular, durchaus auf begründetem Wissen.

Unsere schlimmste Ahnung ist berechtigt, Hiob aus dem Alten Testament (Buch Hiob) könnte es bestätigen. Ihm geschieht Unglück über Unglück, und er hat nur sein Gottvertrauen. In unserem Alltag sind deshalb Hiobsnachrichten *bad news*. Aus Erfahrung in dieser Welt sind wir darum sehr besorgt um wenigstens ein bisschen Struktur und gesellschaftliche Ordnung. Und das ist der unschlagbare Trumpf der Religionen, die spielend ein Machtimperium darauf errichten können.

Einen stärkeren Antrieb für ein lukratives Verwaltungsgebilde als unsere Grundangst gibt es nicht. Der Kirchenlehrer Augustinus (354–430) entwickelte die Grundstimmung der christlichen Religion als «Logik des Schreckens», um darauf seine Heilslehre aufbauen zu können. Die Pilgerstadt Mekka und der Vatikan gründen sich nicht auf einer frohen Botschaft, sondern auf der Furcht. Denn welcher vernünftige Mensch sollte nicht fürchten, allein vor diesem Nichts zu stehen! Und welcher Mensch hat schon die Stärke, ohne ein gewisses Maß an Hoffnung und Erwartung, ohne Drogen, ohne Glauben diese fürchterliche Wahrheit auszuhalten. Religionen existieren in der Angst vor dem Teufel, Diktaturen in der Angst vor dem Geheimdienst, mehr braucht es nicht für eine Logik des Schreckens.

Aber wollen wir hier stehen bleiben? Und gab es nicht immer auch andere Ansätze?

Auch die meisten theologischen Begriffe sind auf die weiße Leinwand des Himmels oder im «Kino» der Hölle projizierte Erfahrungen. Erfahrungen, die die einen Menschen sammeln (freiwillig oder unfreiwillig), machen vielleicht nur paar Momente aus, werden aber manchmal in Sekundenschnelle wieder verdrängt. Andere bleiben so lange im Fegefeuer einer Lebensprüfung, dass sie die Erfahrung des Alleinseins nicht mehr verdrängen und vergessen können. Wieder andere haben Glück, relativ unbekümmert durch die Labyrinthe eines Menschenlebens zu finden, bei anderen schlägt das Schicksal derart fürchterlich zu, dass man man zu Recht sagt, er sei «durch die Hölle gegangen».

Die Weltsicht des Wissenden

Nur wenige Menschen scheinen trotz des ganzen Auf und Ab auf eine überzeugend gelassene Art wenig betroffen zu sein. Sie waren vielleicht «im Fegefeuer» gewesen, hatten ein «Todestal» durchquert, sind «in der Wüste» geprüft worden und werden von vielen als Erleuchtete, Gurus, heiligmäßige Personen wie Jesus, Buddha oder ähnliche Heilsbringer angesehen. Sie kehren zwar hinterher zur Hoffnung und in die Zeit zurück, nicht aber mehr zum Glauben. Ihre Autorität ist fortan auf Erfahrung begründet, nicht Resultat theologischen Spekulierens. Die meisten Theologen spekulieren mit dem Wissen anderer, darum überzeugen sie nicht. Wer *weiß*, spekuliert nicht mehr. Millionen theologischer Bücher können nicht auf Wissen beruhen, denn Ausufern ist ein Produkt der Illusion Hoffnung.

Der Wissende hingegen lebt in gelassener Hoffnungslosigkeit. Was soll ihm noch passieren können! Eine schöne Anekdote berichtet, man habe den weisen Lao-tse zwingen müssen, seine Weisheit niederzuschreiben; freiwillig hätte er es nicht getan. Über seine vierundachtzig Sprüche, vor rund zweitausendfünfhundert Jahren verfasst, ist bisher nichts an Theologie hinausgegangen. Es ist vor diesem Hintergrund fraglich, ob wir mit dem herkömmlichen Instrumentarium der alten Religionen in dieser Zeit noch zu brauchbaren Erkenntnissen kommen können. Alles ist in Fluss geraten, die Zeichen der Zeit stehen auf Umbruch – wie wollen wir uns darin zurechtfinden, welche Werte sollen weiterhin gelten, welche sollten wir dankend dem Strudel des Verschwindens überlassen?

Gerade vor diesem, zugegeben beängstigenden Hintergrund bleibt letztlich nur eine Schlussfolgerung: Jeder Mensch ist religiös, ob er will oder nicht – nicht aufgrund des Glaubens, sondern aufgrund des Erkennens. Die kalte Großartigkeit dieses Weltenspektakels ist erkennbar, der Sternenhimmel ist eine Realität, keine Glaubenssache; wir sind nicht nicht, die erstaunlichste Tatsache überhaupt und mehr Antwort als Frage. Wenn wir uns umwenden, statt zu fliehen, wenn wir hinsehen, statt zu glauben, wenn wir hindurchgehen, statt bittend niederzuknien, wäre zumindest ein anderer Ansatz angezeigt. Prüfe jeder, was er taugt. Das Alte kennen wir ja, das Inventar der alten Religionen wird uns – wenn auch mit Ablaufdaten – noch lange zur Verfügung stehen.

Babys bringen dieses Staunen vor der schieren Existenz schon mit und würden es behalten, lehrte man sie nicht es zu verlieren, lehrte man sie nicht glauben. Die beste aller Nachrichten heißt nicht: Jesus wird dich erlösen, sondern: Selbst im finstersten Tal, wo man Hoffnung, Glaube und Wille verliert, ist das ewige Gesetz sichtbar, ja dort deutlicher denn je. Wer am Tag nicht religiös wird, der wird es mit Sicherheit in der Nacht. Man sieht sich dem «Gesetz Gottes» ausgeliefert mit Haut und Haar, aber auch inbegriffen mit Haut und Haar.

Vor diesem Gott, dem Gott der gnadenlosen Gesetze, die Hiob niederdrückten aber auch wieder aufsteigen machten, wie keine Menschenhilfe es könnte, gibt es kein Entrinnen. Aber auch kein Entfallen.

Eine frohe Botschaft dieses Kalibers ist allein geeignet, es mit dem Kaliber unserer Grundängste aufzunehmen. Ich maße mir an zu vermuten, dass das Wort Evangelium vormals diese Einfärbung hatte, bevor im vierten Jahrhundert die Verwaltungskirche kam. Ketzer wie Giordano Bruno, Galilei und viele andere bis heute ließen daran nie einen Zweifel.

Warum wir glauben

Religion gründet auf Einsicht in größere Zusammenhänge und dem Bedürfnis, sich in ihnen hinzugeben, so wie sie Menschen in ihrer Zeit erfahrbar ist. Wir wissen intuitiv, dass nur völlige Hingabe igeeignet ist, dieses Leben in Einklang mit dem Entwicklungsgebot der Seele einigermaßen würdig zu durchlaufen. Denn finden wir nicht wirklich den Kontakt zum Ultimativen, bleibt nur Panik, die Quelle von Glauben.

Religionen setzen Grenzen, Religion überwindet Grenzen. Religion ist im Wesen freudig, offen, einladend, verbindend weil ekstatisch auf dem Vulkan und unter dem grenzenlosen Sternenhimmel, der alle Abgrenzungen zwischen Ethnien, Rassen und Geschlechterorientierungen in ein großes Lachen auflöst. Das ist paradoxer Weise gerade jener Religon nicht anzumerken, die sich auf das Evangelium beruft, was «frohe Botschaft» heißt.

Das Klavier ist nicht die Musik. Das Klavier macht Musik nur hörbar. Das Klavier anzubeten ist jedoch einfacher, weil nicht zu übersehen. Der Übergang von Religion zu Religionen ist verständlich, jedoch fatal. Die Angst vor dem Unfassbaren hat noch jedes Mal aus Religion Religionen gemacht, aus Symbol den Fetisch. Kirchen, die Fetische anbieten, statt Fetische verbrennen – wie es doch Moses schon vormachte mit dem Einschmelzen des goldenen Kalbs, das sein Volk umtanzen wollte, ja sogar das Aussprechen eines Namens für das Unnennbar Große verbot – wachsen schneller. Aber es gäbe doch Vorbilder für die «via negativa», für Religion, die nicht ansammelt, sondern ausräumt, damit die Sicht frei bleibt oder erst wird für das Wesentliche: die schiere immaterielle Großartigkeit der Existenz.

Die buddhistischen Mönche Tibets kennen eine überaus vielsagendes Ritual. Sie bilden aus farbigem Sand über Wochen ein wunderschönes Mandala – um es wieder zu verwischen und den Sand in alle Winde zu zerstreuen.

Die Musik ist nicht das Klavier, sie ist immer im Raum, durchdringt den Raum, wie die Gravitation. Echte Musiker machen denn auch nicht Musik, sie machen Musik hörbar. Gute Religionslehrer, wenn es sie den überhaupt braucht, machen Religion erfahrbar, nicht fassbar. Musik ist hörbar gemachtes Gesetz (Naturtöne des Alphorns), Religion glaubensfrei vermittelt, ist fühlbar gemachtes Gesetz. Darum ist Religion immer mit Musik einhergegangen.

Religiosität

Religion wächst mit dem Grad des Bewusstseins für das Ganze, darum kann kein einigermaßen bewusster Erdenbürger sagen, er sei nicht religiös. Ob gewisse Säugetiere bereits religiöse Gefühle entwickeln, ist schwer zu sagen. Zu beobachten ist, dass sie Ansätze zu Ritualen zeigen.

Phantastische Erkenntnisse über unsere Welt und des Universums liegen hinreichend vor, um Religiosität heute frei von dumpfem Götterglauben und groben Sinnestäuschungen zu leben. Religiosität auf der Höhe der wissenschaftlichen Erkenntnisse ist nicht nur möglich und zu wünschen, sondern nach meinem Verständnis ein Gebot der Stunde. Einzig eine Religiosität auf der Höhe der Zeit und der Wissenschaften kann das zerstörerische Potential der technischen Möglichkeiten in Grenzen halten.

Ein Buddhismus, der noch die Erde als Scheibe lehrt, ein Christentum, das noch an Wunder glaubt, ein Islam, der einem Allah die ganze Verantwortung delegiert, ein Judentum, das von Auserwähltheit ausgeht, und eine Esoterik, die sich narzisstisch um sich selbst dreht – sie alle sind nicht nur unfähig, zeitgemäße Antworten auf unsere spirituellen Fragen zu geben, sondern eine echte Gefahr für das Überleben der menschlichen Rasse geworden. Zivilisation kann ohne Religionen leben, aber nicht ohne zeitgemäße Religion, denn so wie wir sind, brauchen wir stimmige Rituale, die den Gefahren der Übergänge in neue Lebensalter oder Zeitalter gewachsen sind.

Rituale

Rituale – und im Zusammenhang mit Religion auch Zeremonien genannt – sind zentral in einem religiös verstandenen Leben. Wo Glaube versagt, geben Rituale noch einen verlässlichen Rahmen vor. Rituale geben Halt, über den Verstand und die flatterhaften Gefühle hinaus. Menschen, die den Verstand oder ihre Gefühle verloren haben (Depression) sind geradezu nur noch mit Ritualen beschäftigt. Kleine und größere Rituale sind der letzte Anker vor der weiten See. Die Kirchen wissen um die Macht der Rituale und Zeremonien. Die katholische Kirche erstickt geradezu in Ritualen. Auch das Abendmahl ist ein Ritual, und hätte die protestantische Konfession nicht zumindest einige Rituale belassen, sie stünde noch einsamer da mit ihrem «Wort».

Rituale feiern die Zugehörigkeit, und niemand kann sie abstreiten, niemand muss sie glauben, sie feiern (bloß) das große Spektakel. Wo Glaube auf Zweifel beruht, beruht das Ritual auf Tatsachen. Das Ritual ist das Pendant zu den Naturgesetzen, und Naturgesetze wie Rituale kennen eine Hierarchie (griechisch: «heilige Ordnung»). Zweifellos sind Initiationen wie die Konfirmation, die Taufe oder auch die Hochzeit gesellschaftlich zur Kenntnis gegebene Einstiege in eine höhere «Verantwortungsklasse». Auch Ausschlüsse haben ihre Dringlichkeitsstufen: der Tadel, die Relegation, das Gerichtsurteil, die Hinrichtung, das Begräbnis, wohl der Ursprung aller Rituale.

Religion gegen die aktuellen Gefahren der Welt

Das Thema Religion für unsere Gegenwart und Zukunft wird unterschätzt. Ökologie und die Abwendung von der Gefahr eines Atomkrieges oder der totalen Beherrschung des Individuums durch Geheimdienste braucht einen neuen Meta-Rahmen, eine «heilige Ordnung» (früher im personalen Gott gesehen, siehe Präambeln der meisten Verfassungstexte).

Die rationale Einsicht in diese Gefahren hat heute schon jedes Kind, sie ist aber kraftlos. Es braucht einen religiösen Rahmen im Sinne von intelligentem Rahmen, der Intellekt, das Unbewusste, die Emotionen und unsere Körperlichkeit im zeitgemässen Ritual zusammenfasst und auf die Waagschale legt. Auf der Ebene der Politik allein ist es nicht zu richten, sie ist Partei. Selbst über der Gewaltenteilung muss eine höhere Gewalt herrschen, nicht Glaube aber Religion.

Heute erleben wir einen Umbruch von nie da gewesener Geschwindigkeit und Dichte. Werden wir den Mut haben, die alten religiösen Konzepte abzuschütteln und neu Formen zu wagen, die dem globalen Verständnis, der Hirnforschung und der atemberaubenden Erkenntnissen der Mikro- und Makrowelten in und um uns entsprechen?

Das Ritual und sein Sinn

Jedoch führt kein Weg am religiösen Ritual vorbei, dem Akt vor dem Gedanken, der Tat vor dem Gespräch, dem Bild vor dem Wort. Die Frage, wie wir das Mysterium leben wollen, geht vor der Frage, wie wir uns das Mysterium erklären. Es bleibt nur die Feier. Nie wird die Zeremonie überboten werden können, das ist der Trumpf der Religionen, namentlich des Katholizismus mit seinem Gold, seinen Gewändern und Weihrauchwolken.

Auch wenn man den Wertekanon der Menschenrechte als neue Religion nehmen wollte (was doch auch denkbar wäre), bleibt offen, wie man Menschenrechte singen und tanzen will.

Und Zeremonien, das ist das Gute, muss man nicht hoffen und glauben, man kann sie zelebrieren nach dem eigenen Bedürfnis nach Ausdruck gegenüber den Fragen des Lebens. Allerdings müssen Rituale mit den Umständen der Zeit übereinstimmen. Das ist der Haken bei den Ritualen der Religionen, denn sie zelebrieren und wissen gar nicht mehr warum. Darum überzeugen ihre Feiern nicht mehr – selbst wenn sie Pfingsten feiern – jenes Fest, an dem der Heilige Geist auf die Apostel niederkommt, der Gründungsakt der Kirche –, glaubt man sich an einer Totenmesse, von Heiligem Geist keine Spur.

Mich hat Religion von klein auf interessiert; ich habe aber bis heute nie mit Lust in einem theologischen Werk gelesen. Mir stand stets das Wozu im Wege: Wozu muss Religion System haben? Wozu braucht Staunen und Begeisterung (im Wortsinne) eine Belehrung? Und wenn ich Bemerkenswertes von Theologen gelesen hatte, waren das stets vielmehr Philosophen, die es nur haarscharf nicht lassen konnten, ihre Sätze aus dem theologischen Schatten ihrer Zeit herauszuhalten, was zu Zeiten der Inquisition auch klug war. Meist hatte das auch familiäre oder persönliche Gründe. Oder sie starben zu früh, als dass sie den Schritt in die größere Denkfreiheit noch hätten wagen können.

Denken und Glauben schließen sich für mich im Wesen aus («Wer will der Verstandeskraft und der Erfindergabe des Menschen Grenzen vorschreiben?» Galilei). Denken muss schweifen, Glauben muss fokussieren. Der Glaubende weiß am Anfang schon, zu welchem Resultat er kommen soll. Darum kann es wohl fortschrittliche Universitäten, jedoch keine fortschrittlichen Religionen geben. Die Erkenntnis des Dalai Lama steht ungeheuer und zukunftsweisend in der geistigen Landschaft: Wenn die Wissenschaft zu Erkenntnissen komme, die der Religion widersprächen, müsse die Religion revidiert werden, nicht die Wissenschaft. Nicht umsonst sagt das ein Buddhist, ein Vertreter einer Religionsgemeinschaft, die zunehmend Zulauf aus dem Westen erhält, weil sie von den alten Weltreligionen noch die liberalste darstellt.

Er hielt auch fest, es sei nicht nötig, vom Christentum zum Buddhismus überzutreten, jeder solle bleiben wo er sei (hat man das schon jemals von einem religiösen Oberhaupt gehört, von Oberhirten, die doch stets an Eintritten von Gläubigen in ihre Machtsphäre interessiert sind?!). Seine zwanzig Empfehlungen fürs dritte Jahrtausend sind frei von jedem archaischen Schwulst. Es geht tatsächlich nicht mehr darum, von einer Religion in die andere zu wechseln.

Die zwanzig Empfehlungen des Dalai Lama beim Übertritt ins dritte Jahrtausend

- Beachte, dass große Liebe und großer Erfolg immer mit großem Risiko verbunden sind.
- Wenn du verlierst, verliere nie die Lektion.
- Habe stets Respekt vor dir selbst, Respekt vor anderen, und übernimm Verantwortung für deine Taten.
- Bedenke: Nicht zu bekommen, was man will, ist manchmal ein großer Glücksfall.
- Lerne die Regeln, damit du sie richtig brechen kannst.
- Lasse niemals einen kleinen Disput eine große Freundschaft zerstören.
- Wenn du feststellst, dass du einen Fehler begangen hast, ergreife sofort Maßnahmen, um ihn wieder gut zu machen.
- Verbringe jeden Tag einige Zeit allein. Öffne der Veränderung deine Arme, aber verliere dabei deine Werte nicht aus den Augen.

- Bedenke, dass Schweigen manchmal die beste Antwort ist.
- Lebe ein gutes, ehrbares Leben.
- Wenn du älter bist und zurückdenkst, wirst du es noch einmal genießen können.
- Eine liebevolle Atmosphäre in deinem Heim ist das Fundament für dein Leben.
- In Auseinandersetzungen mit deinen Lieben sprich nur über die aktuelle Situation.
- Lasse die Vergangenheit ruhen.
- Teile dein Wissen mit anderen. Dies ist eine gute Möglichkeit, Unsterblichkeit zu erlangen.
- Gehe sorgsam mit der Erde um.
- Begib dich einmal im Jahr an einen Ort, an dem du noch nie gewesen bist.
- Bedenke, dass die beste Beziehung die ist, in der jeder Partner den anderen mehr liebt als braucht.
- Miss deinen Erfolg daran, was du für ihn aufgeben musstest.
- Widme dich der Liebe und dem Kochen mit ganzem Herzen.

II.

Die Bibel und ihre Bilder

Mein Gott

Wer nicht glaubt, hat es logischerweise auch nicht mit einem Gott. Denn Gott, wie ihn die Kirchen lehren, den Personalen, Einzigen, den Ansprechbaren, kann man nicht wissen, man muss ihn glauben. Ja, man muss ihn sich täglich frühmorgens und vor dem Schlafengehen in Erinnerung rufen, er würde er sich sonst verflüchtigen wie das «Ich» vor dem Einsinken ins Unbewusste, den Schlaf, sonst wäre nicht er und wäre nicht ich, es wäre weder «Ich» noch «Über-Ich», wie es die Psychologen sagen würden. Gott muss man täglich wieder aufbauen, wie das Ich.

In Klöstern repetieren sie Gott sogar mehrmals auch nachts, damit das künstlich errichtete kollektive Gottes- und Menschenbild, das Oben und Unten nicht falle. Man nennt es Klosterregel.

Man kann sich fragen, was so viel Furcht vor dem friedlichen Einsinken ins ganze natürliche «Stirb und Werde» mit Spiritualität zu tun haben kann. Viele Gläubige verwechseln Angstphantasmen vor den weltlichen Ansprüchen (Sex) und Visionen aus Mangel an Nahrung (Askese, Fasten) mit Spiritualität. Spiritualität aber kann nicht ohne bedingungslose Bejahung der weltlichen Bedingungen des Alltags einher gehen, mögen wir sie für unter oder über der Gürtellinie angesiedelt halten.

Wenn aber nicht Ich und nicht Gott als Autorität angesehen werden, sagen besorgte Kirchenväter, dann lauert der Abgrund, der Nihilismus, das Feld der Sünde und der Hölle auf die Seele. Unsere westliche, teilende Denkweise kann sich eine Welt ohne eingeredete Werte nicht vorstellen, Ich und Über-Ich haben letztelich eine gewaltige Bedeutung bekommen: «Ich denke, also bin ich», formulierte es der französische Philosoph René Descartes (1596–1650); umgekehrt heißt das: Denke ich mich nicht, bin ich nicht.

Bin ich nicht? Man muss diese enorme intellektuelle Anstrengung, eine Ordnung der Werte als Bollwerk gegen Verwilderung und Elend aufgrund Gier und Dummheit früherer Jahrhunderte zu installieren, mit Milde betrachten. Wir haben als Profiteure ihrer Anstrengungen gut reden.

Andererseits können wir uns eine Existenz ohne diese eingeredete Wichtigkeit des Individuums schlicht nicht mehr vorstellen – daher auch unsere enorme Angst vor dem Sterben, dem Verschwinden alles Individuellen, daher das dauernde Todesthema, die naiven Paradiesvisionen, die Koketterie mit Furcht und Verdammnis, daher die Flucht nach vorn in noch mehr Gebet und Gotteseinredung, bis man tatsächlich nicht mehr weiß, wer man eigentlich ist.

Im Denken und Zelebrieren des Ostens und in anderen Weltgegenden hatte das Individuum nie diese Wichtigkeit, wie wir sie im Westen kennen. Darum gab es dort auch nicht dieses Insistieren auf einen einzigen personalen Gott, den man überdies noch duzt, damit die Bindung besiegelt bleibe. Mit diesem im Vergleich zu anderen Religionen einmaligen

«Du» hatte Gott definitiv 37,5° Menschentemperatur angenommen und ist geeignet, Tisch und Bett mit uns zu teilen.

Die animistischen Religionen der menschlichen Urzeiten hatten keine Götter, bestenfalls Geister, die in ihrem Auftreten dem Jahreslauf der bäuerlichen Zivilisationen folgten. Bei ihnen gab es eine körperliche und eine geistige Welt, die sich in der Umwelt vergegenständlichte; Ägypter, Griechen und Römer hingegen hatten Götter in großer Menge. Ihre Religionen hatten sich aus alten bäuerlichen Naturreligionen gebildet, bei denen jeder Baum, jeder Strauch Abbild einer Gottheit ist, und zumindest Griechen und Römer hatten ein recht praktisches Verhältnis zur Religion – und mit einer kleinen finanziellen Unterstützung des Priesters oder des Augurs konnte man Voraussagungen durchaus beeinflussen.

Der Zen-Buddhismus akzeptiert hingegen weder Gott noch ein Ich; seine Meditation ist ein Ausmisten von Projektionen. Was dann ist, ohne Gott und Ich, und auch ohne viele Götter und viele Ichs, kann nicht in Worte gefasst werden. Es ist jedenfalls nicht nichts und auch nicht Auflösung und Verderben, im Gegenteil, Menschen, die sich dem Zen verschrieben haben, sehen überzeugend gut aus ohne Gott und aufgeblähtes Ego. Darum steht bei ernstzunehmenden Religionen Schweigen im Mittelpunkt.

Wenn im Alten Testament geschrieben steht, man solle sich kein Bildnis machen, und ich im Neuen Testament von Pfingsten und den Urchristen lese, dann zeigt mir beides das Gleiche: Die Quelle allen religiösen Lebens ist eine mystische Erfahrung, ein Rausch, der zum Tanzen und Singen verführt, nicht zum Grübeln, es ist ein Auflösen von Kategorien und Trennungen, die sich die auf Furcht gegründeten Religionen täglich neu einprägen. Ein betender Mönch und ein meditierender Mönch – mag es das gleiche Bild abgeben, sie könnten verschiedener nicht sein: Der eine redet es sich ein, der andere aus.

Wir seien nach dem Bilde Gottes geschaffen, heißt es über den jüdisch-christlichen Gott, und von Gott solle man sich kein Bildnis machen: Seit Tausenden von Jahren ist auch in der abendländischen Tradition bereits erkannt, was Hirn- und Verhaltensforscher inzwischen bestätigen: Ich und Gott sind Konstrukte der Lebensbewältigung, nicht die Wahrheit. Warum nehmen die abendländischen Religionen nicht wenigstens ihre gemeinsame Bibelpatriarchen zur Kenntnis, die viel mehr Götzen verbrannten als errichteten, ja sich sogar ein Bild von Gott rundum verbaten?

Die Tatsache, dass in unserem Gehirn das Vorderhirn dem Stammhirn beim Denken von Gott und Ich «zusehen» kann, also sich selbst auf die Schliche kommen kann, wenn man nur will, ist ungeheuer und öffnet den Ausblick auf einen Horizont und ein Menschenbild, in dem Unfehlbarkeiten jedwelcher Art keinen Platz mehr haben.

Der sich eingeredete, einzige, personale Gott und das sich eingeredete, einzige Ich werden uns wohl noch lange mit trügerischer Sicherheit versorgen, aber als Galilei 1610 bei seinen Beobachtungen die Jupitermonde um die Sonne kreisen sah und er damit feststellte, dass sich die Erde um die Sonne dreht und nicht umgekehrt, war es von einer Sekunde zur anderen vorbei mit dem alten Denken.

Um den abendländischen Gott ist es längst geschehen, wann das auch zum ersten Mal eingesehen worden mag. Dass er uns und unseren Kindern bestimmt noch hundert Jahre in den Knochen stecken wird, ist eine andere Sache.

Der angeblich gottlose Buddhismus zieht immer mehr Menschen aus dem Westen in seinen Bann, wenn auch nicht erkannt wird, welchen Fetischen auch diese noch ältere Religion zum Teil noch huldigt. Flugs wurde aus Buddha ein Gott gemacht – wie hätte es auch anders kommen können ...

Man sollte aufhören, von Gott zu reden, denn kaum sprechen wir von Gott, wächst ihm ein Bart. Abstraktere theologische Gottesbegriffe sind mir bloß Denkspielzeuge, gemessen an der Wirkungsmacht der Verkündigung dieses am Sonntag zelebrierten «ptolemäischen Gottes», des flachen Gottes, des Gottes des Erdkreises, der im apostolischen Segen des Papstes bis heute nicht begriffen hat, dass die Erde keine Scheibe, sondern eine Kugel ist.

Denn was wirkt von Religion in Volk und Alltag, ist bestenfalls der Gott des Kommunionsanzugs, der Hochzeiten und Beerdigungen, nicht die Abstraktionen, die Theologen für Theologen schreiben und sonst kein Mensch je lesen mag. Wenn katholische Theologen sagen, das ganze materielle Glaubensinventar, die goldenen Marien und Reliquien stünden bloß stellvertretend für innere Werte, wäre das in Ordnung, aber so wird Religion von den Kanzeln ja nicht vermittelt.

Ich versuche vielmehr diesen mich als Kind ungefragt gelehrten Gott sanft zu vergessen, in dem sich meine angelernten protestantischen Tugenden fokussieren. Wenn schon, ist Gott für mich das Universum selbst als ungeheure Tatsache. Ich habe nie verstanden, warum man Gott glauben muss. Es sollte jedem offensichtlich sein, dass eine ungeheure Intelligenz am Werk dieses Weltenspektakels ist, die alles lenkt, Zufälle inbegriffen, was immer wir auch von uns selber halten und von einem personalen Gott.

Der eifrigste Atheist wird das Mysterium Welt und Universum nicht bestreiten können. Hinter allen naiven Gottesprojektionen ist gleichwohl eine Macht am Werk, die sich am deutlichsten durch universelle Gesetze bemerkbar macht. Insofern stehen die Physiker Gott näher als die Priester, sie sind es, die uns das große Mysterium näher bringen – und sei es durch Zahlen und Formeln.

Aber wenn wir schon das Wort «Gott» in den Mund nehmen, sollten wir wissen, welcher gemeint ist. Mein Gott, der universelle, sage ich, lässt sich durchaus beweisen, und eine Theologie die nicht herleitet, wie man wissenschaftlich herleitet, gehörte nicht an Universitäten. Was gibt es aufgrund von Glauben zu lehren? Mein Gott wird an der technischen Hochschule gelehrt, wo Wunder entdeckt und hergestellt, nicht geglaubt werden. Natürlich ist ein Klavier nicht die Musik, aber ein Klavier ist geeignet, Musik hörbar zu machen. Theologie ist bloß Musik auf dem Papier, eine Behauptung; erst durch das Klavier, erst durch die Naturwissenschaften, die gestaltete Materie, kann das Göttliche ins Leben kommen, wird für Menschen erfahrbar, wie anders.

Es gibt unglaublich viele Vorstellungen, wer Gott denn sei, und alle haben etwas an sich. Nur Gewissheiten, wie sie gewisse Religionen geradezu befehlen – das ist absolut sicher – können keine Gewissheiten sein. Wer Gewissheit befiehlt, weist nur darauf hin, dass dahinter nichts ist – wäre da etwas, würde es für sich selbst sprechen.

In alten Zeiten war die Angst vor dem ebenso Realen wie Unbekannten verständlich: Man wollte es sich mit den Göttern nicht verderben, die sich durch die Natur und Schicksalsgesetze auszudrücken schienen. Das Gewittergrollen imponierte gewaltig, der rätselhafte Vogelflug davor könnte ein Zeichen sein. Um sich mit den *über*-menschlichen Wesen gutzustellen, opferte man ihnen das Beste, notfalls auch Menschen. In der frühen Zeit Roms opferte man dem durch die Stadt ziehenden Fluss Tiber Menschen, vorzugsweise Kriegsgefangene, weil man sich den Fluss als Gottheit vorstellte.

Aus naheliegenden Gründen stellte man sich diese *Über*-Macht als menschenähnliche Wesen vor. Diese Vermenschlichung zieht sich durch die ganze Religionsgeschichte bis heute. Bereits die Bibel formuliert es im Alten Testament: «Und Gott schuf den Menschen zu seinem Bilde, zum Bilde Gottes schuf er ihn; und schuf sie als Mann und Frau.» (Gen 1,26f.). Eine bemerkenswerte theologische Volte: Der Mensch fasst seinen Gottesbegriff in ein Bild und behauptet dann, er, der Mensch sei nur Gottes Abbild. Aus dieser Personalisierung erwuchs das Missbräuchliche, weil die Vertreter der Macht sich als Vertreter des Göttlichen auf Erden ausgeben konnten. Sie konnten im Namen Gottes sprechen und Untaten begehen, ohne die Verantwortung dafür übernehmen zu müssen – womit wir zu einem besonders heiklen Thema des Verständnisses von Gott kommen.

Im Namen Gottes wurden die schrecklichsten Genozide und Kriege gerechtfertigt. Der Gott der Kirchen und auch der Gott der modernen Theologie, den man erfinden müsste, würde er nicht schon behauptet, ist in jeder Hinsicht ein gefährlicher Gott. Darum sollte dieser Name Gott nicht mehr verwendet werden, es haftet zu viel Ungutes daran. Und was Millionen Menschen beweisen: Es gibt ein Leben ohne personalen Gott.

Ursprünglich wurde Gott als tierische, dann als weibliche Macht gesehen, weil von der Fruchtbarkeit alles abhing und noch keine Güter zu vererben waren. Doch mit der Entwicklung der Menschheit wandeln sich auch die Gottesauffassungen; die technischen Erfindungen zogen stets «geistige Erfindungen» nach sich. Aber am Anfang jeglicher Theologie und Philosophie stand und steht der Macher, der Bauer, der Techniker. Die Geschichte der Religionen ist im Grunde die Geschichte der realen Erfindungen durch den Menschen.

Gott ist die abhängige Variable des Fortschritts; die Philosophie spekuliert im Schlepptau der Früchte des Handwerks.

Erstaunlich ist, wie wenig man das «Selbstgestrickte» am Gottesbild des Menschen wahrhaben will. Tatsächlich glauben noch Hunderte von Millionen Menschen im Zeitalter interplanetaren Verkehrs an Gott in Menschengestalt, sprechen mit ihm, erhoffen sich von ihm, sprechen in seinem Namen, wissen genau, wie er denkt. Der frühere Papst Benedikt XVI., ein Theologieprofessor, sprach im Namen der göttlichen Mutter Maria, als säße er mit ihr auf dem Balkon seines Apostolischen Palastes. Und Papst Franziskus rief in der Osternacht 2013 aus: «Gott überrascht uns immer wieder!»

Der personalisierte Gott bleibt im Mittelpunkt, wie auch die katholische Nachrichtenagentur Zenit (www.zenit.org) entsprechende Bilder und Metaphern ohne jeden Schimmer von Humor wiedergibt. Würde ein anderer derart von mir sprechen, so wie Priester über Gott sprechen, ich würde ihn abkanzeln, im wahrsten Sinne – wäre ich Gott, ich würde mir diesen devoten und schleimigen Ton von Priestern und Pfarrern verbieten. Wenn es einen Gott gäbe, wäre ihm wohl zuzutrauen, dass er sich seine Freunde selber aussuchte ...

Aber der personale Gott, mit dem wir doch so auf Du und Du sind, hat uns nicht helfen können: Angefangen bei Aristoteles und Ptolemäus über Kopernikus, Keppler und Galilei bis hin zu Albert Einstein sind wir mit jeder neuen Erkenntnis aus dem eingebildeten Mittelpunkt des Universums gedrängt worden. Die Einigkeit zwischen Gott und Mensch, die uns die Religionen vorgaukelten, ist zerbrochen. Wir sind zu Atomen geschrumpft in einem kalten, gnadenlosen Kosmos, das uns dereinst verschlucken wird. Und weit und breit findet sich kein ernst zu nehmender Hinweis auf ein Jenseits, das dem Diesseits ähnlich wäre.

Nun könnte man meinen, Gott als eine Art geistigen Teddybär solle man uns doch lassen. Nur – wie soll uns etwas tatsächlich halten können in der Not, das wir doch intellektuell nicht wirklich akzeptieren können? Darum versagt Glaube. Dass einige selbst in Auschwitz nicht vom Glauben abgefallen sind, wie immer wieder zitiert wird, heißt nur, dass Glaube so lange lebt wie die Hoffnung nicht stirbt. Und ohne Hoffnung hätte dort keiner überlebt, ob sie berechtigt war oder nicht. Millionen Juden haben gehofft und geglaubt, dass ihr Gott das Schlimmste schon nicht zulassen werde, als sie in die Viehwaggons stiegen – von ihrer bösen Enttäuschung berichten keine heiligen Schriften.

Der personale Gott des alten und des neuen Testaments ist nicht tot, das ist offensichtlich. Er wird so lange leben, wie wir glauben, nicht auf ihn verzichten zu können. Er hat sich auch nicht von der Schöpfung zurückgezogen, dafür müsste er erst einmal dieser Schöpfer gewesen sein. Er regiert weiterhin als Phantom unserer kindlichen Trostbedürfnisse, hält uns in selbstverschuldeter Unmündigkeit gefangen und verstellt uns die Sicht auf reifere Auffassungen von dem ungeheuren Mysterium des Universums, dessen Teil wir sind.

Kein Gott

Es geht auch ohne: Menschen, die den «personalen Gott» ablehnten, gab es schon immer. Aus guten Gründen hielten sie sich wohlweislich eher bedeckt. Aus dem siebzehnten Jahrhundert ist ein anonymes Traktat bekannt, das Moses, Jesus und Mohammed rundum des Betrugs bezichtigt.

Sogar der große Kaiser des mittelalterlichen Heiligen Römischen Reiches, Friedrich II. (1194–1250), soll ein Gottesspötter gewesen sein; immerhin hatte ihn der Papst zweimal aus der Kirche herausgeworfen. Noch hatte der Papst eine große Macht. Kurze Zeit später musste der römisch-deutsche König Heinrich IV. zu Kreuze kriechen: 1076/1077 musste er nach Canossa zum Papst, um sich vom Kirchenbann erlösen zu lassen, nachdem er sich zu weit aus dem Fenster gelehnt hatte. Exkommuniziert zu werden kam einer Entmachtung gleich. Gleichwohl überfielen die Schwyzer 1315 das Kloster Einsiedeln mit wenig Furcht vor Gottes fürchterlicher Rache, ihre Weiderechte waren ihnen heiliger.

Im Jahr 2008 hatte eine Missionsgruppe in London die Idee, Busse mit Bibelsprüchen bekleben zu lassen, auf dass man zu Gott finde. Worauf sich die Londoner Atheisten provoziert sahen, ihrerseits Busse beschriften zu lassen: «Es gibt möglicherweise keinen Gott. Hört jetzt auf, euch Sorgen zu machen, und genießt euer Leben.» (*There's probably no God. Now stop worrying and enjoy your life.*) Man stelle sich das Bild vor, der eine Bus stieße, um eine Ecke biegend, mit dem anderen zusammen ...

Alsbald waren die beiden Ideen auch in der Schweiz angekommen. Zwei katholische Städte verboten den Freidenkern (in der Schweiz: Atheisten, Agnostiker, Pantheisten), Plakate mit dem gleichen Text aufzuhängen, der auch auf den Londoner Bussen stand.

Und in prophylaktischer Abwehr hängte eine evangelische Freikirche auf einem Kirchturm ein Plakat auf, auf dem stand: «Da ist bestimmt ein Gott – also sorg dich nicht, er sorgt für dich.» Da die Evangelikalen seit Jahren Jesusplakate aufhängen dürfen, will nun die Freidenker-Vereinigung gerichtlich vorgehen. Wen wundert's – ich kann das Anliegen der Atheisten gut verstehen, aber nach meinem Verständnis schütten sie ein Kind mit dem Bade aus. Wie kann man in Opposition gehen zu Etwas, von dessen Nichtexistenz man restlos überzeugt ist?

Etwas, das es real nicht gibt, kann nur leben durch die Debatte, darum sehen Theologen nichts lieber als Kontroversen um Gott. «Gott» ist in jeder Hinsicht ein Produkt der Debatte und nur Wirklichkeit, solange die Debatte anhält. Durch konkretes Eingreifen gegen die Ungerechtigkeiten des Lebens ist er jedenfalls noch nicht aufgefallen.

«ER sorgt für dich», ist auf der anderen Seite eine recht kühne Behauptung. Im Märchen «Des Kaisers neue Kleider» von Hans Christian Andersen (1805–1875) hat der nackte Kaiser Kleider an, weil die öffentliche Meinung – wohl nicht ohne Druck – entschieden hat, er sei angezogen. Die kollektive Hypnose in diesem Märchen brach nicht deshalb zusammen, weil militante Republikaner mit «Anti-Bussen» herumgefahren wären, sondern weil ein Kind beiläufig feststellte: «Dort geht einer nackt, der hat ja gar keine Kleider an.»

Ein Kind bricht den Bann, nicht ein Intellektueller – das Kind weiß nicht einmal, was ein Kaiser ist; man muss es ihm erst beibringen. Atheisten verhelfen Gott zu Wirklichkeit, das ist schon anderen aufgefallen. Je weiter sie sich auf ihrer Seite aus dem Schiff herauslehnen, je weiter lehnen sich ihre Kontrahenten auf der anderen Seite hinaus – ein ungeheurer Energieaufwand für nichts als ein Phantom. Mein Verdacht: Wahrscheinlich zahlen schlaue Oberhirten der anglikanischen Kirche auf das Konto der Atheisten ein.

Manchmal bezeichne ich mich auch als Atheisten, wenn ich unter geeigneten Umständen Diskussionen damit vermeiden kann. Wenn denn schon eine Etikette vorhanden sein soll, so bin ich wohl am ehesten ein religiöser Agnostiker, ein Religiöser ohne Gott und Glaube. Auch die Ansicht der Pantheisten, dass Gott sich durch die Naturphänomene zeigt, ist mir sympathisch. Da aber, wie gesagt, sowieso niemand letzte Aussagen machen kann, ist mir die Etikette Agnostiker am liebsten. Was kann ich schon wissen über das Äußere eines Hauses, in dessen Räumen ich gefangen bin?

Über Ideologien und Prägungen und vor allem Religion diskutiere ich nicht mehr Es gibt ein paar Themen mehr ‚wie Humor, Kunst, Geschmack, über die sich Diskussionen nicht lohnen. Streitgespräche stärken nur die antagonistischen Positionen. Und danach gehen alle in ihren Gewissheiten bestätigt nach Hause und feilen für das nächste Streitgespräch an ihrem «Argumentekatalog». Ich stelle nur fest: Es gibt ein Universum, in dem eine ungeheure Intelligenz am Werk ist. Will man diese Intelligenz noch Gott nennen, was ich – wie beschrieben – für gefährlich halte, dann bin ich gern sogar ein «Theist», auch wenn zwischen einem «Theisten» in diesem meinen Sinne und einem Theisten im traditionellen Sinne im wahrsten Sinne des Wortes Welten liegen.

Ich kann vieles akzeptieren, was nicht sichtbar ist, gleichwohl gibt es verschiedene Grade der Wahrscheinlichkeit, dass etwas existiert oder nicht. Liebe ist auch nicht sichtbar, aber es gibt diese Bindung, was immer man darunter auch versteht.

Kein Gottesbeweis

Wo finden wir also Gott im Leben? Im Suchen nach innen? In den schönsten, banalsten und schrecklichsten Augenblicken meines Lebens habe ich nie einen Gott oder einen Sohn oder eine irgendwie geartete rettende Dreifaltigkeit erfahren, und die Wahrscheinlichkeit, dass ich im Rest meines Lebens noch einem Gott begegne, wie ihn die Religionen entwerfen, halte ich für unwahrscheinlich. Alle so genannten paranormalen Phänomene, die häufig zum Beweis des «überirdischen» Wirkens genannt werden, habe ich eine zeitlang mit Leidenschaft geprüft, mich über Wochen auf zum Teil obskure und mental gefährliche Abenteuer eingelassen, aber ich bin bei Rückführungen in frühere Leben nur immer auf mich selber gestoßen; die Phänomene ließen sich stets auch anders erklären. In durch Drogen provozierten Ausnahmezuständen konnte ich wohl Ausweitungen meines alltäglichen Auffassungsspektrums erleben, aber schließlich blieb immer ich zurück, ich allein, hier und jetzt. Jedes Mal fiel alles auf den Alltagsmodus zurück, und das war und ist wohl auch gut so. Denn Ausnahmezustände sind nicht lange zu ertragen und können tödlich ausgehen.

Selbst im Orgasmus geschieht keine kosmische Verschmelzung, wie eine Zeit lang gern kolportiert wurde; es gibt immer nur den eigenen, und ich kann nicht einmal sicher sein, ob der oder die andere bloß spielt. Die legendär gewordene Filmszene in «When Harry met Sally» im *Katz's Delicatessen* in New York führt es ein für allemal vor: Auch da gibts keinen Gott, sondern den Beweis, das selbst der göttliche Orgasmus ein *Fake* sein kann – und garantiert nicht jedenfalls jener Gottesbeweis, den die Kirchen beschreiben. Insofern bin ich ein Ungläubiger.

Und was sind Selbsterfahrungen wert – für einen Menschen oder für die Gottfindung? Tatsächlich habe ich Menschen getroffen, gezeichnet von abenteuerlicher Lebenserfahrung, ausgestattet mit allen Narben dieser Welt, und doch waren sie kein bisschen weise geworden. Es gibt dagegen andere, die praktisch nichts erleben außer ihr Alltagsleben in unserer hochkomplexen Dienstleistungsgesellschaft, aber aus der Beobachtung dieses Wenigen haben sie enorm viel gezogen. Erfahrung ohne Reflexion ist wertlos. Gott erfahren oder Gott nicht erfahren, heißt gar nichts.

Aber muss alles Unerklärliche gleich Gott oder Jesus oder dem Heiligen Geist zugeschrieben werden? Ist da nicht wieder das verängstigte Kind, dass allem schnell einen Namen gibt, auf dass es Herr der Lage bleibe? Pfeifen im dunklen Wald macht ihn weder heller noch werden Gefahren kleiner, ich nehme mir nur fatalerweise die Angst, die mich vor Gefahren bewahren würde.

Nichts ist gewonnen, wenn ich, statt einen realen Bräutigam zu suchen Jesus zu meinem Bräutigam mache – als «Braut Jesu» bezeichnet man die Nonne. Vollständige Gerechtigkeit unter den Menschen gibt es nicht, aber nichts ist gewonnen, wenn auf Erden plötzlich Gottes Gerechtigkeit wirken soll. Wenn ich meinen Vater vermisse, wird weder Gott mein Vater sein noch Maria meine Mutter.

So wie es aussieht, sind die Menschengerichte bei weitem gerechter als Gott. Mir gefällt allerdings die Vorstellung, dass wir vielmehr Gottes Hände, Augen und Füße sind. Oder: Wir sind eine Matrjoschka, eine dieser ineinander verschachtelbaren russischen Holzpuppen in einem von innen nie erfassbaren Matrjoschkasystem, das ineinander und durcheinander und wie auch immer mit allen verbunden ist. Wir erkennen ein bisschen die nächst größere Puppe und ein paar kleinere nach unseren beschränkten Vorstellungen. Dann ist Schluss mit Erkennen. Hier fängt die Ahnung an, und man sollte sie auch als Ahnung bezeichnen, nicht als Gott.

Einen, der das ungefähr so sieht, nennt man einen Agnostiker. Im Unterschied zum Atheisten, um den es hier geht, sagt dieser jedoch nicht: Ich weiß, dass Gott nicht existiert. In einem Bus herumzufahren gegen etwas, das es nicht gibt, ist schon etwas eigenartig.

Bibel: Die Sieger schreiben die Geschichte

Letztes Jahr besuchte ich zwei Soldatenfriedhöfe in der Normandie, einen für amerikanische und einen für deutsche Gefallene. Die Amerikaner lagen in bester Lage, direkt über der Küste, dahinter nur noch das weite Meer, über das sie hoffnungsvoll in ihren Landungsbooten angekommen waren und gleich unter heftigsten Beschuss gerieten. Jedem Soldat ein eigenes schneeweißes, aufrechtes Kreuz aus dem besten Marmor Italiens. Die Deutschen lagen ein paar Kilometer zurück, abseits neben einer Schnellstraße, stets zu zweit unter einer Steinplatte. Es war unschwer auszumachen, wer den Krieg gewonnen hatte.

Manchmal denke ich: Was stünde wohl in der Bibel, würden darin diejenigen zu Wort kommen, die in den vielen Schlachten des Alten Testaments getötet, verdrängt, gefoltert oder auf andere Weise zum Schweigen gebracht wurden, all jene an den Ausfallstraßen Geborenen und dort Begrabenen, all die Stämme, die mit der Schärfe des Schwertes ausgelöscht wurden, all die Zeitzeugen, mündlichen Überlieferer, Aufschreiber zur Zeit Jesu und des Urchristentums, die von den Siegern wegzensuriert wurden, all die Ketzer, die verbrannt wurden, all die Millionen christlicher Soldaten der Kriege bis heute, die mit dem Segen oder gar Befehl der Kirchen zum Töten losgeschickt wurden? Wer schreibt ihre

Geschichte? Oder vielmehr, wer schreibt Geschichte aus ihrer Sicht – also die Geschichte der Mehrheit, rechnet man die Verlierer im Siegeslager auch noch dazu, die die Ehre haben, allein, statt zu zweit im Grab liegen zu dürfen? So gesehen kann Geschichte oder Bibel nur Fälschung heißen.

Und wie sähe die christliche Überlieferung aus, wäre auch der fünfte Evangelist in den Kanon der vier anderen aufgenommen worden, Thomas, der Interessanteste von allen, dessen Schriftrollen 1945 in Ägypten gefunden wurden? Oder das Judas-Evangelium, wo Judas keineswegs als Verräter dargestellt ist und Christus auch nicht am Kreuz stirbt? Der rigorose Zensor Irenäus, Bischof zu Lyon (135–202), erklärte diese von Theologen eher belächelten gnostischen Urtexte zu Verlierertexten, zu sogenannten Apokryphen, verfolgte als vormals selbst von den Römern Verfolgter nun die eigenen Abweichler im Geiste – und fertig war die Wahrheit des Siegers vor der Geschichte.

Schon im «Heidelberger Katechismus» von 1563 wird die ketzerische Frage gestellt: «Woher willst du das Wissen?» Der Frager meint, alles, was man über Gott sagt und über Jesus. Die Antwort lautet: «Aus der ganzen Heilsgeschichte der Bibel, die mit den Erzvätern begann, sich in den Propheten fortsetzte und sich in Jesus Christus erfüllte.»

Seither gilt: So wie es in der Bibel steht, ist es gewesen, Punkt. Somit gilt und ist die Version der jeweils siegreichen Eliten aller Zeiten seit Adam festgeschrieben. Mit Recht fragten die Sozialisten im neunzehnten Jahrhundert: «Als Adam grub und Eva spann, wo war denn da der Edelmann?» Der Edelmann führte sich ein in die Geschichte als eine von Gottes Gnaden gegebene Tatsache. Man kann sich auch einmal fragen, wie eine Bibel ohne Könige und Kaiser, ohne Bischöfe und Päpste zu lesen wäre.

Oder eine Bibel ganz aus der Sicht der Frauen ...

Der Edelmann kam umgehend mit dem Freibrief des männlichen Gottes, die Mutter Erde sei untertan zu machen. Mir gefällt darum das schlichte Wort «Überlieferung». Es heißt nicht mehr als: So ist es uns erzählt worden und natürlich durch die Sieger. Die Worte Jesu, wurden ganze dreißig Jahre danach zum ersten Mal aufgeschrieben.

Der Schriftsteller Friedrich Dürrenmatt (1921–1990) meinte sinngemäß zur Bibel, er nehme nur einfach die Worte wahr, egal woher sie stammten. Ich halte es auch so mit dem Blick eines gegenwärtig Lebenden: Wie wird das wohl früher gewesen sein, wenn es doch heute noch so ist, auch nicht mehr als achtzig Generationen später?

Im Koran hingegen gibt es nicht die Spur eines Zweifels an der richtigen Auswahl der Texte. Der Koran ist das Wort Gottes, da gibt es nichts zu rütteln. In der Bibel spricht das Wort Gottes immerhin durch Menschen, die Bibel muss stets interpretiert werden. Die Bibel ist einfach eine Sammlung von Texten und Handlungsbeispielen, die die Bischöfe für überlieferungswürdig hielten, weil sie ihren Interessen das Wort redeten. Nur, der Stärkere ist durchaus nicht automatisch der Gescheitere, Weisere – schon gar nicht unbedingt der Kultiviertere. Rom wurde von den rückständigen Barbaren weggeputzt, die maurische Hochkultur in Spanien von den damals in vieler Hinsicht rückständigen Christen. In Toledo und anderen von mohammedanischen Herrschern regierten Städten lebten vormals mehrere Religionen relativ friedlich nebeneinander, bis die alleinrichtige christliche Kirche mit Schwert und Inquisition unter den Ungläubigen aufräumte und Jahrhunderte der geistigen Stagnation folgten.

Bibel heißt: Sieger lesen Sieger, Sieger verkünden Sieger. Nirgendwo steht, die anderen hätten zwar verloren, aber eine Reihe großartige Ideen gehabt, die man mit Bedacht prüfen und allenfalls übernehmen wolle. Nirgendwo steht: «Es tut uns leid, die Bibliothek von Alexandria angezündet zu haben.» Der Sieger ist oft nur einfach der brutalere, skrupellosere. Unzählige weitere Beispiele in der Geschichte zeigen, dass ganze Völker über Jahrhunderte in ihrer Entwicklung zurückgeworfen wurden, weil Barbaren nun das Sagen hatten.

Was wäre aus dem geistigen Deutschland, ja aus der Weltkultur geworden, hätten die Nazis tatsächlich gesiegt und ihr dümmliches Germanengehabe über ganz Europa gebracht? Was folgte nach der hochentwickelten griechisch-römischen Kultur – nach der ägyptischen Hochblüte, als der Umfang der Erde schon auf wenige Kilometer errechnet war, aber all dieses Wissen von Streitwagen rückständiger Wüstenvölker weggesäbelt wurde auf Jahrhunderte hinaus?

Die ganze Heiligkeit der Schriften soll das Produkt bloß günstigen Wetters, von Zufällen, von brutaleren Söldnern sein? Wie auch immer – woher nehmen Gläubige und Theologen jedenfalls nur diesen unendlichen Respekt vor jedem einzelnen Buchstaben dieser Schrift her? Und mit welchem Recht nennt man sie eine heilige? Und könnte man nicht gerade so gut aus ihr entfernen, wie man in sie hineingegeben hat? Raus mit allen rassistischen und frauenfeindlichen Sätzen? Oder hatte Gott der Allmächtige es nötig, die weibliche Hälfte seiner Menschengeschöpfe zu erniedrigen, wenn er doch selbst fand, dass er gut geschöpft hatte? Und hat Gott dafür gesorgt, dass stets die Richtigen gesiegt haben, die richtigen Soldaten niedergemacht, die richtigen Frauen vergewaltigt, die richtigen Kinder aufgeschlitzt wurden im Namen Christi, wie die Bibel nicht nachkommt vorzuführen?

Die Söldner der Schweizergarde durften das im Dienste

der Päpste seit 1506 zweifellos annehmen; ihre Waffen waren ja gesegnet, der Zweck war verbürgt ein heiliger – niederknien, beten, ein Liter Schnaps hinter die Binde und dann losmetzeln im Dienste des Richtigen. Meist waren die Soldaten im Dienste heiliger Zwecke nur besinnungslos betrunken. Wie anders wäre ein Blutbad – und Schlachten sind nichts anderes – überhaupt zu überstehen? Und was wird schneller verdrängt und umdefiniert als das Schreckliche?

Der Unfehlbarkeitsanspruch der Päpste in Bezug auf die richtige Auslegung der Bibel erscheint so erst recht in eigenartigem Licht. Wie soll ein Religionslehrer das heute noch vermitteln? Es war schon bei der Verkündung der päpstlichen Unfehlbarkeit 1870 absurd. Bei einem meiner Vorgänger im katechetischen Dienst warfen sich die Jugendlichen gegenseitig die Bibeln an den Kopf, als er weit weniger versuchte. Was erzählen die Religionslehrer heute, wenn die Kirchen immer mehr Boden verlieren, was nach weiteren dreißig Jahren?

Die Bibel ist genau genommen kein Buch, sie ist eine ganze Bibliothek, bestehend aus rund sechzig Büchern, geschrieben, korrigiert, zensiert, umgeschrieben, ergänzt von Hunderten in einem Zeitraum von tausend Jahren. Die Bibel ist also beileibe nicht aus einem Guss. Wer sie wörtlich nimmt, nimmt somit eine Legion von Siegern wörtlich. Erstaunlich wie gesagt nur, wie gründlich das ausgeblendet wird. Da liegt doch ein kompaktes, in Leder gebundenes schweres und mit goldenen Buchstaben verziertes Buch in meiner Hand – das kann doch keine Wundertüte sein!

Ist sie aber, die Bibel, im besten Sinne, und warum auch nicht? Gerade das ist mir das Liebste an dieser Bibliothek. Die Bibel ist zumindest ein faszinierender Fundus, eine ewige Grabungsstätte mit literarischen Trouvaillen, grandiosen Bildern, aber auch extrem langweiligen Passagen, nicht enden wollenden Aufzählungen, Namenslitaneien von erfolgreichen Heerführern. Sogar Bauvorschriften, Ernährungstipps, Hygienevorschriften für Wüstenvölker, mit denen sich Strenggläubige in modernen Megastädten noch plagen, sind über viele Seiten aufgelistet. Dass mir gerade diese Details die liebsten Eintragungen sind, weil sie absichtslos den Alltag früherer Zeiten abbilden, ist mein Vergnügen, Hauptsache man hat sein Vergnügen an dieser großartigen Wundertüte Bibel, des jüdischen Tanach oder der Schriften anderer Religionen.

Ein orthodoxer Jude hat's erst recht streng mit seinen Schriften, er ist den ganzen Tag damit beschäftigt, nichts falsch zu machen, was Moses seinem Stamm in der Wüste richtigerweise vorschrieb, um seinen Wanderhaufen einigermaßen über die Runden zu bringen. Die Bibel ist eine Bibliothek, die auf praktische Aufgaben hin geschrieben wurde, nicht eine der Wahrheit. Das wird an theologischen Fakultäten auch gar nicht bestritten, nur tönt es am Sonntag von der Kanzel ganz anders. Egal, ob man einer Kirche angehört oder nicht – über die Jahrhunderte ist die Bibel Bestandteil unserer Kultur geworden, ein wichtiger Eckstein unseres zivilen Fundaments. Das deutsche Grundgesetz, die Bundesverfassung der Schweiz, die amerikanische und die polnische Verfassung berufen sich auf Gott den Allmächtigen, und Minister neu gewählte Schweizer Bundesräte müssen auf Gott und die Bibel schwören, auch die Sozialisten.

Wie die Gewichte in Wahrheit auch immer verteilt sein mögen – wir leben doch tagtäglich mit der Bibel, ob sie auf unserem Nachttisch liegt oder nicht. Die Bibel ist ein Steinbruch, aus dem sich Generationen für ihre Zwecke bedient haben. Die Katholiken leiten aus ihr ihren Schuldmechanismus ab, die Reformierten ihr Leistungsethos. Auch ich nehme daraus, was mir gerade passt. Man kann aus den gleichen Bausteinen Häuser bauen, Kirchen, Gefängnisse, Dämme, Kanäle und Barrikaden nach Belieben. Es gibt rein gar nichts, was mit einem Bibelspruch nicht zu untermauern wäre. Mal sagt Jesus, es komme selber um, wer zum Schwert greift, mal sagt er, man solle zum Schwert greifen. Mal sagt er, man solle schlau sein wie die Schlange, dann im gleichen Satz friedfertig wie die Taube (dabei weiß jeder Taubenzüchter, dass es kaum einen streitbereiteren Vogel gibt als die Taube).

Die Menschen staunten jedenfalls nicht schlecht, als sie lesen konnten, was da alles in der Bibel stand, nachdem sie die Reformatoren aus dem Lateinischen ins Deutsch übersetzt hatten. Kein Wunder, dass die katholische Elite am Latein festhalten wollte, das niemand verstand. So konnten sie ihren Schäfchen die Bibel zum eigenen Vorteil auslegen. Die Übersetzung der Bibel ins Deutsche und die damit entstandenen Lesezirkel und Leseschulen lösten einen ungeheuren Bildungsschub aus, der die protestantischen Orte – allein schon wegen des Bildungsvorsprungs – wirtschaftlich nach vorne katapultierte. Durch die Reformation war zweifellos ein unabsehbar großer Schritt in die Mündigkeit geschehen.

Man kann mit der Bibel alles beweisen, merkten die schlauen Lateiner schon lange, man muss sich gar nicht erst die Mühe machen, sie auch noch in eine Landessprache zu übersetzen. So begannen Missionare, bewehrt mit Bibel und Kreuz in der Hand, arme Heiden nach dem Gusto ihrer Brotgeber zu belehren. Schon auf den ersten Handelsschiffen fuhren Missionare mit. Die machtgierigen Kolonialisten merkten bald, dass sich die christliche Disziplinierung der Schwarzen, Indios und Inder positiv auf ihre Ertragsbilanzen auswirkte. Bereits der indische Herrscher Ashoka (304–232), der Begründer des ersten buddhistischen Reiches, der römische Kaiser Konstantin (ca. 270–337) und Karl der Große (747–814) erkannten die machtstabilisierende Wirkung einer Religion.

Es ist unglaublich, welches Leid Missionare und Inquisitoren mit der Bibel in der Hand unter friedliche Küstenvölker gebracht haben. Scheusslichere Foltertechniken kann man sich gar nicht vorstellen, als wie sie sich Inquisitoren wie Xavier Francis in Bombay (heute Mumbai) ausdachten. Er ließ Indern, die sich weigerten zur Religion der Liebe überzutreten, zur Abschreckung unter anderem bei lebendigem Leibe häuten. Der Zusammenhang zwischen Triebstau und Sadismus ist bekannt. 1622 wurde Xavier Francis (1506–1552) heilig gesprochen ...

Es ist aber trotz aller Folter nicht zu erkennen, dass die Christen heute in Indien bessere Menschen wären als die Hindus, die es sich noch immer nicht nehmen lassen, Kühe und Elefanten anzubeten. Die brutale Disziplinierung muss somit anderen Zwecken gedient haben. Die Inquisitoren haben auch nicht selbst Hand angelegt, die Eroberer stellten gern ihre Soldaten zur Verfügung. Um ihr Gewissen mussten sie sich keine Sorgen machen, die Absolution aus Rom war im vornherein versprochen, ihre Waffen gesegnet, das Paradies versprochen.

Bibeltexte können vieles sein: Brandbeschleuniger, Gewissensentlaster, Rechtfertiger, Beschwerer. Vor Gericht wird auf die Bibel geschworen. Die Bibel war das Letzte, was Ketzer auf dem Scheiterhaufen noch sahen, entgegen gereckt durch den Rauch von einem Priester, damit sie bereuten, gegen die Hierarchie aufbegehrt zu haben. In einsamen Hotelzimmern liegt sie in der Schublade. In Gefängniszellen liegt oft als Einziges die Bibel auf dem Tisch. Ich hatte im Militär Gelegenheit, mit der Bibel zehn Tage scharfen Arrest zu teilen, als ob sie mich davon hätte abbringen sollen, tendenziell faschistische Marschlieder zu verweigern.

Dass die Bibel das meist verkaufte und übersetzte Buch ist, weiß jeder – gelesen haben sie die Wenigsten. Es ist, als sei das Gewicht der Bibel in der Hand schon das Gute und Wahre an sich. Man kann es sich wie gesagt auch schenken, die meisten Texte anders als diagonal zu lesen: Jener zeugte diesen, dieser zeugte jenen und jener zeugte diesen – von den Frauen, die die Früchte dieser Zeugerei austragen mussten, meist keine Zeile. Und Männer würden noch lange Sieger bleiben. Sie bestimmen das Geschichtsbild bis heute.

Was käme in der Bibel vor, wenn sich die Frauen, wie Lilith, nicht hätten unterkriegen lassen? Warum überlassen Frauen Männern freiwillig das Feld der Historie und der Religion? Hinderte sie heute noch etwas daran, den Standpunkt mehr als der halben Erdbevölkerung zu vertreten? Wie sähe die Bibel aus, hätten sie sie paritätisch mitschreiben dürfen?

Heute werden mit der Bibel in der Hand direkt keine Gräueltaten mehr begangen. Es wäre heute politisch zu gefährlich, direkt mit Glauben daherzukommen, weil die modernen Nationen und Armeen konfessionell zu durchmischt sind, Politiker stets auf ihre Wiederwahl schielen müssen und daher auch auf die Stimmen der andersgläubigen Minderheiten angewiesen sind.

Manchmal entwischen Politikern (nach der Wahl) und Päpsten trotzdem verräterisch intolerante Aussprüche, die dann Würdenträger anderer Religionen und Konfessionen kurzfristig empören. Dann wird beschwichtigt, die Seligsprechung des dem Faschismus zugeneigten Papstes Pius XII. vorläufig storniert, werden Moscheen und Synagogen freundschaftlich besucht, werden Gemeinsamkeiten der des Glaubens herausgestrichen, im Akkord Kränze niedergelegt …

Und dann geht es wieder geradeaus, die katholische Kirche denkt in Jahrhunderten, in der protestantischen Konfession sind die Visionen den Evangelikalen überlassen, und seit anderthalb tausend Jahren ist die Bibel unverändert das Fundament, auf dem wir bauen, gelesen oder nicht. Auf das Alte Testament berufen sich sogar drei verschiedene Religionen – um diesen Umstand jedoch nicht zum Gegenstand von Versöhnung, sondern zum Anlass endloser, kleinlicher Zwiste zu nehmen ...

Wie gesagt, beschreibt die Bibel eine Nomadenwelt, die für uns nur noch in Sandalenfilmen vorkommt, und eine neue «Bibel», ein neues Fundament als Gefäß unserer unbestreitbar vorhandenen religiösen Bedürfnisse ist noch weit und breit nicht in Sicht. Das kann gar nicht anders sein. Bibeln sind ja stets nur das Sediment bereits virulent gewordener neuer Einsichten und Lebensformen, aufgrund neuer technischer und wirtschaftlicher Möglichkeiten. Bibeln entstehen stets erst im Nachhinein – früher mit Jahrhunderte langer Verspätung. Wahrscheinlich bilden die Foren des Internets bereits einen Keim oder Kanon heraus, der für mehr und mehr Weltbürger mit der Zeit verbindlich sein wird auf eine Weise, die wir uns noch nicht vorstellen können. Niemand kann sich heute vorstellen, was in hundert Jahren alltagsbestimmend sein wird und muss es auch nicht.

Um Bibeln muss sich niemand kümmern, sie schreiben sich von alleine und nähren sich aus verschiedensten Quellen. Bibeln sind Patchwork.

Unter Beibehaltung des wenigen Schönen und Ewig Gültigen, dürfte man allmählich dazu übergehen, neue Generationen davor zu verschonen, in Bibeln lesen zu müssen, die nicht einmal ihre Lehrer mehr verstehen. Bilder von Koranschulen, wo Kinder, statt draußen zu spielen, gezwungen werden, stundenlang hin und her wippend für sie nicht nachvollziehbare Sätze auswendig zu lernen, muss Missbrauch genannt werden dürfen.

Wenn wir Alten mit Bibelsprüchen als Letztes ins Grab sinken wollen, ist das unsere Sache – ich will es nicht –, aber verschonen wir unsere Kinder und Enkel endlich vor Heuschreckenplagen und brennenden Büschen und, schlimmer noch, vor Märtyrern mit Dornenkronen, an Kreuzen röchelnd und in kochend heißen Badewannen ausharrend, wie es ausführlich geschrieben steht! Der Trick ist längst bekannt, dass man mit Schrecken und verkappt sexuellen Inhalten sein Publikum am billigsten vereinnahmt und auch für Adepten des Katholischen und manche ihrer unerlösten Dozentenväter ein schlüpfriger Boden darstellen kann. Hätte nicht längst ein ökumenisches Konzil diesen ganzen schummrigen Sadomasochismus aus der Schrift und den daraus abgeleiteten Schriften entfernen können, wenn doch das Hineinfügen nie ein Problem gewesen ist? Wenn das Entstehen der Bibel von Gott inspiriert gewesen sein soll, so könnte doch auch eine große Reinigungskommission von Gott inspiriert ans Ausmisten gehen …

Altes Testament: Auf so etwas beruft man sich

Das Alte Testament ist eine Schriftensammlung, die die Zeit vom angeblichen Beginn der Welt (nach Berechnungen von christlichen Fundamentalisten 4004 vor Christus …) bis zur Zeitwende. beschreibt.

Als die Juden des Stamms David im fünften Jahrhundert

vor der Zeitrechnung nach Babylon in die Gefangenschaft verschleppt wurden, begannen sie ihre Geschichten und Mythen zu memorieren. Sie wollten ihre Identität nicht verlieren. Es ist naheliegend, dass man in der unfreiwilligen Diaspora am meisten an die Heimat denkt. Auslandschweizer sind in der Regel auch die innigsten Schweizer, sie wollen die eigenen Wurzeln bewahrt haben, nicht hinterfragen.

Ähnliches ist den Schriften des alten Testamentes anzumerken. Es ist verständlicherweise ein Lobgesang auf den eigenen Stamm, der Beginn leider auch einer auf ihr ausgeprägtes Gefühl des Auserwähltheitseins, das den Juden durch alle Jahrhunderte erheblichen Ärger eingebrockt hat. Heute würde man es Fundamentalismus nennen, und tatsächlich ist jegliche Diaspora der beste Nährboden zum Zelebrieren der Eigenständigkeit. Das Christentum hat sich dieser Auserwähltheit angeschlossen, indem es ebenfalls den Eintritt in den Bund mit Gott für sich reklamiert. Seitdem ist diese jüdische Schriftsammlung ihr Altes Testament.

Es schildert über weite Strecken eine Anhäufung von Metzeleien. Außerdem soll Methusalem 969 Jahre alt geworden sein und mit 187 Jahren noch einen Sohn – was sonst – gezeugt haben. Ein fitter Kerl, kann man nur sagen! Hauptsache, die Generationenfolge war geschlossen und nichts Artfremdes dazwischengekommen. Auch Jesus wird in dieen Stammbaum mit aufgenommen (Lukas 3, 37).

Aber man unterstehe sich als jüdischer oder christlicher Fundamentalist, die 969 Jahre Methusalems nicht zu glauben! Es ist die eine Sache, die Schriften bis zur Zeitwende als subjektive Geschichtsschreibung der jüdischen Stämme zu betrachten, eine andere aber, ob man das Alte Testament mit seinem gegenüber anderen Stämmen unversöhnlichen Geist als Rechtfertigung für Politik des 21. Jahrhunderts heranzieht. Der von einem amerikanischen Präsidenten ausgerufene Kampf gegen die «Achse des Bösen» steht in der Unduldamkeit des Alten Testaments, und was daraus erwächst, ist Vernichtung. Politik nach dem Prinzip «Wir sind gut, die anderen sind böse» hat noch immer in die Katastrophe geführt. Fundamentalismus bildet die Grundlage für einen absolut weltfremd gewordenen Geist, den machtversessene Politiker jederzeit für sich als Herrschaftssicherung mobilisieren, wenn wir nicht darauf hinwirken, dass fundamentalistische Tendenzen aus der Politik verschwinden.

Das Alte Testament hingegen kann nichts dafür, es ist über den damaligen Zeitgeist hinaus über weite Strecken ein großartiges und unterschätztes Dokument und sollte auch nicht verschwinden. Seine grandiosen Bilder werden immer für die Grundfragen menschlicher Existenz stehen, egal ob man gläubig ist oder nicht: Wo komme ich her? Was mache ich hier? Wo beginnt der Einflussbereich des Anderen? Welchen Sinn soll Technik haben? Wo beginnt die Hybris des Einzelnen oder einer Gruppe? Wie stellen wir uns die Zukunft vor? Was müssen wir loslassen (opfern), um durch neue Nadelöhre zu passen?usw.

Die Apokryphen, das sind die Aussortierten ...

Apokryphen, also «verborgene» Schriften, sind Texte, die die Textsammler der Bibel nicht in die Bibel aufgenommen haben. Das Alte wie das Neue Testament sind Textsammlungen, die schriftkundige Priester aus einer großen Menge in Frage kommender Texte willkürlich ausgewählt haben. Da stets die Gewinner von Auseinandersetzungen die Geschichtsschreibung bestimmen und sie über Generationen auswendig lernen lassen, fallen wertvolle andere Texte sehr schnell in Vergessenheit. Auf den Vorwurf, die Bibel könne als Basis des Christentums gar nicht repräsentativ sein, antworten die Gläubigen, Gott habe eben die Hand der schnipselnden Zensoren geführt. Das sagen auch die Islamisten, die sich dem gleichen Vorwurf ausgesetzt sehen. Die Buddhisten hingegen scheinen jeden auffindbaren Buchstaben in die heiligen Schriften aufgenommen zu haben, anders sind ihre Hunderte von Weisheitsbüchern nicht zu erklären, deren Last jeden Adepten erschlägt und zum Verstummen bringt. Wer sich nur schon die angeblich sieben oder acht wichtigsten Bücher vornimmt, ist ein Leben lang beschäftigt.

Was die zensierenden christlichen Priester mit der ihnen genehmen genehmen Auswahl geschafft haben, nämlich ihre Hausmacht zu festigen, erreichten die buddhistischen Priester durch tausende von Blättern, die nach Experten mit Über- und Durchblick verlangen. Dass es sich in allen Fällen durchgehend um Männer handelt, sollte zu denken geben. Andere Religionen schaffen die Trennung richtiger von falschen Schriften und Gedanken auf wieder ihre Weise. Aber was können richtige und falsche Texte sein, wenn die Hälfte der Weltbevölkerung seit Methusalem praktisch nicht darin vorkommt?

Sicher ist: Apokryphen sind hochinteressante Dokumente, weil sie die behäbige Überlieferung oft von heute auf morgen auf erfrischende Weise in Frage stellen und neue Perspektiven eröffnen. Zum Beispiel tauchen da Frauen auf, die in den offiziellen Texten auf wundersame Weise verschwunden sind. Oft werden diese Texte Jahrhunderte später wieder aufgefunden, nachdem man sie für verloren hielt.

Viele solcher Dokumente hatten Mönche damals in Tontöpfe verschlossen und in abgelegenen Höhlen deponiert, damit sie nicht Feinden oder übereifrigen Glaubensbrüdern in die Hände fielen.

Mit der heutigen Internet-Technologie wird es nicht mehr so einfach sein, unliebsame Texte auszuscheiden und unter Verschluss zu halten. Im Gegenteil; das Problem zeigt sich anders herum: Wie verhalten wir uns in einer Welt, die nie mehr vergessen kann?! Wie wird in Zukunft zum Nachteil von Minderheiten richtig von falsch geschieden werden? Und was können wir jetzt schon tun, damit das nicht geschieht?

Über die archaischen Grenzen der Religionen

Alle Religionen sind bei der (Bilder-)Welt der Nomaden und ersten Sesshaften und im Mittelalter stehen geblieben, die zum Beispiel für Juden noch vorschreibt, sinnvolle Ernährungsgesetze der Wüste (kein Schweinefleisch essen) im Zeitalter des Kühlschranks einzuhalten. Oder was soll ein depressiver Paranoiker in den Händen eines katholischen Exorzisten, der noch mit Dämonen operiert? Oder ein Homosexueller, der mit seiner gegebenen sexuellen Orientierung hadert, wird vom zölibatären Priester mit heilsamen Gebeten nach Hause geschickt und soll nach dem Willen des Bischofs von Chur beim heiligsten Ritual der Kommunion die Arme verschränken, damit die Kirchgemeinde sehe, wo er auf der Himmelsleiter stehe! Und weil Mohammeds Lieblingsfrau neun Jahre alt war, als er sie in seinen Harem aufnahm, werden heute in gewissen islamischen Ländern noch immer minderjährige Mädchen in die beliebige Macht von Greisen vergeben ...

Die Fundamente, worauf die Religionen bauen, haben alle grundsätzlich dasselbe Problem: Der Keller ihrer Erfahrung ist längst derart zugeschüttet, dass man nicht mehr erkennt, was in ihm enthalten ist. Die Gläubigen hoffen und glauben, dass die aus der historischen Erfahrung gespeicherten Rituale ein Stück weit an Spiritualität transportieren, aber sie wissen nicht mehr, was und warum. So herrscht heute einerseits das Hausmodell «nicht nachvollziehbare antike Schwere» und auf der anderen Seite die Leichtbauweise «Harry Potter» – Freikirchen und die Schnellanbieter der außereuropäischen Religionen; sie haben daraus einen Tummelplatz eines beliebigen Glaubensangebotes gemacht, das wie ein Supermarkt funktioniert und Bilder und Traditionen der bestehenden großen Religionsgemeinswchaften aus deren Versatzstücken anbietet.

Nachweis der Religiosität

Wie sollen wir uns da zurechtfinden, wenn wir unserer per se gegebenen Religiosität einen der Zeit adäquaten Ausdruck geben wollen? Das Drama unserer Zeit besteht darin, dass wir zu unserer grundsätzlichen Verunsicherung noch die Verunsicherung eines gewaltigen Umbruchs erfahren, aber kein Aufgehobensein erfahren in einer zeitgemäßen Religion. Wer aber noch zweifelt, dass Religion ein Grundbedürfnis darstellt, sehe nur, welche Einfärbung Zukunftsvisionen und

Vergangenheitsprojektionen wir heute haben: Raumfähren aus Hollywood werden von Priestern gesteuert, Zeitmaschinen relativieren Jahrhunderte (was Einstein immer sagte), Gut und Böse kämpfen endlos miteinander, und am Ende ist der Planet zwar zerstört, aber der junge Held und die Schöne schreiten wie Adam und Eva mit Orgelgetöse und Abspann in eine neue Morgenröte des ewigen Friedens hinein ...

Überholtheit der Religionen

Die fünf großen Weltreligionen, kann man mit Recht einwenden, sind doch immerhin etwas über Jahrhunderte Gewachsenes und Komplexes und bestimmt nicht in ein paar Sätzen abzuhandeln! Wer sich mit dem Thema Religionen anlegt, muss sich den Vorwurf der Pauschalisierung gefallen lassen.

Aber ich gehöre nicht zu jenen, die auf sinkenden Schiffen noch abwaschen und Messer, Gabeln und Löffelchen sauber und getrennt in je separate Schubladen legen, wie auf der Titanic geschehen, eine Stunde, bevor sie mit allen Differenzierungen versank. Oder zu denen, die den Untergangsmarsch «Näher dich mein Gott zu mir» vom Notenblatt ablesen, damit ja kein falscher Ton über den Wassern schwebe, die in ein paar Minuten Blatt wie Cello verschlucken werden. Wahrscheinlich wurde auch noch in der anglikanischen und in der katholischen Schiffskapelle aufgeräumt und das ewige Licht gewartet, bis ...

Religionen entstehen, wenn das unabdingbare Bedürfnis nach Religion mit einem anderen Zweck (Macht, Sicherheit,

Versorgung, Anerkennung usw.) eine unheilige Allianz eingeht. Ab der Sippengröße von rund siebzig Menschen wird aus einer Gruppe, in der jeder den Namen des andern kennt, eine Masse, und mit der oder durch die Masse herrschen andere Gesetze. Hier beginnt das Reich der Liste, der Schrift, der Verwaltung, der Zentrale, hier wird aus der Absprache von unten der Befehl von oben, hier beginnt die Dynamik der Schneeballsysteme, die Mission, die Unfehlbarkeit, der eine Glaube, die Spaltung zwischen uns und den andern, hier nehmen im Extrem die Glaubenskriege ihren Anfang.

Das grundsätzliche Problem ist mit etwas Auffrischung, etwas Jazz im Gemeindehaus, mit jungen motivierten Priestern, die elektrische Gitarre spielen vor dem Altar, oder mit Bischöfen, die Harley Davidson fahren, mit frechen T-Shirts und ewigen Luftballons nicht zu beheben.

Und man verzeihe mir einen weiteren unpassenden aber erklärenden Vergleich: Die analoge Fotografie gibt es auch noch, aber selbst analoge Fotografen haben bereits eine Digitalkamera. Und die Digitalfotografie ist nicht die Fortsetzung der analogen, ihre Wiedergabe ist etwas grundsätzlich Anderes und Neues. Zwar werden von ihr die optischen Gesetze nicht außer Kraft gesetzt, aber dort, wo die analoge Fotografie die doppelte Belichtung mit Hilfe von Chemikalien zur Voraussetzung hatte und die Bilder bestenfalls nach Stunden zur Verfügung standen, bietet die Digitalität sofortige Verfügbarkeit und Weitergabe in alle Welt.

Die alten Wüstenreligionen sind vergleichsweise analoge Religionen, sie werden in einer Nische zurückbleiben, während sich etwas Neues Bahn brechen wird und unspektakulär schon tut. Die Religionen verblüfften mit Wundern vergleichbar den wechselnden Aggregatzuständen: Mal fließt Wasser, mal fliegt es, mal kann man auf ihm gehen, weil es gefroren ist. Man konnte sich solche Vorgänge so wenig erklären wie ein Blitz oder die wilden Bahnen der Planeten.

Heute durchschauen wir nicht nur die simplen Aggregatzustände, wir durchschauen sogar die Transformationsprozesse, die Reaktionen von Wasserstoff mit Sauerstoffatomen. Wir haben es zu tun mit Zuständen, die gleichzeitig mit Welle und Teilchen beschrieben werden müssen. Kurzum, man kommt den neuen Erkenntnissen nicht bei damit, dass man sie mit dem Vokabular der festen Stoffe erklärt. Man kann die Digitalfotografie nicht mit dem Vokabular der analogen erklären, es ist schlicht nicht möglich.

Man kann die Verschmelzungsprozesse unserer heutigen Zeit nicht mehr mit dem Wandel im Völkergefüge und dem Denken vor zwei- und sogar dreitausend Jahren erklären, als in gewissen Gegenden noch nicht einmal das Rad in Gebrauch war. Natürlich gibt es die immer gleichen Grundthemen des Menschen wie: Konflikt, Sex, Gruppe, Angst vor Ausschluss, Eifersucht, Liebe, Partnerschaft, Hass usw. und gewisse einfache alttestamentarische Bilder, die sie thematisieren. Allerdings bleibt es bei den Religionen nicht bei Bildern; sie geben im Detail vor, wie gelebt werden soll, und zwar nach den Notwendigkeiten vergangener Zeiten.

Alle Religionen geben das Versprechen vom richtigen Leben ab – wenn man sich an ihre Vorgaben hält. Allen voran wissen das der Islam und die katholische Kirche, die alleinige und einzige, wie der Name schon sagt. Beide lassen wenig Interpretation zu, der Islam schon gar nicht, er ist Buchstabe für Buchstabe das Wort Gottes und Punkt. Das richtige Leben ist aber definitiv nicht mehr richtig in einer globalen Welt. Im Zeitalter des Internets, der Atomtechnologie, der Gentechnologie, der künstlichen Befruchtung, der Eizellenspende, der Sterbehilfe usw. greifen die ewigen

Antworten und Denkschemata der Religionen zu kurz. Sie sind in der Antike gebildet worden und sollen Antworten im Heute geben.

Die Rückkehr zu einem archaischen Strafrecht, der Scharia, in einer Zeit extremsten Wertewandels, ist schon gar nicht mehr nachzuvollziehen. Reformationen werden nicht mehr genügen. Wenn ein Haus einmal einen gewissen Grad des Zerfalls erreicht hat, kann man nur noch ausziehen. Wenn etwas gestorben ist, kann man es nun einmal nicht mehr ins Leben zurückrufen, auch Jesus konnte das nicht. Er empfahl, das Totenreich mit sich selber beschäftigt sein zu lassen und sich auf die Seite des Lebendigen, der Zukunft zu schlagen. Schon Goethe wunderte sich, dass die Christen so wenig auf ihre eigenen Sätze hörten und so unerlöst aussähen. Ich wundere mich auch. Schon damals war die Brüchigkeit des Glaubens offensichtlich.

III.

Das Bodenpersonal des Herrn

Christus würde aus der Kirche geworfen

Beim Glauben spielt Wissen eine geringe Rolle, man glaubt ja eben, weil man nicht weiß. Über Jesu Leben weiß man praktisch nichts; man muss ihn glauben. Trotzdem besuchen Hunderttausende jedes Jahr die Orte seines angeblichen Wirkens in Israel und Palästina.

Mich hat es noch nie interessiert, dahin zu gehen. Ich will mich nicht an der Nase herumführen lassen und mir schon gar nicht die traurigen Folgen ansehen, die religiöser Fanatismus verursacht. Wenn heilige Länder so aussehen, wie sie mir die Medien näher bringen, dann will ich lieber in unheilige reisen und tue es auch.

Wie es auch immer war oder nicht war – es braucht schon einen enormen Glauben, dass man glauben kann, was Christen zugemutet wird, über Jesus zu glauben. Immerhin machen die Jesus-Gleichnisse und -Sprüche einen erheblichen Teil dessen aus, was man christlichen Glauben nennt. In den Texten wird Jesus auch Christus genannt, weil erst die Umbiegung des Juden Jesus in den Verkünder Christus (der Gesalbte) durch den emsigen Missionar Paulus (der Jesus nie gekannt hatte), die Basis zum Christentum gelegt hatte.

Ohne Paulus, wäre dieses Wanderpredigers und Heilers Wirken wohl eine Episode geblieben.

Ich kenne Menschen, die jeden einzelnen Buchstaben des Neuen Testamentes glauben. Mir ist schleierhaft, woher man diese Gewissheit nimmt. Sie sagen, Jesus hätte dies und Jesus hätte das getan, er sagte dies und sagte das, Jesus will dies, Jesus will das. Schon morgens um acht an der Haustür sind seine Missionare gewiss. Man könnte meinen, sie hätten ihn gerade vor einer Stunde gesprochen.

Obwohl ich Flucht in den Glauben fatal finde, empfinde ich mich selbst als Gläubigen. Oder ich sage vielmehr: Ich komme genauso wenig ohne Glaube an dies und jenes aus wie jeder andere, und ohne den Antrieb Hoffnung komme ich schon gar nicht über die Runden. Aber wie man buchstabengetreu an Jesus glauben kann, ist mir stets ein Rätsel geblieben. Es erschreckt mich jedes Mal geradezu, wenn Strahlemänner vor der Tür wie aus der Pistole geschossen von Jesus anfangen, kaum habe ich überhaupt begriffen, dass es Morgen ist und wer ich selber bin.

Und was ich gelten lassen kann an dieser Figur Jesus, ist durchaus nichts Außergewöhnliches. Man begegnet ab und zu bemerkenswerten Menschen; Menschen, die unkonventionelle Antworten haben auf neue Fragen der Zeit; Menschen, die einen durch ihren mutigen Lebensstil beeindrucken; Menschen, die auf dem Sterbebett noch Humor beweisen und somit die höchste Reifeprüfung bestehen. Ich habe großartige Menschen kennengelernt, die alles zeitlebens Gesagte mit ihrer Courage vor dem Tod unterschrieben und besiegelten. Jesus mag einer von ihnen gewesen sein, obwohl sein Humor nach der Überlieferung zu wünschen übrig lässt, aber wohl eher nicht überliefert ist. Ich kann mir nicht vorstellen, dass Jesus übers Wasser gelaufen ist, aber ebenso wenig kann ich mir einen bemerkenswerten Menschen ohne Humor vorstellen.

An der angeblichen Jesusbiographie befremdete mich stets, dass er seinen spektakulären Tod am Kreuz geradezu gesucht haben soll. Für Märtyrer habe ich nie etwas übrig gehabt. Ihr auf sich genommenes Martyrium wird von eifrigen Gläubigen stets tausendfach an Andersdenkenden gerächt. Ich empfehle, einen weiten Bogen um Kreuzwege, Kreuzzüge, Fackelzüge, Umzüge mit Mönchskutten, Opferungen aller Art, Schmerzensprozessionen, Hungerstreiks, Hungern für oder gegen, Suppe für oder gegen, Fastenopfer, Rock für oder gegen, Mahnwachen und dergleichen zu machen! Viele Katholiken sind geradezu askese- und schmerzverliebt. Wer sich absichtlich Schmerz (auch psychischen) zufügt oder sich zufügen lässt, geht mit der gleichen Schmerzlust auch auf andere zu. Ein Asket will alle anderen verzichten sehen. Der Genießer hingegen lässt jeden an seinen Tisch. «In meines Vaters Haus sind viele Wohnungen», heißt es in der Bibel.

Und was hilft es schon den Hungernden in der Welt, wenn einer solidarisch mehr hungert? Kein Hungernder kann verstehen, warum man sogar freiwillig auf Nahrung verzichtet, und was ihm das helfen soll. Und da Jesus für viele Christen vor allem als Schmerzensmann gesehen werden will, ist mir der Jesusglaube immer als gefährlich, jedenfalls stets unheimlicher vorgekommen.

Es ist nicht verwunderlich, dass Jerusalem, die Stadt seines Opfertodes, stets ein extrem gefährliches Pflaster geblieben ist – bis heute: Statt Frieden geht eine Mauer mitten hindurch, und in der Geburtskirche Jesu streiten sich zwei christliche Konfessionen mit Knüppeln um Zentimeter des Altartuches. Es hat schon Tote gegeben in dieser Kirche um dieses Tuch. Jesus und Mohammed haben dieser Stadt kein Glück gebracht. Jesus' Tod hat vor den Toren Jerusalems den Tod von Hunderttausenden nach sich gezogen. Die Gräuel der Kreuzzüge gegen die Ungläubigen sind als Gemetzel ohnegleichen in die Geschichte eingegangen. Und warum soll ich an einen Ort gehen, wo Märtyrer als Helden gelten, wenn sie sich selbst Kreuze auf die Schultern laden und eine via Dolorosa abschreiten, die an jenem Ort gar nicht durchgeführt haben kann?

Jesus der Leidende, wie ihn die Kirche sieht, könnte ich als Aspekt neben anderen ohne weiteres gelten lassen. Leben heißt auch Leiden. Gewiss. Und das Leiden in der Welt ist enorm. Das sichtbare Leiden ist ja bloß die Spitze des Eisbergs. Leiden muss immer ein Skandal bleiben. Vor allem ein Skandal vor der Behauptung eines personalen liebenden Gottes. Dass Leben Leiden sei und dass es darum gehe, sich aus den Bindungen an das Leiden zu befreien, ist schließlich auch ein Anliegen des Buddhismus. Sie nennen es nicht fatalistisch Erlösung, sondern Erleuchtung. Um erleuchtet zu werden, muss man allerdings etwas tun oder lassen; um Erlösung zu betteln und beten kann hingegen jeder. Im Zentrum steht die Selbstverantwortung, nicht die Erwartung, im Zentrum steht der Lösungsweg des Problems, nicht die Bitte.

Die heiligen Hallen des Buddhismus sind denn auch keine Nekropolen und Märtyrergedenkstätten wie die katholischen Gebetshäuser. Man tritt in der Regel gerne in buddhistische Tempel ein. Der meditierende Buddha ist ein schönes, lebensfreundliches Vorbild. Kinder erschrecken nicht beim Eintreten in sein Haus, und man verlässt es gestärkt, fröhlich und konzentriert. Touristen lassen sich gerne neben dem lachenden Dicken fotografieren und gehen lachend weiter. Neben einem gekreuzigten Christus habe ich noch keinen Touristen stehen sehen. Man atmet vielmehr auf, wenn man sein Haus wieder verlässt.

Die Krishna als höchste göttliche Tradition ist in Indien sogar ein einziges immerwährendes Fest. Man bereut geradezu, diese Tempel wieder verlassen zu müssen.

Bis ins dritte Jahrhundert nach dem Tod Jesu gab es auch im christlichen Glauben ganz andere Symbole als Kreuz und Marter: Die liebestolle Taube, der lebenswichtige Ölzweig, der wendige Fisch, das gleichschenklige Kreuz, der stoische Esel und so weiter. In den Kultstätten der Urchristen in Rom sind diese Zeichen noch da und dort zu sehen. Der Gesalbte sollte wenn schon König sein, Herrscher, Lehrer und Wundertäter. Im fünften Jahrhundert wird Jesus Christus mit dem Heiligen Geist sogar auf den Olymp Gottes gehievt, Trinität genannt, der Lieblingsgegenstand der Theologie, im Grunde aber ein unverständliches Konstrukt.

Die ersten Gemeinden hatten allen Grund, Kraft schöpfen zu wollen, zu leiden hatten sie genug. Aber das Christentum war ein revolutionäres Versprechen. Lukian von Samosata (120–180) schreibt über eine der ersten Christengemeinden: «Überdies hat ihnen ihr erster Gesetzgeber beigebracht, dass sie untereinander alle Brüder würden, sobald sie den großen Schritt getan hätten, die griechischen Götter zu verleugnen, und ihre Knie vor jenem gekreuzigten Sophisten zu beugen, und nach seinen Gesetzen zu leben.» Man kann sich gut vorstellen, welche Wirkung das Versprechen, Bruder (oder Schwester) eines anderen Menschen zu sein, in der römischen Sklavengesellschaft gehabt haben mag.

Jesus' Martyrium kam erst im Mittelalter ins Zentrum des Glaubens, als die Elite der Staatskirche den lukrativen Zusammenhang von schuldig machen und von Schuld erlösen erkannten. Erschreckte, Verängstigte, Schuldige lassen sich wunderbar lenken, das ist und war von Machtmenschen immer schnell erkannt worden.

Wenn einer gegen Regeln verstößt, die einen einigermaßen menschlichen Umgang in der Gemeinschaft ermöglichen, so hat er die Folgen selber zu tragen. Wenn schon Schuld, so muss jeder damit selbst zurande kommen. Wenn ich gegen die Order meiner Seele verstoße, gegen den Kompass, der mir meinen speziellen Wachstumsweg anzeigen will, sitze ich und nur ich später in der Tinte. Man kann einem anderen nichts abnehmen, man kann ihm höchstens verzeihen und etwas beistehen bei seinem Bemühen, sich selbst zu helfen, mehr nicht. Es ist ein Aspekt von Größenwahn und Auserwähltheitsdenken, zu meinen, man sei für das ganze Elend der Welt zuständig. Wer es nur schon fertig bringt, hundert Meter um sich herum einigermaßen zum Rechten zu sehen, ist der Helfer des Jahres. Nur der vor Kraft strotzende kann allenfalls einen Leidenden ein Stück weit mittragen. Und da geben christliche Helfer vor, mit einem Leidenden am Kreuz das Leid der Welt auf sich nehmen zu wollen!

Jesus kann uns nicht erlösen, aus naturgegebenen Gründen; noch nie ist ein Toter auferstanden, um noch etwas für sich oder andere zu richten, auch Elvis und Michael Jackson nicht. Aber keine Woche nach ihrem Tod, wie gesagt, gehen sie um, und schon streitet man sich um ihre Leichen. Charly Chaplins Leiche wurde sogar entführt. Es fehlte noch, dass man einzelne Knochen verschickt, wie man es mit den Gebeinen von Heiligen heute noch tut! Und stellt sich, wie es vielfach vorkam, später heraus, dass der Knochen ein Hühnerknochen ist – macht nichts, wir pilgern trotzdem hin. Obwohl man weiß, dass Padre Pio, von dessen angeblichen Wundmalen eine ganze Stadt lebt, sich diese mit Säure selber beigebracht hat, geht der Rummel unverdrossen weiter. Papst Benedikt hielt in Pios Gedenkdom eine Messe ab und rief die Gläubigenwelt auf, ihn sich zum Vorbild zu nehmen, obwohl die Kurie vor seinem Pontifikat zu den schärfsten Kritikern dieses Scheinheiligen gehört hatte. Damals hatte er noch zu wenig Bewunderer. Wie so oft ändert der Vatikan seine unumstößlichen Wahrheiten umgehend, wenn er damit eine genügende Anzahl Gläubige erreichen und einen vormals gefährlichen Konkurrenten heim unter den Hut der offiziellen katholischen Kirche führen kann.

Es kann ja sein, dass einige Attribute dieses Jesus mit der historischen Wahrheit übereinstimmen. Die Faktenlage ist jedoch äußerst brüchig. Möglich, dass er ein Zimmermann war; möglich auch, dass er in Jerusalem gestorben ist. Dass er aus Nazareth stammte, ist allerdings fraglich. Es ist auch möglich, dass er die Menschen seine Weisheit gelehrt hatte, wie schließlich hunderte Wanderprediger zu jener Zeit. In arabischen Ländern findet man sie immer noch auf den Plätzen – großartige Redner, denen man stundenlang zuhören möchte. Das Elend in ganz Palästina war überdies «himmelschreiend»; es herrschte Endzeitstimmung, etwas Ablenkung, wie heute das Fernsehen bietet, war willkommen. Tatsache ist, dass Weisheiten, die man ihm zuspricht, schon vor seiner angeblichen Geburt zur Zeit des Herodes die Runde machten. Und noch heute ist es so, dass es die Zuhörer auf den Marktplätzen der Orients nicht interessiert, ob eine Geschichte wahr ist oder nicht, sondern ob sie gut erzählt ist oder nicht. Sie muss auf einer höheren Ebene wahr sein, wie die Märchen. Die Botschaft zählt, nicht das Faktum.

Wenn Jesus gesagt das hat, was ihm zugeschrieben wird, dann kann allerdings für gesichert gelten, dass er der jüdischen Tempelelite ein Dorn im Fleische war. Man kommt nicht an der Geschichte dieses Mannes vorbei, ohne in ihm vor allem den Aufrührer zu sehen, der heute die satten Herrschaftsverhältnisse der christlichen Kirchen gewaltig aufmischen würde. Bestimmt waren die Einsichten, wie sie Jesus zugeschrieben werden oder er vertrat, neu und atemberaubend in jener Zeit an jenem Ort. In Indien wäre er kaum aufgefallen. Einige Quellen wollen auch wissen, dass er von Indien kam, ja sogar ein Inder war. Andere lokalisieren ihn sogar in Japan in seinem späteren Leben. Die wildesten Spekulationen grassieren, weil man über Jesus Identität praktisch nichts weiß. Das meiste, das man ihm zuschreibt, sind Rückinterpretationen aufgrund Prophezeiungen im Alten Testament. Wo zum Beispiel war Jesus zwischen zwölf und dreißig gewesen, immerhin achtzehn Jahre lang?

Für mich und viele andere ist Jesus Christus nicht der Leidende, sondern ein «Aufhänger» einiger erstaunlicher Sätze und Gleichnisse, eine erste Stimme mitfühlender Menschlichkeit in der abendländischen Tradition, ein frühes Licht wie Buddha, Lao-Tse und einige andere. Von Lao-Tse weiß man auch praktisch nichts, außer die Vermutung, er habe im sechsten vorchristlichen Jahrhundert gelebt. Was tut's!?

Ist es Angesichts der «Jesus-Botschaft», des Evangeliums, so wichtig, ob er hier oder dort oder überhaupt gelebt hat? Was bringt es der Erkenntnis mehr, wenn man weiß, dass er leibhaftig auf der Erde wandelte? Bringt es nicht vielmehr weniger, weil man meinen könnte, nur er, dieser Konkrete, sei zu solchen Einsichten fähig und könne allenfalls noch etwas für uns tun? Ein Mozart der Religion? Neue Einsichten wie auch Erfindungen kommen aber nie durch eine einzelne Person, sondern blitzen stets gleichzeitig und überall auf, wenn eine Zeit reif dafür ist. Aber da wir meinen, Helden zu brauchen, um nicht selber welche werden zu müssen, ist es stets ein Einziger gewesen.

Jesus war kein Erwählter. Erwählte gibt es wie Sand am Meer. Jeder kann sich in gewisser Hinsicht als Erwählter sehen und hebt täglich gottgleich seiner Macht untergeordnete Angehörige anderer Spezies aus ihrem Alltag heraus.

Der ehemalige iranische Präsident Ahmedinedschad liebäugelte sogar mit religiösen Untergangs- und Reinigungsphantasien. Er habe Erleuchtungen, verkündete er öffentlich. Dieser Holocaust-Leugner hielt sich für einen Erwählten im Recht, ein Weltgericht herbeizuführen, aus dem die Seinen unbeschadet aus dem reinigenden apokalyptischen Feuer hervorträten. «Sobald die mit zehnmal mehr Autorität und Macht ausgestattete neue Regierung im Amt ist, wird sie die Weltbühne betreten und die globale Arroganz niederringen» verkündete er. So weit ging weder Jesus noch Mohammed.

Es sollten künftig die Botschaften gelten, nicht die Botschafter. Und die Botschaften sollten nicht geglaubt, sondern geprüft werden, jenseits der moralischen oder unmoralischen Lebensführung eines Übermittlers. Man darf Eiferern keine bequemen Vorlagen mehr liefern, wie sie die Religionen darbieten. Man sollte Beispiele wie Mohammed und Jesus, die es immer gibt, auf menschliche Dimensionen reduzieren und wenn schon, sein Kreuz selber schultern.

Zu glauben ist angenehmer, gewiss.

Adam – von der Evolution entlassen

Adam hieß der erste protestantische Vorfahre meiner bäurischen Herkunft und Sippe – Adam, der Familienheld, der 1531 in der Glaubensschlacht bei Kappel mit seinem Zweihänder, dem «Naefen-Schwert», einige katholische Innerschweizer niedermachte, deren Fähnrich das Zürcher Banner entriss – das dieser schon erobert wähnte – und buchstäblich mit zurückeroberter wehender Fahne nach dem protestantischen Zürich hinunter rannte, der Ehrenbürgerschaft und einem großen Vermögen entgegen.

Die Schlacht war für die Protestanten zwar verloren, jedoch nicht der Krieg, was materiell stets allesentscheidend war. Der Hoffnungsträger und Pfarrer des Zürcher Großmünster Huldrych Zwingli (1484–1531) jedoch lag gevierteilt und halbverbrannt in der Asche eines katholischen Siegesfeuers, unser Adam lag im Verliererlager mit einer Schönen im Bett, der Urmutter unseres Sippenmythos. Ob es an jenem Tag war und ob sie Eva hieß, ist nicht überliefert.

Jener Adam aus der Bibel ist umstritten, unser Adam jedoch verbürgt, sein Schwert neben dem zerbeulten Helm Zwinglis im Landesmuseum ausgestellt, und Adams Heldentat (wie stets bloßem Zufall verdankt) ist mit Sicherheit Urvater meines zutiefst protestantischen Verhaltens, Kirchenaustritt mit achtzehn hin oder her. Die Wappenscheibe seines wild um sich Schlagens in der bunten Söldnertracht (er soll auch in der Schlacht von Marignano sportlich aufgefallen sein) hing an prominenter Stelle in unserem Korridor, gleich bei der Haustür. Die gleiche Szene zeigte eine Kachel unseres Ofens in der guten Stube, von meinem Vater eigenhändig gemalt. Wie hätte es anders herauskommen können, als dass ich ein Erzprotestant geworden bin, in jeder Hinsicht. Wäre nicht das mir stets unverständliche Glauben in die Quere gekommen, ich wäre der Pfarrer geworden – um nicht Pfaffe zu sagen – der ich bin, was in diesem Buch unschwer zu erkennen ist.

Dieses kurze und saloppe Beispiel einer möglichen konfessionellen Prägung in einem jungen Lebens soll andeuten, dass man von einer Stunde auf die andere aus einer Kirche austreten kann, aber bis eine Kirche aus dir austritt, genügt ein Leben nicht. Muss es auch nicht. Es kommt allein darauf an, wie man sich zu den gegebenen und nicht mehr veränderbaren Prägungen stellt. Mein protestantisches Leistungsethos hat mir schon viel Gutes, aber auch Gefährliches eingebrockt, und mit jedem Jahr des Älterwerdens schaut man milder auf die Dinge, die nun mal sind, wie sie sind.

Der weitaus berühmtere Adam gilt bekanntlich als erster Mensch auf diesem Planeten. Eva gesellte ihm der Schöpfer erst dazu, als es Adam langweilig wurde. Danach war es ihm nicht mehr langweilig, denn er hatte jetzt Probleme. Ich hatte als Kind vielmehr ein Problem mit diesem Schöpfer. Schon über meine Kinderbibel geneigt unter unserem Stubentisch, wollte mir da eine stringente Logik nicht auffallen. Und weder meine Eltern noch meine Sonntagsschullehrerin, das Fräulein Hügi, konnten mir helfen. Wie konnten Adam und Eva die ersten und einzigen Menschen gewesen sein, wenn ihr Sohn – der noch größere Probleme hatte, weil er als Mörder seines Bruders auf Wiedergutmachungsmission in die Ödnis hinaus geschickt wurde – da draußen auf ganze Völker stieß? Was heißt ganze Völker, dann doch wohl eher auf Frauen, wie sonst sollte die Fortpflanzung funktionieren?

Wer sich redlich bemüht, die Bibel beim Wort zu nehmen, stößt also schon ganz am Anfang auf unerklärliche Widersprüche. Zum Beispiel auf einen Schöpfer, der am ersten Tag das Licht schöpft, jedoch erst am vierten die Sonne schafft ...

Später lehrte man mich, man dürfe die Bibel nicht wörtlich verstehen, das sei eine Schöpfungsmythos in Metaphern. Gut, so sehe ich das heute auch. Nur sehen Millionen Christen durchaus nicht symbolisch auf die schönen Bilder der Bibel.

Einige Wörtlichversteher der Bibel sagen, mit dem Licht am ersten Tag sei eben die Hintergrundstrahlung des Universums gemeint. Davon wisse man aber erst seit kurzem. Und christliche Forscher wollen im Eis des Dreitausenders Ararat tatsächlich immer wieder Überreste der Arche gefunden haben, mit der sich Noah vor der Sintflut rettete – was sich noch jedes Mal als Unsinn entpuppte. Wo war denn das ganze Wasser hingeflossen, wenn die Welt so hoch überflutet gewesen sein soll? Und wie konnten Menschen damals ein Schiff mit der errechneten Wasserverdrängung einer «Titanic» aus Holzplanken bauen? Andere Forscher sind eben jetzt daran, zu beweisen, dass die Arche nicht in der Türkei, sondern in Israel zu finden sei. Möge Gott, dass sie dort nicht fündig werden, womöglich im Gazastreifen, und noch mehr Öl ins Feuer der Glaubenszwiste gießen – dieses Mal würde eine Arche nicht mehr helfen …

Gemäß der «Evangelischen Allianz», einer Schweizer Freikirche, hat aber die heilige Schrift «völlige Zuverlässigkeit und höchste Autorität in allen Fragen des Glaubens und der Lebensführung». Die Speisung der Fünftausend aus einem einzigen Korb ist für sie Tatsache. Neun von zehn Amerikanern sollen an den personalen Gott glauben, die meisten glauben an Engel. Millionen Amerikaner wollen die Schöpfungsgeschichte mit Nachdruck wörtlich verstanden wissen, sie nennen sich Kreationisten. Zumindest soll vielmehr aus politischen Gründen neben der längst bewiesenen, wenn auch lückenhaften Darwinschen Evolutionslehre die biblische Schöpfung gleichberechtigt in Schulbüchern vorkommen, Adam – welcher auch immer – neben einem Affen sozusagen.

Hatte aber noch Papst Johannes XXIII am Ende seines Lebens in seltsamer Nachdenklichkeit, jedoch mit aller politischen Vorsicht, erklärt, die Darwinsche Evolution sei wohl doch mehr als bloß eine Hypothese, so ging sein Nachfolger Benedikt XVI mit der Schärfe seines ganzen Intellekts wieder dahinter zurück: Die Evolution sei im Labor nicht nachstellbar, ließ er verlauten. Als ob das Leben Jesu und alles, was er über die Jungfrau Maria unfehlbar weiß und verkündete, im Labor nachgestellt worden wäre ...

Das ist alles bekannt und kommt auf Punkt und Komma nicht an. Zum Beispiel, dass in Bezug auf Maria im Urtext von «junger Frau» nicht von «Jungfrau» die Rede ist, was wohl einen entscheidenden Unterschied macht. Bedenklich ist, dass viele ansonsten aufgeklärte Zeitgenossen lieber glauben als wissen wollen. Ziemlich sicher beleidigt sie die Tatsache, von den lustigen und geilen Affen abzustammen. Schon der arme Darwin wurde in den Zeitungen seiner Zeit als Affe karikiert. Leider lässt sich unsere Abstammung wie gesagt nicht lückenlos, aber zweifelsfrei beweisen. Immer wird wohl noch ein Knöchelchen fehlen.

Der Wirbel um den aufrechten Darwin war vor anderthalb Jahrhunderten und in jener Zeit noch zu verstehen.

Aber heute?

Die Geschichte hat mehr als einmal gezeigt, dass archaisches, zuerst harmlos erscheinendes fundamentalistisches Denken sich plötzlich zu einer Vernichtungsstrategie entwikkeln kann.

Die Frage nach dem richtigen Gott oder Erlöser hat schon Millionen das Leben gekostet und ist noch immer geeignet, Genozide auszulösen. In Ruanda metzelten christliche Tutsis christliche Hutus ab, ohne dass ein Papst ins Flugzeug gestiegen wäre, um sich zwischen die Fronten zu stellen. In Nordirland kommt es nach einem Jahrzehnt relativer Ruhe schon wieder zu Krawallen zwischen Christen und Christen. Würde man die Fakten endlich nehmen, wie sie sind, hätten es machtlüsterne Politiker zumindest etwas weniger leicht, ihre Untaten mit hohen Zielen zu begründen. Sie müssten dann wie Kain im eigenen Namen morden. Auch nicht im Namen eines Adams. In dessen Buch, der Bibel, sie gern wörtlich nachlesen, dass die Welt untertan zu machen sei.

Schöpfungsmythen wie die um Adam – welcher auch immer – sind wunderbar und sollten den Kindern in Zukunft nicht vorenthalten bleiben. Menschen, im Unterschied zu den Tieren, brauchen Geschichte und Geschichten. Es sollten Ahnenbilder in Korridoren hängen. Jedes Kind will zumindest wissen, wer Mami und Papi sind oder waren und allenfalls, wie die Großeltern ausgesehen haben. Aber als angehender Erwachsener sollte man den Sprung vom kindlichen Glauben ins symbolische Betrachten wagen. Kindliche Präsidenten und Diktatoren können plötzlich ins Grausame umschlagen, wie die Geschichte vielfach gezeigt und uns die Tagesschau leider täglich vorführt – grausam, wie Kinder sein können, so lange sie noch kein Gewissen gebildet haben. Der Schritt vom Glauben auf die Ebene symbolischer Betrachtung wäre in Bezug auf das Religiöse als die Bildungsaufgabe der nächsten Jahrzehnte anzusehen. Der Schritt vom Flammenschwert eines Gottes im Himmel zur Entdeckung und der sogar erfolgreichen Nutzung von Elektrizität haben wir schließlich auch geschafft. Ein Schritt, mit weitaus mehr Schweiß verbunden, als es uns bloß im Kopf kostete, ein paar kindliche Vorstellungen fallen zu lassen.

Und sollten sich «Wörtlichversteher» einmischen und auf die Bibel verweisen, wären ihnen die weisen Worte des

Alten Testamentes zu empfehlen: Du sollst dir kein Bildnis machen – Adam, Gott, Ich, ist ein und derselbe. Du sollst dir kein Bildnis machen; der Rest sei Schweigen.

Eva – Gott war einmal eine Frau

Archäologische Funde weisen darauf hin, dass vor rund vierzigtausend Jahren vermutlich Frauen, nicht Männer als oberste Gottheiten verehrt wurden. Würde man aber heute eine Umfrage machen, käme man zum Ergebnis, dass Gott für die Mehrheit der gläubigen Frauen eher männlich als weiblich wäre – eine Art Nikolaus eben doch, ein Patriarch. Nach dreitausend Jahren der Indoktrination durch Männerpriester ist das nicht weiter erstaunlich.

Den wenigen tausend Jahren Patriarchat stehen vermutlich hunderttausende von Jahren Matriarchat gegenüber, und es könnte wieder dahin zurückschwenken. Denn Männlichkeit muss stets gestanden und bewiesen werden, der männliche Gott muss ein Schöpfer sein, ein Macher. Der Turbomacho, der nichts als Geld und Status im Kopf hat, könnte aus der Hitparade fallen. Schon jetzt studieren an den maßgeblichen Gymnasien und Universitäten mehr Frauen als Männer. Gemäßigte Frauen schlagen Männer locker aus den Wahlkämpfen. Denn Weiblichkeit hat Beweis nicht nötig, Gott, wenn man so will, hat Beweis nicht nötig, das Universum ist einfach und kämpft nicht um Anerkennung.

Gott der Herr im Himmel hingegen wird, seit man ihn auf seinen projizierten Thron gesetzt hat, zu beweisen versucht, zu erfinden versucht, zu finden versucht, anzusprechen versucht, sogar mit «Du». Die hinterste Höhle im Himalaya, die lebensfeindlichste Wüste war nicht einsam genug, als dass Männer sich dort mit ihrem Männergott vermischen wollten. Die Spur dieser erfolglosen Suche ist gewaltig, sie heißt Religion*en* und im besonderen Christentum und Islam. Gott der Herr ist nicht einfach, er muss postuliert und geglaubt werden – und erlahmt der Glaube mangels Repetition, löst er sich in Nichts auf. Gott als Herr ist ein Willensakt, und fällt dein Wille dahin, was in der erstbesten Krise passieren kann, hat es nie einen Gott gegeben.

Göttinnen bleiben jedoch auch in Zukunft Göttinnen, Wille hin oder her, sie bleiben, wie die Mutter Erde bleibt für alles, was kreucht und fleucht. «Gott Frau» und Mutter kann man anfassen, «Gott Mann» muss man hinter Tempeltüchern vermuten. Was geschieht mit diesem illusorischen Gott, wenn der Glaube nachlässt, wie in unseren Tagen mehr und mehr?

Die weibliche Gottheit ruht im Auge des Zyklons um ihretwillen, sie lächelt bloß milde zum Spiel der dummen Buben. Nicht umsonst fasziniert Mona Lisa. Ihr Lächeln ist das Lächeln einer Siegerin von Anfang an. Denn Machbarkeit hat ihre Grenzen, der Balztanz fortgesetzt, wird einmal lächerlich. Der Täuberich dreht und dreht sich, dabei ist seine Schöne schon längst weitergetrippelt.

Da stehen wir heute. Der Zeitgeist ist weitergetrippelt und die Altherren der Kurien haben es nicht bemerkt, auch wenn sie sich in Frauenkleider hüllen. Die schöne Helena tat nichts und entfachte Kriege, Mona Lisa tat nichts, sie ist sogar nur ein Bild, und man muss sie im Louvre durch *Bodyguards* schützen. Tun ist vorübergehend, Sein ist ewig, und wer beweisen nicht nötig hat und vielmehr im Sein ruht, hat die besseren Karten. Eva hat die besseren Karten, solange Adam weiterschläft in seinem Wahn, es bleibe alles beim Alten. Aber wenn man wolle, dass alles bleibe, wie es ist, dann ist es nötig, dass alles sich verändere, sagte der Graf von Lampedusa in seinem Roman «Der Gattopardo».

Mona Lisa hat das bessere Blatt als Allah und Gott. Die Frauen sind bereits über der Mittellinie, auch wenn an den Spitzen noch Patriarchen ihre letzten Jahre absitzen. Das sage nicht ich, das sagen die Statistiken. In fast allen gesellschaftlich relevanten Gebieten auf den Entscheidungsebenen in den modernen Gesellschaften hat der Frauenanteil zugenommen – Adam wird sich neu definieren müssen.

Was geschieht mit Allah, wenn sich die Musliminnen nicht mehr auf Dächer sperren lassen, weil Länder, die die Hälfte ihrer Bevölkerung vom Erwerbsprozess ausschließen, mehr und mehr ins Hintertreffen geraten? Wo bleiben die Golfstaaten, wenn die Ölquellen einmal versiegen, was absehbar ist?

Jedenfalls war Gott mal eine Frau.

Vielleicht hatte sich im Himmel unbemerkt eine Geschlechtsumwandlung vollzogen. Aber vielmehr glaube ich, dass eine Instanz, die es nicht gibt, weder männlich noch weiblich sein kann, sondern ganz einfach *ist*, was die Geschichte der Götterbilder zeigt: eine Projektion unserer Bedürfnisse und Herrschaftsverhältnisse auf Holz oder Stein. Und wenn man in Zukunft noch unbedingt von Gottheit reden will, wäre sie weder männlich noch weiblich, sondern sächlich, ein *Es*, eine Einheit. Vielleicht heißt es darum: das Ganze, und das Universum ...

Die Gründe, warum die Männer allmählich die Macht an sich gerissen und das christliche Gottesbild nach ihrem Bilde umprojiziert haben, kann man leicht nachvollziehen. Ein

Philosoph sagte einmal: «Wenn Menschen Dreiecke wären, wäre Gott ein Dreieck.» Und da Männer dank ihrer Erfindungen den Machtkampf über die Deutungshoheit gewannen, war Gott ein Mann. Punkt. Mich erstaunt nur, wie wenig gläubige Frauen offenbar dagegen haben, von einer krassen Männerphantasie beherrscht zu werden, und heute, wo sie niemand mehr dafür bestrafen würde, so wenig dafür tun, sie hinter sich zu lassen. Die drei höchsten politischen Ämter, die in der Schweiz zu besetzen sind, waren 2010 von Frauen besetzt, von jungen noch dazu: der Nationalrat (das Parlament), der Ständerat (die zweite Kammer), das Bundespräsidium (die Präsidentschaft), und auch noch der Evangelische Kirchenbund, das höchste Amt der protestantischen Kirche, hatte eine Frau an der Spitze.

In Deutschland regiert erfolgreich eine Kanzlerin und lässt sich von Frauen beraten – welche Sanktionen hätten die Frauen in westlichen Ländern zu befürchten, wenn sie aus Kirchen austreten würden, die auf frauenverachtenden Schriften gründen oder frauenverachtende Rituale vollziehen und lehren? Wenn doch höchste politische und wirtschaftliche Positionen trotz immer noch unbestrittenen Benachteiligungen von Frauen erreichbar sind und alle Frauen in leitender Position, die ich kenne, sich nie darüber auslassen, von Männern auf ihrem Weg behindert worden zu sein – was könnte eine konsequente Haltung gegenüber den Religionen für Konsequenzen haben?

Ich bin als einer, der von den biederen Fünfzigerjahren geprägt wurde, in der Frauen in jeder Hinsicht als Zudienerinnen braver Ehemänner in Erscheinung traten, nicht der Richtige, diese Fragen zu beantworten. Ich wundere mich nur. Wäre ich eine Frau, ich glaube, ich würde es keinen Tag in einer Kirche aushalten, die in Schrift und Denken eine ausschließlich männerdominierte und frauenfeindliche ist und vor allem keine Anstalten macht, dies zu ändern. Lilith, Adams unterschlagene erste Frau, hat sich jedenfalls schon gar nicht darauf eingelassen und ist abgehauen und hat sich verkrümelt, bevor Geschichte begann – die männliche Geschichte. Lilith wird eingesehen haben, dass Geschichte die nächsten paar tausend Jahre in die andere Richtung ausschwenken musste, bevor ihre Zeit wiederkommen konnte.

Auch Eva, so scheint mir, war noch anders als die Frauen der späteren Schriften. Sie ist es immerhin, die den Apfel der Erkenntnis pflückt und ihn dem Adam reicht, als wollte sie damit sagen: Ich habe bereits erkannt und diesen Apfel der Macht nicht nötig, aber du brauchst ein Spielzeug, zum glücklich werden, dann habe auch ich etwas Ruhe vor deinem ewigen kindlichen Bedrängen.

Eva ist es, die sich vom Neuen verführen lässt, die den Zweifel zulässt an der Allmacht des alten Herrn, statt sich wie Adam zu verbieten, den unfehlbaren Himmelspapst anzuzweifeln. Allein die Last der Schwangerschaften und Geburten retteten den Patriarchen Adam und seinen selbsternannten Vertreter im Himmel. Ob Eva wollte oder nicht, es kamen Kinder und noch mehr Kinder. Die Männer verstanden gerne den Befehl, sich die Mutter Erde untertan zu machen und ihre Töchter damit. Erst recht waren sie erfreut über den Befehl zu zeugen und sich zu vermehren, allenfalls sogar mit den eigenen Töchtern, wie die Bibel auch aufzeigt. Adam kam unverdient in den Vorteil, seine Schwächen gegenüber Eva verstecken zu können, die naturbedingte Hilflosigkeit Evas zu Zeiten der Schwangerschaft und des Stillens spielte ihm in die Hände. Wie würde eine Frau dieses, ein solches Buch geschrieben haben?

*Kain und Abel
oder: Immer sind die Sieger die Guten*

Ich rechne es den Redakteuren der Bibel hoch an, dass sie eine Begnadigung an den Anfang setzten. Nein, du sollst nicht töten! Es ist allein Gott vorbehalten, Leben zu nehmen; schließlich hat er es gegeben. Und selbst er, Gott, der höchste Richter, tut es nicht! Darum sollen auch Menschen keine Todesurteile sprechen, auch nicht über Mörder, nicht einmal über Brüdermörder. Gott gibt Kain eine Chance zu versuchen, seine Untat wieder auszugleichen, auch wenn ein Mord nicht wieder gutzumachen ist. Zumindest darf er hoffen und leben.

So sollte es doch, die Bibel beim Wort genommen, seit dreitausend Jahren gelten: Es gebe keine Todesstrafe! Aber trotz Religionen und Gläubigen, die jeden Buchstaben wörtlich nehmen, und erst noch Nächstenliebe für sich reklamieren, werden immer noch Menschen von Menschenrichtern in den Tod geschickt, und weit und breit erfolgt kein Aufstand der internationalen Priesterschaft oder Psychologen gegen diese Scheusslichkeit. Der fundamentalistische vormalige Präsident der Vereinigten Staaten, George W. Bush, der sich nicht genug inbrünstig betend zeigen konnte, machte sich (das ist verbürgt) faxend und witzelnd lächerlich über das panische Verhalten der Todeskandidaten vor der Hinrichtung ...Was hatten sich die Amerikaner nur gedacht, dass sie einen solchen Ignoranten an die Hebel ihres doch wunderbaren Landes ließen. Seine Ignoranz wirkt weltweit noch bis heute nach. Was er und andere Fundamentalisten in den letzten Jahrzehnten angerichtet haben, wird erst heute sichtbar.

Da das Bild des Brudermordes «Kain erschlägt Abel» mit großer Wahrscheinlichkeit nicht gezeichnet wurde, um einen Privatkonflikt abzubilden, darf man anstelle von «Bruder» ruhig Völker setzen. Das übliche übereinander Herfallen, wie es bis anhin die Regel war, soll nun aufhören; es ist ein unverantwortbarer Aderlass der menschlichen Rasse, die doch immer wieder am Rande des Aussterbens stand. Das wird auch Gott dem Schöpfer aufgefallen sein. Kain lebe, aber tue nun wenigstens seine Pflicht, zu mehren statt auch noch zu dezimieren!

Kultische Unterschiede und rassische Eigenheiten waren geradezu geeignet, noch Öl ins Feuer der Konflikte um Weideflächen und Wasserstellen zu gießen. Das Alte Testament ist streckenweise eine einzige Metzelei. Und immer sind die Sieger hinterher die Guten, die Verlierer die Bösen, aus naheliegenden Gründen. Man kann den Stammesführern nach Kain nun wirklich nicht das Diplom der Lernfähigkeit ausstellen.

Du sollst nicht töten, bekräftigt dann ein zweites Mal explizit das Neue Testament. Es musste damals geradezu üblich gewesen sein, andere umzubringen, wenn sie einem im Wege standen. Liest man Originalschriften selbst noch aus der Zeit der Reformation im 16. Jahrhundert – zum Beispiel über die Begleitumstände der Religionskriege zwischen Katholiken und Reformierten, die «Saubannerzüge» und Zusammenrottungen in Wäldern, die wilden Feste vor und nach den Schlachten – , dann scheinen Brudermorde geradezu an der Tagesordnung gewesen sein. Ein Streit am Würfeltisch, und schon war eine Stecherei um Leben und Tod im Gange. Die heutigen Exzesse Jugendlicher sind dagegen geradezu Beispiele, wie gut wir inzwischen zivilisiert geworden sind – ob durch Priester oder Aufklärer, sei dahingestellt und vom Resultat her auch nicht wichtig.

Wenn wir schon etwas aus dem Fundus der abendländischen Religionen mitnehmen wollen, dann doch dies: Wir wollen nicht heiliger sein, als der Papst. Todesstrafen und Genozide sind ab sofort zu unterlassen. Länder, die sich nicht daran halten, sind zu ächten und ökonomisch abzustrafen. Politiker, die sie befürworten, sind abzusetzen oder erst gar nicht zu wählen. Als Touristen sollten wir Länder meiden, die die Todesstrafe noch in Betracht ziehen.

Rahel
oder: Was für dich gut ist, weiß nur deine Seele

Rahel ist die Lieblingsfrau Jakobs. Man findet sie in den ersten Büchern der Bibel (Genesis (29,16–49,31) Rahel ist Jakobs große Liebe. Für sie nimmt er in Kauf, erst ihre ältere Schwester zu heiraten und für ihren Vater vierzehn Jahre zu arbeiten, wie es die Tradition offenbar wollte in alttestamentarischen Zeiten. Er gibt alles, um dem Schwiegervater zu beweisen, dass er der Rahel würdig ist. Er liebt nun einmal Rahel und keine andere, obwohl er mit Mägden mehrere Kinder zeugt, die alle zu Stammmüttern Israels werden. Da Rahel lange keinen Stammhalter gebiert, wird eine Leihmutter beigezogen, die auf dem Schoß Rahels entbindet, damit klar sei, wer die eigentliche Mutter ist – ein damals üblicher Ritus unter den aramäischen Beduinen.

Solche Konstellationen, die alle allein der Besitzmehrung des eigenen Stammes dienten und nicht aus Liebe erwuchsen, war nicht das Neue. Neu war offenbar und ist, dass Jakob sich Schlag auf Fall in eine zufällig daherkommende Frau verliebt und nach gewissen Überlieferungen gleich zu weinen beginnt, als er vor ihr steht. Er wollte sie auch gleich küssen. Und am Ende bekommt er sie, die Dame seines Herzens. Weitere Details stehen in der Bibel oder in der jüdischen Überlieferung. Zum ersten Mal siegt offenbar Herz über Kalkül – ein Schritt weiter in der Evolution des menschlichen Repertoirs von Beziehungen zwischen Mann und Frau, auch wenn heute gerade in der Gegend, wo sich diese Episode zugetragen haben soll, von freier Liebe – zweitausendfünfhundert Jahre danach! – noch immer nicht gesprochen werden kann. Von Ägypten, wollen Statistiker wissen, sollen sich neun von zehn Frauen noch immer der Beschneidung unterziehen müssen, um der Tradition der Männerherrschaft zu genügen!

Nach der Legende war es Liebe auf den ersten Blick, und er wusste, er würde etwas in sich verraten, würde er auf diese Frau verzichten. Jakob, Kind seiner Zeit, akzeptierte pragmatisch die Besitzlogik der Altvorderen, aber gelten sollte die Liebe – vielmehr die Stimme seiner Seele. Später würde ein Jesus sagen: «Gib dem Kaiser, was des Kaisers ist und Gott, was Gottes ist.» (Matthäus 22,22) Ohne Kompromisse kommst du nicht durch dieses harte Erdenleben, aber wisse stets, dass es Kompromisse sind und verfolge dein Ziel, verkaufe alle minderwertigen Perlen für die wertvollste Eine. Und diese hieß Rahel.

Von den Frauen neben Rahel, ist wie gesagt, wenig bekannt. Abgesehen von der unsäglich hässlichen Beschneidung werden im gesamten Fruchtbaren Halbmond (so nennt man das Regengebiet von Palästina bis zum Persischen Golf) Töchter einfach verheiratet – vielmehr verkauft –, ob sie wollen oder nicht. Auch heute noch werden in orthodoxen Kreisen jüdische Töchter durch ihre Eltern an Ehepartner vermittelt. Sie sollen im eigenen jüdischen Umfeld heiraten, damit das Judentum nicht aufweiche, als ob dann der Himmel auf die Erde stürzte. Auch die katholische Kirche im Bistum Mainz bietet ein «Speed Dating» an, damit junge Katholikinnen und Katholiken sich im gleichen Glauben kennenlernen und sich nicht etwa andere zu lieben anfangen. Was einmal mehr die Frage stellt, ob Glaube eher verbindet oder trennt. ...

Im Übrigen: Mir sind in der Wüste Sahara von einem Kamelführer tatsächlich und ohne Spaß zwei Dutzend Schafe angeboten worden, wenn ich ihm eine meiner Reisebegleiterinnen verkaufte ...

Jakob also folgte nicht seinem Verstand, sondern seiner inneren Stimme. Und nehmen wir einmal an, dass Rahel ebenso begeistert war, auf ihn zu warten, wie er auf sie, und dass sie es am Ende beide nicht bereuten. Hätte Jakob resigniert und von seinem Verlangen gelassen, Rahel zu bekommen, er hätte eine große Chance verpasst. Denn Rahel bescherte ihm keineswegs nur Glück. Sie gebar ihm ein «Unglückskind», wie es heißt, das sich aber am Ende als «Glückskind» erwies, ein Segen für die ganze Sippe. In Joseph Roths (1894–1939) Roman «Hiob» heißt der Segensbringer, der vormals ebenso ein Unglückskind war, «Menuchim» – ein sehr lesenswerter Roman.

Jakob vor zweieinhalbtausend Jahren ließ nicht von seinem Traum: Ich muss Rahel haben, koste es, was es wolle; bringe es, was es wolle. Nie ist es doch einfacher gewesen als heute, die Erfahrungen zu machen, die einem die Seele, die Leitzentrale des eigenen Lebenswegs, als Themen vorgibt, mögen diese notwendigen Erfahrungen vor elterlichen Augen noch so bizarr in Erscheinung treten. Priester, Mullahs, Rabbis, Eltern, können nicht wissen, was für dich gut ist. Sie wissen nur, was für die Religions- und Vermögensverwaltung gut ist. Was für dich gut ist, weiß allein «Gott», die Natur, die Entwicklungslogik, deine Entwicklungslogik, deine Seele.

Und selbst dafür gibt es schon ein Gleichnis in der Bibel: Das Gleichnis des verlorenen Sohnes. Dieser Tunichtgut tut alles, was seinem Vater missfällt, verlässt das Haus, lässt Ausbildungen sausen, verprasst sein Reisegeld, lässt sich mit Prostituierten ein, landet in der Gosse und kehrt schließlich mit Wunden übersät und vom Schicksal geschlagen, wie es heißt, zu seinem Clan zurück.

Derweil tat sein Bruder alles, was seinem Vater gefiel, lebte ordentlich, heiratet die von seinem Vater ausgewählte Frau und vermehrt das Sippenvermögen. Aber welchen Sohn macht der Patriarch zu seinem Nachfolger? Den angeblich Verlorenen, den Rebellen, den erfahren Gewordenen. Denn er weiß, ein Clanchef muss die Schattenseiten der Psyche und der Welt kennen und ausgelotet haben, will er weise Entscheide treffen, von denen schließlich hunderte von Menschenleben abhängen. Der Brave weiß nicht alles. Er kann sich mangels Erfahrung hinreißen lassen, im Stress wird er versagen. Eine Autorität wird man, indem man das Feuer nicht meidet, sondern durch die Flammen hindurchgeht. der südafrikanische Anti-Apartheidkämpfer Nelson Mandela (1918–2013) hat es eindrücklich vorgemacht. Er sah sich nach eigenen Angaben als vormals junger, gut aussehender schwarzer Anwalt durchaus nicht als moralische Instanz. Er war ein Frauenheld und nicht zimperlich, wenn es um

Gewaltanwendung im Dienste der «Guten Sache» ging. Aber seine 27 Jahre als Gefangener der Weißen hatten allen Schwarzen den Mund verschlossen, die die Weißen nach den Jahren der Apartheit am liebsten ins Meer gestoßen hätten.

Es muss ein weiser Patriarch gewesen sein, jener Vater, der seinem verlorenen Sohn ein Fest bereitete, als dieser verlumpt und verkommen aus der Stadt nach Hause kam. Er wird sich an seine eigenen Jugendsünden erinnert haben. Ich bin geradezu stolz auf die Bibel, dass sie trotz aller Zensoren noch solche Perlen bereithält.

Warum hören Gläubige nicht wenigstens auf ihre eigenen heiligen Schriften und begehren auf, wenn sich ihrer inneren Stimme eine fremde Order entgegensetzt? Warum haben viele Gläubige eine derartige Angst, verlorene Töchter und Söhne zu werden, dass sie anfangen, Glaubenssätze auswendig zu lernen?

Es lebe auf jeden Fall stets die freie verstörende Liebe, auf dass sie das Feuer sei, das uns läutert und Ordnungen durcheinander bringt, die es nicht wert sind, aufrecht erhalten zu werden, wenn sie so leicht durcheinander zu bringen sind!

Josef und seine Brüder – der erste Wirtschaftskrimi

Die mächtigen Bilder des Alten Testaments sind für viele Interpretationen gut: Kain und Abel, die Arche Noah, der Turm zu Babel, Jakobs Traum, Sodom und Gomorra – jeder kann daraus lesen, was er will. Sie waren stets eine enorme Inspirationsquelle für Künstler und Philosophen, für Psychologen und Endzeitpropheten. Ich liebe sie über alles, diese grandiosen Bilder, und sie sollen hier auch ausführlich zur Geltung kommen.

Überdies: Wer daran zweifelt, dass die Inhalte der Bibel symbolisch und nicht wörtlich aufzufassen sind, hätte schon bei der Lektüre der ersten Kapiteln der Bibel Gelegenheit, aufzuhorchen. Wie hätte Noah von jeder Tierart ein Pärchen einfangen und in sein Schiff packen können? Am ersten Tag, wie gesagt, installiert der Herr Licht und Dunkelheit, und erst am vierten Tag hängt er Sonne und Mond auf (1. Mose 1,4 und 16). Trotzdem muss man im dritten Jahrtausend nach Christus in einem aufgeklärten Land wie den USA noch befürchten, dass die Kreationisten, die die Bibel wörtlich nehmen, Darwins Evolutionslehre aus den Schulplänen kippen und Noah wieder Tiere retten darf. Spricht das für die Durchschlagskraft der christlichen Lehre oder für selbstverschuldete Unmündigkeit?

Ich lese die Bibel in ihrer Abfolge gern als Emanzipationsgeschichte der ersten Gesellschaften des Nahen Orients. Es sind praktische und plastische Schaubilder menschlichen Verhaltens und in ihrer Einfachheit keineswegs veraltet und kryptisch, wie etwa viele Zitate des Neuen Testaments. Was ein forcierter Kapitalismus mit seinen periodischen Krisen mit dem Turm zu Babel zu tun hat, liegt auf der Hand (siehe auch Seite 140). Ebenso die Josephgeschichte mit den Ursachen kalt berechnenden zynischen Wirtschaftens. Ich sehe in «Josef und seine Brüder» den ersten «Krieg mit anderen Mitteln», den ersten geschilderten Handelskrieg, eine klare Erpressung.

Man könnte die Josefsgeschichte im Geschichtsunterricht (Schwerpunkt Religionen) etwa folgendermaßen erzählen: Die Wüste Sahara war einmal eine grüne, fruchtbare Gegend. Warum sie zur Wüste wurde, ist nicht geklärt.

Jedenfalls schrumpfte das fruchtbare Land auf die Gebiete beidseits der Flussläufe zusammen, insbesondere des Nils. Der Kampf ums Wasser und die schrumpfenden Anbauflächen begann, neue Waffen- und Agrartechniken wurden erfunden, die Geometrie entstand, um die periodisch überschwemmten Felder unter dem Schlamm exakt wieder nachzuzeichnen zu können. Not macht erfinderisch, und Erfindungen ziehen Kultur und neue Götterbilder nach sich. Eine wachsende Priesterschaft wuchs heran. Einige errechnen die Rhythmen der Hochwasser und Stürme und sind nun in der Lage, «Götterstrafen» vorauszusagen, die sie geschickt als Machtmittel nutzen. Priester werden bald Minister und Minister Priester und der Oberste von allen ist der Pharao. Selbstredend, dass er Stellvertreter des jeweils obersten Gottes ist, wenn nicht Gott selbst. Alles dreht sich nun darum, wer dem Pharao am nächsten stehen darf, und das ist jener, der am genauesten voraussagt, denn an richtigen Voraussagen hängt die Macht und Pharaos Beweis in der Gunst der Götter zu stehen.

Und da kommt der Jude Josef ins Spiel, der sich nicht nur damit begnügt, magere und fette Jahre in der Ernte vorauszusagen, sondern den Pharao sogar unabhängig zu machen verspricht von den Launen der Natur. Man nennt das dann den «Willen der Götter». (Die ganze Josephsgeschichte findet sich unter 1. Mose 37–50.)

Denn das Problem ist die Speicherung des Getreides. Ungeziefer, Mäuse und Fäulnis erlaubten es nicht, Getreide von den ertragreichen Erntejahren bis in die ertragsarmen hindurch zu lagern. Kam «ein «fettes Jahr», mussten die Überschüsse verkauft werden. Der Preis sank, und die umliegenden, unfruchtbar gewordenen Länder, die Getreide gegen andere Güter tauschen mussten, profitierten. Den Ägyptern blieb nichts anderes übrig, als es allenfalls zum Selbstkostenpreis zu verkaufen. Kamen aber magere Jahre ins Land, traf es die anderen Länder am härtesten, sie konnten ihre Handelsgüter Weihrauch und ihr Gold ja nicht essen. Also waren sie bereit, jeden Preis für das knappe Gut Getreide zu bezahlen, nur hatten die Ägypter dann selbst zu wenig, also wurde es nichts mit dem großen Geschäft.

Da schlägt die Stunde des Erfinders mit seinem Speichermodell «Josef». Es ist sogar auf alten Schrifttafeln abgebildet: kegelförmige, zugemauerte Getreidebunker auf Pfählen, geeignet, Getreide über lange Zeit trocken und unangetastet von Mäusen und Ungeziefern zu lagern. Nun stehen sie an, die halb verhungerten Nachbarn Ägyptens, jetzt bereit, all ihr Hab und Gut zu verkaufen, wenn sie nur Getreide bekommen. Am Ende verkaufen sie sich gar selbst in die Sklaverei, nur um nicht zu verhungern.

Und es steht den Ägyptern frei, mit dem Hunger der anderen zu spielen, seien es fette oder magere Jahre – mal machen sie die Grenze auf, mal zu nach Belieben, wie sollen die Hungernden wissen, wie viel Getreide der Pharao noch hat? Und das dürfen bei Todesstrafe nur die Priester wissen, ja, nur der Pharao.

Das alles nennt man «Monopoly». Ägypten erreicht einen enormen Machtzuwachs, ohne einen einzigen Soldaten opfern zu müssen, der Pharao wird reicher und reicher, unser Joseph aus der Pampa steigt höher und höher die Karriereleiter hinauf. Und er ist jung und hübsch. Und die Ägypterinnen sind schön. Da beginnt eine andere Geschichte …

Aber Josef geht es nicht um Gold und Liebesgeschichten. Er hat eine alte Rechnung zu begleichen. Sein Motiv ist Rache, zumindest Genugtuung. Er hat sich aus dem Sklavenstand herausarbeiten müssen, und ist nicht einmal

Ägypter. Er hat als Asylant schon eine beachtliche Karriere hingelegt, und nun will er mehr. Er will es allen zeigen, vor alle seinen Brüdern, seinen Volksgenossen, die ihn in der Heimat aufs Schmählichste verstoßen hatten. Er lässt sie alle an der Grenze anstehen und hungern, bis sie so weit sind, sich selber zu verkaufen. Denn Hungern lassen und Hunger nach Belieben beheben, ist ein Machtspiel der ersten Stunde – man besehe sich die näheren Umstände des Rohstoffhandels unserer Tage. Was es aber in der realen Welt des internationalen Monopoly nicht gibt, bei dem Millionen verhungern, während Lebensmittel in den Häfen verrotten, und Mitglieder von Welthungerkonferenzen Selbstdarstellungsorgien feiern, das darf zumindest im Märchen sein: ein Happy End. Josef verzeiht seiner Sippe, seinen «Brüdern», man kann das Buch zuklappen, der Film ist zu Ende.

Der Schriftsteller Thomas Mann hat die Josefgeschichte auf seine Weise zwischen 1926 und 1943 als Vorlage für einen vierteiligen Roman genommen; sie ist verfilmt und vertont worden, Maler haben Szenen mit der schönen Madam Potiphar, die es auf Joseph abgesehen hatte, auf die Leinwand gebracht.

So gesehen, ist die Bibel ein herrlicher Fundus ewigmenschlichen Verhaltens. Es ist nicht einzusehen, warum wir in Zukunft darauf verzichten sollten – wenn wir reif genug geworden sind, uns Gott nicht mit Bart, sondern als universelles Prinzip zu denken, die Schlange auf dem Paradiesbaum nicht als sprechendes Tier, sondern als Einflüsterung des eigenen Verstandes.

Wenn aber Religiosität überhaupt im Uterus ökonomischen Denkens entstanden wäre? Religion als abhängige Variable der Ökonomie? (Für diesen Satz wäre ich früher auf den Scheiterhaufen gekommen.) Wenn doch Fressen vor der

Moral kommt, wie Bertolt Brecht zweifellos richtig beobachtet? Kultur setzt Versorgung voraus, Vorräte, wie sie Joseph anlegte. Kein Hungernder kann sich andere Gedanken leisten, als zur Nahrungsbeschaffung nützlich sind. Wahrhaftigkeit muss man sich leisten können.

Die Ökonomen sind auch stets die ersten, die neue Kommunikationsmittel vorbehaltlos begrüßen und sofort einsetzen, winken doch durch sie größere Gewinne, egal welche unerwünschten Nebeneffekte sie auch haben, und unabhängig davon, was die Apostel des edlen Geistes jeweils sagen.

Aber es ist schwer zu widerlegen: Die Stammesgesellschaft ist durch die mündliche Sprache entstanden, die antiken Gesellschaften sind durch die Schrift entstanden, die moderne Gesellschaft ist durch den Buchdruck entstanden, die heutige globale Gesellschaft erwächst gerade aus den digitalen Kommunikationsmöglichkeiten heraus. Und immer buchstabieren Philosophie und Religion den neuen materiellen Möglichkeiten hinterher, Religionen oft sogar mit Hunderten von Jahren Verspätung.

Und immer erschrickt eine Gesellschaft erst einmal zutiefst, wenn ein neues Kommunikationsmedium auftaucht. Der Humanist Erasmus von Rotterdam (1466–1536), Vorbild Huldrych Zwinglis und Vorreiter der Reformation, reiste entrüstet von Rotterdam nach Basel zum Drucker Johannes Froben, um sich bei ihm zu beschweren: was ihm einfalle, ein Manuskript von ihm zu vervielfältigen und wild herumzustreuen; beliebige Leser seien doch nicht reif für das, was da stehe. Dann ist er aber gleich in Basel geblieben, als er die Möglichkeiten des Buchdrucks erkannte. Geist reiste also auch in diesem Fall der Stätte des Handwerks und Verkaufs nach, der ökonomischen Produktion. Reformation und Aufklärung wären ohne Buchdruck nicht denkbar, die Bibel nicht ohne Handschrift, der erste Handel nicht ohne Tontäfelchen, die ersten Überlieferungen und Lieder nicht ohne mündliche Sprache. Und keines dieser Kommunikationsmittel ist verschwunden, wir schlagen noch immer Buchstaben in Stein.

Wie gesagt sind es immer die Dealer, die «Josephe», die der neuen Gesellschaft zum Durchbruch verhelfen; ohne Internet gäbe es kein neues Weltverständnis. Wenn man aber die Bibel und nur die Bibel zum Thema Religion liest, dann bleibt einem nur Glaube.

Nehmen wir die wunderschönen Bilder und Geschichten aus dem Alten Testament mit in unsere Arche Zukunft, aber hüten wir uns davor, ihre Buchstaben neuen Machtpriestern in die Hände zu spielen, die mit Wörtlichkeit ihr eigenes Wort meinen. Die Bilder sind einfach Bilder, jeder darf sein Anliegen daran aufhängen, so lange er es als eigenes deklariert. Meine Deklaration hieß: Die Josephsgeschichte als Wirtschaftskrieg.

Apostel – nichts für Frauen

Im Jahr 1955 hörte man aus dem Vatikan, die Gebeine im Grab unter der Peterskirche seien nun zweifelsfrei als jene des Apostels Petrus identifiziert worden, man habe chemische Vergleichsanalysen erstellen lassen. Viele Gläubige waren erstaunt. Man hatte doch schon immer geglaubt, die Knochen unter dem Dom seien jene des Apostel Paulus.

Das Christentum beginnt mit den Reisen der Verkünder der Worte und Taten Jesus'. Diese Verkünder werden Apostel genannt. Ohne sie hätte außerhalb Palästinas nie jemand etwas von einem jüdischen Wanderprediger aus Nazareth erfahren. Die christliche Religion ist eine apostolische ganz und gar; aber keiner der Evangelisten hatte Jesus je zu Gesicht bekommen und konnte wissen, in welchem Kontext jener vor Jahrzehnten seine Ausasagen gemacht hat. Vermutlich sind die Evangelien des Neuen Testamentes frühestens 65 n. Chr. niedergeschrieben worde, also rund dreißig Jahre nach Jesu Tod.

Was aus den Texten, die Jesus zugeschrieben werden, durchschimmert, ist ihr pädagogischer, ja therapeutischer Ansatz. Er wird wohl oft gestern das Gegenteil dessen gesagt haben, was er heute vertrat, um dem Volk der Straße die wesentlichen Dinge seiner neuen Botschaft zu Bedenken zu geben. Die Hitzköpfe seiner Zeit, die so genannten Sikarier («Dolchträger»), wird er besänftigt, die Lauen und ewig Unentschlossenen wird er aufgestachelt haben. Davon waren dreißig bis achtzig Jahre später nur noch Fragmente erfahrbar und erst noch ausschließlich mündlich. Womit sollten nun Apostel auf die Reise gehen, mit A oder B?

Aufgrund einiger zerstreuter mündlicher und schriftlicher Überlieferungen stand es ihnen somit weitgehend frei, den von ihnen gegründeten christlichen Gemeinden gemäß ihres Denkens ihre eigene Richtung zu geben. Nicht wenige meinen, die christliche Religion sei ein paulanische Religion, denn es war der Apostel Paulus, der fortan den Ton angab. Zu einer Weltkirche jedoch wird die christliche Sekte mit der Erhebung zur römischen Staatsreligion im vierten Jahrhundert, als erste Bischöfe, Übersetzer und Zensoren nochmals die Glaubensrichtung justierten. Jesus Christus wurde nun ein Markenzeichen, ein Logo, das für alles stand, was die Apostel in die Welt hinausgetragen hatten.

DNS und Knochen hin oder her, Apostel, welche und wie viele auch immer, hatten die neue Botschaft zielsicher in die damalige Weltmacht Zentrale Rom gebracht; das ist gesichert. Und von Rom aus trugen sie die römischen Legionäre und Händler in die entferntesten Provinzen hinaus. Auch in die Schweiz. Andere Missionare kamen auf dem Umweg über Irland von Norden her ins Land. In relativ kurzer Zeit verbreitete sich die neue Lehre im ganzen damaligen Europa. Es wäre so nicht gekommen, hätten sie nicht den Nerv der Zeit getroffen. Es stand wie heute ein Umbruch an. Die angeblichen Worte Christi waren tatsächlich in vielerlei Hinsicht etwas Unerhörtes, Neues. Der psychologische Gehalt dieser Lehre, wenn man so sagen darf, übertraf im römischen Weltreich alles bisher Bekannte.

Bekannt sind neben den vier Evangelien die Apostelbriefe. Man spricht leider nur von zwölf Aposteln, obwohl in diesen Briefen zur Sprache kommt, dass es noch einige andere gab, zum Beispiel Frauen. Vermutlich haben die meisten Jesus nicht persönlich gekannt und bezogen sich auf die Evangelisten, die ihn erst recht nicht persönlich gekannt hatten. Der erste, der etwas über Jesus auf Pergament setzte, war der Evangelist Markus rund dreißig Jahre nach der angeblichen Kreuzigung Jesu. Bis dahin wurde alles von Mund zu Mund überliefert. Man bedenke, was das heißt!

Ich kann nicht begreifen, wie wenig Theologen diese Tatsache gewichten, wenn sie von Jesus reden. Sie lächeln über den gnostischen Jesus, der von Frauen umgeben ist und nichts von Leiden wissen will und betonen den kanonischen Jesus, nur weil einige Schriftstücke praktisch gleichlautend in allen vier Evangelien vorkommen, was nicht erstaunlich ist, wenn einer vom anderen abgeschrieben hat.

Man kennt das Spiel von den Kindergeburtstagen: Das

erste Kind in der Runde flüstert dem rechts sitzenden zum Beispiel den Satz ins Ohr: Jesus ging Wasser kaufen. Wenn der Satz durch die Runde gegangen ist und beim ersten Kind wieder ankommt, heißt er: Jesus ist übers Wasser gelaufen. Man stelle sich vor, diese Weitergabe dauerte nicht einige Minuten, sondern dreißig Jahre: volle dreißig Jahre lang flüstert einer dem anderen ins Ohr ...

Dann wird es aufgeschrieben und immer wieder kopiert, der eine schreibt dem andern ab – eine Flut von Texten entsteht; vieles wird in Tonkrüge verschlossen, damit es nicht in falsche Hände fällt und geht der vielen Vernichtungskriege wegen in Höhlen vergessen, bis der Erste, ein Bischof im vierten Jahrhundert, findet, er sei der Richtige, endlich Ordnung in die Sache zu bringen. Also wirft er gemäß seines beschränkten Weltbildes einen Teil der Schriften einfach weg, womöglich die unanständigsten Passagen, also sicher authentischsten.

Aus der Apostelin Junia (Römerbrief 16,7) wird flugs ein Junias gemacht, die spirituellen gnostischen Texte werden, weil Macht gefährdend, verständlicherweise im hohen Bogen verworfen, die gesäuberten Texte werden vom selben Bischof nach eigenem Sprachverständnis vom Griechischen ins Lateinische übersetzt. Folgenschwere Übersetzungsfehler setzen sich fest, dann wird das Konzentrat, als sich die christliche Sekte allmählich zur imperialen Religion auswächst, nochmals der Auslegung der herrschenden Elite angepasst, also nochmals ergänzt und schließlich werden die Schriften in ersten Konzilen offiziell als «echt» beschlossen: Das ist nun das Wort Gottes, und wer es nicht glaubt, werde im Zweifelsfall durch das Schwert belehrt! Denn bei Matthäus (Kapitel 10 Vers 34) steht: «Ich bin nicht gekommen um Frieden zu bringen, sondern das Schwert» (siehe auch Lukas

12, 49.), obwohl die versöhnenden Jesusworte bei weitem überwiegen.

Sechshundert Jahre später wird der Koran mit dem gleichen Ausschließlichkeitsanspruch und ungefähr auf die gleiche Weise durchgesetzt werden – drastischer noch: Jeder Buchstabe des vorgefundenen Materials (oft bloß Stichworte auf Fächer oder Palmblätter gekritzelt) gilt als von Allah selbst und nicht von Menschen buchstabiert und interpretiert. Man muss es glauben, denn es steht schon in der zweiten Sure: «Dies ist das Buch, in dem kein Zweifel ist.»

Für Millionen Christen ist auch die Bibel ein Buch, über das kein Zweifel herrscht. Ich habe noch nicht erlebt, dass es das Allergeringste nützte, auf die doch fragwürdige Geschichte dieser Textsammlung hinzuweisen. Der maßgebliche Zusammenfasser und Übersetzer ins Lateinische, Eusebius Hieronymus (347–420), eine überaus schillernde Figur, beklagte sich schon damals erkennbar entnervt, es gebe so viele Evangelien, wie er Handschriften vorliegen habe. Man kann nur rätseln, was alles schon bis zu Eusebius' Lebenszeit an Texten verschwunden war. Spätere Generationen deutelten weiter an der der jeweiligen Obrigkeit genehmsten Interpretation der Schriften herum. Schließlich wurde das Konglomerat, nun Bibel genannt, von den Reformatoren übersetzt, dann in der Neuzeit von anderen wieder aus dem Deutschen in andere Sprachen übertragen. Letztlich konnte, was dabei herauskam, nur das von Menschen vermittelte, aber nicht das authentische Wort Gottes herauskommen.

Das ist nicht verwunderlich. Selbst wenn man ein Dutzend verschiedene Zeugen befragen würde, die Jesus einmal auf der Straße persönlich in Aktion gesehen hätten – man bekäme ein Dutzend verschiede Versionen des Geschehens geliefert, wie jeder Kriminalkommissar weiß.

Jesus konnte nicht die geringste Ahnung haben vom Christentum und allem Folgenden, eben so wenig werden die Menschen im Jahre 2500 den Zeitgeist unseres digitalen Umbruchs nachvollziehen können. Wir sehen immer aus späteren Zeitaltern auf die Geschichte. Und umgekehrt können wir nicht wissen, welche heutigen Ereignisse und Menschen dereinst als Wendepunkte der Geschichte gelten werden. Spielt es vor diesem Hintergrund überhaupt eine Rolle, ob dieser Jesus je gelebt hat oder nicht, oder ob man an einer Legende bloß Wissen festgemacht hat, das sich überreif dringend einfach manifestieren wollte? Allenfalls ein Wissen aus Indien oder sogar dem noch ferneren China, über die gut frequentierte SeidenStraße hereingekommen?

Einige Fundamentalisten würden sagen: Einverstanden, die bei der Entstehung der Bibel mag es sich ja vielleicht so abgespielt haben, aber alle, die an der Bibel geschrieben haben, waren eben von Gott direkt inspiriert («Verbalinspiration»), sie konnten gar nichts falsch machen. Wenn ich mir allerdings all die maßgebenden und zum Teil höchst fragwürdigen Kirchenmänner vorstelle, die an der Bibel herumgemacht haben, dann will mir göttliche Inspiration nur schwer dazu einfallen ...

Bereits an den jüdischen Schriften wurde herumgeschnipselt, der Koran wie gesagt entstand nicht anders. Von Zuhörern Mohammeds rund sechshundert Jahre nach Christus wiedergegebene rudimentäre, mehrdeutige Botschaften wurden mit mündlicher Überlieferung vermischt und nach der Ideologie der mächtigen Kalifen Jahrzehnte später zu einer unumstößlichen Botschaft des Erzengels Gabriel gezimmert.

Auch Mohammeds Gedanken wurden hinterher zensiert, zudem erfuhr der Koran keine Prüfung durch eine Reformation oder eine intellektuelle Bewegung wie der Aufklärung. Ich sehe darum die posthum als heilig angeschriebenen Schriften wie eine Art Bücherantiquariate, in denen man an einem Regennachmittag herumstöbert. Man wird in der Abteilung Bibel zum Beispiel großartige Bücher finden neben unsäglichem Ramsch, umwerfende Bilder neben Horrorschund, man wird auf wunderschöne Liebeslieder stoßen, auf archaische Erotika und buchhalterische Abrechnungen, und sollte man auf einen Evangelisten namens Johannes treffen – der bezeichnenderweise erst rund hundert Jahre nach Jesus angefangen hat, Herumgesagtes aufzuschreiben, somit frei von Hemmungen drauflos dichten konnte –, sollte man also auf Johannes treffen, wird man mir glauben, dass dieser Evangelist etwas von gutem Palmwein verstand, wenn es nicht vielmehr stärkere Ware war, die ihn inspirierte und der Tolkiens «Herr der Ringe», gemessen an seinen Visionen, bleich und fad aussehen lässt (wenn jener Autor nicht gleich von Johannes abgeschrieben hat).

Dieser Johannes wird übrigens oft verwechselt mit dem Jünger Johannes, dem Lieblingsjünger von Jesus, der ihm in der Überlieferung ständig an der Brust liegt und sehr feminin dargestellt wird. Man fragte sich schon immer, ob dieser Johannes nicht vielleicht vielmehr eine Johanna gewesen ist, oder ob er vielleicht homosexuell gewesen ist, eine fließende Kategorie in jener Zeit, was auch das Alte Testament offenbart. Der biologischen Zitation nach hätte einer von zwölf Jüngern homosexuell sein müssen. Dann hätte es allerdings nicht lange in jenem Bibelfundus gestanden, die die Staatskirche vierhundert Jahre später editiert hatte. Den ersten Christengemeinden, die griechisch geprägt waren, wäre seine sexuelle Orientierung hingegen nicht einmal eine Erwähnung wert gewesen. Gleichgeschlechtliche Liebe war gang und gäbe, um nicht zu sagen, m alten Griechenland zeitweise geradezu Selbstverständlichkeit für den gebildeten Herrn, trieben es doch ihre höchsten Götter kreuz über quer. Und Jesus konnte trotz seiner angeblich bescheidenen Herkunft kein ungebildeter Mann gewesen sein, ganz im Gegenteil. Wie war es wohl mit den Frauen und Männern um ihn herum?

Frauen kommen in den Evangelien wohl vor, aber stets dienend und züchtig zu Füßen des Herrn oder aber als Sünderinnen. Kein Wunder, wenn man bedenkt, wie sehr die griechische Philosophie in das christliche Denken eingegangen ist und wie die griechischen Philosophen über Frauen dachten. Frauen durften gerade noch am Rande Eingang finden in den Kanon der Schriften; ein Homosexueller hatte überhaupt keine Chance, trotz des früher doch eigentlich relativ libertären Verhältnis zur Sexualität. Was die katholische Kirche heute ausmacht, ist Bibel plus Mittelalter. Aber da ein allzu heiles Bild von Jesus und seiner Jüngerschaft wohl auch nicht geglaubt worden wäre, durfte auch eine Prostituierte seine Füße küssen und ihm dienen. Er errettet sie ja mit dem Spruch: «Sündige nicht mehr...», eine schwache Leistung, verglichen mit den üblichen, glänzenden Interventionen, die er sonst zeigte links und rechts der Landstraßen. Vom libertären Geist der saftigen Hymnen des Alten Testaments an die Schönheit der Frauen ist im Neuen Testament nun keine Spur mehr vorhanden (Es würde mir schwer fallen, mich zu entscheiden, welches der beiden Testamente ich retten würde, hätte ich im Notfall nur noch eine Hand frei ...).

Nein, Frauen um Jesus waren den Kirchengründern ein zu heißes Eisen, es hätte ihr patriarchales Glaubensgebäude zum Einsturz gebracht. Es ist schon erstaunlich, was an Erwähnung überhaupt übrig geblieben ist, wenn man bedenkt, dass selbst Jesu Jünger bei der «Speisung der Viertausend» nur Männer zählen wollten. Im Alten Testament durften Frauen immerhin als schöne und verführerische Wesen vorkommen; sie hatten durchaus ihre matriarchale Macht.

Wo sind all diese selbstbewussten Frauen geblieben in den neuen Schriften der Bibel, die man Frohe Botschaft nennt? Die Frauen, die stets mutiger in Erscheinung treten als die Männer um Jesus, wenn sie die Ehre haben, überhaupt erwähnt zu werden? Wenn Evangelium «Frohe Botschaft» heißt, kann sie – so wie sie jetzt aussieht – nicht an Frauen adressiert sein, und ich wundere mich sehr, wie wenig Frauen in den Kirchen ein Problem damit haben.

Hatte sie sich einfach in Luft aufgelöst, die Hälfte der Erdbevölkerung, oder gab es sie durchaus noch, wurde aber aus der Überlieferung wegradiert, weil mit der aufkommenden Klostertradition im Mittelalter die unselige Idee des Zölibats aufkam, das einzig auf ein durchaus nicht zwingendes Zitat des Apostels Paulus zurückgeht, der offensichtlich ein Frauenproblem hatte, wenn er nicht homosexuell war und lieber Männer um sich scharte?

Sein Geständnis, er habe «einen Pfahl im Fleisch», kann und darf vieles heißen – für die Frauen der Christenheit hieß es nichts Gutes. Aber er schrieb auch Sätze wie: «Ich wollte zwar lieber, alle Menschen wären wie ich, aber jeder hat seine eigene Gabe vor Gott, der eine so, der andere so» (1.Kor 7, 2–9), woraus nicht abzulesen ist, dass Jünger heiliger zu sein haben als der Papst.

Ohne Apostel wäre der Kreis um Jesus eine kaum erwähnte Episode der Geschichte geblieben. Endzeitprediger wie ihn gab es damals massenweise im stets von Plünderungen und Kriegen heimgesuchten Jerusalem. Diese Stadt stand einfach am falschen Ort, mitten auf einer Heerstraße, auf der mal die einen, mal die andern, mal hin, mal her fluteten, stets zum Leidwesen der Stadt- und Landbevölkerung rundum, eine ideale Bühne für Apokalyptiker, Hysteriker und Erlöser. Jesus war, wenn schon, nur einer von ihnen gewesen, vielleicht nicht einmal der Bekannteste. Das alles fand statt zu einer Zeit, als Sekten und mit ihnen Endzeitfantasien im Nahen Osten nur so blühten.

Es waren die Apostel, die unser Jesusbild zeichneten, relativ unabhängig davon, ob es einen aufgeklärten mutigen Mann dieses Namens so gegeben hat oder nicht. Stets gibt es Männer und Frauen, die ihre Existenz riskieren für ein aufgeschlosseneres Gemeinwesen. Jesus' angeblicher Sühnetod am Kreuz trug entscheidend dazu bei, dass eine Jesuslegende entstehen konnte, denn ohne Märtyrertum wäre dieser Mann überhaupt gänzlich bedeutungslos geblieben. Offenbar brauchte neues Wissen einen roten Faden, an dem entlang sich die Menschen orientieren können. Erstaunliche Sätze, wie sie Jesus zugeschrieben werden, finden sich auch in älteren und anderen Schriften. Wer war sein Mentor gewesen? War es der Extremist Johannes der Täufer? Wohl kaum. Wo war Jesus zwischen zwölf und dreißig gewesen? Wo war er herumgewandert? Was hatte er erfahren, dass er in explosivsten Situationen so gelassen handeln konnte?

Wie es auch immer gewesen war – und niemand wird es rekonstruieren können –, die Umstände, der Zeitgeist, der Zufall wies auf einen der vielen Verkünder auf den Gassen Jerusalems, der Rest war Anhäufung von Gehörtem, Vermuteten, Gewünschtem, Erfundenem. Geschichte und Geschichten werden immer von ihrem Ende zum Beginn hin geschrieben; die Heldentat, meinte ein gewichtiger Schriftsteller, ist eine Frage des Datums.

Tatsache ist: Die Apostel gingen auf die Reise mit einer hochbrisanten Mischung neuer Thesen, die dem Zeitgeist entsprochen haben müssen. Anders ist nicht zu erklären, warum in kürzester Zeit Christengemeinden aus dem Boden schossen wie Pilze nach dem Regen, Gemeinden, die stets nach neuen Anweisungen lechzten, wie die Apostelbriefe an sie beweisen. Paulus und Petrus legten ungeheure und abenteuerliche Distanzen zu Land und zu Wasser zurück, und wo sie hinkamen, hinterließen sie ihre Spuren. Sie mussten robuste, wortgewaltige Verkünder gewesen sein, nicht anders als Jesus. Schon seinen Jüngern gibt er den Rat auf den Weg, sie sollten nicht vorbereiten, was sie sagen sollten, der Geist werde es ihnen schon eingeben. Jeder Rhetoriker weiß, dass es nichts Überzeugenderes gibt als als Rede, die gerade aus dem Moment heraus entsteht – oder wenigstens so daherkommt.

Diese Apostel hatten offenbar erfrischend spontane neue Antworten auf damals drängende Fragen anzubieten. Die neue Lehre lag offenbar geradezu in der Luft, ihre Botschaft war aus dem Stegreif heraus zu verstehen, und dieser Jesus sollte der ewig junge Popstar sein, der sie beförderte. Und wie in der heutigen Musik- oder Filmbranche ist nichts besser, als wenn ihre Helden allzu früh versterben. Was wären ein Elvis Presley, James Dean, eine Marilyn Monroe, eine Diana, Jimmy Hendrix, Amy Winehouse, Michael Jackson oder John F. Kennedy ohne Memorial?

Dazu kam: Unter der Bedrohung stets möglicher Vernichtung an dieser fatalen Heerstraße durch Palästina, erwartete man das Weltenende, wie gesagt, innerhalb Jahresfrist. Die Endzeitstimmung und die Sehnsucht nach einer besseren Welt beförderte die neue Lehre zusätzlich. Was hatte man zu verlieren? Rundum gingen Leben für weit Banaleres verloren. Und da kommen diese Apostel ins Dorf und reden von einem Richtergott, der die Mächtigen, Herodes und Konsorten, bestrafen und sie, die Armen und Überfallenen, erheben werde. Das entsprach dem Gerechtigkeitsgefühl auf ideale Weise. Und nun kam da ein Erlöser daher, vor dem alle gleich waren, wenigstens im Himmel. Wie hätte diese Botschaft nicht Erfolg haben sollen?

Dass Jesus im Koran vorkommt, erstaunt nicht, nochmals rund dreihundert Jahre danach, als das Christentum bereits eine boomende Staatsreligion war. Alle anderen angeblichen Beweise seiner Existenz stammen aus dem christlichen Umfeld, was aus naheliegenden Gründen eine dünne Beweislage darstellt.

Als gesichert darf gelten: Die Botschaft entsprach dem Zeitgeist, die Apostel mussten sehr mutige Kerle gewesen sein. Es waren Menschen, die, wie ihre Briefe beweisen, tatsächlich gelebt hatten, die Altes umstießen, und unter Lebensgefahr erfrischend Neues vorschlugen. Es waren Männer – und vielleicht auch Frauen, die sich jedoch in jener Zeit kaum abenteuerliche Reisen zumuten durften – , die aus dem Volk waren und die Sprache des Volkes gesprochen haben müssen. Anders ist die enorme Durchschlagskraft dieser Apostel nicht denkbar. Nach ihren Vorträgen übernachteten sie wohl in einfachen Hütten und aßen, was jeweils auf den Tisch kam. Sie wurden wie Jesus wohl unterstützt von reichen Gönnern und waren wohl auch in deren Häusern rhetorisch nicht auf den Kopf gefallen. Als Schriftkundige müssen sie gebildet gewesen sein, der eine oder andere sogar aus besserem Hause stammend. Sie waren auf jeden Fall Zeitgenossen eines gewaltigen geistigen Umbruchs an der Schwelle eines neuen Jahrtausends, das, verglichen mit verflossenen Jahrtausenden im Zeitraffer Neues brachte auf allen Ebenen. Und – man kann es nicht genug betonen: Wir schauen auf das Ganze zurück, sie aber hatten nicht zweitausend Jahre Kirchengeschichte vor Augen. Wenn sie sprachen, meinten sie mit allem, was sie sagten und taten: Jetzt und hier spricht der Herr zu euch.

Einmal rieten sie zu mehr Mut, ein anderes Mal rieten sie zu mehr Zurückhaltung. Wir können die Umstände ihrer Reden nicht wissen und kennen nur die Briefe, die nicht verloren gegangen sind. Die Relativität ihrer Inhalte ist in Rechnung zu stellen, und die Bibel wörtlich zu nehmen geradezu fahrlässig. Schon in kurzer Zeit ist alles zu Ende; davon gingen sie aus, vor allem in jener Zeit. Wer dies stets bedenkt, wenn er Sätze aus dem Neuen Testament liest, liest eine andere Bibel. Sie hat nicht viel zu tun mit der Auslegung der Kirchen.

Hatte Jeses eine Amour fou *mit Maria Magdalena?*

Mit der Figur der Maria Magdalena kommt gemeinhin das Thema Frau und Sex in den Diskurs der theologischen Seminare. Dabei ist es erhellend, erst einmal ein paar Sätze aus der Bibel, zwei aus dem Koran und einen von einem Politiker zu zitieren, auf die sich die Männer beider Konfessionen bequem beziehen konnten und können, um ihre priesterliche Vorherrschaft weiterhin zu begründen.

«Aber, wie nun die Gemeinde ist Christo untertan, also auch die Weiber ihren Männern in allen Dingen.» (Paulusbrief an die Epheser) Und: [5:22.21] «... so soll man sie heraus vor die Tür des Hauses ihres Vaters führen, und die

Leute der Stadt sollen sie zu Tode steinigen, weil sie eine Schandtat in Israel begangen und in ihres Vaters Hause Hurerei getrieben hat.»

«Eine Frau soll sich still und in aller Unterordnung belehren lassen. Dass eine Frau lehrt, erlaube ich nicht, auch nicht, dass sie über ihren Mann herrscht; sie soll sich still verhalten.» (1. Timotheus 2,11)

«Wenn eine Frau kein Kopftuch trägt, soll sie sich doch gleich die Haare abschneiden lassen.» (1. Korinther 11,6)

«Ihr Frauen, ordnet euch euren Männern unter, wie es sich im Herrn geziemt.» (Kolosser 3,18)

«Viel Mühsal bereite ich dir, sooft du schwanger wirst/ Unter Schmerzen gebärst du Kinder / Du hast Verlangen nach deinem Mann; er aber wird über dich herrschen.» (3,16)

«Dein Gebet ist ungültig, wenn ein Esel oder eine Frau vorübergeht.» (Koran)

«Die besten Frauen sind die, die Schafen gleichen.» (Koran)

«Man kann Frauen und Männer nicht gleichstellen; es läuft der Natur zuwider.» (Recep Tayyip Erdogan, türkischer Präsident, 2014)

Polares Denken, wie der Name schon sagt, orientiert sich an Gegensätzen oder schafft vielmehr solche. Gut – böse, unten – oben, Himmel – Hölle, Gott – Teufel, heilig – profan. Darauf gründet das alte männliche patriarchale Denken, und daraus erwuchsen die traditionellen Vorstellungen und Bilder über das Transzendente. Und darum braucht Maria, die heilige Mutter Gottes, eine Gegenfigur: die Maria Magdalena, die Prostituierte, damit der unbefleckten Empfängnis eine «befleckte» gegenüber gestellt werde. Hier die Hure, da die Heilige. Das Frauenbild in katholischen Landen ist noch heute offen oder subtil davon geprägt. Bei den gnostischen Urchristen jedoch gilt Maria Magdalena als Apostelin, gleichberechtigt neben den Männern.

Zweifellos kam mit der Jesusfigur etwas Feminines in die Abfolge jüdischer Verkünder. Meine Großmutter, die den langhaarigen, milden, verzeihenden Jesus über dem Bett hängen hatte, tröstete sich mit ihm darüber hinweg, was sie von ihrem als Ausbund männlichem Denkens geratenen Ehemann, meinem Großvater, täglich vorgeführt bekam. Sie suchte eigentlich Trost bei einer Frau, fand aber keine im Inventar ihrer protestantischen Kirche und schon gar nicht in unserem Haus. Also musste der feminine Jesus, der Heiland, ihren stummen Klagen zuhören. Wenigstens im Jenseits würde sie dereinst bei ihm Verständnis finden für ihre Nöte und sich mit ihm über die Probleme mit langen Haaren austauschen können.

Jesus als Frau, das ist auch schon gedacht worden. Es soll nach der Legende sogar eine Päpstin gegeben haben. Im fünfzehnten Jahrhundert wurde behauptet, im elften Jahrhundert hätte es eine Päpstin gegeben. Beeindruckend starke Äbtissinnen gab es jedoch, obwohl das Männerbollwerk ihrer Zeit gar nicht begeistert war, dass sie segneten und das Evangelium verkündeten. Apostel Paulus sogar reiste zeitweise mit Frauen und rühmte ihre Kompetenz, ja man kann annehmen, dass Frauen wie Phöbia, Priska und Junia urchristliche Gemeinden leiteten. Die Griechen projizierten unter anderem sogar so wichtige «Ministerien» wie die Justiz auf Frauen in ihrem Götterhimmel. Und dass im Anfang aller religiösen Vorstellungen weibliche Himmelsgestalten projiziert wurden, beweist die Archäologie.

Maria Magdalena, obwohl auch sie dienend, ist eine der wenigen Frauen, die in der Bibel nicht über Männer definiert ist, wie zum Beispiel die andere Maria, die Mutter von Jesus, oder Frauen, die nur stets als «erste» oder «zweite Frau» von, «Schwester von» oder «Tochter von» vorkommen. Was nicht erstaunt, wenn man die vielen frauenfeindlichen Sätze liest, die bis heute offenbar unbedenklich noch immer im maßgebenden Schrifttum der christlichen Religionen belassen werden.

Maria Magdalena ist als eigenständige Frau geschildert, und sie ist Jesus besonders – um nicht zu sagen: verdächtig – nahe. Maria Magdalena, die Freundin von Jesus? Gar seine Frau? Undenkbar? Jesus als Vater? Dass er sie in einem Rotlichtbezirk kennengelernt hätte, wo er nicht war, um Frauen zu retten, sondern als Liebhaber? Jesus als ganz normales männliches Wesen mit Bedürfnissen? Maria Magdalena als Liebesdienerin, despektierlich Prostituierte genannt? Wo es doch in den Schriften vor «Unzucht» nur so dampft?

Anders gesagt: Was hätten denn die Menschen der Antike gegen Sex haben sollen, ob im Bordell oder zuhause, wenn sie die Hetären gesellschaftlich höher einstuften als ihre Ehefrauen? Die Männer waren stolz darauf, in der Gunst einer angesehenen Hetäre zu stehen. Die ersten Empfänger der christlichen Botschaft waren genau diese Griechen, und ich lege auch die Hand dafür ins Feuer, sie hätten einen Jesus niemals akzeptiert, der in ihren Augen ein Götterbote und dabei asexuell gewesen wäre. Wie es um die sexuelle Freiheit der Hausfrauen, Sklaven und Ruderknechte bestellt war, ist eine andere Frage. Was wir unter den hehren demokratischen Vorbildern bei den Griechen verstehen, war immer nur eine hauchdünne Elite.

In Paphos auf Zypern steht eine Säule, an die der Apostel Paulus gebunden worden sein soll, als er die lebenslustigen Verehrer der Göttin Aphrodite bekehren wollte. Der Aphrodite-Kult, der auf reiner Fruchtbarkeit und Liebesfreude beruht, war allgegenwärtig im Gebiet der ersten Christengemeinden. In ihren Heiligtümern war Sex nicht verboten, sondern erwünscht und gefeiert, wenn nicht gar befohlen. Man kann sich den armen Paulus vorstellen, wie er von nackten Frauen umtanzt an der Säule steht (wenn es nicht ein Steinpenis wie jene auf Delos war), und man kann sich vorstellen, was wohl in den Dokumenten der ersten Christengemeinden tatsächlich gestanden hat, die vermutlich in der untersten Etage der verbotenen Bücher des Vatikans dreimal verschlossen dahindämmern, wenn sie überhaupt noch vorhanden sind. Aber nachweisbar haben ihn die liebesfreudigen Einwohner Zyperns nicht umgebracht an seiner Säule, und sein Satz von einem «Pfahl», den er im Fleische trage, bekommt plötzlich eine nachvollziehbare Bedeutung. Welcher Mann – und Paulus muss nach seinen Reiseabenteuer ein zünftiger gewesen sein – hätte vor den schönen Aphroditen nicht einen «Pfahl aus Fleisch» wahrgenommen ...

Ein griechischer Jesus wäre bei Hetären ein und aus gegangen und hätte sich wohl von Lustknaben bedienen lassen, um dessen Erziehung er sich gekümmert hätte. Es zeugt wohl auch von der Toleranz einer Religion der Lust, dass sich verfolgte Christen später in den Untergeschossen des Aphroditeheiligtums verstecken durften.

Es gibt Paulus zugeschriebene Sätze, wo er zur Keuschheit aufruft und wonach Frauen Männer in ihrer Mission nur ablenkten und überhaupt zu schweigen hätten. Paulus gilt in der Überlieferung geradezu als Weiberhasser, obwohl er, verglichen mit dem patriarchalischen Umfeld seiner Zeit, geradezu verstehend in Erscheinung tritt. Oder: Paulus wollte Karriere machen, er hatte das zukunftsträchtige Potential der Botschaft erkannt, die er einst verfolgte, und

Karrieremänner wollen Sex bloß als Spannungsabfuhr – aber bitte schnell und womöglich anonym, damit das familiäre Glück nicht gefährdet werde. Liebeskunst als Zugang zum Religiösen, in Indien Tantra genannt, wo auf Tempelfriesen Liebesstellungen abgebildet sind und die Tempelprostitution noch heute eine (natürlich fragwürdige) Einrichtung ist ... Bewusster, sinnlicher Sex also wäre dem eifrigen Apostel wohl nur im Weg gewesen. Der friedliche Aphroditekult musste den Aposteln dümmlich und verwerflich vorgekommen sein vor ihrer heiligen Endzeitmission.

Mit der Mission der Apostel kam etwas Hastiges in die abendländische Welt. Man möchte fast meinen, dass sie sich des milden, wohl unendlich für jeden Zeit habenden Jesus etwas schämten. Jünger wollen stets heiliger sein als der Papst, heißt es im Volksmund, und es hätte schon sein können, dass ihnen Jesus zu wenig heilig vorkam. Wie das aber auch immer war um diesen Jesus und diesen Paulus, den Aramäern und Griechen, und wie Sex und Religion tatsächlich abgehandelt wurde – auf ein paar vage Sätze des Paulus wird der Zölibat in der katholischen Kirche zurückgeführt.

Hier ist natürlich auch weltweit ein Phänomen zu beobachten: Kommt Macht ins Spiel, begleitet sie tendenziell auch sexuelle Unterdrückung, und zwar rund um die Erde. Machtmenschen wollen zwar möglichst viele Untertanen, aber diese sollen bitte Sex nur auf die Zeugung hin haben. Die Soldaten im Dienste des heiligen oder politischen Zwecks sollen sich an den Frauen und Töchtern der ungläubigen Feinde abreagieren, ansonsten sollen heilige Männer und Frauen, Mönche und Nonnen vorleben, dass es möglich ist, keusch zu leben im Dienste des Herrn und seinen Stellvertretern auf Erden. Und so galt über Jahrhunderte: Sexualität nur in der Ehe oder mit Schwächeren, den Sklavinnen und Prostituierten. Und wenn Männer schwach wurden, waren es per se die Frauen, die sie verführt haben sollen. In Hexenprozessen wurde ihnen sogar die Impotenz des Ehemannes zur Last gelegt.

Die Kirchen und stramme Politikerinnen vergessen in ihrem polaren Denken nur immer, dass sie mit der Prostitution, die sie am liebsten radikal ausmerzen möchten, auch die heilige Institution der Ehe aushebeln würden. Ehe und Prostitution hängen unabdingbar ineinander, denn die Evolution will keine lebenslange Treue, sie will gesunde Kinder und Verbreitung der Gene, sie will Untreue, ob uns das passt oder nicht. «Das verflixte siebte Jahr» ist nicht die Schuld der Eheleute. Wenn es auch beeindruckende Beispiele ehelicher Treue gibt, so ist vielmehr Trennung als Treue gottgewollt, wenn man den Gott hinter allen Gottesbildern meint, den Gott der das «mehret euch» aussprach.

Denn früher galten Kinder im siebten Lebensjahr als flügge, waren gekleidet wie Erwachsene, hatten zu arbeiten wie Erwachsene, und wenn eine Mutter eines durchbrachte mit etwas männlicher Hilfe, konnte sie sich schon glücklich schätzen. Und wenn man sogar noch einige Jahre weiterleben durfte, erst recht. Uns steckt die Urzeit noch zutiefst in den Knochen und Lenden, und gleichzeitig leben wir in einer Gesellschaft, in der es Dank der Synergie unzähliger Erfindungen möglich ist, hundert Jahre alt zu werden.

Im Übrigen half bisher der gesellschaftlich folgenlose Seitensprung des Mannes ins Bordell, das überfordernde Ehemodell aufrechtzuerhalten. Wie denn hätte Sex außerhalb der ausschließlichen Ehe abgehandelt werden können, wenn doch offener außerehelicher Sex verboten war? Wie sollen Männer und Frauen Sexualität noch heute abhandeln, wenn eine Reihe von Gründen es ihnen unmöglich macht, in gesellschaftlich sanktionierter Weise Sexualität zu leben?

In armen Ländern leben ganze Dorfgemeinschaften von den Einkünften einiger Mädchen, die sich in der Hauptstadt oder im reichen Westen prostituieren. Onanie, will die Kirche, ist schließlich auch verboten. Also hilft nur noch, sich als Priester oder Nonne in den Hafen der katholischen Kirche zu flüchten, die das Thema Sex hinter ihren Mauern niederknüppelt oder bagatellisiert – oder aber sündig zu werden und die Sünde in den katholischen Beichtstuhl zu tragen, was die Gründe erhellt, warum diese Kirche nur profitieren kann, wenn sie Sex weiterhin staut und verteufelt.

Und wo fängt Prostitution an und wo hört sie auf? Ist Sex im Ehebett stets die reine Lust und Liebe für eine Frau? Sollte man das Elend der Straßenprostitution nicht einmal vergleichen dürfen mit dem Elend in vielen ehelichen Schlafzimmern und Verhältnissen, wo bei weitem mehr Vergewaltigungen stattfinden als auf der Straße? Und ist eine Frau, die einen Mann aus Absicht auf Reichtum und Status oder aus Bedürfnis nach Schutz heiratet oder umgarnt, keine Prostituierte? Ist ein Mann kein Prostiutierter, des das gleiche tut? Der mittellose Schöne an der Seite der reichen Dame? Der Boddyguard an der Seite des Stars?

Aufgrund weltweit völlig neuer Umstände auf allen Gebieten wird es nicht mehr lange dauern, bis das Frauenbild des Paulus verblasst sein wird. Auch der Zölibat wird früher oder später fallen. Anders wird dem zunehmenden Priestermangel nicht länger zu begegnen sein. In der Schweiz wird bereits ein katholischer Priester geduldet, der locker bekennt, dass er ein Kind habe und sich um dieses Kind kümmern werde.

Ich warte nur gespannt auf die gewundene Formulierung aus dem Vatikan, die den Damm des Zölibats einbrechen lässt. Der nächste Papst wird notgedrungen eine Wendung finden müssen, dass der Zölibat vielmehr irgendwie geistig zu verstehen sei. Tatsächlich steht nirgendwo festgeschrieben, er war schon vormals eher als Empfehlung zu verstehen. Und in fünfzig Jahren wahrscheinlich wird fällig sein, eine Textstelle zu finden, die auch Frauen nicht von der Priesterschaft kategorisch ausschließt. Ich werde es nicht mehr erleben. Es wird aber in jedem Fall das Ende der katholischen Kirche bedeuten. Diese Textstelle zu finden jedoch wird das kleinste Problem sein.

Es ist durchaus möglich, dass in der letzten Phase des klerikalen Rückzugsgefechts notgedrungen auch andere Jüngerinnen wie Maria Magdalena aus den vatikanischen Archiven auftauchen dürfen. Plötzlich ist sie doch eine Apostelin gewesen, wie die Gnostiker es wollten. Die schon oft beobachtete Praxis des Hinterherbuchstabierens der Kirchen zeigt nur eines: Macht kommt den unfehlbaren Weisheitsträgern stets vor Wahrheit. Kommt das Imperium ins Wanken und fallen Gläubige in Massen ab oder werden zu wenige generiert, dann wird einfach die «Verfassung» geändert, egal wie viele vormals für oder gegen sie durchs oder ins Feuer gegangen sind.

Der einzige Skandal um Sexualität ist seine Unterdrückung, die Heuchelei und Mauschlerei und unser Umgang mit Frauen wie Maria Magdalena. Es ist nicht besonders christlich, den sich körperlich Hingebenden den Schwarzen Peter zuzuspielen, sie zu verfolgen und in die ruinöse Illegalität hineinzutreiben. In einigen Ländern werden Prostituierte noch gesteinigt. Offenbar ist es ihre Schuld, dass Männer zu ihnen wollen oder sie in Situationen zwingen, wo körperliche Prostitution der einzige Ausweg darstellt. Und immer noch wird das alte Denken in Kinderhirne gehämmert: die Frau ist Schuld an der Schwäche des Mannes – nur richtig, dass sie bestraft und beschnitten wird. «Die Männer sind die Verantwortlichen über die Frauen ... darum sind tugendhafte Frauen die Gehorsamen.» (Koran, Sure 4, Vers 34)

Ob das die Form des «außerehelichen» bezahlten oder nicht bezahlten Liebesdienstes bleiben wird, oder ob sich noch andere und freiere Formen einspielen werden, sei der Zukunft überlassen. Seit einigen hundert Jahren weiß man, dass Verbot und Unterdrückung keine gangbaren Wege sind, Prostitution aus der Elendsfalle zu befreien.

Die Kirchen müssten dringend noch viel mehr fallen lassen, wenn sie die simplen Signale der Zeit erkennen wollten – das Thema Sexualität als heiliges Fortpflanzungsmittel versus Sexualität als Sünde gehörte nur als Erstes augenblicklich der Vergangenheit an, wenn sie ihre Hausaufgaben machten. Aber das ist wohl zuviel verlangt für Institutionen, die Sedimente von Jahrhunderten angesetzt haben und sie mit dem roten Faden verwechseln, an dem sie hängen.

Franziskus von Assisi: Wo fängt das Tier an?

Obwohl der Mensch Weltmeister des bewussten Denkens zu sein scheint, ist der Übergang zur Tierwelt fließend und wird in anderen Kulturen auch rituell nachvollzogen. Menschen treten in Tiermasken auf. Tiere werden seit dem zweiten Jahrhundert mit menschlichen Eigenschaften oder Menschen mit tierischen beschrieben, wie beispielsweise die Meerjungfrau oder der Minotaurus. Wenn man bedenkt, wie viel man in den letzten dreißig Jahren allein über das Verhalten der Vögel herausgefunden hat, so scheint die

Tierforschung erst am Anfang zu stehen. Geahnt wurden die grandiosen Fähigkeiten der Tiere immer, wenn sie auch in den triebunterdrückenden Religionen des Abendlandes vergessen gingen. Denn Tier hieß Trieb und Trieb war schlecht oder zumindest zu zügeln, also wurden auch die Tiere in ihrem Wesen missachtet. In Indien jedoch ziehen ganze Herden heiliger Kühe ungehindert mitten durch den Stadtverkehr; Ziegen, wie ich erlebt habe, wird nicht einmal verwehrt, ein Restaurant zu betreten.

Das Christentum tut sich jedoch schwer mit dem fließenden Übergang zum Tierischen. Ein einziger Heiliger, Franziskus von Assisi (1181–1226), darf mit den Tieren sprechen. Genützt hat es ihnen wenig. René Descartes (1596–1650), einer der einflussreichsten Philosophen des Abendlandes, verglich Tiere mit Maschinen und sah in ihren Leidensschreien nicht mehr als das Quietschen eines Rades. Wir sehen in den Tieren entweder Fetische, Maschinen oder Nahrungsmittel. Die Reformation hat die Verachtung der Tiere noch verschärft, sie geradezu industrialisiert. Von Pflanzen ist in den Schriften schon gar nicht die Rede, obwohl auch der Übergang von Pflanze zu Tier fließend ist, ja Menschen zuweilen zu vegetieren scheinen (Koma, Depression), während Pflanzen blühen und leben.

Erst langsam scheinen wir zu begreifen, dass wir nicht in die Zukunft fahren können, ohne auch die Tiere und Pflanzen in die globale blaue Arche mitzunehmen, ungeachtet, welche Stempel die Religionen auf sie niedersausen ließen.

Durch Intrigen zu Gott

Am Absurdesten zeigt sich verwaltete Religion in einem Ritual, das die Weltmedien lieben, im besonders bedeutungsträchtigen Ritual der katholischen Kirche, dem Konklave.

Bis ein Papst gewählt wird, kann es Wochen dauern. Die Kardinäle sind angehalten, ihre Schrift auf den Wahlzetteln zu verstellen, damit das Votum für einen Kandidaten keine negativen Folgen für die eigene Kandidatur habe. Der Schlitz der Wahlurne ist verengt, damit ein Wähler, der einzeln vortreten und den doppelt gefalteten Zettel erst noch allen sichtbar herzeigen muss, nicht heimlich einen zweiten Zettel einwerfen kann, den er aus dem Ärmel zaubern könnte. Die Kardinäle müssen eingeschlossen und, wie auch schon passiert, mit Entzug der Nahrung bedroht werden; ihre Intrigieren und ihr Gerangel um den Job des Stellvertreters Gottes würde sonst kein Ende nehmen. Mit anderen Worten: Keiner dieser heiligen Männer gönnt es dem anderen wirklich, Papst zu werden, und keiner wird Papst, der vorher nicht heimlich seine Fäden gezogen hat.

Und obwohl Päpste sehr wohl nach einigen Jahren zurücktreten könnten, ist es seit sechshundert Jahren keinem mehr in den Sinn gekommen, einen anderen als sich selber für den Höchsten nach Gott in Betracht zu ziehen. Der Rücktritt Benedikts XVI. wurde denn auch mit gebührendem Erstaunen aufgenommen – das Beste, das er in seiner Amtszeit geleistet habe, hieß es auch. Wahrscheinlich hatte dieser ja gar nicht dumme Mann erkannt, dass ein Wandel anstand, aber er nicht das Format hatte, ihn einzuleiten; mit 87 ist das auch nicht einfach.

So dachten wohl die meisten Kardinäle, aber dann haben sie den immerhin bereits 78-jährigen Franziskus aus Argentinien gewählt, auch nicht gerade ein junger Hüpfer. Aber selbst wenn er über seine Gesten der Bescheidenheit schon einiges bewegt hat – er wird noch beweisen müssen, wie ernst er es mit den konkreten Anliegen seiner Gläubigen meint. Nach seinen letzten Äußerungen zu den dringenden Fragen der Zeit und der Kurie würde ich keinerlei Hoffnung hegen.

Die Männer des katholischen Klerus haben ein Problem: Sie wollen in der Hierarchie aufsteigen und sich gleichzeitig nach außen als Heilige zeigen, die das Gerangel und Taktieren nicht nötig haben. Das Resultat ist jene Scheinheiligkeit, die, abgeschirmt im Konklave, sofort in giftigestes Mauscheln ausartet. Es ist ein Lobbyieren, nicht anders als in den Parlamentsgebäuden. Allerdings gibt es keine Wandelhallen, sondern Seilschaften werden beim Essen oder auf dem Weg vom Gästehaus Santa Martha, wo die Kardinäle übernachten, um den Petersdom herum hin zur sixitinischen Kapelle angemauschelt. Auch die Gottesdienste sind gut dazu geeignet. Das haben schon die Fürsten in der Renaissance so gehalten.

Hätte sich Jesus so seine Kirche vorgestellt? Wie viel Missgunst und Intrige muss sich unter diesen alten, einsamen Männern aufstauen, dass sie sich derart auf die Finger schauen müssen! Jesus durfte zwar Petrus zu seinem Felsen erklären («Du bist Petrus, der Fels, und auf diesen Felsen will ich Meine Kirche bauen», Matthäus 16, 18), aber er hätte nicht die Spur eine Chance gehabt, in ein Konklave hineinzukommen. («Was? Sandalen? Eure Heiligkeit trägt Schuhe von Stefanelli aus Novara!»)

Pfarrer – ein übles Konstrukt

Als Konfirmanden fanden wir es stets toll, wenn unser Pfarrer auch einmal ein Bier trank oder mit uns Fussball spielte. Der ist gar nicht «so», hieß es dann. Er kann es gut mit den Jugendlichen, hieß es auch im Dorf. Tatsächlich durften wir auch etwas Jazziges singen an der Konfirmation, obwohl Großmutter in der dritten Bank von der «Negermusik» wenig begeistert war.

Kam der Herr Pfarrer zu Besuch in unser protestantisches Bauernhaus, um unseren Beitrag zum Erntedanksonntag in seiner Kirche zu besprechen, ging es jedenfalls nicht um Geistiges, sondern um den Früchtekorb auf dem Taufstein. Es wurde geputzt und gebacken, und die Großmutter zog die Zürcher Sonntagstracht an.

Unser Pfarrer hatte fünf Kinder. Von diesen war das eine oder das andere auch «nicht so». Einer beteiligte sich besonders eifrig an unseren Bubenstreichen. Aber immer blieben sie die Kinder des Pfarrers, also Kinder unter besonderer Beobachtung. Als im Pfarrhaus zu einer Scheidung kam, war es schlagartig vorbei mit «nicht so». Großmutter wollte nichts mehr von ihm wissen. Man lässt nicht fünf Kinder zurück und zieht zu einer anderen, schon gar nicht zu einer jüngeren!

Es ist gar kein Thema, um es nicht genug zu sagen, dass Kirchenleute beider Konfessionen großartige und selbstlose «Gassenarbeit» im Sinne des Besten christlicher Tradition leisteten und leisten. Alles in allem aber waren protestantische

Pfarrer für mich unfassbare Menschen. Es war ihnen nichts verboten, aber auch nichts wirklich erlaubt. Wir hatten weder Angst noch Freude mit dem Pfarrer. Ich wusste nie, was das Ganze überhaupt sollte. Sie taten mir irgendwie leid, oder es war die Fortsetzung von Mutters Haltung: Die Pfarrer haben es schon schwer genug, wir sollten sie nicht auch noch belasten mit unseren Sorgen.

Die protestantische Kirche kam mir nüchtern und kalt entgegen, ohne Ecken und Kanten, aber erbarmungslos wie heute das Internet, das nie mehr vergisst; kein Beichtvater, kein Ablass kann Einträge im Himmelsbuch mehr ungeschehen machen. Auch uns Kindern war durch die Kirche nichts wirklich verboten und nichts wirklich erlaubt, aber sehe zu, wie du dereinst vor dem Herrgott stehst! Und wenn ich mich heute als erzprotestantisch geprägt erkenne, dann nicht, weil mich diese Kirche in den Jugendjahren wesentlich beeinflusst hätte, sondern weil der Protestantismus mit seinem Leistungsdiktat und der Sittenstrenge über Jahrhunderte so massiv bis ins Mark unserer Bauernsippe eingedrungen war, wie er über die schweizerischen Wirtschaftsmetropolen ins ganze Land ausstrahlte, ja auf Umwegen über Calvin und Bullinger die ganze westliche Welt geprägt hat.

Vor dem schweizerischen Hintergrund des Protestantismus erschien und erscheint mir der Kirchenentwurf Luthers etwas milder und bunter zu sein, aber das müsste man einen Lutheraner fragen.

Der Katholizismus aber, das muss man ihm lassen, steht heute als anachronistisches Bollwerk des Seltsamen quer und insofern sogar wohltuend in der neoliberalen Leistungsgesellschaft. Aber obwohl der frühere Abt von Einsiedeln gerne vorführte, wie er mit seinem Tretroller durch sein leeres Kloster kurvte, um Zeit zu sparen, und der Bischof von Sitten auf Inelineskates durch die Straßen seiner erzkatholischen Diözese flitzen soll, um seine Weltoffenheit zu demonstrieren, wird ihr demonstratives, um nicht zu sagen lächerliches Modernseinwollen das alte Schiff nicht retten.

Die katholische Kirche muss, um die vakanten Pfarrstellen zu besetzen, jeden Greis heranziehen, der noch halbwegs weiß, wie eine Messe gelesen werden soll. In einigen Gegenden ist jede zweite Priesterstelle vakant. Und wo soll ein Banker in seinem Denken die Mutter Maria, Exorzisten und 5150 Heilige noch unterbringen? Oder ein jüdischer Immobilienmakler in der City of London die abstrusen jüdischen Geschlechtsgebote, wenn als Chef möglicherweise ein Frau das Sagen hat? Wird er sich an der Vorstandssitzung nicht neben sie setzen, weil sie ihre unreinen Tage haben könnte? Oder wird es auf israelische Art gelöst, wo das Büro in orthodoxen Gegenden zwei Türen hat, eine für Juden und eine für Andersgläubige?

Einem Protestanten hingegen steht nichts im Weg, er bleibt ohnehin Protestant, ob er am Kirchenleben teilnimmt oder nicht. Protestant sein heißt heute nicht viel mehr, als ob man dem Rotary Club angehört oder nicht, und der Protestantismus mit seiner Ethik ist in einem Maße bestimmend geworden, dass nicht einmal ein Bei- oder Austritt etwas daran ändert. Man erinnert sich seiner protestantischen Konfession bloß jedes Mal, wenn man sie auf einem Formular ankreuzen muss, oder wenn man für eine Beerdigung den zuständigen Pfarrer aus dem Internet recherchiert.

Die Kirchen sind leider weitgehend zu Serviceunternehmen verkommen, die man ohne viel Sympathie nur ruft, wenn man sie braucht. Das ist traurig und äußerst beschämend, wenn man bedenkt, was eine Kirche darüber hinaus sein könnte und sein müsste im Dienste der Gemeinschaft der Menschen! aus diesem Zustand, und vom offensichtlichen Versagen in der Frage der Ökumene, erwuchs stets meine mich selbst erschreckende Wut und Unversöhnlichkeit als protestantischer Religionslehrer der «eigenen» Konfession gegenüber. Die «New York Times» bezeichnet Europa als einen Kontinent der leeren Kirchen und «Touristenattraktionen aus der Vergangenheit». Ich sehe das nicht anders. Im Glaubwürdigkeitsvergleich deutscher Institutionen fanden sich die Kirchen hinter dem ADAC-Verkehrsclub wieder. Wie kann man da weitermachen wie bisher!? Wie kann da noch mehr «Fasten für Arme», noch mehr Gospel, Suppentage und ein T-Shirt «Halleluja» den Karren noch wenden? Kürzlich setzte ein Kloster eine viel beachtete Annonce in die Zeitung: «Mönche und Nonnen gesucht.» Wenn es so weit gekommen ist, wird guter Rat wirklich teuer.

Der dramatische Priestermangel insbesondere der katholischen Kirche ist nur das erste Anzeichen – neue Generationen werden die Funktion von traditionellen Priestern und Pfarrern einfach nicht mehr begreifen, ein Zölibat schon gar nicht.

Der Diaspora-Neger aus Metall, dem man das Geld hinten in den Rücken steckte und der dann nickte wie ein Wakkeldackel im Heck eines Autos, ist längst zum umworbenen afrikanischen Priester in der Schweiz mutiert. Die Mission hat sich um 180 Grad gewendet. Heute werden nicht mehr die Völker anderer Kontinente mit dem Christentum malträtiert, sondern die Mission wäre in den industrialisierten Kernlanden notwendig – aber es ist vorbei. Das hat nicht nur mit möglichen xenophoben Gefühlen gegen schwarze oder polnische Priester zu tun, sondern vor allem mit den propagierten Inhalten.

Die ausländischen Priester kommen nicht aus innerer

Notwendigkeit des Glaubens zu uns, denn sie haben keine neue Botschaft: Sie werden gerufen als Nothelfer im letzten Moment und sind noch konservativer als unsere Bischöfe. Sie sind die letzten Mohikaner aus den Randgebieten des Glaubens, die längst zu den Kernlanden des Christentums geworden sind. Sie glauben und leben noch unangefochten, was man sie gelehrt hat.

Aber der Patient, die *Catholica*, ist am Ende, vor dem letzten Loslassen, bäumt er sich nur noch einmal auf – das ist es, was wir sehen. Ein bedenkliches Schauspiel!

Und leider wird mit dem Bade viel Kind ausgeschüttet, was nicht nötig wäre, hätten sich die Priester und Pfarrer, statt nach der Hierarchie zu richten, an das Vorbild Jesus gehalten, der Hierarchien mied, wo er nur konnte. Wenn es so genannte Geistliche beider Konfessionen, wie hier schon oft zitiert, nicht einmal schaffen, gemeinsam überzeugend und ohne Wenn und Aber an einen Abendmahlstisch setzen können (das schaffen selbst Mafiabosse), dann ist die Sache verloren. Die Zukunft wird es nicht verzeihen.

Wir sollten sie dankend gehen lassen, die moribunden Riesen von Religionen, die angeblich von Fachleuten höherer Werte geleitet werden sollen. Wir sollten die lebensnotwendigen Rituale im Turnus selber anleiten, wie der jeweils Älteste am Tisch die Tischkärtchen setzt und die anstehenden Toaste ausbringt, mehr nicht. Wir sollten uns auf Religion konzentrieren, auf das einfache, alltägliche Leben mit unseren Nächsten und Fernen im Einklang mit dem Großen und Unwissbaren. Es gibt keine Heiden mehr zu retten. Vorbei ist vorbei, sagte mein Großvater stets. Er starb schon in den Fünfzigerjahren nicht mit der Bibel, sondern einer Flasche Sauser auf dem Nachttisch.

Er war sich bewusst, dass er sterben würde.

Babel
oder: die CEOs in den heutigen Wolkentürmen

Der Turm zu Babel steht gemeinhin für Hybris, für Überhöhung, für den Glauben der Menschen, alles sei machbar. Der Turm ist ein Symbol des Aufbegehrens gegen Gott. Noah, der Mann, der dann mit der Arche schwamm, war schon früher der Meinung gewesen, dass man nicht alles für gottgegeben akzeptieren müsse, Überschwemmungen zum Beispiel. Gefällt es dir, Gott, uns – deine Erfindung schließlich – zu vernichten, weil wir deiner Vorstellung von Perfektion nicht genügen, so kannst du dich täuschen. Wir bauen, wie hier schon anderswo gesagt, einfach Hausboote, packen unsere Sippen und unsere mühsam gezüchteten Haustiere hinein und lassen uns obenauf treiben, bis der Wasserpegel wieder sinkt, und dann machen wir weiter, ob es dir passt oder nicht. Von jetzt an ist Schluss mit deinen unergründlichen Diktaten. Wir schließen einen Vertrag, und zwar einen einseitigen: Du vernichtest ab sofort nicht mehr, Punkt. Deine Unterschrift sei der Regenbogen: Ah, der ist schon da, danke.

Als die Babylonier nach der Legende jedoch einen Treppenturm bis in den Himmel hinauf bauen wollten, um dem alten Herrn sogar einen Besuch abzustatten, ob dieser wollte oder nicht, wurde der wirklich ärgerlich und verwirrte den Bauleuten die Sprache, worauf an kein vernünftiges Bauen mehr zu denken war.

Natürlich scheiterte das Vorhaben, es fehlte noch ein

neues Weltbild, das sie von Anfang an davon abgehalten hätte zu glauben, auf Wolkenhöhe sei die Welt zuende. Später kam Abraham mit seinem Nein: Ab sofort werden keine Menschen mehr geopfert, um dich gut zu stimmen, es gibt nicht länger Menschenblut zu trinken, du wirst jetzt ein noch freundlicherer Gott, denn wir Menschen wollen jetzt freundlich umgehen miteinander – naja, so gut es eben geht.

Die hier salopp geschilderte Metamorphose der naiven Gottesprojektionen in den leeren Himmel und schließlich ins Weltall mit dem Spruch eines russischen Astronauten, er sehe nirgendwo einen Gott, lässt sich durch die Religionsgeschichte bis heute verfolgen. Aber noch immer spekulieren Milliarden von Gläubigen auf ein Jenseits, das sie für ihr gutes Verhalten – wie immer das sei – belohne und die Bösen bestrafe, vor allem die jeweiligen Feinde. Und noch immer sitzt Gott für Milliarden Menschen irgendwo oben über den Wolken und führt Buch über die Taten seiner Geschöpfe, die er doch wie gesagt von Anfang an so hätte erschaffen können, dass sie nicht in eine Hölle hinunter zu fahren brauchten, um zu büssen.

Für viele heißt Himmel heute noch: «ein Leben danach», irgendwo und irgendwie oben oder in einem ätherischen *Space*; das meint Wiedergeburt – am liebsten schon wieder hier auf Erden, wo man sich doch mittlerweile etwas auskennt und die selbe Automarke wieder bestellen könnte. Es ist, als hätte es die doch nachvollziehbare Emanzipationsgeschichte des Gottesbildes nicht nachweisbar gegeben. Dabei schreibt der verschmähte fünfte Evangelist Thomas schon vor zweitausend Jahren: «Die (Welt) wonach ihr ausschaut, ist schon da, aber ihr erkennt sie nicht.»

Man kann in das großartige Bild des Turms zu Babel Emanzipation, Hybris oder Chaos projizieren nach Belieben. Man kann auch Dummheit sehen in einem solchen überrissenen Vorhaben, einen Turm in den Himmel hinauf bauen zu wollen. Wenn man das berühmte Gemälde Pieter Brueghels des Älteren («Wiener Version») vom Turmbau zu Babel mit der Lupe betrachtet – ein Vergnügen, das ich empfehle und den Schülern in meinem Religionsunterricht nicht vorenthalten habe –, wird man entdecken, dass der Auftraggeber, der König, gerade die Baustelle inspiziert und von einem Idioten beraten wird – eine zweifellos bis heute gültige Metapher. In der auf dem Cover dieses Buches abgebildete «Rotterdamer Version» ist unter der Lupe eine katholische Prozession hinauf in den Himmel zu entdecken. Dabei neigt sich der Turm unter seinem Gewicht bereits auf die Stadt hin. Das war 1553 ...

Man kann alles an den Schaubildern des alten Testaments aufhängen und darf es auch, sie sollen mit ihren zeitlosen Botschaften ruhig erhalten bleiben. Dass die gescheiten Ökonomen und die doch früher ehrenwerten Banker, die umtriebigen CEOs in den heutigen Wolkentürmen rund um die Welt, die uns die gegenwärtige Wirtschaftskrise eingebrockt haben, von Idioten beraten gewesen sein mussten, weiß auch schon jedes Kind. «Gier frisst Hirn» – man kann keine Türme bis in den Himmel bauen, man kann keine Rendite von zwanzig Prozent versprechen. Man hatte vergessen, das Fabriken Schuhe herstellen, nicht Geld, und so wankte und fiel das Gier-Konstrukt. Dass es keinen Gott im Himmel gibt, soll nicht heißen, dass die Botschaften der Bibel nicht zeitlos gültig wären.

Bibel und Gott sind zweierlei. Indem heute von den Kirchen noch immer ein naives Bild von Gott diktiert wird, das viele Menschen nicht mehr akzeptieren können, verdirbt man ihnen auch den Geschmack an den grandiosen Lehrstücken, Gleichnissen und Weisheiten der Bibel, insbesondere den allerersten grandiosen Bildern der Genesis, die aus meiner Sicht und willkürlichen Gewichtung an Frechheit gegen Gott kaum zu überbieten sind, was natürlich kein traditioneller Religionslehrer so sehen darf. Und manchmal finde ich, ein wenig alttestamentarisches Göttergrollen könnte nichts schaden in unserer Zeit, die in allem *light* und *easy* und *efficient* zu sein hat.

Oder eben: man lese die Bibel einmal aus der Sicht eines Protokolls menschlicher Emanzipation.

Und führe sie fort ...

Jerusalem
oder: Die Stunde schlägt bald zwölf

Immer um die Weihnachtszeit trifft in unserer Stadt das Friedenslicht aus der Geburtskirche Jesu ein. Es wird durch eine Fackelstafette hergetragen, damit man von dem Feuer seine Kerze anzünde und Friede mit nach Hause trage. Ich kann mir allerdings keinen Ort vorstellen, der die umgekehrte Richtung nötiger hätte.

Wenn es noch ein Beispiel brauchte, um zu zeigen, dass Glaube teilt, nicht vereint und befriedet, dann ist es das Beispiel Jerusalem. Dieses vergleichsweise wenig attraktive Pünktchen auf unserem Planeten wird buchstäblich zu Tode geglaubt. Und niemand will die konventionelle Formen der Auseinandersetzungen aufzugeben, weder die Priester, noch die Rabbis, noch die Mullas, noch die Politiker, wie es andersherum ein Mandela oder Gandhi vormachten. Darum ist auf Ökumene und sanfte Vermischung der Religionen in Zukunft nicht zu hoffen, sie können nicht anders als sich voneinander abzugrenzen und sich zu konkurrieren – *to big to give up*. Sie sollten mit all ihren Abgrenzungen sanft vergessen werden. Eines Tages wird die letzte Anstrengung gegen außen zu einer Implosion führen. Als sich der Glaube an den Kommunismus hinlänglich verflüchtigte, fiel das Sowjetimperium innert Stunden ohne ein einziges Todesopfer. Wer hätte das ein paar Tage vorher noch gedacht?!

Israel und Palästina sind jedoch ein Dauerbrenner. Seit Jahrzehnten kommt kein Papst, kein jüdischer Weltkongress oder amerikanischer Präsident um das Thema Israel herum. Denn hier, genauer in Jerusalem, treffen hoffentlich zum letzten Mal die letzten Reserven dreier Weltreligionen aufeinander: das Judentum, das Christentum und der Islam, notabene alles abendländische Religionen, die sich auf den selben Urvater Abraham berufen – und wie es auch stets ist, um so heftiger, als sie Verwandte sind. Jesus tritt sogar im Islam als Prophet auf. Diese Verwandtschaft, statt den Geschwisterzwist zu betonen, sollte man diesen lauthals Frieden posaunenden Religionen doch zumuten dürfen, ja sollte das selbstverständlichste erste Anliegen sein. Ich finde, man hat das Recht, sich darüber zu empören, dass es die Wortführer vorziehen, sich durch ihre kindliche Gegnerschaft den eigenen Deutungsanspruch zu erhalten und ihre Pfründe damit und damit ständig ein echtes, um nicht zu sagen großes Risiko heraufbeschwören, dass das besondere Pulverfass für internationale Konflikte am Ende doch noch explodiert.

Jerusalem ist kein Provinznest mehr, in das römische Präfekten lieber nicht hinbefördert werden wollten. Und Soldaten haben keine Speere mehr und das war's. Sie lenken heute Drohnen und Trägerraketen. Und die Rivalität unter den Religionen, die die Abgrenzung auf ihre Fahne geschrieben haben, sind der beste Zunder, um das Zünglein an der Waage des Schreckens auf Angriff zeigen zu lassen. Alles schon hunderte Male gehabt! Und dass es bis jetzt nicht zum Schlimmsten kam, sagt überhaupt nichts. Hundertmal geht der Krug zum Brunnen bis er bricht ... Wir sollten uns empören, nicht unsere Energie durch Glaubenskonzepte weiterhin aufeinander richten. Im Namen unserer Kinder und Enkel können wir uns das nicht mehr leisten. Schwerlich zu einer anderen Einschätzung zu kommen, wer unvoreingenommen die Geschehnisse verfolgt.

Menschen können ihre religiösen Gefühle nachweisbar an jedem Ort leben, sie brauchen kein Jerusalem. Für Versammlungen genügt ein Zeltdach oder winters notfalls eine Garage. Auch nicht falsch, wenn es ein angenehmer, schöner Raum ist (soweit Kirche), mit einem Hauswart (soweit Priester). Wir sind Gruppenwesen, also sollen wir auch zusammenkommen und die Initiationen unserer Kinder feiern, Paare unterstützen, die im Hinblick auf künftige Kinder öffentlich um Beistand bitten (soweit Hochzeit), Sterbenden beistehen, die vor der größten Prüfung ihres Lebens stehen und Kranken und Bedürftigen helfen, und zwar nicht für Gottes Lohn in einer auffälligem Helfertracht, damit jeder sehe, wo der Lohn jetzt schon abgegeben werden kann (soweit Kultgewänder).

Es darf einen Ort und eine Zeit geben, wo das Unfassbare Mysterium des Lebens und des Universums mit anderen geteilt werden kann, wo freudige verschmelzende Ekstase mehr gilt als Vernunft und Anstand und erst recht Theologie – so halt ungefähr, wie mit Ostern und Pfingsten die christliche Kirche begann und wohl jede Kirche – in irgendeinem

Raum, am Küchentisch, im Gefängnis, im Hinterraum einer Kneipe wohl.

Israel ist zweifellos der Prüfstein heutiger Politik und Religion. Nicht weil ich das sage, sondern weil es per Tagesschau zu besichtigen ist. Man darf es übertrieben finden, was ich da apokalyptisch an die Wand male, aber die Gefährlichkeit des gegenwärtigen Status quo erscheint mir gefährlicher als jedes Risiko, unvoreingenommen Scheite aus diesem Konfliktherd herauszunehmen, statt immer neue hineinzuwerfen. Jerusalem kann zu einem neuen Symbol für eine neue Zeit oder posthum ein Symbol für die hysterischen, selbstzerstörerischen Kräfte des Homo sapiens werden.

Jerusalem muss abgerüstet werden, wie die Atomwaffen verschrottet und die Sicherheitsdispositive verbessert werden müssen. Religionen sollten auch Abrüstungsexperten in ihre Kirchen, Tempel und Moscheen lassen, damit sie Menschen trennende und verachtende Dokumente aus dem Verkehr ziehen – eines aus dem Koran gegen eines aus der Bibel und so weiter. Derweil sollten die Gläubigen ihren Fokus und ihre Energie von ihren Glaubenszentren abziehen, damit die Experten des Glaubens merken, dass da nichts mehr zu retten ist.

Das ist naiv, gewiss, wie vieles in diesem Buch. Aber man unterschätze nicht das Naive! Mächtiges stolpert nicht über Felsen, es sind simple Bananenschalen, die es zu Fall bringen, es sind «Zimmermädchen» und Praktikantinnen, die Präsidenten stürzen, es sind Teenager an Computern, die Geheimdienste entlarven und Staatskrisen auslösen, es sind tanzende Mädchen vor Altären, die Diktatoren ins Schwitzen bringen und ihren Machismus der Lächerlichkeit ausliefern.

Beginnen wir einfach und unterschätzen wir uns nicht!

IV.

Christliche Macht und ihr Verfall

Kreuz – das lukrative Rezept des Boulevards

Der zweiundsiebzigjährige Bischof von Sitten, leidenschaftlicher Motorradfahrer und Inlineskater, antwortete, als er nach seiner Meinung zu der Fristenlösung befragt wurde, der Mensch sei ein «Gefangenrn seiner Freiheit und Sklave seiner Zügellosigkeit». Homosexuelle betreiben für ihn «ein teuflisches Spiel», seien dekadent und betrieben eine «Todeskultur» ...

In einem Artikel mit dem Titel «Wie spüre ich die Existenz Gottes?» schrieb der ehemalige Bischof von Basel unter anderem: «Gottes Liebe hat sich am deutlichsten in der Ohnmacht des Leidens am Kreuz Christi offenbart, das dazu einlädt, Gott im Angesicht der armen, leidenden und benachteiligten Menschen zu spüren. Darin besteht für mich der Kern des christlichen Glaubens.»

Das Kreuz ist ein mächtiges Symbol des christlichen Selbstverständnisses. Aber man fragt sich: Warum lässt ein allmächtiger Gott seine Kreaturen überhaupt leiden? Damit er ihnen in der Ohnmacht ihres Leidens nahe sein kann? Ein umständlicher und zynischer Gott ist da entworfen. Und wie passt diese Auffassung mit dem Erscheinungsbild und Auftreten der katholischen Kirche überein? Man wähnt sich bei den Bischöfen des Landes bei feudalen Fürsten (der Bischof in Limburg, der bei seiner Weihe geloben muss, «ein Mann der Armen» zu sein, ließ sich dann einen Palast für 31 Millionen Euro errichten). Im Vatikan wähnt man sich am Zarenhof, und dort wird keineswegs gelitten wie in den Slums Südamerikas, wo sich die Menschen von Gott und der Kirche verlassen wähnen, wären da nicht couragierte Priester, die von Rom bisher aus bekannten Gründen wenig Unterstützung erwarten konnten. Wie der neue Papst Franziskus mit der Befreiungstheologie umgehen wird, wird sich erst noch weisen.

Und der Bischof schreibt weiter: «Es ist für mich tröstlich, an den einen Gott glauben zu dürfen, der alles in allem ist und den ich in allem spüren darf – ausgenommen in der Gewalt.»

Wenn Gott diese Welt erschaffen hat, meine ich, dann hat er auch die Gewalt erschaffen. Wenn es ihn gibt, diesen allmächtigen Gott – wer sind wir denn, ihm vorzuschreiben, worin er sich bitte schön zu erkennen belieben soll und worin nicht?

Wenn ich mich manchmal in den Arm kneife und sage: «Es ist ein Wunder, dass ich nicht nicht bin» – was doch logischer wäre – , dann meine ich nicht Gott im Kirchenhimmel, sondern das blanke Staunen vor dem simplen Vorhandensein, vor dem «Gott» hinter allen Phänomenen, auch hinter dem Leiden und der Gewalt. Wenn man mich fragen würde: «Wie spürst du die Existenz Gottes?», dann würde ich antworten: im Staunen, in der Intelligenz der natürlichen Prozesse.

Die ganze Kreuz-Mystik ist mir absolut fremd. Ich habe allerdings meinen dringenden Verdacht, warum der Aspekt des Leidens im Zuge der Verstaatlichung des Urchristentums ins Zentrum des christlichen Glaubens gerückt wurde, obwohl man in der Symbolik der ersten drei Jahrhunderte vergeblich nach dem vertikal verlängerten Kreuz sucht, dem Leidenskreuz. Bei den unendlich vielen kleineren und größeren Religionen dieser Welt ist mir jedenfalls keine bekannt, die ein Martyrium in solchem Maße im Zentrum sieht. Die Eingeborenen, denen man das Christentum nahe bringen wollte, erschraken zutiefst vor diesem gemarterten Gott, an den sie nun glauben sollten. Kinder erschrecken nicht weniger, man muss ihnen «das Kreuz» regelrecht einbläuen. Aber hat man ein «Kind Gottes» erst einmal gehörig erschreckt, kann man es trösten im Namen des gleichen Herrn, und der Kunde ist gewonnen.

Dass Milliarden Christen mit Kreuzen herumlaufen, heißt nicht, das diese Symbolik die naheliegendste ist, sondern bloß, dass sie die erfolgreichste ist. Mit Leid und Schrecken zu agieren ist stets erfolgreich, es ist nicht umsonst das lukrative Rezept von Diktatoren und des Mediendiktats, vor allem des Boulevards. «Bad news are good news», weiß jeder Redakteur unter der Knute des Quotendiktats. Mit guten Nachrichten ist der Affe in uns nicht in Bann zu schlagen. Es ist die Angst, die uns umtreibt, die Angst vor dem Absturz, vor Unfällen, vor Qualen. Und wer mit Furcht und Angst kokettiert, hat das Interesse der Massen auf sicher. Die Kreuzessymbolik steht aber einsam und absurd in der Landschaft der Religionen. Ich liebte es nie, dieses finstere Symbol.

Zweifellos ist das Leben kein Zuckerschlecken, das Leid ist enorm, das wissen wir auch ohne Anleitung und Priester, die sich aus dem Leben geflüchtet haben. Aber es wird kein bisschen weniger, wenn Leid auch noch stilisiert wird. «Siehe, Jesus litt auch am Kreuz», ist ein schwacher Trost.

Ein leidender Helfer kann mich, wenn ich leide, wohl besser verstehen und mir genauer raten. Aber hat der Mitleidende auch die Kraft, meine Selbstheilung zu begleiten, was alles entscheidend ist, ob ich nun meine Krankheit verstehe oder nicht, ja gar von ihr fasziniert bin? Ein im Leiden Gefangener, ein Leidensversteher, ist nur ein Gefangener mehr. Der Häftling aber, der fliehen will, braucht Hilfe von außen, von Freien und Starken, von Menschen die leben wollen, die Nicht-Leiden verstehen.

Es wird von der Kirche stets mit Genugtuung betont, dass dieser und jener gescheite Stänkerer gegen das Kreuz am letzten seiner Tage doch wieder in den Schoß der Kirche zurückgekehrt sei, die Wahrheit sei eben stärker. Da seht ihr's: Auf dem Totenbett bereuen sie ihr Leben ohne Gott, dann sind wir wieder recht. Es gibt ein Buch von einem christlichen Verlag mit dem Titel: «Die letzten Worte großer Männer». Darin wird beschrieben, wie prominente Menschen, also Atheisten, Könige, Präsidenten und Künstler ihre Missetaten und ihr Fernbleiben von der Kirche aufs Tiefste bereuen. Wie Menschen von der Straße sterben und wie Frauen sterben, interessierte offenbar nicht, es war keine Frau darunter. Wie Frauen sterben, unterschlägt die christlich abendländische Historie und Kunst ohnehin in grandioser Weise. Kreuz heißt Männertod. Männer tragen Kreuze herum und zur Schau, Frauen haben darunter zu bewundern zu beweinen und aufzuwischen. Ich kann nicht anders, als dass ich mich frage, wie Frauen dieses Symbol lieben können, wenn ich es an einem Hals baumeln sehe ...

Letzte Worte sind aber nur einfach letzte Worte und meistens nicht mehr im Vollbesitz des Verstandes gesprochen, im Gegenteil. Letzte Worte sind von der gleichen erschreckenden Banalität, die das Schöne und Hässliche des Lebens ausmacht, eines Lebens mit ekstatischen und schrecklichen, hehren und obszönen Momenten, aber aller meistens banalen, deshalb jedoch keineswegs unwichtigen, im Gegenteil. Warum braucht man «letzte Worte»? Man beachte vielmehr die Ersten! Die letzten Worte, falls überhaupt von Gewicht, sind nur noch die Früchte, lange im Kern der ersten Worte schon angelegt. Und wenn an der Wiege schon ein Priester steht mit seinem finsteren Geist, kann man sich ausrechnen, wie letzte Worte herauskommen ...

Es ist eine Frage unter Literaten: Hat Goethe als Letztes gesagt «Mehr Licht!» oder «mehr nicht?» So wie er aus dem Vollen gelebt hat, mit seinen Weingelagen und seinen Amouren, favorisiere ich die zweite Version.

Der Zyniker und Realist Voltaire wurde auf dem Totenbett dazu angehalten, endlich dem Teufel abzuschwören; er soll geantwortet haben: «Es ist jetzt nicht der Moment, sich neue Feinde zu schaffen.»

Nein, an einem Holzkreuz soll man Tomaten aufbinden nicht Menschen. Ich kenne keinen vernünftigen Grund, dieses schreckliche Gerüst in die Zukunft mitzunehmen.

Mission – Antworten, die nach Fragen suchen

Gehet hin in alle Welt und predigt das Evangelium aller Kreatur», fordert das Evangelium des Evangelisten Markus. Meines Wissens ist es allen Religionen außer der christlichen und dem Islam weitgehend egal, ob noch andere das gleiche glauben oder nicht, solange sich diese Andern nicht einmischen. Warum sollte es ihnen auch nicht egal sein! Wir, vom christlichen Abendland aus sehend, meinen jedoch, Religion gehe nicht ohne Mission. Wenn etwas nicht zunimmt, muss doch etwas faul sein. Wenn aber etwas unbedingt zunehmen muss, um nicht zu implodieren, weist es vielmehr darauf hin, dass etwas im Kern nicht stimmen kann. Im Besonderen ist der Calvinismus auf Erfolg eingeschworen, er galt den ersten Soziologen als Begründer des Kapitalismus schlechthin, dessen Systeme ja auch in regelmäßigen Abständen in Gefahr geraten können, zu implodieren, wie wir in letzter Zeit sehen konnten.

Etwas Fundamentales kann nicht stimmen im Kern dieser beiden Religionen Islam und Christentum, dass sie nicht bei sich bleiben können und andere auch unter Todesdrohung zwangen, ihrem System beizutreten. Die Opfer links und rechts ihrer Glaubenspfade sind Legion. Religion kann jedoch niemals Vernichtung von Leben meinen, auch wenn Mission nicht allein auf ihre negativen Auswüchse behaftet werden kann. Viel guter Wille und viel gutes Meinen war immer der Anfang gewesen. Aber wie es ist, und wie es vor allem in fremden Kulturen so ist: es kam meistens anders als gedacht.

So oder so: Mission ist ein aggressiver Akt aufgrund eigener Entscheidung. Niemand rief je nach Missionaren. Einer hat es einmal so formuliert: «Gute Leute tun Gutes, schlechte Leute tun Schlechtes. Aber damit gute Leute Schlechtes tun, braucht es Religion.» Die christliche Mission, rückblickend beurteilt, hat wohl Gutes wie Schlechtes gebracht, wenn mehr Menschlichkeit im gesellschaftlichen Umgang als Maßstab gelten soll. Der christliche Glaube kam zu Beginn seiner Ausbreitung fortschrittlicher, differenzierter, psychologischer daher. Bald aber wurde die Schraube angezogen, die Kirche wuchs sich zu einem gewaltigen Machtapparat aus. Wollten jetzt Eingeborene anderer Kontinente oder Andersgläubige im eigenen Land auf die eine Bibelauffassung nicht schwören, wurden sie oft aufs Grausamste geplagt, schlimmer als Heiden es sich selber antaten. Ausgebeutet und versklavt wurden sie ohnehin. Im Namen der Habgier ausgebeutet zu werden, ist naturgesetzlich nachvollziehbar, im Namen eines Erlösers ausgenommen zu werden, ist der Zynismus selbst. Die Geschichte des amerikanischen Doppelkontinentes liefert ein beredtes Zeugnis von Religion als gesellschaftlichem Mordinstrument.

Nicht alle Missionare waren schreckliche Folterer. Es gab großartige Entwicklungsprojekte im Namen Jesu (Jesuiten), die aber bald auf Geheiß der eigenen «Kaiserpäpste» zerstört wurden, weil selbstverwaltende Bekehrte nicht in die Machtstruktur der katholischen Kirche passen wollten. Noch immer gibt es christliche Missionsinitiativen in anderen Kontinenten. Kirchen gründen Krankenhäuser und Schulen. Solange nicht penetrant missioniert wird, sollte es auch niemanden kümmern, in wessen Namen Ausbildung und Menschlichkeit Einzug hält, wo vorher dumpfer Fatalismus herrschte. Ich habe seit meiner Zeit als Ökonomiestudent immer noch Kontakt mit großartigen Ökonomen im Dienste kirchlicher Hilfswerke, nüchterne Praktiker, die sich schon damals als Privilegierte begriffen und es einfach nicht hinnehmen wollen, dass gleichzeitig andere leiden, wo mit etwas Einsatz und Wissen Not gelindert werden kann. Nur – seit ich selber in jenen Ländern zugange war – wundere ich mich nicht mehr darüber, warum gewisse andere Helfer so gerne nach Afrika oder Südamerika gehen, wo Kinder den Landrovers der Hilfswerke nachrennen und «Weiße! Weiße!» rufen. Es kann einem anfangen zu gefallen, allein aufgrund der Gesichtsfarbe für etwas Besonderes gehalten zu werden.

Warum nur will die Hilfsgeste in die Ferne schweifen, wo doch das eigene Elend vor der Haustür so nah ist? Warum geht das christliche Helfen so gerne mit Emblemen oder einer bekehren wollenden Mission in einem? Warum muss man unbedingt «im Namen von etwas» helfen, im Namen eines eigenen Konzepts? Helfen würde doch genügen – oder sollte es bloß ein Vorwand sein?

Warum schreibt die christliche Religion und warum schreiben christlich geprägte Gesellschaften das Helfen auf ihre Fahnen? Sind Christen bessere Menschen? Da das wohl nicht so ist, und da diese reflexartige Hilfsgeste gegenüber dem angeblich Nächsten bei uns so sehr im Zentrum steht und das Christentum in anderen Kulturen so stark charakterisiert, will ich versuchen, einige Aspekte des Helfens ausführlicher zu betrachten.

Mission setzt die Haltung voraus, dass Menschen anderer Kulturen unsere geistige aber auch materielle Hilfe brauchen, ob sie wollen oder nicht, dass ihr Lebensstandard in jeder Hinsicht gehoben werden soll, ihre Hygiene und ihre Lebensgewohnheiten geändert werden müssen, dass Ärmere kurzum eigentlich falsch leben, sonst wären sie nicht arm (so weit der calvinistische Gedanke).

Keine von einer anderen Religion geprägte Kultur macht so viel Aufhebens ums Helfen wie die christliche, obwohl an anderen Orten von Nichtchristen nicht weniger geholfen wird als bei uns. Helfen ist überall eine Selbstverständlichkeit in den engen Grenzen, die Helfenden naturgemäß gesetzt sind. Wenn etwas selbstverständlich ist, spricht auch niemand darüber und schreibt es schon gar nicht auf eine Fahne oder ein T-Shirt. So sollte nach meinem Verständnis Helfen aussehen, das einfach Helfen ist. Helfen ist einfach helfen und mit keinem anderen Thema zu verbinden als der berechtigten Erwartung, dass einem dereinst auch geholfen werden soll.

Unter Mission in unserem eigenen Land verstehen wir vor allem die Mission an der Haustür. Man ist gerade daran, die Kinder für die Schule fertig anzukleiden, und ist wie immer zu spät dran, es ertönt das Dingdong – da stehen zwei Strahlemänner vor der Tür und beginnen, wie schon gesagt, unvermittelt von Jesus zu reden ...

Warum, habe ich mich schon früher gefragt, vertrauen diese Leute nicht darauf, dass ihr eigenes Beispiel der Lebensführung uns Nachbarn schon anstecken werde, wenn denn auch das unbedingt sein muss? Wenn es einem Christen nicht anzumerken ist, dass er ein besseres Leben führt als andere, wozu soll ich dann auf seine Weise glücklich werden müssen? Missionieren, in welchem Zusammenhang auch immer, weist auf eine eigene Schwäche hin, auf etwas, das man, ohne nach außen zu stürmen, nicht aushalten würde: sich selbst, die Missionsbotschaft inklusive.

Systemen, die Mission als eigene Legitimation nötig haben und zusammenfallen würden, wenn sie sich nicht ausdehnten, sollte man grundsätzlich misstrauen. Denn nicht einmal das Universum selbst könne sich immer ausdehnen, sagen die Wissenschaftler. Natürlich hätte sich das Christentum ohne Apostel nicht so rasant ausgebreitet, aber ich wette aufgrund der überlieferten Briefe: Diese Männer überzeugten durch ihr eigenes Beispiel mehr als durch Drohung mit Teufel und Hölle. Und sie «surften» auf dem Zeitgeist der Endzeiterwartung, was man gerne vergisst. Man erwartete das Weltende zur Zeit Jesu innerhalb der nächsten Jahre, aus konkreten Gründen, die heute schwer nachzuvollziehen sind.

Man solle sein Leben täglich in Ordnung bringen, raten

nun diese Apostel, denn unmittelbar könne alles zu Ende sein. Sie erklärten es den Fischern und Bauern mit Bildern, die diese begreifen konnten. Für die vom griechischen Götterhimmel geprägten ersten Christen in Kleinasien und dem heutigen Italien war das Bild des Göttersohnes Jesus, der auf die Erde kam, um eine Botschaft zu hinterlassen und wieder hinauf zu seinem Göttervater flog, um ihm zu berichten und neue Anweisungen zu bekommen logisch und folgerichtig. Bei den alten Griechen ist der Götterbote Hermes daher mit Flügeln dargestellt, der Prototyp eines Engels. Göttersöhne, Götterboten, Jungfrauen, die von Göttern besucht und geschwängert wurden, waren die selbstverständlichste Sache der Welt für Menschen jener Zeit. Die Verschiebung des Gewichts auf die Drohwerkzeuge Schuld, Teufel, Hölle und Sündenerlass sind eine Erfindung des Staatschristentums ein paar Jahrhunderte später, und mit dieser Verschiebung kommt auch in Gang, was man von da an unter der klassischen Mission verstehen kann: Nicht mehr das eigene Beispiel steht im Mittelpunkt, sondern die richtige Fahne.

Die Zeit der Apostel war einfach überfällig für eine reifere Religion, für ein größeres Gefäß, für neue «Schläuche», wie es Jesus nannte. Die griechische Hochkultur hatte neue Formen des Zusammenlebens gebracht. Man datiert den Anfang von Demokratie in diese Zeit vor Christus, obwohl Demokratie nur für die Elite der Männer gedacht war, nicht für die Mehrheit der Frauen, der Leibeigenen und Sklaven, aber immerhin. Philosophische Werke entstanden, architektonische und künstlerische Meisterwerke wurden geschaffen, es wurde sogar über Atome (griech. atomos) nachgedacht – kurzum, die Zeit war überreif für etwas Neues, und da kamen Reisende daher und berichteten von einem Jesus, der Erstaunliches gesagt und gelebt haben soll. Sie überzeugten durch ihren verständnisvollen Umgang mit Schwächeren und Fremden gleich selbst. In brenzligsten Situationen soll dieser Jesus mitten durch den aufgebrachten Mob geschritten sein, nachdem er mit Macht gesprochen hatte, wie es heißt. Eine Autorität offenbar, und als Autoritäten kamen auch diese Apostel daher, die sich vor Zulauf kaum retten konnten; sie brauchten nicht auch noch zu werben. Und wo sie ein paar Tage blieben, entstand gleich eine Gemeinde. Die Leute mussten schon gar nicht gezwungen werden zu glauben, es kamen von alleine immer mehr herzu, sodass die Vorsteher dieser neuen griechisch-christlichen und später römischen Gemeinden geradezu überfordert waren und die weiter reisenden Apostel ständig um Unterweisung geradezu anbettelten. Die Leute hingen an ihren Lippen. Schon Jesus musste oft fliehen vor all dem Zulauf und sich in der Einsamkeit der Wüste erholen, bevor er wieder gestärkt in die Dörfer und Städte ging.

So lief und so läuft die Ausbreitung einer Botschaft, die von alleine überzeugt und keiner Mission bedarf. Von Zwang und gar Folter, von Massentaufen und Inquisition ist da nirgendwo die Rede, das kam und kommt stets später. Die zentrale Botschaft hieß nur immer: Bring dein Leben in Ordnung; verzeih anderen, bevor es zu spät ist, sieh auf deine eigene flatterhafte Natur und zeige nicht mit dem Finger auf andere; erlösen wir doch einander von Vorwürfen, die nur belasten, feiern wir das Leben, solange wir (noch) leben und nicht erst danach, denn siehe: Himmel und Hölle sind nicht im Jenseits, sondern in dir, sagt Jesus.

Diese Botschaft ist zweifellos richtig, unabhängig von der Epoche und brauchte kein Schneeballsystem. Es ist in dir und nicht außerhalb. Das sagt auch die Psychologie zweitausend Jahre später. Nur die Kirchen scheinen die darauf hinweisenden Sätze ihres Religionsbegründers und Propheten nie gehört zu haben, und namentlich die katholische Kirche und der Islam beharren auf einem Ausgleich erst in einem Jenseits irgendwo über den Wolken, aus nahe liegenden machtpolitischen und lukrativen Gründen. Leiste heute und wir bezahlen morgen – vielleicht: ein Schneeballsystem eben.

Man kann das Neue Testament nicht verstehen, wenn man nicht einen Unterschied macht zwischen didaktisch gemeinten Bildern und der Essenz der Botschaft. Jesus und die Missionare der ersten Jahre hatten Analphabeten vor sich, und Jesus war wohl selber einer. Er erklärt innere Befindlichkeiten mit Bildern. Innerlich im Reinen oder Unreinen sein, erklärt er mit Licht und Dunkel, Himmel und Hölle. Freuds Begriff des «Über-Ich» erklärt er mit «Vater im Himmel», die Versuchung zu Tricksen vor der eigenen simplen Menschenpflicht – also vor der eigenen Seele – erklärt er mit dem Bild der «Schlange», Transformationsschübe, Quantensprünge auf eine höhere Ebene, wie sie bei Pflanzen, Tieren und Menschen schließlich im Außen zu beobachten sind (Raupe – Puppe – Schmetterling), das Wunderbare also, erklärt er mit Verwandlung von Wasser in Wein und so weiter.

Hätte er voraussehen können, dass zweitausend Jahre später jedes seiner Worte unabhängig vom Kontext beim Nennwert genommen werden könnte, er hätte wohl lieber geschwiegen. So viel Unverständnis und fundamentalen blinden Glauben hatte er nicht einmal seinen Landsleuten zugetraut. Denn dieser Wanderprediger spricht manchmal sehr wohl auch in rein «psychologischen Begriffen».

Er verkehrt sogar sehr oft in Häusern der reichen gebildeten Eliten und streitet sich mit den Schriftgelehrten, den Intellektuellen seiner Zeit, wo er auf simple Schaubilder verzichten konnte und direkt zur Sache kam. Wer die Jesus-Überlieferungen durchforstet, kann gar nicht übersehen, dass er stets innere Befindlichkeiten meint. Er sagt es manchmal ohne Bilder und ganz direkt: Alles ist innen und jetzt und nirgendwo anders. Himmel und Hölle sind in dir, du kommst nicht hin, du sitzt schon drin, die Abteilung wählst du, je nachdem ob du deine Talente vergräbst oder mit ihnen wucherst. Wo zwei zusammenstehen in meinem Namen, bin ich mit dabei. Was machen denn die Schriftsteller noch heute? Sie reden durchgehend in Parabeln und Chiffren. Glaubte denn Goethe an den leibhaftigen Teufel, den er im Faust in der Figur des Mephisto auftreten lässt?

Jesu Mission ist eine Mission nach Innen, nicht nach außen. Mission im klassischen Sinn lässt sich schwerlich darauf gründen. Zumindest geht es erst nach innen, bevor es nach außen geht. Liebe dich selbst und dann erst deinen Nächsten … Würden die Missionare aussehen, als ob sie sich liebten, ich hätte kein Problem mit ihnen an der Haustür. Dass mit der Gewichtung auf die Hinwendung nach innen nicht Furore nach außen gemacht werden kann, ist klar.

Aber die Leute wollten nicht einen metaphorischen Jesus, sondern einen konkreten. Und nur mit einem konkreten Jesus, einem Helden, waren Heiden herumzukriegen. Und so begann der Verrat an der Botschaft Jesu, hier begann die Schneeballsystem mit einem goldenen Jesus an der Spitze und nach unten sich erweiternden Segmenten mit Emblemen, Helferuniformen und Demutsgewändern – eine filigrane Fetischpyramide, eine Kontinente umspannende Flechte aus Monumentalbauten, die durch ihre Tonnen von Marmor jeden Zweifel ersticken sollte. Nur Kinder und Narren, nur wenige Mystiker und Ketzer sagten noch ab und zu: Der Kaiser hat ja gar keine Kleider an, dieser Jesus am Kreuz ist von Holzwürmern befallen, wie kann er uns retten? Somit hatte die christliche Mission ihr Ziel erreicht, Jesus war über Jahrhunderte der bekannteste Mensch auf diesem Planeten.

Dann kamen Coca Cola, Elvis, Mao, die Astronauten und Michael Jackson, eine Mission anderer Art, der Anfang vom Ende der christlichen Mission. Die Beatles rückten den Namen Jesus auf die hinteren Ränge. Das Kaleidoskop hat sich gedreht, ein anderes Weltbild steht an – und wie es bei Kaleidoskopen so ist: Selbst wenn man es zurückdrehen wollte, entstünde ein neues Bild. Es ist vorbei. Die Schlachtschiffe der Religionen werden aufgrund Masse noch lange geradeaus fahren, aber es herrscht gespenstische Stille im Motorenraum.

Wir sollten dieses doch eher unselige Wort Mission sanft vergessen, wie so viele Begriffe, die ursprünglich unbedenklich waren und im Laufe nicht nur der Kirchengeschichte derart verdreht wurden, dass mit ihrer Verwendung nur noch Missverständnisse generiert werden. Mission hat etwas Bedrohliches, Anmaßendes.

Schon Abschaffen von Mission wäre falsch, weil durch Abschaffen eine weitere Mission in die Welt gesetzt würde, als stöhnte die gute Mutter Erde nicht schon genug unter all den gut gemeinten Missionen. Man sollte Mission vielmehr einfach fallen lassen, wie man eine heiße Kartoffel fallen lässt. Es gibt keinen Grund, andere Menschen für minderwertiger und dümmer zu halten, als man selber ist, und schon gar nicht andere Kulturen für minderwertiger zu halten als die Eigene. Der gute christliche Urwaldarzt und Organist Albert Schweitzer hielt es nicht für nötig, sich die Namen seiner afrikanischen Pfleger und Assistenten zu merken, er gab ihnen einfach Nummern («Nummer fünf, das Skalpell!»). Er war ein Kind seiner Zeit, es fiel damals niemandem auf, wie respektlos ein solcher Umgang war, es war doch selbstverständlich, dass die christlich geprägte Kultur allen anderen überlegen war. Und wir glauben es noch heute.

Was wäre einfacher, als Mission einfach zu lassen. Aber «Loslasser» haben stets einen schweren Stand. Nichts tun ist auch politisch schlecht zu vertreten, Aktion hat die besseren Karten. Mission mit dem Leid in der Welt zu begründen, leuchtet jedem ein. Dabei gehen Missionare selbstverständlich davon aus, dass einer, der nicht denkt und lebt wie sie, eigentlich leiden muss. Der Hinweis, dass der Aufruf zur Mission schließlich auch in der Bibel oder dem Koran stehe, kommt nur noch dazu. Milliarden von Erdenbürgern leben tatsächlich in «himmelschreiendem» materiellen oder psychischen Elend; das ist wahr, und der Impuls ihnen zu helfen, sie von Elend zu befreien, ist nur verständlich, ja lobenswert.

Es wehrt sich schließlich unser genetisches Solidaritätsgefühl dagegen, dass Menschen im Elend versinken. Instinktiv wissen wir auch, dass ihr Elend auch auf uns und unsere Kinder durchschlagen kann. Ansteckung geht in einer Sekunde, und mit Elenden im Schiff ist schlecht in die Zukunft zu fahren. Braucht es aber Mission um zu handeln oder genügt der nüchterne Menschenverstand, der gleichzeitig imstande ist, Elend tatsächlich mit der Wurzel zu eliminieren?

Ob es uns gefällt oder nicht, durch Bedrängnis und Schmerz wird «Gottes Evolution» gelenkt, nicht durch Glaube, der schließlich auch das Produkt der Bedrängnis ist und darum Berge versetzen kann, wo sie nicht hingehören und selbst Götter erschafft, die es nicht gibt.

Missionssysteme wären gar nicht nötig, um das Bessere in die Welt zu bringen, sie schaffen nur noch mehr Leid, als da schon ist. Es genügt Hoffnung und ein gesunder Menschenverstand. Gehen wir vom Resultat all jener Missionen aus, die etwas angeblich Schlechtes mit vollem Eifer durch etwas angeblich Gutes ersetzen wollten (auch politisch) – am Ende war mehr Leid als vorher.

Die rein christliche Mission, die vormals mit der kolonialen Zerstörung anderer Kulturen ins gleiche Schiff stieg, setzt sich heute in der vermeintlich weltlichen Entwicklungshilfe fort. Seit einem halben Jahrhundert werden Milliarden nach Afrika gepumpt, und die Empfängerländer werden relativ nicht reicher, sondern ärmer. Afrika war einmal durchaus nicht arm, bevor die kolonialistische Mission den Kontinent zerrüttet hatte. Und man beachte: Länder, denen nie Entwicklungshilfe zukam, starten plötzlich durch und überholen im Ranking sogar klassische Industrienationen. Es scheint auch vor diesem Hintergrund nicht anders, als dass Hilfe vor allem uns Helfern hilft: Weltkonzerne können Knowhow und Material verkaufen, Ex-Missen können sich an Spendengalas in Erinnerung rufen, Megastars verkaufen noch mehr CDs, weil sie durch Benefiz in neue Käufersegmente vorstoßen, und wir können ruhiger schlafen, wir haben ja gespendet oder abgestimmt, dass wieder Gelder bewilligt werden. Wir spenden ja, wir tun ja etwas! So wie es aussieht, tun wir etwas für unser Gewissen, nicht für Afrika. Gewissen ist aber etwas vom Relativsten, das es gibt. Die Not in gewissen Teilen Afrikas ist jedoch konkret und sollte nicht noch vergrößert werden.

«Tue Gutes und sprich darüber», heißt es. Am Deutlichsten fällt der Eigennutz des Helfens bei nichtstaatlichen Hilfsunternehmen auf. Prominente wie Bono, Angelina Jolie, Bob Geldof oder Selige wie die Mutter Theresa helfen und halfen wohl punktuell, setzen aber falsche Akzente und schaden so mehr, als sie helfen. Wo Bill Gates seine Milliarden hinschicken will, bestimmt er allein, nicht die wechselnde Notwendigkeit der Umstände. Er kann seine Meinung auch ändern, egal wie die internationale Gemeinschaft die Schwerpunkte setzt. Fasten gegen den Hunger in der Welt, wie es den Kirchen immer wieder einfällt, heißt einfach nur: Es hungern noch mehr Menschen. Und sich Überfressen an einer Wohltätigkeitsgala gegen den Hunger, wie es Fundraisern immer wieder einfällt, heißt einfach nur: Es überfressen sich noch mehr Menschen. Und das gesammelte Geld nach Afrika schicken, heißt einfach nur: Es werden noch mehr Menschen abhängig und unterlassen es, Eigeninitiative zu entwickeln – und in Spenderländern gehen einige mehr mit einem guten Gewissen ins Bett.

Grundsätzlich kann niemand sagen, ob ein Zweck gut ist oder nicht. Das ist selbst Bob Geldof aufgefallen: Man müsse einfach helfen, auch wenn es nichts nütze, erklärte er sinngemäß. Und wenn es schadet? Oder nützt es allenfalls Bob Geldof? Wer hat ihn schon gekannt, bevor er «Live Aid Concerts» organisierte und heute für eine Rede über Armut in der Welt wie kürzlich einhunderttausend Franken kassiert? Heute verkehrt er mit Staatschefs, die sich von ihm etwas Imageverbesserung erhoffen. Spielt es da eine Rolle, ob es den Empfängern klassischer Hilfsgesten nützt oder schadet?

Ein gewichtiger ugandischer Ökonom erklärte kürzlich einem westlichen Journalisten in einem Straßencafé an einem einfachen Beispiel, warum Entwicklungshilfe in seinem Land jedenfalls mehr schadet als nützt.

«Sehen Sie dieses Schlagloch dort in der Straße?», fragte er. «Ich sehe es seit einem Jahr größer werden, und es wäre in einer Stunde mit etwas Sand und Teer für zehn Dollar geflickt. Ich sage Ihnen jetzt, warum es nicht geflickt wird und warum zugewartet wird, bis die ganze Straße ruiniert ist, denn jedes Schlagloch reißt ein nächstes auf. Von den zehn Dollar für dieses eine Loch würde unser korrupter Verkehrsminister fünf Dollar für sich behalten. Das ist ihm aber zu wenig. Wartet er ab, bis die ganze Straße fast unpassierbar geworden ist und er selber auf dem Weg in seine Villa und die Landrover der Hilfsorganisationen nicht mehr passieren können, so kann er fünfzigtausend Dollar abzweigen, denn nun kostet die Reparatur hunderttausend Dollar. Deshalb wird nichts getan in unserem Land, obwohl wir siebenundsechzig Ministerien haben. Woher aber nun plötzlich hunderttausend Dollar nehmen, wenn nicht auf die eine oder andere Weise aus dem westlichem Entwicklungsfond zum Beispiel ‹Straßen für Afrika›? So spielt das eine in das andere, und alle außer der Mehrheit der Ugander leben prächtig davon: die korrupten Eliten, die Hilfsorganisationen, die Popstars mit ihrem ‹Rock für Straßen›, die westlichen Baukonzerne, die Journalisten, die über die Einweihung der einen neu gemachten Straße berichten, damit man etwas Positives sehe und wieder Geld gesprochen wird, und niemand an diesem Mechanismus Beteiligter ist daran interessiert, dass sich das jemals ändert. Die klassische Entwicklungshilfe schafft falsche Anreize, darum sollte sie sofort eingestellt werden. Zwei Drittel der afrikanischen Regierungen würden sofort einbrechen, das ist klar, da und dort gäbe es Unruhen, die Karten würden neu gemischt, Schlaglöcher müssten nun sofort geflickt werden, da keiner von einem Zuwarten profitieren kann, ja ansässige Kleinunternehmer würden sich reißen darum, zehn Dollar zu verdienen, das Kleingewerbe käme auf Touren, die Wirtschaft würde langsam aus eigener Kraft an Stärke gewinnen.»

Wieviel ist aber schon über all dieses Zusammenhänge geschrieben worden, wer wüsste das alles nicht längst? Das

Einzige, was mich daran noch erstaunt. ist, wie lange dieser Mechanismus des subtilen Eigennutzes aller beteiligten Parteien trotz besserem Wissen noch weitergezogen wird oder werden kann. Normalerweise enden lukrative unheilige Allianzen erst dann, wenn keine daran beteiligte Partei noch in irgendeiner Form profitieren kann, sei es finanziell, politisch oder wie auch immer. So endete die Piraterie in Europas Gewässern, so endete das klassische Kolonialsystem, so enden Bürgerkriege und Schneeballsysteme aller Art. Es gibt Anzeichen dafür, dass die hier absichtlich etwas überzeichnete klassische Entwicklungshilfe im Umbruch der globalen Gewichte allmählich an ein Ende kommt. Wenn Afrika durchstarten wird – und es gibt Anzeichen dafür –, dann bestimmt aus anderen Gründen. Einige asiatische ehemalige «Empfängerländer», so der Sprachgebrauch, haben einige europäische Wirschaftsnationen bereits überholt. Die vormalige Kolonialmacht Frankreich ist auf der Weltskala der Wettbewerbsfähigkeit auf die 28. Stelle zurückgefallen …

Leider sind solche gut gemeinten Aktionen symptomatisch für die missionarische Entwicklungshilfe. Ich brauche gar nicht weitere aufzuzählen, es gibt sie schließlich auch hier und im privaten Umfeld. Helfen ist eine hohe Kunst, Schenken erst recht, und es ist besser, sich nicht für einen Künstler auf diesen Gebieten zu halten. Die Resultate dieser Vermessung sind verheerend – nicht nur auf dem Kunstgebiet. Darum kommt es immer häufiger vor, dass so genannte Schwellenländer (wie Indien), die auf eigene Kreativität und Initiative setzen, internationale Hilfe von außen rundweg ablehnen, was man bei uns im christlichen Westen, die wir doch helfen wollen, jedes Mal konsterniert zur Kenntnis nimmt.

Kirchliche und private Hilfe muss auch gar nicht aus unserem Repertoire verschwinden, ganz im Gegenteil. Verschwinden sollte das reflexartige verschlimmernde Gutmeinen, zwecks Ablass vor schlecht gemachtem Gewissen, das ich so nur bei der christlichen Religion finde: das Gutmeinen, ob es schadet oder nicht und sich dann gut fühlen, als ob das genügte. Guten Gewissens in Bett zu sinken, sollte uns sofort verdächtig vorkommen. Und wenn ich diese Art des Helfens vielmehr aus der katholischen Konfession erwachsen feststelle, kann ich es für mich nur mit der Grundschuld in Zusammenhang bringen, die dem Katholizismus zugrunde liegt und im Protestantismus noch nachschwingt. Wenn der Priester als Ausgleich zur Erbsünde nach dem Beichten ein Opfer abverlangt, kann die Hinwendung zum Nächsten nur aufopfernd geraten, ob dieser das Opfer will oder nicht.

Man sagt dem: Antworten, die nach Fragen suchen. «Du hast in meinen Augen ein Problem, also helfe ich dir jetzt, ob du willst oder nicht, allenfalls bezahle ich dafür, damit ich mich gut fühlen kann», das alles ist zutiefst christlich und zutiefst verdächtig. Dass die aufopfernde christliche Hilfe nicht ohne Erwartung auf eine Gegenleistung einhergeht, ist in vielen christlichen Institutionen nicht einmal ein Geheimnis. Wenn ich dir schon helfe und im extrem auf ein Privatleben verzichte, dann aber ... !

Dann aber sähe ich es schon gerne, wenn du auch Katholik würdest wie ich, dann sind wir einer mehr, die helfen können. Die selige Mutter Teresa in Kalkutta ließ keinen Zweifel daran, dass nur in den Himmel komme, wer sich zum Katholiken bekehre, und sie schrieb es auch unmissverständlich und groß an die Wände ihrer Krankensäle. Wenn wir dir schon helfen, dann sei gefälligst dankbar! Katholik zu werden wäre da doch das Mindeste. Wir hängen darum schon mal im Vornherein ein Kruzifix über dein Bett, für den Rest wirst du dich schon noch freiwillig entscheiden ...

Wie muss diese christliche Hilfe an die Armen in Irland ausgesehen haben, dass es da zu Massendemonstrationen kam und über eine Milliarde Euro an Abgeltung für Missbräuche in katholischen Institutionen bezahlt werden mussten!

Wir Christen überschätzen uns gewaltig darin, was wir füreinander sind und sein können. Wie viel Gewissensleid würde wegfallen, wäre uns nicht eingebläut worden, wir hätten die alles schützende Wichtigkeit über alles. Wenn wir nur aufhörten zu glauben, wir hätten die Macht, andere in Depressionen zu treiben oder andere brächten sich unseretwegen um. Oder wir hätten die Wichtigkeit, andere durch unser Helfen aus ihren tiefsten Nöten herauszuführen. Das hätten wir wohl gerne so. Wir stehen in existentiellen Momenten aber allein da, und da hilft auch kein christliches helfen Wollen, ja es hat gerade noch gefehlt. In Zeiten von tiefer Trauer und schlimmen Diagnosen braucht man verlässliche Freunde und Fachleute der Medizin und Psychiatrie und, wenn wir Glück haben, eine mitgegebene genetische Robustheit. Wir haben knapp die Wichtigkeit, Auslöser von Krisen anderer zu spielen, aber wenn kein Seelenbedarf nach Krise besteht, wird sie Episode bleiben. Der entscheidende Schub kommt immer aus der eigenen Vergangenheit. Namentlich die katholische Kirche hat keinen Bedarf, dies ihren Gläubigen zu erklären. Ihr ganzes Schuldgefüge und damit ihre innerste Mechanik würde einbrechen, würde man sich damit begnügen, was ihre Priester an dann an Gräbern sprechen, wenn alles vorbei und nichts mehr zu holen ist: Asche zu Asche, Staub zu Staub. Mehr Wichtigkeit ist nicht.

Mission jedoch hat nichts verloren in unserer Zukunft.

Die Macht des Gestus – der Gestus der Macht

Wer heute in christlichen Hierarchien der Staatskirchen nach oben will, hat an theologischen Fakultäten Diplome erworben – Päpste sind heute Professoren; und protestantische Pfarrer haben Familien und Ferienhäuser zu finanzieren ...

Sehr bald ist die Essenz das Unwichtigste und Religion zu einem Verwaltungsakt geworden. Das erklärt, warum die nur der Essenz verpflichteten Mystiker immer Probleme mit dem christlichen Apparat hatten: Sie wurden verfolgt, denn sie verdarben den Staatsklerikern das Geschäft.

Aber warum Essenz, wenn es auch einfacher geht? Kleider machen Leute, wusste schon Gottfried Keller: Als Kirchenmann, mit entsprechenden Insignien dekoriert, wird man geachtet, auch nur schon, wenn man mit einer gewöhnlichen Priesterrobe daherkommt; jeder Hochstapler weiß um die Macht der Kleidung.

Und Psychoanalytiker könnten bezeugen, dass es nicht einmal eine Uniform braucht, damit einem auf dem Gebiet der Psyche Macht übertragen wird. Der Mechanismus ist ebenso einfach wie in seiner Wirkung erschütternd. Ich nenne ihn den «archaischen Bonus».

Warum reagieren wir so? In unseren Knochen stecken nicht nur die letzen Jahrhunderte, sondern die letzten Jahrtausende einer kulturellen und gesellschaftlichen Entwicklung und mit ihnen eine kollektive Erfahrung, die sich an Macht und Autorität orientiert. Denn früher hingen Tod oder Leben von einem Fingerzeig des Clanchefs oder Medizinmanns ab. Er bestimmte, wer in der Sippe bleiben und damit am Leben bleiben durfte und wer nicht.

Ausgeschlossen Werden war schlimmer als das Todesurteil. Ausgeschlossen irrte der Verstoßene noch eine Weile durch das Land und starb dann bald oder wurde von wilden Tieren gefressen. Ein Vogelfreier konnte nicht hoffen, von einem anderen Klan aufgenommen zu werden. Gesellschaftlicher Ausschluss war das Schlimmste und ist es heute noch. Zudem wurde die ganze Familie mit ausgeschlossen. Nur durch seine rituelle Hinrichtung blieb die Schuld allein bei ihm, und die Familie durfte im Sippenverband bleiben und weiterleben.

Auf unserem Urinstinkt, besser gehorchen zu wollen als ausgeschlossen zu werden, basiert die Macht der Religionen; sie spekulieren tendenziell mit unserer Angst, nicht mit unserem Entwicklungspotential. Sie rufen sehr wirkungsvoll genau diesen seelischen Affekt ab. Wir finden diesen oft unverständlichen Kadavergehorsam bei der Verherrlichung eines Guru, des obersten Apostels der Freikirche, im Verhältnis zu einem Diktator oder einem General. Auf Desertieren steht schließlich der Tod, sei es der physische oder der psychische.

Der unbedingte Wille zum Dazugehören hebelt den Verstand mit Leichtigkeit aus. Intellektuelle sind in Sekten nicht weniger häufig anzutreffen als Nicht-Intellektuelle. Das Fatale ist, dass der in die Chefrolle Gekommene, Geborene oder manchmal sogar wider Willen Geschubste sehr rasch Gefallen an seiner Rolle findet. Nicht lange braucht es, und er schreibt sich die Verehrung seiner Person offenbar bis jetzt nicht entdeckten eigenen Talenten zu. Es gibt Zeitzeugen, die berichten, der deutsche Diktator Adolf Hitler (1889–1945) sei oft selbst erstaunt gewesen, wie schnell andere Menschen ihre Positionen aufgaben, wenn er in seiner Pose aufging. Dieser sehr wirksame Mechanismus hat in den letzten Jahrhunderten zu Schlachten und Konzentrationslagern im Namen des Glaubens geführt. Der Einzelne als Glaubender kommt gar nicht vor; er ist zum Teil der Masse geronnen.

Nicht Gott hat die Menschen erschaffen, die Menschen haben Gott erschaffen, vielmehr die Stammesführer, und weil sie eine Entschuldigung für die eigene Gier und Brutalität herbeireden wollten, musste dieser Gott ein rachsüchtiger, eifersüchtiger, absolut schrecklicher sein und vor allem ein einziger, von dem sie sich ableiten konnten. Zur Erklärung des ersten der Zehn Gebote lässt Gott angeblich durch Moses ausrichten: «Denn ich, der Herr, dein Gott, bin ein eifersüchtiger Gott, der die Schuld der Väter heimsucht an den Kindern bis in das dritte und vierte Glied derer, die mich hassen ...» (2Mo 20,2)

Kathedralen – ein Eindruck von Größe

Glaube kann tatsächlich Berge versetzen. Allerdings kann man sich fragen, ob es besser ist, dass sie dort stehen, wo sie dann stehen.

Christliche Missionare zum Beispiel haben Berge versetzt und ungeheure Strapazen auf sich genommen. Sie haben vorbildliche Lazarette gebaut und Agrarprojekte angeleitet. Andere haben unnennbares Leid über Eingeborene gebracht, denen sie sich überlegen fühlten. Denn Glaube kann alles, was menschenmöglich ist. Glaube kann Kathedralen errichten, Hymnen aus Stein von den Baulogen, jener Macht gewidmet, die scheinbar größer als die menschliche ist. Die Erbauer der Kathedralen hatten einen anderen Gott vor Augen gehabt als jenen, der dann darin verkündet wurde. Nicht jenen Moralapostel, den die Bischöfe schon bei der Einweihung von der Kanzel verkündeten, sondern den unbestreitbar realen Gott hinter allen naiven Gottesbildern, jenen Gott im Zentrum aller Sonnen und Universen, den universalen Gott, die Quelle von Schwingung, Mathematik, Musik und Gesetz.

Eine Kathedrale wie die in Chartre, im dreizehnten Jahrhundert erbaut, stellt man nicht für einen naiven Gebrauchsgott hin, der sich täglich desavouiert. Und auch nicht für zweifelhafte Kirchenfürsten, die dem Volk das Geld aus den Taschen schwindeln oder ein Stadtpatriziat, das sich bloß einen Namen machen will. Kathedralen baut man anonym aus Respekt vor dem zweifelsfrei existierenden anonymen Gott, der alle Universen regiert. Weniger kann als Antrieb, eine Kathedrale über hundert oder mehr Jahre zu bauen, nicht genügen. Wer vor der Kathedrale von Chartre steht, begreift es augenblicklich.

Die Baulogen an den Kathedralen behielten nicht nur ihre Ingenieursgeheimnisse für sich, sie pflegten auch Wissen und Kulte, von denen die offiziellen Glaubensvertreter nichts wissen sollten. Ihre «Religion» war der Freiheit verpflichtet, weit jenseits der wörtlichen Auslegung der Bibel. Die Bezeichnung Freimaurer sagt schon alles, ihr Signet, Zirkel und Winkelmaß, ist Programm. «Wer die Geometrie begreift, vermag in dieser Welt alles zu verstehen», meinte Galileo Galilei.

Kathedralenbauer waren dem Staunen verpflichtet, und machen immer noch staunen. Wer schweres Gestein für einen Kölner Dom aufschichtet, der muss wissen, nicht glauben, sonst geht es den Gläubigen schlecht, die vertrauensvoll unter tonnenschweren gotischen Deckengewölben sitzen.

Ich war in jungen Jahren schon ein glühender Fan von Kathedralen gewesen, als es für einen linken Studenten noch einem Sakrileg gleichkam, in Kirchen zu treten. Kathedralen und auch schlichte Bergkapellen hatten für mich jedoch wenig mit Glaube zu tun, vielmehr mit Wissen, dem Wissen um das Mysterium Natur und Leben. Was haben Glaube und Zweifel zu suchen vor einem Beweis solcher Größe, wie sie Kathedralen darstellen oder der Größe der Schlichtheit von offenen Kapellen in den Bergen? Oder vor dem Ausdruck der Demut und Naturverbundenheit unter dem freien Himmel? Und ging es den Bauleuten denn auch nur um Stein?

Offensichtlich nicht. Denn sie machten aus Steinen filigrane Gebilde, leicht wie das Geäst von Bäumen, und sie hätten den letzten Rest auch noch aufgelöst, wenn Darstellung von Raum nicht eben eine Hülle brauchte. Kathedralen sind mir Vorführungen von Raum und Auflösung von Zeit im Raum, als Ausdruck des ewigen Gesetzes, als Ausdruck von Gott ohne Namen und drum und dran.

Ich stelle mir vor, wie die Bauleute bei der Einweihung ihres Werkes in der hintersten Reihe saßen, sich noch vor dem letzten Orgelton eilig erhoben, ihre Kisten und Bündel ergriffen und weiterzogen, vielmehr flohen, von Aachen nach Speyer, von Straßburg nach Köln, wo sie ihre geheimen Rituale abhalten konnten, solange man sie brauchte.

War eine Kathedrale fertig gestellt, wurde es brenzlig für die Loge, denn jetzt brauchte man keine Logistiker mehr, jetzt hatten die ausufernden Dekorateure das Sagen. Denn die Inquisitoren stellten nun die Fragen und nicht länger der Bürgerrat. Jetzt kamen die biederen Inneneinrichter, die in jede Nische ein Altärchen setzten und nicht aufhören konnten mit Vergolden und Bebildern, als hielten sie die Wucht der leeren Räume nicht aus. Selbst stramm Gläubigen wurde es zuviel. Die Protestanten in Zürich warfen als Erstes den ganzen «Krempel» der Kleingläubigkeit ins Feuer. Man sollte wieder atmen können in Gottes Haus. Das war richtig so, auch wenn sie, im Nachhinein gesehen, kostbarste Kunstwerke vernichteten. Und leider blieben sie beim Wort stehen, das auf seine Weise wieder einengte. Denn Wort ohne Geste oder Ritual bleibt wohl im Verstand haften, aber verbindet sich nicht mit den Sinnen, den Emotionen und Gefühlen.

Die Bilderstürmer hätten gleich einen Schritt weiter gehen können, die «Ablenkung Wort» umgehen und nur einfach die Kathedrale als Ausdruck wortlosen Staunens vor dem Mysterium Raum gelten lassen können, der Raum (Gott) hätte Worte, wenn nötig, schon eingegeben («Denn ihr seid's nicht, die da reden, sondern der heilige Geist»). Aber ein Vakuum muss erst einmal ausgehalten werden, und die Früchte eines Vakuums sind nicht jedem Kleingeist zuzumuten. Leere Räume verführen zum Singen, zum Fest. Also stopfte man diese grandiosen Resonanzkörper mit Glaubenserfindungen zu, bis die Musik verstummte und nur noch dünner liturgischer Singsang übrig blieb.

Hätte eine abendländische Religion dieses mutige Format, wie es einige ihrer Gotteshäuser vorzeigen, ich wäre der Erste, der ihr beiträte.

Kathedralen werden auch in Zukunft den Maßstab setzen.

Wo hängt ein Toulouse-Lautrec in der Kirche?

Man kann sich ja wundern, warum es namentlich die katholische Kirche stets mit der Kunst hatte. Es gibt kein staatliches Museum ohne eine ausgedehnte Abteilung «religiöse Kunst».

Kunst ist die Sprache des individuellen und kollektiven Unbewussten. Künstler versuchen Aspekte dieses enormen Fundus mit ästhetischen Mitteln auszudrücken, denn die Mittel des Verstandes können naturgemäß nur zu kurz greifen. Die Buchstabensprache reicht nicht hin. Künstler teilen «zwischen den Zeilen» mit – auch wenn sie dazu Material benützen müssen. Sie sparen aus, sie schaffen beredten Raum. Da sich Kunst der rationalen Kontrolle weitgehend entzieht, ist sie unberechenbar und damit ein Sprachrohr «der Wahrheit», die «viele Zimmer» hat. Sie zeichnet den Kaiser nackt, wenn er nackt ist und angezogen, wenn er Kleider anhat. In früheren Zeiten, als Kunst und Kultur noch deckungsgleich waren, konnte das lebensgefährlich sein.

Das religiöse Ritual spricht die gleiche Sprache; es drückt etwas aus, das manifest ist, sich jedoch anders und besser als durch eine symbolische Handlung nicht andeuten lässt. Hier begegnen sich Kunst und Religion in aller Unschuld und meinen dasselbe: Happening im besten Sinne. Darum wollten die Wortführer der Religionen die Kunst stets in ihrem Dienst wissen – jedoch nicht um der Wahrheitsfindung willen, sondern um durch sie, die Kunst, den Wahrheitsanspruch ihrer Dogmen zu untermauern und ihrer Regentschaft einen Ewigkeitsaspekt zu verleihen. In der Sixtinischen Kapelle fällt es schwer, nicht zu glauben. In früheren Jahrhunderten war darum die Kirche neben den Fürstenhäusern die wichtigste Auftragsgeberin. Aber auch Zensorin. Darum versteckten die Maler oft geheime Botschaften in ihren Bildern, die man entdecken durfte aber nicht musste. In der «Wiener Version» des grandiosen Schaubildes des Turms zu Babel des niederländischen Malers Pieter Bruegel des Älteren wird der Renaissancefürst wie gesagt von einem Idioten beraten, und in der «Rotterdamer Version» versucht eine Prozession vergeblich über den unfertigen Turm in den Himmel zu gelangen.

Die Impressionisten und Expressionisten hatten zu ihrer Zeit nie eine Chance, Kirchen zu dekorieren, obwohl sie religiöse Maler waren im besten Sinne. Ihre Bilder sind Hymnen an die Großartigkeit der Welt, ihre Religion zeigt das unverhohlene Staunen, den bedingungslosen Rausch, das ganze Spektrum des Lebens. Aber es ist und bleibt: Religionen und Kunst haben es verschieden mit den Wahrheiten. Die eine ist ohne Rand und Band, die andere hat der Macht zu dienen. Die Religionen machen aus Wahrheiten Halbwahrheiten, das ist das Schlimmste, schlimmer als Lügen, denn die Lüge läuft Gefahr entlarvt zu werden, die Halbwahrheit bezieht von beiden Seiten das Beste, ohne den Preis dafür zu bezahlen.

Kloster – Mehr brauchte es nicht

In der Hochblüte des Sufi-Ordens, einer spirituell-mystischen Strömung innerhalb des Islam, soll es eine Order gegeben haben, wonach sich kein Anhänger unter fünfzig

– damals ein beachtliches Alter – auf den spirituellen Pfad begeben durfte. Die Kabbalisten, Anhänger einer mystischen Tradition innerhalb des Judentums, reden von vierzig Jahren und der Bedingung, erst verheiratet gewesen zu sein, bevor man sich der Kabbala zuwendet. Zuerst sollen also die weltlichen Hausaufgaben gemacht werden, bevor man anfängt, sich spirituellen Dingen zuzuwenden. Das war offenbar die Meinung der Meister. Wie soll man auch die Alterslektion des Loslassens bestehen können, wenn man nicht erst angesammelt hat.

Der Ausspruch «Ich bin reif fürs Kloster» sagt es schon: Fürs Kloster muss man reif sein. Mit zwanzig sollte man erst in die Welt hinaus und seine Dummheiten machen, sonst hat man sie später noch im Kopf und wird sie auch in einem Kloster nicht los – gerade dort nicht, wo sich das Leben weitgehend im Kopf abspielt, wobei das Gehirn ohnehin nie Pause macht. Ordensstifter waren, soweit man ihre Biographien kennt, allesamt im besten Sinne lebenssatte Männer und Frauen gewesen, Menschen, die gelebt hatten, die «gesündigt» hatten und eines Tages fanden, es sei nun genug – Handy auf «off», mehr nicht vom Gleichen, «ab auf die Insel» oder ins Kloster!

Nirgendwo in der Bibel steht, man solle junge Menschen in voller Blüte ins Kloster stecken, damit sie bloß noch beten. Jesus ist auch nicht ins Kloster gegangen, sondern auf die Straße. Das Klosterwesen hatte und hat nach meiner Beobachtung mehr mit Schuld und Sühne zu tun, mit Opferdenken und Angst vor der Welt, als mit Sehnsucht nach Einkehr und Stille. Klöster dienten den Adelsfamilien dazu, ihre «überschüssigen» Kinder loszuwerden und gewöhnlichen Familien, durch die «Spende» oder «Opferung» eines Sohnes oder einer Tochter Schuld innerhalb der

Familie oder gegenüber den Geboten zu sühnen. «Das zweite Kind dem Kloster», war die Meinung noch in katholischen Familien, wie ich sie kannte auf dem Land. Und da man aufgrund unerfüllbarer Gebote stets einen Grund hatte, sich schuldig zu fühlen und zu spenden, ja schon schuldig auf die Welt kommt, entstanden Klöster wie heute Autobahnen.

Ich liebe Klöster über alles, als letzte Horte der Stille, als ehemalige Stätten der Schrift und der Kunst, des Kräuterwissens und der Krankenpflege. Es kann von solchen Orten in aufgeklärter Form nicht genug geben. Es ist möglich, dass die heutigen Wellness-Oasen der Sehnsucht nach klösterlicher Ruhe entsprechen. Der Ausdruck «Wellnesstempel» sagt es. Auch eine Bibliothek, in der man nicht spricht und wo Handys verpönt sind, hat einen wohltuenden klösterlichen Effekt.

Klöster wären das Letzte, was man abschaffen und das Erste, das man gründen sollte. Die bestehenden Klostergebäude müssten erhalten, nicht abgerissen werden. Klösterliche Räume sind das, was ich unter Kirche verstehe, nicht mehr. Der Rest ergibt sich aus dem Vakuum der Stille von allein. Was entsteht, wenn sich Leute jeglicher Herkunft, Religion und Ethnie an einen unstörbaren Ort zurückziehen? Man würde gemeinsam Essen, Feste feiern, Musik machen und sich Geschichten erzählen. Man würde merken, dass alle mit dem selben Wasser kochen, die selben Probleme und Wünsche haben, und man würde sehen, wie absurd es doch ist, dass es noch Religionen gibt, die Unterschiede betonen statt Gemeinsamkeiten. Klöster wären fast mehr noch als Kirchen geeignet, die unterschiedlichen Religionen und Konfessionen zu beheimaten, bis sie einsehen, dass es nur noch ein kleiner Schritt wäre, das eigene Hütchen zu opfern und ins gemeinsame Feuer zu werfen, was mit Ökumene gemeint ist, mit Abendmahl. Darum sollte das Ritual des Abendmahls, des gemeinsamen Festes, auch in Zukunft stets das wichtigste Ritual bleiben.

Denn Räume des Schweigens, in denen weder ein Wort noch ein Bild gilt, werfen jeden auf die Essenz zurück: auf sich selbst, somit auf einen Teil «Gottes», die Spiegelscherbe, die gleichwohl das Ganze abbildet nicht bloß den Teil. Der leere Raum wirft dich auf «Gott» zu im wahrsten Sinne. In Räumen ohne Interpretationen, im Vakuum, kommt es auf den Punkt: Hältst du dich selber aus oder musst du reden, bilden, teilen und herrschen, Machtgeflechte weben, musst du helfen, missionieren, jagen, sammeln? Hältst du «Gott» aus oder musst du Theologie haben?

Und überdies: Klöster brauchen keine Priester und keine professionellen Verwalter von Religion. Mehr als einen Abt, vielmehr Abwart, jährlich wechselnd, braucht ein Raum der Stille nicht. Es braucht nur einige praktische Regeln und Massnahmen, die die Zusammenführung favorisieren.

«Kloster» ist die größte denkbare Herausforderung für Menschen auf diesem Planeten. Als der junge Galileo Galilei 1580 ins Kloster wollte und auch schon eingetreten war, holte ihn sein Vater kurzerhand wieder heraus und schickte ihn zum Medizinstudium nach Pisa. Erst die Welt und dann das Kloster. Der Rest ist bekannt.

Rituale sind am Ende noch das Einzige, das trägt

Als Sakramente bezeichnet man Rituale wie die Taufe, die Eheschließung, das Abendmahl, die Initiationsriten wie Firmung, Kommunion und Konfirmation, die Krankensalbung und so weiter. Die katholische Kirche nennt sieben Sakramente: Taufe, Firmung, Eucharistie, das Bußsakrament, die Krankensalbung, das Weihesakrament (in den drei Stufen der Diakon-, Priester- und Bischofsweihe) und die Ehe.

Die reformierte Kirche beschränkt sich auf bloß zwei: die Taufe und das Abendmahl; es war offenbar schon zur Zeit der Reformation nicht einzusehen, warum Schuld es verdient, ein Sakrament zu benötigen.

Insofern Sakramente grundsätzlich immer Initiationsrituale sind, so sind sie älter als Kirchen, denn mit ihnen fängt die Geschichte der Menschheit an. Die ersten Rituale dürften Begräbnisrituale gewesen sein. Man will auch bei höher entwickelten Säugetieren bereits Ansätze zu kultischen Ritualen entdeckt haben. Als der erste Menschenaffe einen Ast über einen toten Gefährten legte, begann Kult, begann Kultur. Kürzlich grub man eine Flöte aus, die dreißigtausend Jahre alt sein soll. Man kann sich vorstellen, wie viel früher schon einfachste Initiationsrituale ausgeführt wurden.

Auf die Welt kommen, zur Frau oder zum Mann werden, sich mit einem Partner vor die Öffentlichkeit stellen, nicht wie ein Hund begraben werden, das Mysterium Leben zu feiern, sind unsere zentralsten kulturellen Anliegen. Wo Kultur anfängt und Religion endet oder umgekehrt, sind müßige Fragen. Da wir heute unter Kultur vor allem Kunst verstehen und unter Kunst Preis, ist der Begriff Kultur anstelle von Religion eher ungeeignet.

Das eigene Leben in einem größeren Zusammenhang feiern können, das bedeutet Initiation und Markierung der Lebensphasen und ist das Wesen des Menschseins, der Unterschied zwischen Vegetieren und Leben. Religionen sind bloß die Farben der Fähnchen, die man auch noch drauf steckt, es ginge auch ohne oder mit einem einzigen.

Aber die ersten Kulturen wussten noch nichts voneinander, geschweige denn von anderen Kontinenten, wo die gleichen Übergänge gefeiert wurden, also entstanden zum einen gleichen Thema verschieden eingefärbte Religionen mit unterschiedlichen Ritualen.

Heute, da jeder über Google Earth jeden Quadratmeter dieses Planeten ansehen kann, wäre es an der Zeit, zu einer einzigen Farbe zurückzukehren, der weißen, der Farbe des Friedens, in der alle anderen Farben enthalten sind: Die Farbe des Friedens unter den Religionen.

Denn gerade bei Initiationen zeigt sich die engste Verwandtschaft der Religionen und Konfessionen. Keine kommt um mindestens zwei herum und brauchte nicht mehr als sieben. Meinetwegen reichten: Begrüßung ins Leben (Taufe), die Aufnahme in den Kreis der Verantwortlichen, der Erwachsenen (Konfirmation), den Partner vorstellen und das Versprechen, alles für das Wohl der Kinder zu tun (Hochzeit), ob eigene Kinder oder nicht, und der Fall des Tropfens «individuelles Leben» zurück ins Meer, ins Ganze, Sterben genannt (Abdankung).

Keine menschliche Gemeinschaft kommt um diese energetisch gegebenen «Nadelöhre» herum. Es sind Durchgänge zu mehr Reife, zu mehr Verantwortung, die im Verfassen des Testamentes seinen Höhepunkt findet: Was hinterlasse ich eigentlich, welchen Sinn will ich meinem Leben gegeben haben, auch wenn uns der Sinn des Ganzen verborgen bleibt? Und habe ich die wichtigsten Menschenpflichten erfüllt?

Um diese Dinge geht es offensichtlich, und das wird auch in Zukunft nicht anders sein, wenn man ein Mensch ist auf diesem Planeten. Es geht nicht um Sinnsuche um der Sinnsuche willen, und es geht nicht um Rituale um der Rituale wegen. Diese wenigen Lebensstationen abzuschreiten, seine altersgemäßen Menschenpflichten zu erfüllen ist offenbar das Wichtigste. Mehr ist nicht zu erkennen.

Man begnüge sich doch damit, der Stimme der Seele zu folgen – Moral hin oder her –, die dazu aufruft, den naturgegebenen Initiationen zu folgen. Mehr können Menschenaugen am Firmament definitiv nicht ablesen, und mehr können Menschenhirne ganz einfach nicht fassen. Wir begreifen doch schon genug, es bringt uns ja fast um … !

Wir wissen ganz einfach zuviel, um noch am Alten festhalten zu dürfen. Oder wir wissen zuviel von unserer Welt und zu wenig von anderen Welten, um zaubern zu dürfen, ohne Schaden zu nehmen an unserer Seele. Wir sind es unseren Kindern schuldig, unsere Sakramente dem neuen Wissen anzupassen.

Vor den Herausforderungen der Zukunft wird sich «heilig» erst recht auf Dinge beziehen, die wir heute nicht der Beachtung wert erachten, und früher heilig Genanntes wird wahrscheinlich als Fußnote in die Geschichte eingehen. Es ist eine Katastrophe, dass wir unseren Kindern und Schülern weiterhin Formen von Initiationen vormachen und anbieten, die nicht einmal wir Erwachsene noch nachvollziehen können, wie Ablass und Exorzisums in all ihren vielen Formen oder die Heiligsprechung.

Kinder wollen Rituale, das heißt, ihr Leben in einem größeren Zusammenhang eingebettet wissen; also sind wir religiös, ob wir wollen oder nicht. Dabei sei bei der Entwicklung neuer Sakramente Experimentieren erlaubt und gefragt. Mit etwas Kreativität gestaltet, sind die wichtigsten Initiationen und Jahresfeste im eigenen kleinen oder größeren Kreis leicht zu gestalten. Salz, Wasser, Feuer, Blumen und Erde sind schöne Symbole für Transformationen, sie sind die gleichen wie vor Tausenden von Jahren und brauchen nicht eine Spur von Glauben, um verstanden zu werden.

Wer einwendet, etwas Patchwork aus unterschiedlichen Ritualformen könnten die Rituale der Religionen nicht ersetzen, sollte bedenken, dass insbesondere der Katholizismus ein einziges Patchwork übernommener Ritualelemente darstellt und dass noch jeder neue kulturelle Ansatz mit Patchwork angefangen hat.

Der Vater eines meiner Patenkinder ist ursprünglich protestantisch, seine Mutter katholisch; bei der Taufe des Kindes in unserer Bergkapelle hatten wir eine Birke gepflanzt und sie im Beisein des ganzen Dorfes «eingeweiht». Anwesend waren Katholiken, Protestanten, Juden, Agnostiker, Atheisten, Esoteriker und was es noch der alten Hütchen mehr gibt in unserem Kreis. Seine Reifeprüfung, Matura genannt, hat er kürzlich glänzend bestanden, und wir haben sie an unserem großen Tisch im Freien begossen ...

Was braucht es mehr? Kirchen müssen nicht abgerissen werden, man kann sie weiterhin verwenden, auch für Konzerte und Versammlungen, wie wir es halten in unserem kleinen Weiler im Tessin und wie es in anderen Weltgegenden ohnehin selbstverständlich ist. Man kann darin zum Beispiel besprechen, wie man am besten für die Kinder der Gemeinschaft sorgt. Man kann in Kirchen Geburtstage und Partys feiern, wie die Menschen zu Jesu Zeiten Pfingsten feierten, mit Wein und Tanz. Die jüdische Synagoge ist nicht nur Sakralraum, sondern auch Versammlung- und manchmal auch Ort zum Feiern.

Warum zeitgemäße und neue Rituale? Ein Beispiel am Sakrament der Ehe soll es zeigen: Schon jetzt ist die klassische Formel «bis dass der Tod euch scheidet» obsolet. Wenn gleichzeitig jede zweite Ehe wieder geschieden wird, weil die anfängliche Bindungsenergie nach ein paar Jahren naturgemäß nachlässt, zeigt das, dass das christliche Ritual (mit Ewigkeitsanspruch) offenbar nicht mehr mit den Möglichkeiten der Gegenwart übereinstimmt. Es stammt aus einer Zeit, in der Verliebtheit und Liebe nicht im Mittelpunkt standen und Ehe vielmehr ein Geschäftsgelöbnis war, das die Hausgemeinschaft oder das Hoferbe zusammenzuhalten sollte. Und das mögliche physische Überleben dauerte halb so lang, wie es heute dauern kann. Es gab keine Versicherungen und keine sozialen Einrichtungen, und es gab keine Kinderheime, die diesen Namen verdienten; die Eheleute mussten also zusammenbleiben auf Gedeih und Verderb. Wer in der Antike vierzig Jahre alt wurde, galt als alter Mensch.

In traditionellen Agrargesellschaften anderer Kontinente hängt immer noch vieles von stabilen Partnerschaften oder zumindest Sippenordnungen ab. Im karibische Raum sind matriarchalische Strukturen zu finden. Aber in den hochindustrialisierten Dienstleistungsgesellschaften hängt kein Leben mehr von einer traditionellen Partnerschaft ab. Dank der besseren Sozialnetze denkt mehr als die Hälfte der Frauen gar nicht mehr daran, zu heiraten. In modernen urbanen Gemeinden ist es durchaus möglich, im Abstand und Übereinstimmung der Gefühle füreinander zu leben und trotzdem für die Kinder zu sorgen. Wer soll da vorschreiben, wo und wie genau Rituale abzuhalten sind?

Zeitlos aber brauchen Kinder das unbedingte Ja von Mama und Papa, das sollte vor einer Gemeinschaft mit allem Ernst versprochen werden. Kinder wollen gemeint sein und sie wollen Konstanz. Nichts ist schlimmer, als wenn sie sich auf ihre Eltern nicht verlassen können. Und zeitlos wollen Kinder nicht, dass ihre Eltern streiten oder schlecht von einander reden. Also ist es gescheiter, die Eltern leben nicht zusammen, als dass sie ihre Spannungen täglich auf die Kinder übertragen.

Nüchtern besehen, sollte man also statt des traditionellen Eherituals nur noch die Treue zu den Kindern schwören und den Rest lieber überzeugend durch ein Fest darstellen, als sich zu sehr mit Versprechen aus dem Fenster zu lehnen, die gar nicht abgegeben werden können.

Auch Begräbnisrituale wären in gleicher Weise zu überdenken. Zu fragen wäre: Was galt früher und gilt immer noch, und was ist nicht mehr gemäß? Sind diese Rituale noch geeignete Gefäße für unsere Trauer oder belasten sie noch mehr und sind vor allem Gefäße für die Kirchen, um wenigstens wieder einmal die Bänke zu füllen? Kennt denn eine heutige Trauergemeinde noch mehr als die Melodie von «Großer Gott wir loben dich» oder «So nimm den meine Hände»?

Und wie könnten Konfirmation und Firmung auch außerhalb der Kirchen gefeiert werden? Wie die Namensgebung, die Taufe? Wissen die oft leichtsinnig benannten Paten noch um ihre heute nicht minder wichtige Verantwortung in einer Zeit, in der die leiblichen Väter ihr Markenfahrrad oft liebevoller betreuen als ihre eigenen Kinder? Nach meinem Verständnis sind Paten heute so wichtig wie früher – früher, weil Elend herrschte und heute, weil zu viel Freiheit gegeben ist und Kinder zu wenig Grenzen gesetzt werden, an denen sie wachsen können.

Wenn alles im freien Fall begriffen ist, ist es schwer, sagen zu können, wo in welcher gesellschaftlichen Lebenswelt man gerade angekommen ist. Was hält uns aber ab, jederzeit und an jedem Ort kleine Rituale abzuhalten, die unseren Gefühlen und Einsichten entsprechen, eine einfache Mystik zu pflegen, die unserem Staunen über das Grandiose, die Mikro- und Makrowelten jenseits von Glaubenssätzen Ausdruck gibt? Braucht es einen Priester, um eine Kerze anzuzünden, eine Blume vor einen Stein zu legen, den man einem lieben Verstorben widmet, an einem festlichen Tisch zumindest anzustoßen, auf eine angemessenen Sitzordnung zu bestehen und bei besonderen Gelegenheiten einen Älteren ein paar Worte sagen zu lassen? Was hält Menschen davon ab, vor einem Grab einen inneren Monolog zu führen, im Bewusstsein, dass der andere einmal einen Teil des eigenen Lebens repräsentierte und darum – durchaus zum eigenen Wohl – geachtet werden sollte? Kurzum: das Sein zu feiern, statt das Haben, wie es der Ethiker Erich Fromm (1900–1980) vor fünfzig Jahren schon vorschlug?

Ein kleines Ritual da, eines dort, sagen die einen, Blumen einstellen – gut; eine Kerze anzünden – auch schön; aber muss das alles nicht auf etwas Großes hinauslaufen? Eben doch eine Art Gott – etwas, das alles verbindet? braucht es nicht doch ein System von Verbindlichkeiten, vielleicht doch eine neue Religion? Nein. Es braucht eine gewisse Demut, nur Rituale abzuhalten und sie nur dann abzuhalten, wenn sie auch gefühlt werden und nicht bloß mechanische Reflexe sind, vielmehr aus der Angst geboren, Götter zu verstimmen. Es ist bei Ritualen, ob im Rahmen der Religionen noch oder außerhalb, nur allein eine Frage des ehrlichen Gefühls. Mechanisches Abhandeln ist in beiden Fällen völlig sinnlos, denn Götter schauen uns nicht zu, wir sind es selber, die uns zusehen und denen sie gelten.

Abgesehen von alledem: Das übergeordnete System heißt Natur und gibt sehr wohl Konstanten vor. Darum (er)finden Kinder und Jugendliche ihre Rituale selbst, wenn Erwachsene nicht Pate stehen. Manchmal geht das tödlich aus. Ein «Haus ohne Hüter» ist eine einzige Katastrophe. Auf den

Rängen der Arenen, in denen Initiationen stattfinden, sollten Erwachsene sitzen, nicht Kinder.

Unkontrollierte Rituale können sich zu unabwägbaren Risiken aufschaukeln, enden in Drogen oder in Crashrennen auf der Autobahn. Ich kann eine Reihe ehemaliger junger Freunde aufzählen, die in den wilden Siebziger- und Achtzigerjahren zu Tode kamen, weil kein Halten mehr war. Wenn ein Fest in Räuschen ausklingt, ist das wunderbar; es gibt Forscher, die im Anbau von Rauschmitteln den Beginn menschlicher Kultur sehen, den Beginn der agrarischen Nahrungsmittelproduktion. Aber Rausch selbst als einziger Zweck und einzige Idee ohne Rahmen, ist ein Armutszeugnis einer Gesellschaft. Massenbesäufnisse, wie sie unlängst aufblitzten in Europa, sogenannte *Bottelones* sind schwache Rituale. Ich habe darin vielmehr eine Provokation von Jugendlichen herausgelesen, die sagen wollte: Mehr an Ritual Kultur ist nicht in dieser Stadt, dann besaufen wir uns wenigstens anständig und eben öffentlich; geben wir doch zu, dass wir gar keine Feste mehr zu feiern imstande sind. Was ihr unter Fest versteht, sind doch nur noch Events, gekauft von A bis Z. Dann wenigstens Suff und nichts anderes. Prost!

Leider haben sie recht. Was man heute als Event bezeichnet, sind keine Rituale und keine Feste. Eine trendige Turnschuhmarke oder die Einführung eines neuen Snowboards sind ein zu dürftiger Anlass für ein Fest. Früher wäre es keinem Bürgermeister eingefallen, dafür den wichtigsten, den Ritualplatz der Stadt zur Verfügung zu stellen, wie es bald jedes Wochenende in großen Städten geschieht. Denn nach meinem Verständnis haben nicht nur Individuen eine «Seele», sondern auch Kollektive wie Gemeinden, Städte und Länder. Da Menschen Sippenwesen sind, hat jeder auch einen Gemeinschaftsaspekt. Die «Schnittmenge» aller mit allen ist ein spürbares Gebilde, das oft mit Stimmung oder Charakter einer Stadt beschrieben wird. Das kollektive Unbewusste ist eine Realität.

Sicher ist, man tut sich als Erwachsener und dem Gemeinwesen nichts Gutes, wenn man sich davor drückt, Jüngeren Möglichkeiten anzubieten und Grenzen zu setzen. Leider, könnte man meinen, seien Kinder in Städten bald unerwünscht, was sich daran schon zeigt, dass die Urologen die bestbezahlten, die Kinderärzte und Allgemeinmediziner die am schlechtesten bezahlten Ärzte sind. Kinder und Jugendliche brauchen und wollen Brachen, Anregung und Grenzen. Aus diesem Grund ist die Pfadfinderbewegung auch heute noch populär, weil sie Initiantionsrituale anbietet.

Mein Patenkind gilt seit letztem Herbst und dem Bestehen seiner Prüfungen nun als Erwachsener. Ich als sein Pate, habe nun ausgedient und das ist gut so. Ich habe für ihn jahrelang den Nikolaus und den Osterhasen gespielt. Nun ist es genug. Jetzt kämen die Väter dran, sonst wird es verlernt; als Großvater bin ich tagtäglich der Nikolaus (natürlich nur im übertragenen Sinne)und das ist gut und gemäß.

Ich habe nicht weniger aus unserem Verhältnis gezogen als er. Ich glaube, so sollte es sein.

Theologie – to big to fail?

Dem kirchlichen Oberhaupt Griechenlands kommen seltsame Dinge zu Ohren. Auf einer abgelegenen Insel halte einer seiner Priester völlig abgehobene Gottesdienste ab, tanze herum, bringe das Messritual durcheinander, bete, wie es komme, kurz: Er schere sich einen Deut um Liturgie und Vorgaben, und wie eine Gemeinde ordentlich zu betreuen sei.

Man beschließt, eine Kommission in einem Boot hinauszuschicken, um nach dem Rechten zu sehen. Die Theologen lassen sich hinüberrudern und finden alle Vorwürfe bestätigt. Allerdings scheint der alte Priester ungemein beliebt zu sein. Sonntags kommen sogar bei Sturm und Wetter Menschen in Schiffen von anderen Inseln, um seine Gottesdienste zu besuchen, das heruntergekommene Kirchlein kann die Menge nicht fassen, der Alte predigt im Freien, die Flasche mit dem Messwein in der Hand, aus der er tiefe Schlucke nimmt, er spricht frei, hat das Messgewand über einen Busch geworfen in der Hitze, die Menge mischt sich ein, Hunde bellen, Kinder rennen herum, am Ende vergisst er den Opferkasten herumzureichen, man isst und trinkt bis zu Abend, denn hinter der Kirche betreibt er eine Bar.

So gehe das wirklich nicht, befindet die Kommission.

Der alte Priester widerspricht nicht, im Gegenteil, er zeigt sich kooperativ, geradezu beflissen, sich den richtigen Ablauf eines ordentlichen Gottesdienstes wieder in Erinnerung zu rufen. Es sei lange her, dass er all dies einmal gelernt habe, sagt er, er sei nur ein einfacher Geist und habe überdies ein Gedächtnis wie ein Sieb.

Nach ein paar Tagen immerhin scheint er das Nötigste begriffen zu haben, die Kommission besteigt das Boot und lässt sich wegrudern. Als sie das Festland schon fast erreicht haben, sehen sie einen Punkt am Horizont von der Insel her langsam näher kommen und größer werden. Es ist der schusselige Priester, der übers Wasser auf sie zugelaufen kommt. Er bugt sich alsbald schnaufend über den Bootsrand und fragt: «Wie geht das schon wieder richtig in diesem Gedicht – heißt es Vater unser oder unser Vater?»

Der in Glaubensdingen bis heute bestimmende Theologe und Kirchenvater Augustinius (viertes Jahrhundert) sagte: «Glaube, damit du erkennst.» Ich frage mich, wie man erkennen kann, wenn man vom Glauben ausgeht. Und ist Augustinius nicht heute noch so präsent, weil man ihn lieber glaubt, statt dass man erkennt?

Das Problem liegt schon im Begriff «Theologie» (griechisch *theós* = Gott; *lógos* = Wort, auch Lehre, Sinn, Rede, Vernunft) begründet: Wie kann etwas von oder über Gott logisch sein? Wie kann man des Langen und Breiten Kategorien aufstapeln auf etwas, das man bloß willkürlich setzt und glaubt? Schon eher kann man verstehen, dass einer als Historiker sein Leben damit verbringen kann, den Graben zu beschreiben, den Glaube gezogen hat durch die Jahrhunderte zwischen Gläubigen und Andersgläubigen, aber auch das Ordnende beschreibt, das durch die Rituale der Religionen in ihrer Zeit – wenigstens im eigenen Glaubensgebiet – in die Gemeinschaften kam – Theologie, die die Wirkungsgeschichte der Religionen beschreibt, als Abteilung der Historischen Fakultät.

Es haben sich schon andere gefragt, was konfessionell eingefärbte Theologie an einer Universität zu suchen hat. Aber die Religionen sehen sich gerne an den Universitäten, es gibt ihren bloßen Annahmen einen Anstrich von Wissenschaftlichkeit. Mathematik gründet auch auf Annahmen, wie gesagt, aber jeder Brückenbauer kann bestätigen, dass sie zu nützlichen Resultaten führen. Die theologischen Fakultäten müssen keinen Nutzen vorweisen, es braucht sie nur zu geben. Hat man die Theologie schon weitgehend aus der

Politik und Pädagogik westlicher Gesellschaften verbannt, so darf sie sich noch am Rande des universitären Lebens bemerkbar machen.

Zu beobachten ist: Selbst in der Diskussion unter Theologen, die a priori nicht zu Glauben verpflichtet wären, und auch wenn sich diese zu Liebe und Versöhnung unter Konfessionen und Religionen äußern, siegt stets das Trennende über das Verbindende. Will man einen Baum an den Früchten erkennen, so reift stets Spaltung heran. Es hilft nichts, sich medienwirksam nach dem Gespräch die Hand zu geben; jeder hat nur seinen Standpunkt verstärkt, und aus der Position dieser Stärke setzt man sich gemeinsam an den Tisch – so lange es nicht jener des Abendmahles ist, wo sich die Sache entscheiden würde.

Früher sind aus theologischen Disputen Kriege hervorgegangen. Die kurze Reise vom Herz in den Kopf ist eine Reise von der Versöhnung in die Spaltung, das ist das Drama – die Theologie könnte man sonst sich selbst überlassen, sie wäre nicht der einzige Lehrstuhl mit geringer Relevanz im Treibhaus des Universitären. Was wir heute aber brauchen, ist Einheit, nicht Spaltung, ist Frieden nicht noch mehr Krieg. Aber bevor Religion nicht wieder vom Kopf ins Herz rutscht, vom spaltetenden Verstand in die verstehende Meditation, von der Askese in den versöhnenden Rausch, wird sich nichts ändern auf diesem Gebiet.

Psychologie versuche die Probleme zu lösen, die wir ohne sie nicht hätten, sagte auch einmal einer. Genauso könnte man sagen, Theologie versuche die Verwirrung zu durchdringen, die sie selber verursacht.

Theologie untersucht gleichfalls die eigene Spur, die sie durch die Jahrtausende gezogen hat, und es ist eine gewaltige Spur von den Griechen zu den Professorenpäpsten des dritten Jahrtausends. Ich kann verstehen, dass es große Courage bräuchte, sie zu verlassen für einen, der es ernst meint mit seinem Glauben. Ein fürchterlicher Verdacht aber, wie gesagt, angesichts hunderttausender von Theologen für Theologen geschriebenen Theologiebänden, hunderter ehrwürdiger bischöflicher Bibliotheken, die man nur flüsternd und mit Filzpantoffeln betreten darf, als mache das den Inhalt der Folianten plausibler – ein fürchterlicher Verdacht, angesichts hunderttausender der Abschrift von Dokumenten vermachter Mönchsleben, der Folter und dem Scheiterhaufen überantworteter Gegentheologen und Ketzern, deren fürchterliche Todesängste und Schmerzen man ja verantworten müsste: Könnte allenfalls alles auf falschen Vorgaben beruhen, also sinnlos und wertlos sein? Wertvoll geworden, aber doch wertlos?

Ein fürchterlicher Verdacht für jemanden, der sein ganzes bisheriges Leben Kirche und Glauben gewidmet hat: Ist allenfalls die Grundformel falsch? – Mir ist kein Beispiel bekannt, dass einer nach einem Leben für den Glauben nochmals an den Start zurückgekehrt wäre: «Ja, ich habe mich getäuscht.» Und ich kenne keinen Astrologen, der seine Praxis aufgegeben hätte, nachdem ihm seine Vorgaben widerlegt wurden, was wie gesagt ein Primarschüler kann. Das ist zuviel verlangt. Die Wahrheit, ein Leben im Dienste eines Irrtums verschwendet zu haben, kann keiner verkraften. Ich könnte es auch nicht. Nein, es darf nicht wahr sein, dass es nicht wahr ist. Aber es bleibt für mich: Die Stärke der Theologie heißt: «To big to fail». Und das ist leider ein schwaches Argument.

Wir projizieren unsere Bedürfnisse, Wünsche und Strategien auf eine flatternde Leinwand und sind erstaunt, dass außer Fragmenten nichts zu erkennen ist. Es sind uns nun mal nur Fragmente zu erkennen gegönnt, wer sie willkürlich zusammenfügt, überhebt sich. Wir haben es einfach auszuhalten, dieses Mysterium, ohne es zu benennen und zu manipulieren, so, wie es als Erstes schließlich von den Mystikern gefordert wurde, schon im Alten Testament «Du sollst dir kein Bildnis machen» hieß es einmal, und lange hielt man sich daran. Auch im Buddhismus durften außer den Fussabdrücken Buddhas nichts dargestellt werden. Der Name Jehova bei den Juden ist bekanntlich ein Buchstabenspiel, eine Andeutung nur, die auf den einen nicht nennbaren Gott dezent hinweist. In beiden Fällen ist der Respekt vor dem Unerklärlichen und die Angst vor den Folgen der Ausuferung in Fetische und Theorien, vielmehr dem Missbrauch ausgerechnet im Namen des Höchsten, spürbar. Der Zen-Buddhismus steht noch immer mutig vor der Leere, er hat sich nicht zur Fetischkirche verführen lassen.

Er ist darum nicht volksfreundlich und ist nicht geeignet, Machthabern als Ideologie zu dienen; darum sind in Japan noch andere Religionen wohlfeil, an deren Fetischen man sich klammern darf. Zen lässt der Politik keine Chance, er lässt der Theologie keine Chance. Auf der Gnostik und dem Sufismus waren gleichfalls keine «Büros» abzusetzen. Aber natürlich haben sich auch um diese radikalen Ansätze schöne Muscheln angesetzt, man muss auch da graben, um die Essenz noch zu entdecken.

Aber sollten wir das Mysterium nicht trotzdem endlich anfangen zu leben und zu tanzen, statt weiter und weiter danach zu schreien, geführt und gefüttert zu werden von Pfadfindern, die den Weg selber nicht kennen? Und gibt es Hunderttausende von Landkarten, wenn eine den Weg zum Ziel nachweisbar richtig benennt? Und könnte es nicht allenfalls am nicht existierenden Ziel liegen, dass keine hinführt?

Weil es El Dorado gar nicht gibt? Weil Atlantis bloß eine Fiktion ist? Weil Shangrila längst hätte gefunden werden müssen?

Fragen über Fragen. Aber weil es viele sind, macht es die Sache nicht glaubwürdiger, im Gegenteil. Zu viele Bücher über ein Thema sollten uns stets misstrauisch machen.

Niemand außer Theologen wird Theologie vermissen.

Man kann es nicht reparieren

Aber wie sollen die Wahrheitsverwaltungsapparate der jeweiligen Religionen wieder abgeschafft werden? Ein Glaubensverwalter legt dem nächsten das Zepter in die Hand. Er mag etwas liberaler sein als der Vorgänger, er mag sogar im Sinn haben, das Ganze neu aufzuzwirnen – was aber soll mit dem berstend mit Antiquariaten und Raubkunst vollgestopften Museum Vatikan geschehen, das Millionen Eintrittsbillette abwirft?

Was soll mit Mekka geschehen, das sich vor zahlenden Pilgern kaum retten kann, und wo es immer wieder zu Massenpaniken kommt? Was geschieht mit der Stadt Lourdes oder den Destinationen am Pilgerweg nach Compostela, was mit dem evangelischen Kirchenrat, der auf etwas tieferem Niveau mit Steuergeldern seine Büros betreibt? Was wird mit dem Verwaltungsapparat der Zeugen Jehovas, der in New York ein ganzes Quartier ausmacht?

Denn ist einmal ein neues Büro eröffnet, wird ein Teil der Arbeit darin bestehen, diese Arbeit als unverzichtbar darzustellen. Verwalten kennt keine Grenzen. Aus jeder Kommission erwachsen zwei neue, bald rennen alle nur noch mit Mappen und Handys herum, um ihre Wichtigkeit nicht in Vergessenheit geraten zu lassen.

Und Wahrheitsverwalter haben Titel erworben. Die katholische Kirche hat ein ausgeklügeltes Karrieresystem entworfen, das sogar farblich von Weiß bis zum Purpurrot der Kardinäle genau definierten Abstufungen zu erkennen gibt, auf welcher Stufe der Macht und Erleuchtung man angekommen ist. Das war im Antipol der Religion, beim Kommunismus im atheistischen Ostblock, nicht anders: Orden und Bevorzugungen an Stelle von Privateigentum. Jahrzehntelang konnte man im angeblich gleichgeschalteten maoistischen China auf den Parteitagen eine genau abgezirkelte Bedeutungshierarchie beobachten. Zwar waren alle Mitglieder des Zentralkomitees der chinesischen Kommunisten mit der Mao-Jacke bekleidet, aber die bedeutendsten Führer hatten an ihren Präsidiumstischen auch eine eigene Teetasse …

Jüngstes Gericht – Gott straft sofort

Weltgerichte, Himmel- und Höllengerichte, Bilder wie der Sünder vor dem Himmelstor, erwachsen aus der simplen Erfahrung, dass naturgesetzlich eine Aktion stets eine Reaktion hervorruft, dass aus dem Wald heraus schallt, was man hineinruft. Gott straft sofort, heißt es richtig. Und dass Gott eben manchmal erst nach Jahren und Jahrzehnten straft, stimmt auch; führ ihn sind Jahre Sekunden.

Aber es stimmt ebenso, dass Menschen manchmal sterben, bevor es bedrohlich aus dem Wald heraus schallt. Und es irritiert, dass gewissenlose Verbrecher an der Menschlichkeit oft ungeschoren davonkommen, ja sogar als Helden und Heilige vor der Geschichte auf Sockel gestellt werden. Mit der Mechanik «Schuld und Sühne» scheint aus menschlicher Sicht etwas nicht ganz zu stimmen.

Es ist sicher, dass der, der stets den Weg des geringsten Widerstandes wählt, indem er lügt, trickst, stiehlt und sich vor der Verantwortung drückt, eines Tages unvorbereitet vor dem größten denkbaren Widerstand steht, dem Sterben – dann hat er unwiderruflich keine Zeit mehr, die Hauptlektion des Lebens, genannt Hingabe und Verantwortung nachzuholen. Das ist die Strafe Gottes: Das Wehklagen am Ende des Geschenks des Lebens. Man möchte es «wieder gut machen», hat aber keine Zeit und Mittel mehr. Egoisten und bösartige Narzissten können logischerweise nicht loslassen, sie können nicht sterben, selbst wenn sie wollten. Man kann die Nazizeit auch einmal als den gigantischer Versuch des Mitnahmeselbstmordes des Selbstdarstellers Adolf Hitlers sehen, der sich die Welt ohne ihn nicht vorstellen konnte.

Das alles hat mit Religion nichts zu tun, hier herrschen bloß Naturgesetze, die sich genauso in psychischen Dingen ausdrücken, denn unsere Psyche ist nicht unsere Erfindung, sie ist aus der Evolution hervorgegangen und spiegelt das simple Überlebensdiktat.

Die Religionen haben unsere Erfahrung, dass jeder der Schmied seines eigenen Glücks und Unglücks ist, lukrativ in ein positives oder negatives Jenseits übertragen: Wenn du brav in unsere diesseitigen Kassen und Opferstöcke hineinlegst, besorgen wir dir einen Anwalt im Jenseits. Und wer brauchte keinen, der ein weltliches Leben wählt?

So ungefähr verkaufen die Religionen noch immer ihre

Endzeitgerichte, und so wird es von Gläubigen auch aufgefasst. Und weil das gerichtet Werden durch die eigenen Taten und Worte («Nach deinen Worten wirst du gerichtet werden vor Gott») eine reale Erfahrung ist, hält sich die Chimäre des Jüngsten Gerichts, der Auferstehung aus dem Totenreich, das Knien vor Gottes Richterstuhl und halten sich auch die Himmelswitze darüber wohl noch lange. Es war immer die Strategie und das Geschick der Religionen, den realen Dingen und Kräften der profanen Welt oder älteren religiösen Praktiken den eigenen Hut aufzusetzen. Aus den heidnischen Fruchtbarkeitsfesten wurde Ostern, aus dem Lichtwendefest wurde Weihnachten und aus der realen Erfahrung, dass Hochmut vor den Fall kommt, wurde ein Gericht im Jenseits.

It aint nessessarily so, singt aber Porgy im Musical «Porgy & Bess», als man ihm sogar weismachen will, dass Methusalem 969 Jahre alt geworden sei. Er war ein Schwarzer, ein Sklave, und hatte allen Grund an den Visionen der Herrschaft zu zweifeln.

Man muss die Endzeitphantasien und Weltgerichte aus dem Mittelalter und der Zeit der Entstehung des Neuen Testaments heraus verstehen. Kriege und Hungersnöte waren an der Tagesordnung. Jesu Zuhörerschaft erwartete das Weltende innerhalb weniger Jahre. Pestepidemien führten zu Auflösung jeglicher weltlichen Ordnung und zu ekstatischer Tanzwut. Hoffnung auf ein besseres Leben im Himmel war wohl der stärkste und billigste Trost in den Nöten des Alltags. Nicht umsonst sind Vorstellungen von Jenseitslandschaften in allen Kulturen bekannt. Einen gewissen Halt gab anfänglich auch im christlichen Kontext der Glaube an die Wiedergeburt, wobei sich die Taten des Vorlebens – in Indien Karma genannt – in die nächster Inkarnation positiv oder negativ auswirken. Im tibetanischen Buddhismus ist die Wiedergeburt des Dalai Lama eine Notwendigkeit für den Fortbestand der Priesterkaste. Bei den Juden soll der Messias kommen und für alle Entbehrungen der ständigen Diaspora entschädigen – irgendwann, und so lange er noch nicht gekommen ist, hat man die Fahne hoch zu halten und sich an die Worte des Rabbi zu halten.

Mit dem Satz aus der Bibel, wonach kein Haar vom Kopf falle, ohne dass es der Herr merkt, ist wohl wieder die Erfahrung gemeint, dass grundsätzlich keine Ursache ohne Wirkung und keine Wirkung ohne Ursache sein kann. In einem geschlossenen System ist die Summe aller Energien immer gleich groß, sagen uns die Physiker.

Erfindungen wie das jüngste Gericht haben ihre Ursache in realen Erfahrungen, Erfahrungen, wie sie vor allem in extremen Lebenssituationen wie Todesnähe, Psychosen oder Depressionen gemacht werden. Wenn Hoffnung und Wille verschwinden, sieht man auch keine Chance mehr, noch irgendetwas in seinem vergangenen Leben ausgleichen oder ins rechte Licht rücken zu können. Man ist es selber, der aufrechnet und einen Schlussstrich darunter zieht. Projizierend, wie es das Gehirn nun einmal macht, soll es jedoch Gott oder der Teufel sein, der richtet, zumindest das Schicksal. Im individuellen und kollektiven Fundus archaischer Bilder findet sich immer das Passende.

Wie soll sich in uns ein Verstoß gegen die Order der Sippe besser manifestieren als durch ein Bild? Wir sehen nicht mit den Augen, wir sehen mit dem Gehirn. Glaubensinhalte sind darum nicht völlig aus der Luft gegriffen, sie gehören bloß in eine andere Schublade, als sie der Gläubige vorsieht. Und es ist befreiend zu wissen, dass Bilder und Strukturen erst gelernt werden müssen, bevor man wahrnimmt und sieht. Darum können es die Glaubenslehrer kaum erwarten, die frischen Gehirne neuer Erdenbürger mit ihren Bildern zu füllen, zum Beispiel dem vom Jüngsten Gericht.

Dass wir nach unseren eigenen Worten gerichtet werden, ist doch unter anderem eine erstaunlich einsichtige Feststellung des Neuen Testaments. Wer anderen Moral vorschreibt und sich bei unmoralischen Handlungen ertappen lässt, bekommt die eigenen Sätze um die Ohren geschlagen.

Gewissen ist bis zu einem gewissen Grad in uns angelegt, muss aber ausgebildet werden, und das ist auch durchaus sinnvoll, wollen wir (auch) in Zukunft in einer menschenfreundlichen Welt leben. Bisher bestimmten die Wortführer der Religionen weitgehend über die Gewissensbildung der Kinder. Nach welchen Maßstäben aber wollen wir unsere Kinder im 21. Jahrhundert erziehen? Nach Maßgabe von Himmel- und Höllenvorstellungen? Nach willkürlichen Glaubenssätzen? Nach den Vorstellungen archaischer Philosophen und Patriarchen? Nach mittelalterlichen Kirchenvätern oder den protestantischen Reformatoren? Oder genügt der Kategorische Imperativ des Herrn Kant? Diese Fragen sollen zum Guten des «Kindswohls» nie abschließend beantwortet werden, zu groß ist die Gefahr neuer Manipulation. Letztlich müssen es die Eltern und Erzieher wissen, die den größten Einfluss auf die Kinder ausüben.

Reformation – Calvin träfe der Schlag

Der Name sagt es schon: Die Erneuerungsbewegungen zwischen 1517 und 1648 werden zu recht als Reformation bezeichnet, sie waren im eigentlichen Sinne keine Revolution. Allerdings hat die Reformation die Landschaft der abendländischen Gesellschaften tiefgreifend verändert. Vom Resultat her gesehen hatte es durchaus revolutionäre Züge. Zwar glaubte man weiterhin an Gott, an Jesus, an die Dreifaltigkeit und anderes mehr, all das, was man als Substanz des christlichen Glaubens bezeichnen kann, aber man hatte den religiösen Kern nicht angetastet.

Wie die freien Bergmenschen sollten Reformierte sein. «Der Christenmensch ist ein freier Mensch», predigte Luther. Die Reformatoren nach Zwingli, die Alpenkette in Sichtweite, schwärmten denn auch von der Reinheit der Berge, sie waren überhaupt die Ersten, die den Alpen etwas Positives abgewinnen konnten. Wie klares Bergwasser sollte jetzt Religion daherkommen, nur dem reinen Wort verpflichtet, ohne den Mief der Beichtstühle und vernebelt von Weihrauch und Opfergetöse. Ja, der reformierte Naturforscher und Arzt Johann Jakob Scheuchzer (1672–1733) wollte sogar aufgrund der Meeresfossilien, die er in den Alpen fand, den Beweis für die Sintflut gefunden haben.

Das Verdienst der Reformatoren war ein Befreiungsschlag, der die Grundlagen für die Aufklärung legte, als sich zum ersten Mal im Abendland Menschen eine Gesellschaft auch ohne den Gott der Kirchen vorstellen konnten. Die Reformation war eine Ernüchterung, die auf dem Fuß folgende Aufklärung erst recht, und als eine weitere Ernüchterung folgte daraus die bürgerliche Revolution mit ihrer Gewaltenteilung. Wer den heutigen Geisteshorizont der Evangelikalen teilt, die die Evolution ablehnen und am liebsten wieder einen Gottesstaat einführen wollen, kann sich allerdings schwer vorstellen, dass Reformation anfänglich Freiheit bedeutete.

Durch die Reformation ist nicht das Christentum in

Gefahr gekommen, jedoch wurden die alten Sitten und Gebräche, die alte Arbeitsweise und die Haltung gegenüber Gott und Kirche tiefgreifend hinterfragt. Sagte noch der «katholische Jesus», eher komme ein Kamel durch ein Nadelöhr, als ein Reicher in den Himmel (Matthäus 19,24; Armutsgebot), so wollte nun der protestantische Jesus nichts mehr von Armut wissen. Kurz nach Zwingli (1484-1516) wurden die Kirchenuhren der Stadt Zürich in Fünf-Minuten-Schritte unterteilt. Vorbei mit dem alten fatalistischen Schlendrian! Vorbei mit den vielen Festtagen, wochenlangen Hochzeiten und Bauernsonntagen!

Die schulische Bildung wurde dem Einfluss des Klerus entzogen; es wurde jetzt in Stadtschulen investiert, nicht zuletzt, damit man die neue Bibelübersetzung ins Deutsche überhaupt lesen konnte. Und natürlich las man jetzt auch andere Bücher, die allmählich in den Muttersprachen erschienen, ein Vorgang, der durch die Aufklärung gewaltig gefördert wurde.

Die Reformation ist ohne die Erfindung des Buchdrucks mit beweglichen Lettern nicht denkbar. Vorher waren Bücher nicht nur unerschwinglich, sondern in den Klöstern mit der Hand geschrieben.

Überdies sollte Beruf jetzt als Berufung gelten, der Handwerker war sozusagen von Gott berufen, seine Arbeit nach bestem Wissen und Gewissen abzuliefern. Das alttestamentarische Zinsverbot wurde aufgehoben – was früher als Wucher galt, war nun plötzlich legal. Der enorme Besitz der katholischen Kirche wurde vom Staat eingezogen und in öffentliche Einrichtungen investiert. Diese substanziellen Neuerungen brachten in kürzester Zeit einen neuen Wind in die Länder und Städte des neuen Glaubens. Vor allem die durch Lesezirkel forcierte Bildung wirkte sich segensreich aus – zuerst in reformierten Gegenden und später rückwirkend auch im ganzen Land. Das zeigte sich im Ausland noch deutlicher als in der kleinräumig verflochtenen Schweiz: Das katholische Antwerpen verlor seine Macht an das calvinistische Amsterdam, die Puritaner, wo sie sich auch niederließen auf der Welt, bestimmten umgehend das Feld. Eine neue Droge war ins Spiel gekommen: Geld. Und eine alte Sehnsucht war aufgetaucht am Horizont: Der freie Bürger.

Ein namhafter Soziologe, Max Weber (1864–1920), führte den Siegeszug des Kapitalismus auf die Grundsätze der Reformation, vornehmlich des Calvinismus zurück, darauf, dass der Tüchtige dem Herrn im Himmel wohlgefalle, auch wenn – vielmehr weil – sich dieser Herr nicht durch Ablass kaufen lässt wie der katholische Gott. Andere sahen den enormen wirtschaftlichen Schub, der bereits im Bankenwesen des vierzehnten Jahrhunderts seinen Anfang nimmt, wie gesagt, in der Buchdrucktechnik und den Bildungszirkeln begründet. So oder so – die Reformation setzte eine deutliche Zäsur ins zweite Jahrtausend, deren Folgen sich heute geradezu potenzieren.

Der damals europaweit bekannte protestantische Zürcher Pfarrer Johann Caspar Lavater (1741–1801) meinte schon im 18. Jahrhundert: Protestanten wie er könnten selbst im Himmel «ohne Beschäftigung nicht gesegnet sein». Aber erst einmal ging die Reformation vor allem durch Calvin in die Welt hinaus und kam erst richtig durch die gebildeten reformierten Glaubensflüchtlinge aus dem Ausland segensreich wieder zurück in die Schweiz. Dass der Calvinismus auf seiner Rundreise den fürchterlichen Calvin mit seiner unverständlichen Prädestinationslehre und seinem moralischen Terror weitgehend abgestreift hatte, war nur ein Segen. Dieser unsinnige, neurotische Asket bezeichnete ja seine eigene Idee als «furchtbaren Ratschluss». Lustig war der Calvinismus ganz und gar nicht. Das Wort «Calvinist» war lange vielmehr bloß zum Fluchen geeignet.

Die Reformation erwies sich allmählich um alle Ecken herum als voller Erfolg. Und einmal mehr war die Veränderung nicht das einsame Werk eines oder mehrerer Reformatoren, sondern das Resultat einer fälligen Umwälzung, die, wenn nicht diese, dann andere Protagonisten gefunden hätte. Die Zeit war überreif für etwas Neues – nicht anders als bei Jesus tausendfünfhundert Jahre davor.

Allerdings hätten sich die Reformatoren der ersten Stunde wohl andere Resultate vorgestellt. Calvin träfe der Schlag angesichts einer Street Parade oder der Götterdämmerung in den Teppichetagen der Managerwelt. Im Arbeitsethos würde er sich wieder erkennen, nicht jedoch in dessen exotischen Blüten. Der Mensch lebe nicht von «Brot» allein, würde er von der Kanzel schimpfen.

Aber Brot immerhin hatte die Reformation gebracht und weiter Hygiene, Bildung, und Forschung mit all ihren unabsehbaren Folgen. Auch der heutige Lebensstandard des katholischen Klerus verdankt er nicht der Mutter Maria, sondern der Reformation, so wenig sich die digitale Kommunikationsstrukturen der islamistischen Fundamentalisten auf die Grundsätze des Islam zurückführen lassen. Vielleicht ist die reformierte Kirche von ihren eigenen unabsehbaren Folgen überrollt und aufgesogen worden, dass sie heute so blass in Erscheinung tritt.

An Teufel und die abschreckende Wirkung von Scheiterhaufen glaubte man jedoch weiterhin. Die Reformatoren waren nicht die besseren, sie waren die Erfolgreicheren und strengeren, bevor die Jesuiten kamen und die Fingerschrauben auf der Gegenseite anzogen (Gegenreformation genannt). Selbst die Aufklärung änderte vorerst wenig an der für uns unverständlichen Brutalität im Umgang mit Schwächeren. Wer im falschen Glauben stand, wurde nach wie vor auch von Reformierten verjagt, gefoltert, verbrannt. Abgeschafft wurde ein großer Teil des Ritualballastes, der sich in rund tausend Jahren Kirchengeschichte angesammelt hatte. Man warf die Heiligenbilder, Messgeräte und Beichtstühle aus den Kirchen, denn nur noch das Bibelwort sollte gelten.

Im Nachhinein muss man leider sagen, hat die Reformation noch das Beste zerstört, was Glaube hervorbringt: Kunst. Touristen reisen heute vornehmlich in die üppigen katholischen Zentren; man steht vor dem Vatikan Schlange, nicht vor dem allzu kargen Großmünster in Zürich. Mangelte es der katholischen Kirche stets an Realitätssinn, so kann man ihr mangelnden Kunstsinn nicht vorwerfen.

Es mangelt ihr allerdings auch nicht an Starrsinn. Lodern auch keine Scheiterhaufen mehr – was das übrige angeht, hat sich diese Kirche durch die Reformation in keiner Weise beeindrucken lassen, im Gegenteil, die Gegenreformation machte sie noch sturer und überladener. Es ist, als hätte es ein zweites Vatikanisches Konzil (1962–1965) nie gegeben; es ist in weiten Teilen immer noch das Tridentinische Konzil von 1545, das im Geiste nachwirkt.

So gesehen war die Reformation auch ein Erfolg für die katholische Kirche. Der Schock saß tief, es ging um Untergang oder Wiederauferstehung aus dem Sumpf der Korruption und des Schlendrians in ihren Reihen. Die (Bau-)Werke der Gegenreformation sind Zeugen einer gewaltigen Anstrengung, wieder Disziplin und Gesetz in den verbliebenen Gebieten des alten Glaubens zu etablieren. Doch das Hoffnungsvolle und Frohe der christlichen Botschaft ist 1545 endgültig auf der Strecke geblieben.

Man muss es aus der Zeit heraus verstehen. Das öffentliche Leben brauchte zweifellos einen neuen Schub an Disziplin, wie die Entwicklung des christlichen Glaubens zur Zeitwende einer gewesen war. Und dass dieser Schub religiös motiviert sein musste, war auch nicht anders denkbar. Der eine (katholische) Glaube hatte alle Lebensbereiche durchdrungen, der philosophische Gehalt aber war dem gemeinen Volk unverständlich und fern geblieben. Es sah nur immer mehr Rituale, Kirchensteuern, korrupte Kirchenobere, lüsterne Mönche, Abzocker aller Art im Namen des Glaubens und alles erst noch auf Latein. Der «alte Glaube» war ein Volksbetrug übelster Art geworden.

Insofern war die Reformation ein frischer neuer Impuls, und wer jung und lebendig war, musste sich dem Aufbruch anschließen. Die Reformierten waren vergleichsweise die Linken ihrer Zeit. Und sie waren Kinder ihrer Zeit; ihre Brutalität im Umgang mit Andersdenkenden entsprach der Brutalität der Lebensumstände. Sterben, Krankheit, Qual, Verwahrlosung waren allgegenwärtig. Trat man aus der Haustür, ging's noch schlimmer los. Zeitweise war jedes dritte Haus wegen der Pest verwaist, die Felder unbebaut. Man verscharrte die Toten mehr, als man sie noch begrub. Wir können uns heute auch nicht nur ansatzweise vorstellen, was es hieß, damals gelebt zu haben. Wir leben aber nicht mehr damals. Warum leisten wir uns nicht einen weiteren Schritt Richtung Emanzipation, wie ihn die Reformatoren riskierten und tausendfünfhundert Jahre früher die Urchristen und nochmals zweitausend Jahre früher die frechen Vertragspartner Gottes, wie Abraham und Noah welche gewesen waren?

Die reformierten Gebiete entwickelten sich schneller als die katholischen in jeder Hinsicht, sie wurden reicher und gaben über die aufgeklärten Staatsformen und die Forschung den Impuls zu dem, was wir heute modernen Lebensstandard nennen. Wie schon anderswo ausgeführt, könnte man Christen im Westen mittlerweile allesamt als reformiert bezeichnen, auch wenn die Hälfte in den Dokumenten die katholische Religion angibt. Es zählt ja nicht, was auf einem Stempel steht, sondern was uns in den Knochen steckt. Und da sind wir allesamt vom Leistungsethos zutiefst durchdrungene Calvinisten und Zwinglianer geworden, ob wir wollen oder nicht, ob wir aus den Kirchen austreten oder erst recht noch die eine oder andere Fahne hochhalten. Wenn in diesem Buch von christlich die Rede ist, dann meint das die weit über die Zugehörigkeit zu einer christlichen Konfession hinausgehende Grundhaltung, die sich in all unseren Lebensbereichen mehr oder weniger ausdrückt.

Die Religion, reformiert oder katholisch, ist das Letzte jedenfalls, das in Profilen der Social Medias angegeben wird, wenn überhaupt. Religionszugehörigkeit spielt nicht einmal mehr bei Heiratsannoncen eine Rolle. Heute lässt sich in der Schweiz nur noch jedes vierte Paar in der Kirche trauen. Selbst in den Wirtschaftsmetropolen Indiens zerbröckeln Kastenschranken rasant vor der schieren Verführung des schrankenlosen Kapitalismus, die nun auch die Inder erfasst hat. Der Kapitalismus hat über alles gesiegt. Der Verdacht, dass sein Sieg ein Pyrrhussieg sein könnte, wird vor der Ökologie und unserer psychischen Gesundheit immer offensichtlicher. Ob eine Reformation reicht, um den Karren neuerdings herumzureißen?

Die katholische Kirche ist die gehaltvollere, gemütsvollere, wärmere Kirche geblieben.

Sie ist eine Schaukirche, eine Musikkirche. Sie hat uns den Schutz der Dunkelheit bewahrt, damit sich der Turbokapitalismus nicht schon längst und völlig an den Essenzen des Lebens vergreifen konnte. Und gäbe es in ihr nicht diese abstruse Männerhierarchie und dieses unverständlich rückständige Denken an oberster Stelle, sie wäre mir die sympathischere der beiden Kirchen.

Reformierte Kirchen haben oft den Charme von Turnhallen und Gemeindebüros. Wort verliert naturgemäß gegen Bild. Die Reformation mit ihrem Wort hat zwar gesiegt, aber nicht wegen des Wortes, sondern wegen der Impulse, die die Reinigung und Disziplinierung ausgelöst haben; sie hat auf dem Umweg über den Kapitalismus gesiegt, Gemüt und Herz sind dabei auf der Strecke geblieben. Darum strömen Jugendliche, wenn sie denn noch einem Kirchenanlass zuströmen, den Jugendfestivals der katholischen Kirche zu, als wäre da Woodstock.

Von den evangelischen Kirchen kenne ich nichts Vergleichbares. Die evangelikalen Kirchen hingegen setzen fast ausschließlich auf Emotion, dort bleibt das Denken auf der Strecke.

Deshalb legen die Evangelikalen zu, auch wenn sie erzprotestantisch geprägt sind: es wird da getanzt und gesungen, die afroamerikanische Lebensfreude kommt über den Umweg der USA sogar wieder nach Afrika zurück. Und ihre Prediger sind jung, nicht notgedrungen schon achtzig oder gar neunzig wie bei den Katholiken.

Das Pendel scheint jetzt am äußersten Ende des Machbaren und Ertragbaren angekommen zu sein. Mehr in dieser Richtung bedeutete völligen Kollaps. Einen Schuss vor den Bug haben unsere Gesellschaften mit der gegenwärtigen Finanzkrise bekommen.

Die Spekulanten, die sich noch vor ein paar Jahren selbst den bezeichnenden Titel «Master of Universe» verliehen, sind aus ihren Himmeln gestürzt, auch wenn sie am Boden noch weiter wuchern. Man scheint aber allmählich zu begreifen, dass nicht alles machbar ist. Calvin hätte die Vertreter dieser gotteslästerlichen Anmaßung auf den Scheiterhaufen gestellt.

V.
Die Seele und falscher Segen

Vom Wirken der Seele

Eine wahre Geschichte: Krankenversicherungen hassen nichts mehr, als für die Folgen von Schleudertraumata bezahlen zu müssen, weil sie über Jahre, allenfalls bis zur Rente zahlen müssen und nicht einmal wissen, ob der Versicherte nicht simuliert, denn ein Schleudertrauma ist schwer zu diagnostizieren. Also gehen viele Versicherungen grundsätzlich einmal davon aus, dass der Versicherte simuliert. Darum lohnt es sich für sie, eigens einen Vertrauensarzt zu beschäftigen, der Schleudertraumata nochmals untersucht.

Unser Vertrauensarzt galt in Fachkreisen als «scharfer Hund», wie er sich selber nannte. Gefühle bezeichnete er nach eigenen Angaben als «emotionale Inkontinenz». Es war schwer, über ihn an Vergütungen heranzukommen, und viele Schmerzpatienten bekamen wohl nichts, obwohl sie nie daran dachten, zu simulieren.

Dann passiert etwas Eigenartiges: Der Experte zieht sich selber ein Schleudertrauma zu, ein Autofahrer fährt ihm von hinten auf. Kann passieren, denkt er, und abklären muss er den Fall ja nicht. Allmählich verschwindet der Schmerz wieder, die Sache geht vergessen.

Dann passiert etwas wirklich Eigenartiges: Der Schleudertraumaexperte erleidet ein zweites Schleudertrauma. Wieder fährt ihm einer hinten auf. Dasselbe nochmals. Ob ihm da schon etwas aufgefallen ist? Der Zufall hat es wohl gewollt, denkt er. Aber man glaubt es nicht: Es kommt zu einem dritten Schleudertrauma ...

Wie groß ist die Wahrscheinlichkeit auf eine Million Autofahrer und erst noch Experte auf diesem Gebiet, drei Schleudertraumata in Folge zu erleiden, und wie leicht ist es, ein Schleudertrauma unbewusst herbeizuführen, indem man als «scharfer Hund» so fährt, dass nachfolgende Autofahrer geradezu auffahren müssen ...

Das dritte Mal allerdings gründlich: Seither sitzt er als Invalider, somit *Wert*-Loser im Wortsinn im Rollstuhl und hat nichts anderes mehr als Zeit zum Nachdenken, ob es eine Seele gibt, die einem etwas sagen will oder nicht und ob man sie austricksen kann oder nicht.

Dieser Mann hat mein ganzes Mitgefühl, denn ich weiß aus eigener Erfahrung, was es mit sich bringen kann, wenn man nicht auf die leise Stimme der Seele hören will, die – im Nachhinein gesehen – durch die Sprache der Umstände doch eindeutige Zeichen gab, wo ich nicht hätte gescheiter sein sollen. «Kehr um!», heißt es darum immer wieder in der Bibel. Erst glaubte ich, es ginge den Bibelschreibern nur darum zu mahnen, zum richtigen Glauben zurückzukehren, wenn man auf dem Weg der Versuchung war, ihn zu verlassen. Und Seele hielt ich bloß für eine Trostphantasie mehr von uns Menschen, die wir uns fataler Weise als sterbliches Wesen erkennen und zumindest eine Art Fluidum weiterleben lassen wollen, das sich allenfalls wieder verkörpern kann in einem nächstem Leben.

Seele ist aber eine erfahrbare Tatsache, seit es das selbstreflektierende Denken gibt. Seele, wie ich sie verstehe, ist der größere unbewusste Teil der Selbstreflexion. Darum so mächtig – wenn auch kaum spürbar –, weil aus dem blinden Fleck agierend. Die Seele ist die Stimme bewussten Unbewussten: es melden sich Gefühle, Affekte und Haltungen, wenn sie spricht, es ist an uns, sie zu interpretieren.

Das Wort *Seele* liegt mir zwar unangenehm nah am Glauben; ich nenne diese Stimme aber *Seele* trotz aller Verwechslungsgefahr. Und es hilft dem Verständnis nichts, aus dem verdächtig ähnlich ausufernden Vokabular der Psychologie (Ich, Über-Ich, Selbst, Er, Charakter, Psyche usw.) ein passendes Synonym zu finden. Immerhin ist Seele auch in der Psychologie ein gängiger Begriff.

Ihre Wirklichkeit ist für mich nichts Geheimnisvolles; sie ist für mich logisch, weil wir Menschen nicht nur einen Willen haben, sondern einen mehr oder wenigen freien Willen. Bei Tieren ist freier Wille kaum zu beobachten, sie benötigen daher auch kein Korrektiv. Tiere brauchen keine Seele.

Das Geschenk der Selbstreflexion und des freien Willens macht uns keineswegs glücklich. Glücklich macht Glaube, aber was heißt schon Glück! Auf Glück und Glaube kann man verzichten, wenn man den Mut hat, den Realitäten ins Gesicht zu schauen, und dabei gewinnt man damit etwas Wertvolleres, etwas, was uns auch durch Unglück nicht weggenommen werden kann: Gelassenheit. Auch wenn das Recht auf Glück sogar in der amerikanischen Verfassung verankert ist (*The Pursuit of Happyness*), scheinen mir die Menschen dort nicht glücklicher zu sein als wir, im Gegenteil. Ihr forciertes Wettbewerbsdenken, das sich im American Football am deutlichsten ausdrückt, muss naturgemäß die feinen Signale der Seele überdröhnen.

Wenn wir über die Seele nachdenken, spekulieren wir

nicht über sie; sie ist eine Tatsache. Es würde auch niemandem einfallen, das selbstreflektierende Denken abzustreiten, so wenig wie das Unbewusste und das der Seele verwandte und für das Körperliche zuständige «Navigationsgerät», der Appetit. Die Seele, könnte man sagen, ist der Appetit der Psyche. Sie meldet aus dem Verrechnungszentrum meines Überlebensbüros, was ich gerade tun sollte, um nicht jetzt oder später unnötiges Leid erfahren zu müssen. Beide Instanzen, Appetit wie Seele, sagen großzügigerweise nicht, was wir zu tun haben, sie sagen, was wir nicht tun sollten. Ampeln auf Rot geben nicht an, wohin wir fahren sollten; sie geben nur an, wohin wir im Moment nicht hinfahren sollten ...

Die Religionen haben die leitende Funktion der Seele nur in ihren eigenen Dienst genommen und mit ihren dienlichen Begriffen behängt. Plötzlich spricht nicht mehr die Seele, es spricht Jesus zu dir oder die Jungfrau Maria erscheint. Und selbsternannte Experten schieben sich dazwischen und raten dir nun gegen gutes Entgelt, was gratis aus deinem Inneren spricht. Wir könnten es hören, wenn der ganze Lärm der Beratung verstummte. Hier zeigt sich mir das, was Gläubige Gott nennen, am Deutlichsten, viele Gläubige fühlen sich daher zu Recht geführt. Aber die Instanz, die führt, ist nicht ein menschenähnliches Wesen in den Wolken, sondern ein psychisches Korrektiv – nicht minder faszinierend, aber real. Ich lebe gut damit, dass es für mich diesen personalen Gott nicht gibt; auf meine Seele zu hören, wenn ich es denn tue, beschäftigt mich genug.

Seele wird auch gerne mit unseren gesamten psychischen Apparat gleichgesetzt – der Psychologe sieht sich denn auch als eine Art Seelendoktor, dem Priester nicht unähnlich. Über die verschiedenen Vorstellungen rund um die Welt, was Seele ist oder sein soll, sind ganze Bibliotheken vollgeschrieben worden. Man hat die Seele auch in den verschiedensten Körperteilen vermutet, sogar in den Füßen.

Welche Veranlagungen wir auch mit auf die Welt bringen, ich sehe uns als Produkte der Reflexion auf äußere Signale, angefangen mit dem Lächeln der Mutter. Ein Subjekt, und in der Verlängerung dessen, eine Art Seelenfunke ist als Mitbringsel in diese Welt oder in eine andere nicht festzustellen. Wir hätten es wohl gerne.

Wir sind Produkte unpersönlicher Gene und des Kollektivs, das wir vorfinden, das muss uns genügen, der Rest ist, was aus uns gemacht wird und was wir selber daraus machen. Und erfüllen wir, eine um die andere, unsere simpelsten Menschenpflichten im jeweiligen Alter – nicht einmal, was ich als Seele bezeichne, würde in Erscheinung treten, es gäbe keinen Grund, dass unser Unbewusstes sich meldete, auf welche Weise auch immer.

Ich halte es einmal mehr mit den nüchternen Zen-Buddhisten, die mit dem letzten Herzschlag alles sterben sehen, was Denken, Individuum und Ego bedeutet, und auf die Idee von einem Gott schon gar nie kommen mochten. Bei ihrem schweigenden stundenlangen Sitzen vor nichts als sich selbst, wird es ja was daran haben, wenn sie sagen, am Ende sei da außer ein paar lebensnotwendigen, angelernten Charakterprägungen weiter niemand.

Das könnte der Realität unseres Daseins am nächsten kommen. Die mit Illusionstapeten vollgepflasterten Tempel anderer Religionen stehen am komplett anderen Ende.

Ich sehe in der Seele schlicht eine Leitstelle. Auf die Frage «Was ist die Seele für dich?», antworte ich gerne: «Pflanzen und Tiere brauchen keine – nicht weil sie zu wenig wert sind, um eine zu haben, sondern weil sie von ihrem gemäßen ‹rechten Weg› nicht abweichen können.»

Ein Aufklärer hielt, wie gesagt, Tiere für Maschinen, ihr Schmerz bloß das «Quietschen» der Rädchen darin. Auch die Religionen halten Tiere – von Pflanzen ganz zu schweigen – kaum für erwähnenswert. Aber der am meisten erkennbare Wille Gottes, die Ausdehnung des Universums im Kleinen wie im Großen, wird kaum an einem Unterschied zwischen Mensch, Tier und Pflanze interessiert sein.

Seele soll ein fester Anker sein in all diesen abstrakten Spekulationen. Denn «Die Natur ist unerbittlich und unveränderlich, und es ist ihr gleichgültig, ob die verborgenen Gründe und Arten ihres Handels für Menschen verständlich sind oder nicht», meinte Galileo Galilei. Für mich liegt der Begriff Seele auf dieser brutalen universellen Ebene, aber nicht als Hoffnungsträgerin unseres Egos, sondern als reflexartiges Korrektiv bei Abweichungen vom natürlichen Entwicklungsmuster Mensch, nicht mehr und nicht weniger. Ist das weniger großartig, als unser armseliges diffuses Konstrukt «individuelle Seele» aus der Beleidigung vor der Tatsache geboren, dass wir bloß Staubpartikel sind in einem grandiosen Universum? Das Wort «Staub» stammt in diesem Zusammenhang schließlich auch aus der Bibel. Ob wir uns lieber als Straßenstaub oder Sternenstaub begreifen, macht den entscheidenden Unterschied aus zwischen personalem Gott und Gott schlicht als Symbol des Großartigen, in welcher Form es uns auch zutage tritt. Auch Straßenstaub ist Sternenstaub, alles ist Sternenstaub, diese unumstößliche Gewissheit hat Trostprodukte wie die individuelle Seele und einen liebenden Vater im Himmel nicht nötig.

Unser Verstand ist ja ein großartiges Instrument und äußerst nützlich in alltäglichen Dingen, er hat uns zu *Masters of the Planet* über Tier und Pflanzen gemacht, und wenn es des Schöpfers Plan war, dass wir in dieser Hinsicht siegen sollten, so ist dies gründlich geschehen. Wir waren furchbar und fruchtbar und haben uns vermehrt. Aber was nun?

«Was ist deine wichtigste Botschaft?», fragte ein Schüler des Zen seinen Meister, der sich im Garten zu schaffen machte.

«Atmen, Trinken, Essen, aufs Klo gehen», sagt der nur und jätete weiter.

Seinen «Garten» bestellen, seine Talente nicht unter den Scheffel zu stellen, mit den Talenten zu wuchern, statt sie zu vergraben, lehrt auch Jesus explizit. Mehr Sinn können wir nicht erkennen. Und in dieser Leitstelle, der Seele, sehe ich unser wichtigstes Instrument, um unser Leben auf «dem rechten Weg» zu halten. Das Indiz, dass wir einigermaßen richtig liegen, heißt: nicht unnötig leiden. Der Schmerz ist die Peitsche der Seele, das Wohlsein der Zucker. Die Seele steht im Dienste einer höheren Macht. Ihre Retourkutsche kann fürchterlich einfahren, ob von hinten oder vorn, wie das Beispiel vom Schleudertrauma-Experten gezeigt hat.

Denn für die Seele ist auch der Tod eine Option. Wer nicht im großen Strom des Lebens mitschwimmen will, wer sich nicht belehren lassen will, wird aus dem Verkehr gezogen. Die Seele hat alle Mittel zur Verfügung, uns auf den ewigen Kompost zu bringen, von Unfällen über Krankheiten zu Suiziden und vielem mehr, allenfalls bis zu kollektiven Katastrophen wie Krieg: Die Soldaten des Ersten Weltkrieges zogen jubelnd ins Feld, sie feierten endlich den Ausbruch aus den Zwängen unterdrückender Bürgerlichkeit der vorletzten Jahrhundertwende …

Wie viele zum Tode führende Krankheiten verdeckte Suizide sind, ist natürlich schwer zu erfassen. Was ich aber in meinen Jahren als Lehrer, Therapeut und Patient in Kliniken und Anstalten gesehen habe, zeigt mir, dass die

Zahl höher ist, als man allgemein erwartet. Sigmund Freud (1856–1939) nannte es «Todestrieb». So weit würde ich nicht gehen; unsere Spezies wäre vor Angst ausgestorben. Ich würde es schlicht Sog nennen. Die Seele zieht den aus dem Verkehr, der seine Menschenpflicht nicht erfüllt: die Pflicht, ein simples, alltägliches, verantwortungsvolles Leben zu führen, und nicht mehr. Dem Sog der Seele ist nichts gewachsen. Wer seinem Appetit und seiner Seele folgt, kann im übrigen tun und lassen, was er will, es kann gar nicht schädlich sein. Man sollte die Kinder (wieder) auf die Stimme ihrer Seele hören lehren. Das wäre die vornehmste Aufgabe eines Religionsunterrichtes jenseits aller Religionen.

Sinn ist in der Welt offensichtlich nicht erkennbar, aber doch Pflicht: Wir sollen das Leben bejahen und die Fackeln weiterreichen, das will die Seele im Dienste einer mächtigeren Instanz, die uns verborgen bleibt. Wer lebt, wird sehen.

Leider wird die Leitstelle Seele nicht nur mit dem personalen Gott zusammen gesehen oder verworfen, sondern auch mit Glaube in negativer Weise in Verbindung gebracht. Glaube übertönt die feine Seelenstimme noch lauter als der eitle Verstand (der dazu auch in der Lage ist), denn nun kommt zu der eigenmächtigen Vorstellung, was richtig oder falsch ist, noch der Wille hinzu. Jetzt werden Berge versetzt, koste es was es wolle.

Glaube mischt sich in fataler Weise in die Richtungsangaben unserer Seelenorientierung ein. Wenn man aber der Stimme seiner Seele folgt, wird sie sich überhaupt nicht bemerkbar machen.

Nach meinem Verständnis muss man sich entscheiden: Entweder der Seele folgen, was ich dringend empfehle, oder dem Glauben. Hierin zeigt sich mir die Hybris des Gläubigen am deutlichsten: Wer bist du, dass du meinst, es besser zu wissen? Besser zu wissen als die Weisheit der Natur, des Lebens oder «Gottes», wenn man mit den Religionen reden will? Nicht ohne Grund haben die ersten Propheten kein Bildnisverbot, also Glaubensverbot, verhängt. Die «Herrlichkeit Gottes» sollte unverstellt wahrgenommen werden und genügen.

Wir stehen nirgendwo im goldenen Seelenbuch Gottes eingeschrieben. Unsere Lebenswege sind nicht vorherbestimmt, wie wir es selbstschmeichelnd gerne hätten. Niemand außer meine Seele passt auf mich auf. Wir bezahlen unsere Freiheit als Menschenwesen mit der Qual der Wahl. Und der Preis war nie höher als heute. Wenn früher ein Leben nicht gelang, waren meist die harten Umstände schuld, heute hält uns wenig auf, ein Leben nach den eigenen Vorstellungen zu führen. Aber was steht tatsächlich an? Nie wussten Menschen weniger, was sie tun sollten. Und hierbei würde ich im Zweifelsfall auf die leise Stimme der Seele vertrauen, nicht auf professionelle Berater und auswendig gelernte Glaubenssätze.

Stellen wir es uns doch einfach so vor: Gott stellt uns ein Stadion bereit, mit Stehplätzen, Sitzplätzen und Logenplätzen, es gibt die Südkurve und die Leinwand vor dem Stadion, auf der die zu kurz Gekommenen das Spiel verfolgen. Gott, der Besitzer, will nur einfach ein vollbesetztes Stadion, und es ist ihm völlig egal, wer welche Plätze einnimmt, Hauptsache, sie sind alle besetzt. Bin ich es nicht, der in die VIP Lounge will, ist es ein anderer. Kehre ich nach der ersten Halbzeit nicht auf meinen Sitzplatz zurück, sitzt auch schon ein anderer da. Wer wollte aber nicht neben Gott in der klimatisierten Lounge sitzen? Und wie kommt man da hin? Indem ich für ein Wunder bete oder ich meiner Leitstelle folgend alles unternehme, was meine Talente und Möglichkeiten zulassen?

Denn der Seele folgen heißt nicht nur, ein einigermaßen leidensfreies Leben zu führen. Menschen, die durch alles hindurch ihrer Seele folgen, haben im Wortsinn am Ende «Erfolg». Seele ist zeitlos auf dem Laufenden, kein Grund, sich in Zukunft darum Sorgen zu machen.

Falscher Segen – Kinder, die Eltern belehren

Kürzlich erlebt: Ich bin zu einer kirchlichen Hochzeitsfeier eingeladen. Der Pfarrer will gerade den entscheidenden Segen sprechen und hebt schon die Hände – da meldet sich die Mutter des Bräutigams aus einer hinteren Reihe: Sie wolle jetzt ein selbstverfasstes Gedicht vortragen. Der Pfarrer ist perplex, abgemacht war das offenbar nicht, der Moment könnte nicht unpassender sein, aber der Pfarrer tritt beiseite.

Bedeutungsvoll schreitet sie nach vorne und beginnt nicht enden wollend Verse vom Blatt abzulesen. Ab und zu hält sie inne und lächelt für niemanden nachvollziehbar und offenbar von ihrem großartigen Talent sichtlich angetan, setzt weitere nicht nachvollziehbare Kunstpausen, als wolle sie für sich die gerade gelesenen Zeilen nochmals auskosten, feiert sich selbst, als wäre sie allein in der Kirche, als ginge es nur um sie ...

Die Zeremonie war dahin, jedenfalls für die, die es merken wollten. Sie hatte ihrem Sohn mit ihrer Show den Segen vermasselt und ihrer Schwiegertochter zu verstehen gegeben, dass deren Mann im Zweifelsfall nie ihr gehören würde. Der Sohn wird auch verstanden haben: Ihren Segen, als ganzer Mann der anderen zu gehören, habe ich nicht! Es wird für ihn nichts neues gewesen sein, darum werden sie wohl trotzdem ein glückliches Paar werden.

Meinen Segen hatte die alte Dame auch nicht, wenn das der Punkt gewesen wäre. Wäre ich aber der Pfarrer gewesen, ich hätte sie unterbrochen und in die Bank zurück verwiesen. Das Schlimmste: Die meisten hatten nicht einmal gemerkt, was da gerade geschah.

Kurz darauf erlebte ich auf einer Beerdigung eine ähnliche Szene. Bei beiden Anlässen war zwar ein Fußscharren und Hüsteln aus den Bankreihen zu hören, was immer auf eine Unstimmigkeit im Ritual hinweist, aber man war froh, bald wieder ins Freie treten zu können.

Wenn ich der Ansicht bin, die Religionen hätten ausgedient, meine ich beileibe nicht, es sei nicht schade, dass wir den Sinn für Rituale und das Religiöse verloren haben. Ein «Haus ohne Hüter», wie man unsere westliche Zivilisation auch nennen könnte, ist vielmehr ein Haus ohne Fundament, in dem sich niemand mehr geborgen fühlt und niemand mehr etwas erwartet. Aber um Rituale kommt niemand herum. Im Privaten wird das Verhalten der Kinder und Jugendlichen weiterhin vom Segen der Eltern abhängen. Ein Spruch zumindest wie: «Ich sehe, dass du auf guten Wegen unterwegs bist, mein Kind, und wünsche dir Glück und Segen bei allem, was du tust», sollte nie aus dem Repertoire fallen. Aber es ist, als schämten wir uns, Segen zu spenden und zu erwarten, als wäre es ein Relikt aus alten Zeiten, seinen Platz in der natürlichen Hierarchie menschlicher Gemeinschaften einzunehmen. Manchmal kommt es mir vor, Eltern und Lehrer warteten vielmehr auf den Segen ihrer Kinder und Schüler als umgekehrt. Segen muss aber stets von «oben» kommen, und jemand muss sich die legitime Autorität angeeignet haben, diesen Platz auch einzunehmen.

Die urbane Kultur in Großstädten treibt seltsame Blüten: Kinder, die Eltern belehren und erziehen, Großeltern, die sich noch als Jugendliche wähnen, Mütter, die sich Söhne als Ersatzpartner halten, und Väter, die Töchter als ihre Geliebten sehen – eine verkehrte Welt.

Es scheint nicht mehr aufzufallen, wie verkehrt es ist, wenn Kinder den Ton angeben in den Familien, wie anmaßend es ist, zum Beispiel auf die Erbschaft zu pochen, so lange die Eltern noch leben, als hätten man dazu das Geringste beigetragen, wie überheblich es ist, wenn Kinder erwägen, ob sie ihren Eltern verzeihen sollen oder nicht, als hätten diese Eltern es nicht zumindest fertig gebracht, sie ins Erwachsenenalter zu bringen, sie nicht verhungern, sie nicht unter Autos laufen zu lassen, ihnen zumindest die Grundregeln menschlichen Verhaltens beigebracht zu haben. Kürzlich hörte ich wieder einmal den bezeichnenden Satz: «Meine Eltern sollen ruhig etwas für mich tun, schließlich habe ich sie nicht gebeten, mich auf die Welt zu setzen.»

Verkehrte Welt stellt sich ein, wenn eine alte «Welt» de facto zusammengebrochen ist und eine neue noch nicht normgebend in Erscheinung tritt. Ein bisschen Esoterik genügt aber nicht, um das Vakuum zu füllen, das überalterte Religionen hinterlassen haben.

Ein bisschen Glanz und Gloria, etwas Hollywood, etwas Boulevard brauchen wir alle – Klatsch verbindet und das ist gut so –, aber als Vorbilder taugen Figuren wie Britney Spears, Michael Jackson oder Elvis Presley nun einmal nicht. Michael Jacksons und vor allem Madonnas (!) Bühnenshows waren und sind wahre Gottesdienste verkehrter Rituale. Aus mokantem Religionsspott wird bei Madonna ein übler Transfer von Bewunderung und Abhängigkeit auf die Sängerin. In einer ihrer letzten Show zeigte sie sich am Kreuz hängend, ihre Tochter taufte sie «Lourdes» …! Was früher undenkbar war: «Kinder» «segnen» Kinder von der Bühne herab. Auf die Nachricht von Michael Jacksons Tod erhob sich der Senat der Vereinigten Staaten zu einer Schweigeminute.

Michael Jackson ist sicher einer der größten Popkünstler und -tänzer des letzten Jahrhunderts, und die Schweigeminute wäre an der Grammy -Verleihung am rechten Ort und verdient gewesen. Aber wenn selbst bestandene Senatoren nicht mehr wissen, was unten und oben ist, wie sollten es die Bürger noch wissen? Jacksons ganzes Leben war eine einzige verkehrte Welt, er wollte mit Fünfzig noch ein Kind sein, er glaubte, selbst die Natur austricksen zu können, mit den bekannten Folgen. Es lag sichtlich kein Segen auf seinem Weg. Vielmehr hatte ihm sein Vater einen verkehrten Segen (einen Fluch) auf seinen Weg gegeben: Michael musste als Kind schon Erwachsener spielen – wen wundert's, dass er als Erwachsener Kind sein wollte …

Und wo sind die Männer heute? Patriarchenwillkür ist das eine, ist aber der Verzicht auf männliches Stehvermögen die Antwort darauf?

Das Poltern eines alternden Achtundsechzigers? Eines protestantischen Moralisten? Ziemlich sicher! Mit einer Kirche mit Gott und Teufel nichts mehr anfangen zu können, heißt für mich trotzdem nicht: von jetzt an ist alles möglich, wir sind ja so frei!

Wir sind nicht frei von Verantwortung für unsere Kinder und die Gesellschaft. Gerade mein Generation hat die Erfahrung machen können, dass absolute Beliebigkeit nicht einfach Segen bringt. Die Frage eines Kindes in einem Berliner Alternativkindergarten «Onkel, müssen wir heute wieder tun, was wir wollen?» ist geradezu in die Geschichte der

Pädagogik eingegangen. Verkehrte Welt ist kein Segen und bringt nicht Segen. Zudem wittern in solchen Zeiten machtgeile Populisten ihre Stunde und geben gerne ihre Order vor, was dann absolut nicht von Segen ist.

Früher schaute man immer, ob «ein Segen darauf liegt», was immer man tat. Über Jahrhunderte haben unsere Vorfahren darauf geachtet, und waren nicht dümmer als wir. Ist etwas, das ich unternehme, mehr oder weniger im Einklang mit dem natürlichen Lauf der Dinge und meiner Seele? Oder maße ich mir an, die Naturgesetze, so, wie sie sich in der Gesellschaft ausdrücken, auf den Kopf stellen zu wollen?

Was war wohl immer schon die Aufgabe eines Achtzehnjährigen? Er lernt, er rebelliert, er testet seine Talente, er nutzt seine Talente, er geht auf Irrwege, findet zurück, macht weiter, auf Wegen, die ihm Anerkennung bringen. Er reist, macht Erfahrungen, erfährt Niederlagen, macht weiter, testet aus, lässt sich verführen, lässt sich ein und so weiter. Das ungefähr soll ein Achtzehnjähriger tun.

Später warten andere Aufgaben, aber B kommt nach A ,und D kommt nach C,nicht umgekehrt. Unsere Verkehrszentrale, die Seele, weiß immer, wo ein Tram nach Fahrplan nun fahren sollte, komplizierter ist sie nicht. Die Stimme Gottes spricht direkt und ohne Umwege zu uns, wenn wir daneben liegen. Und ohne Umwege über Kirchengötter, die darum schweigen, weil es sie nicht gibt.

Es kommt allerdings noch dazu, was man aus der Vergangenheit seiner Vorfahren zu erlösen hat, ein Aspekt der Tradition, der unsere Seelenstimme übertönen kann, und viel zu wenig beachtet wird. Nicht ohne Grund gibt es die Figur des Erlösers und Versöhners rund um die Welt. Manchmal warten Themen über drei Generationen oder mehr auf einen Erlöser für Dinge, die vormals unter den Tisch gewischt werden mussten, damit man weiterleben konnte. Das kann ein happiges Paket sein, wenn ich glaube, es sei an mich gerichtet, oder wenn ich dazu erzogen wurde, es so zu sehen. Es lohnt sich, es aufzumachen, was nicht heißt, für den Inhalt die Verantwortung übernehmen und eine Suppe auslöffeln zu müssen, die man gar nicht eingebrockt hat, wie zu Zeiten der Blutschuld.

Jesus maßte sich an, die Sünden der ganzen jüdischen Vergangenheit auf sich zu laden. Ich meine, man packe nur jene Pakete aus, die auch an einen selbst adressiert sind; es ist nicht nötig, den Erlösungshelden zu spielen. Jeder nimmt seinen eigenen Koffer vom Rollband und lässt die andern vorbei. Ein einfaches Ritual genügt oft, um einen Geist aus der Vergangenheit als solchen zu erkennen und zu erlösen – auch das ein Thema rund um die Welt.

VI.
Glauben kontra Staunen

Vom Glauben

Man kann das Thema Glauben nicht ohne das Thema Hoffnung abhandeln. Nun aber, was ist mit dem Glauben, mit dem alles steht oder fällt, mit dem die traditionellen Religionen stehen oder fallen werden?

Zu ihrem Beginn bot die christliche Religion gegenüber ihrer jüdischen Herkunft und gegenüber der römischen Staatsreligion einige revolutionäre Neuerungen: Vom Hausherrn über die Frauen bis zum Sklaven konnten alle an ihr teilnehmen. Und: Die Auferstehung Christi vermittelte Hoffnung auf ein besseres Leben im Himmel, während das Judentum noch heute auf den Messias wartet.

Aber bald, nachdem die christliche Sekte von Kaiser Konstantin (ca. 272–337) zur römischen Staatsreligion erhoben wurde, fing es an mit der Instrumentalisierung ihrer Inhalte.

Die folgenden Jahrhunderte bis weit hinein in die Renaissance waren Kirche und Papst sowohl Joker als auch Mitspieler im Machtspiel von Kaisern und Königen. Die «Konstantinische Schenkung», angeblich eine Urkunde, mit der Kaiser Konstantin um 315 dem Papst die Oberhoheit über Mittel- und Westeuropa übertrug, war eine Fälschung aus dem neunten Jahrhundert. Trotzdem lebte das Papsttum bis in die Neuzeit gut mit ihr, indem es sich weiterhin auf dies Urkunde berief.

Priester wurden zu Komplizen übler Machtspiele; Päpste führten Kriege und erschlichen sich Ländereien; ihre eigenen Söhne ernannten sie zu Kardinälen. Ein übles Spiel mit dem Glauben der Menschen: Arbeite und liefere brav deinen Zehnten an den Fürsten und das Kloster ab, und wir lassen dir die Hoffnung, im Jenseits mit Jesus zu wandeln. Wenn du das üble Spiel nicht mitmachst, landest du in der Hölle. Du bist schuldig vom ersten Atemzug an, ja ungetaufte Babys sind schon per se schuldig, darum weihe sie unserer Kirche, dafür werden wir an deinem Bett stehen am letzten deiner Tag ...

Die protestantische Seite hat nach ihrem Auftreten nicht viel besser gehandelt: Die Eroberung Nordamerikas ist von pietistischer Hand geleitet worden, und die Reformatoren Calvin oder Zwingli haben ihre Gegner auf die Scheiterhaufen geschickt oder ertränkt. Aber es soll hier nicht darum gehen, alle im Namen Christi abgesegneten und begangenden Verbrechen aufzuzählen; das haben kritische Theologen wie der Wissenschaftler Karlheinz Deschner (1924–2014) schon längst gemacht. Doch wie ich es auch drehe und wende, sehe ich in dieser unnötigen «Logik des Schreckens» und nicht in der frohen Osterbotschaft den Hauptgrund der krichlichen Entwicklung, die die staatliche Expansion fleißig begleitete.

In Bezug auf christliche Religion und Ostern sind Hoffnung und Wille deshalb von Bedeutung, weil weil sie eine Erwartungshaltung fördern – das Paradis nach wohlgefälligem Leben.

Glaube geht noch einen Schritt weiter und steht im Zentrum der alten abendländischen Religionen. Über die blinde Hoffnung gibt es naturgemäß nicht viel zu sagen, jedoch über den Glauben, der »Hoffnung macht». Denn Hoffnung ist sozusagen von Gott geschenkt, Glaube ist von Menschen gemacht. Tiere glauben nicht. Glaube ist der Hoffnung aufgesetzt wie ein Hut dem Kopf. Ohne Hoffnung kein Glaube. Hoffnung aber ist diffus, vage – Glaube fokussiert Hoffnung willentlich auf ein Ziel (so wird das Wort Hoffnung von den Kirchen auch verstanden).

Und ist der Glaube stark, wird das Ziel auch erreicht werden, wenn es im Bereich des Menschenmöglichen liegt, denn hinter Glaube stehen Hoffnung und Wille, ein Energiebündel an Zuversicht. Glaube kann in der Realität, wie gesagt, tatsächlich Berge versetzen (das ist keine Frage), nur muss man sich fragen, ob es auch besser ist, dass die Berge dann dort stehen, wo sie dann nach dem Versetzen stehen werden. Vielleicht stehen sie auch mitten auf dem Weg zu einer menschlicheren Gesellschaft. Oder mitten auf deinem Weg, den dir die Seele weisen will; das ist das Problem.

Wenn ich mir die Religionsgeschichte ansehe, muss ich leider feststellen, dass sich die meisten Berge, die insbesondere der katholische Glaube versetzte, nicht zum Guten des Fortschritts auf eine menschengerechtere und materiell reichere Gesellschaft hin ausgewirkt haben, im Gegenteil.

Wenn man objektiv zurückblicken will, muss man festhalten, dass es die protestantischen Berge sind, die seit einem halben Jahrtausend am Wege der Entscheidung für gute Versorgung, Recht und Freiheit stehen. Es ist auch die protestantische Kirche, die ihre Tore zur Ökumene in schon fast masochistisch zu nennender Weise offen hält. Ein Fortschritt also – wenn auch mit jenen Abstrichen, die vorhin genannt wurden. Der protestantische Berg ist es aber auch, der den enthemmten Kapitalismus geboren hat, den Gott der Quote und des Ranking, die «Masters of the Universe».

Das eigene Leben mit Hoffnung und Wille irgendwie bestehen, ist der kategorische Imperativ der Natur. Und in diesem enorm starken Fahrwasser schwimmt der Glaube von allein mit. Aber seit der Glaube Worte hat, tut er so, als habe er das Schiff erfunden, auf dem er bloß mitfährt. Der Glaube nimmt Ehre in Anspruch, die ihm gar nicht gebührt. Denn Glaube rückt alles in sein eigenes Licht. Glaube ist aber bloß die Verlängerung der blinden Grundvoraussetzung Hoffnung durch Wille. Glaube reitet auf der Grundwelle Hoffnung mit wie eine Schaumkrone und verschwindet auch wie eine solche, wenn sich die Welle am Strand legt.

Glaube ist eine Trostdroge, die wir uns selber verabreichen. Glaube ist wie das ängstliche Pfeifen im Keller, es dämpft unsere Angst, aber nützt nichts vor dem Ungeheuer. Das Fatalste: Glaube wiegt uns in falschen Sicherheiten, so lange sein Narkotikum nicht ausgeht. Und es kann ausgehen, in der erstbesten Notlage, wie viele schon erfahren haben und nicht einmal die Bibel verhehlt: «Mein Gott, mein Gott, warum hast Du mich verlassen?», ist der erstaunlichste Satz von Jesus in der Bibel (Mk 15,34; Mt 27,46).

Wer anfängt zu glauben, statt das Ungewisse auszuhalten, hat angefangen zu resignieren, auch wenn es nach außen als das freudige Gegenteil in Erscheinung treten mag. Wer einen Lottoschein kauft, hat aufgehört, Hindernisse zu überwinden und zu wachsen, er wartet auf die Einladung des Schiedsrichters, direkt ins Ziel geflogen zu werden. Das größte Unglück ist, wenn er tatsächlich gewinnt. Das größte Unglück der Religionen wäre, wenn es ihren Gott tatsächlich gäbe. Aber es kann ihn nicht geben, um der Evolution willen. Sie will kein Stillstand in Gewissheit, denn sie will «verwackelte Ziele», wie es die Physiker nennen, sie will das offene Ende, die Schöpfung will keinen Schöpfer. Auch darin ist die angeblich blinde Natur weiser als Theologie und Philosophie zusammengenommen.

Einen Nichtgläubigen kann ich mir nicht vorstellen. Es gibt für mich nur Kirchengläubige und Andersgläubige, aber alle sind wir Gläubige; es sage mir einer, er sehe der brutalen Realität menschlichen Lebens frontal ins Gesicht. Das wäre ein Erleuchteter, und ich habe noch keinen getroffen.

Vom Glauben II

Es geht wohl nicht ohne den Glauben an irgendetwas, sei es der Glaube an Gott, den Sechser im Zahlenlotto, sei es der edle Glaube an den ewigen Goethe oder den makellosen Rudolf Steiner, an die Geldrituale mit ihren entlarvenden Begriffen wie Erlös, Erlass, Kredit (*credere* = Glauben), Gläubiger, an die Sportrituale, das Vaterland, den Patriotismus, den Markt, an die Astrologie, die Esoterik, die Psychologie, die Philosophie, die Gesundheit, den Körperkult, Wellness (deren Anlagen man bezeichnenderweise Tempel nennt) oder den Glauben an die eigene Großartigkeit, die Wissenschaft, an die Allwissenheit von Google, den Apple-Kult mit seinem Symbol des angebissenen Apfels oder was es auch immer sei.

Die Krux dieser Zeit ist, dass es nicht zu wenig Sinnangebote gibt, sondern zu viele. Und wenn es zu viele Rezepte gibt, heißt das immer auch, dass keines wirklich hilft. Die Millionen Lebensberatungsbücher desavouieren sich selbst. Wir müssen wohl aushalten, dass das eine Rezept, «die Religion der Zukunft», noch nicht gefunden ist, die den Sinn dieses Erdenlebens erklärt, und das wird auch nicht geschehen. Es wäre ein Unglück.

Wir alle sind Gläubige – Allerdings bin ich nicht stolz darauf, ein Gläubiger zu sein, und versuche Glaube zu durchschauen, wo ich nur kann. Andere zu täuschen, darf vor der Evolution durchgehen; Die Natur ist eine einzige Lügerei, die friedlich summende Sommerwiese eine einzige Falle um des Fortbestehens Willen. Doch sich sogar selbst zu täuschen – das ist der Gipfel des Wundersamen und kann nur mit der den Menschen eigenen Fähigkeit des selbstreflektierenden Denkens zu tun haben, das sogar den eigenen Tod begreift. Das Resultat heißt Angst. Angst vor dem Sterben. Sie ist nur mit ganz starken Drogen einigermaßen zu besänftigen.

Eine heißt Glauben.

Aber sich selbst zu täuschen, ist nicht nur gefährlich, es ist geradezu dumm. Es ist ein Unterschied, ob ich den Glauben bedaure und in Kauf nehme oder aber kultiviere, ja, mich im Glauben neben anderen Gläubigen geradezu «bestärke». Ich hege größtes Misstrauen gegenüber Inhalten, die sich in Luft auflösen würden, wenn ich sie mir nicht täglich einredete. Es ist, als wollte ich ein Hochhaus bauen, und den Grund, auf dem es zu stehen kommt, wollte ich nicht gründlich untersuchen, sondern glauben, er werde schon tragen. Ich stelle mit dem amerikanischen Erfinder Benjamin Franklin (1706–1790) bloß fest, dass nicht nur Häuser, sondern auch auch Kirchen einen Blitzableiter benötigen. Wenn es nach meinem Kopf ginge, würde mir die wenn auch trügerische Hoffnung genügen, denn es freut mich, dass der Volksmund Hoffnung mit dem Adjektiv «berechtigt» in Zusammenhang bringt, auch wenn Hoffnung mehrheitlich nicht berechtigt ist.

Dagegen ist der Glaube gerade nicht berechtigt, noch weniger als Hoffnung. Ich beobachte: Je unwahrscheinlicher der Inhalt, desto heftiger wird er geglaubt. Denn der Glaube wächst mit dem berechtigten Zweifel, und es ist die Aufgabe des ebenfalls eingeredeten Teufels, ihn zu schüren. Glaube, würde ein Mathematiker sagen, ist die abhängige Variable des Zweifels. Je mehr einer zweifelt, desto krampfhafter glaubt er nicht nur, er beschwört auch und verlangt Mitgläubigen Schwüre ab, damit er nicht allein da stehe mit seinem Zweifel – man sehe sich die repetitiven Kulte der Religionen an. Denn letztlich geht es in Gemeinschaften nicht einmal um Glauben und dessen Inhalte, sondern um den Zusammenhalt. Glaube ist nur der Test, das Treuediplom, das Lackmuspapier, darum kann das Geglaubte nicht absurd genug ausfallen: *Credo quia absurdum est* (Ich glaube, weil es unvernünftig ist), das ist schon vor tausend Jahren aufgefallen.

Mit Glauben kann man in der Schönwetterlage unserer meisten Tage leidlich gut bedient sein, in äußerster Not ist man jedoch mit Zweifeln schlecht beraten. Das hatte auch Hiob (Ijob 2,10) erfahren müssen, auf den Gott alles Unglück der Welt geschüttet hatte: Er verliert seinen Besitz; alle Kinder sterben, und schließlich erkrankt er noch an einem bösartigen Geschwür. Angeblich macht ihn alles nichts aus, ungebrochen ist sein Gottvertrauen.

Aber das nehme ich ihm und der Bibel nicht ab. Wer einmal erfährt, dass Glaube versagt, kann nicht mehr glauben. Hiob ist bloß bescheidener geworden, und das ist auch alles, was zählt vor dem Herrn, und der will nicht Glaube, ja, er verbat sich sogar Vorstellungen über sein Aussehen von Anfang an. Nicht einmal seinen Namen wollte er hören, der alttestamentarische Gott.

Hiob kam vom hohen Ross seiner Einbildungen herunter, darum waren die beiden Herren hinterher quitt. Ich unterstelle dem unterschätzten Alten Testament ein Gespür für den echten Herrn hinter allen Herren, jenem Herrn, der noch kein Bildnis verträgt, den Naturkräften näher als den Menschen ist, den Gott ohne Namen, den Gott hinter der Evolution, nicht den im Himmel.

«Die Beständigkeit ist bloß ein verlangsamtes Schaukeln», stellte der Philosoph und Schriftsteller Michel de Montaigne (1533–1592) fest. Wir wissen intuitiv, dass wir uns im freien Fall befinden, einem Universum ausgesetzt, das nicht einmal ein Oben und Unten kennt. Das nach meiner Erfahrung stärkste Mittel, dabei nicht zu verzweifeln und einen Halt zu finden, ist aber nicht Glaube, sondern das Ritual. Tiere hoffen, Menschen hoffen und glauben, Menschen wie Tiere aber ritualisieren ihren Alltag bis ins Kleinste, das Ritual setzt nicht einmal Verstand voraus. Im Gegensatz zum Glauben trägt es auch, «wenn man den Verstand verliert»: «Irre» sind fast nur noch mit Ritualen beschäftigt, es ist noch das Einzige, das sie am Leben hält. So will es offenbar die Natur. Kinder, die man nicht beeinflusst, kommen von allein aufs Ritual, nicht aber von allein auf den Glauben.

Die wirksamsten Mittel gegen Panik vor dem Leben und vor dem Sterben scheinen Drogen zu sein, wovon die Droge Glaube die verbreitetste ist. Und sie kostet nicht viel. Daher ist Glaube und Fetischismus bei Armen verbreiteter als unter den Reichen. Darum sind die Kirchen und Tempel fast aller Religionen und Konfessionen voll von Fetischen für die Armen, und die Verkündigungen von den Kanzeln und Minaretten machen sie glauben, es seien diese Gegenstände, die helfen, was das Symbol vor dem Fetisch fatalerweise ins Hintertreffen bringt. Reiche glauben im Wissen um den symbolischen Wert der Ikonen, sie glauben individueller, narzisstischer, glauben anderes, aus naheliegenden Gründen.

Glaube jedoch ist Glaube – in jedem Fall nicht ohne

Nebenwirkungen: Glaube verquirlt klares Denken und macht blind für reale Gefahren. Glaube vereitelt die Fähigkeit, tiefer in die Furcht hineinzudenken. Glaube sagt einfach: Nur nicht weiterdenken, es macht nur unglücklich. Was aber, wenn durch unbehindertes Denken ein großer Teil der Urpanik aufzulösen wäre, aus der der Glaube entspringt?

Es ist kein Wunder, warum Wissenschaftler heute überwiegend Atheisten, zumindest Agnostiker sind. Ein Forscher kann sich Glauben nicht leisten, er muss jeder Wendung des Findens folgen können.

Glaube aber lässt Forschen nur innerhalb eines gegebenen Rahmens zu. «Christliche Wissenschaft» kann darum nicht eine ernstzunehmende Wissenschaft sein. Nicht umsonst waren die großen Forscher früherer Zeiten, denen wir alles verdanken, was unser Leben heute einigermaßen erträglich macht, große Zweifler von dem Herrn gewesen. Und wenn sie sich als religiös bezeichneten, dann kamen sie dazu übers Staunen, übers Staunen vor der Komplexität und Intelligenz ihrer Materie, der «Logarithmischen Spirale», die sich in Schneckenhäusern und der Struktur der Sonnenblumen ausdrückt, der Ästhetik des Goldenen Schnitts, vor den mathematischen Formeln, die sich aus der Bewegung von Fischschwärmen ableiten lassen und auf andere Naturphänomene übertragbar sind, und der atemberaubenden Konsequenz des Wachstums von Kristallen, den Metamorphosen der Insekten, um nur weniges zu nennen.

Das Buch der Natur sei mit mathematischen Formeln geschrieben, meinte bereits Galileo Galilei (1564–1642). Der Gott des bahnbrechenden Physikers Albert Einstein (1879–1955), der von Gläubigen oft und gerne für ihre Ziele vereinnahmt wird, hat nichts zu tun zu mit dem personalen Gott der Kirchen. Als Einstein bemerkte, Gott würfle nicht, meinte er ausdrücklich nicht, dass es einen Kirchengott gibt, sondern dass sich das Universum nach Gesetzen ausdehne, die auch den Zufall einschließen, nichts weiter. Und selbst wenn ein Giordano Bruno (1548–1600) in Vokabeln des christlichen Weltbildes redete, so wohl darum, weil ein anderes noch gar nicht vorhanden war. Trotzdem wurde er auf den Scheiterhaufen gestellt, weil sein Himmel keine Hölle hatte und er das Universum als unendlich ansah; er stellte das geozentrische Weltbild allein durch Denken (und noch ohne Fernrohr) infrage. Man durfte nicht denken, was dem Papst missfiel. Und wenn der von Ewiggestrigen verachtete und verfolgte Jude Sigmund Freud meinte, man müsste Gläubigen die Universität verbieten, wusste er aus eigener Erfahrung, was er damit meinte. Er lehnte auch jede Vereinnahmung durch jüdische Würdenträger strikt ab.

Unter Glaube kann man natürlich noch vieles andere verstehen. Nicht anders als über Gott kursieren in theologischen Fakultäten und katechetischen Seminaren die konkretesten und gleichzeitig abstraktesten Begründungen für Glauben. Ich traf Theologen an, die gerade so gut an den atheistischen Bistrotischchen im existentialistischen Paris hätten verkehren können. Aber ich halte es auch beim Thema Glaube wie mit dem Thema Gott: Was zählt und in die Gesellschaft hinein wirkt, ist nicht, wie diese Themen an Universitäten und Hinterzimmern diskutiert werden, sondern wie Gott und Glaube von der Kanzel verkündet und wie es in den Kirchenbänken aufgenommen wird.

Auf der Kanzel sind ebendiese Theologen nicht wiederzuerkennen. Man könnte meinen, sie hätten mit dem personalen, bärtigen Gott ihrer Kirche in der Sakristei vor zehn Minuten Kaffee getrunken. Dem Glauben dieser Zwitterart spreche ich eine fatale Wirkung zu. Er verspricht einen Halt, den ich zu oft versagen gesehen habe, wenn einem ultimative Herausforderungen das Messer an die Kehle setzen. Das Volk ist nicht «tümlich», sagte Bertolt Brecht, es ist uns die Wahrheit zuzumuten. Dass es die maßgebenden Kirchenoberen offenbar anders sehen, ist mir ein unsympathisches Signal.

Ich konnte da nicht heimisch werden. In meinem Religionsunterricht sollte Tacheles geredet werden und so habe ich es gehalten. Die Schüler hat es nicht erschreckt.

Ich habe nie Glauben vermitteln wollen. Denn wie kann man es verantworten, Jugendlichen etwas einzureden, das auf einem Zweifel beruht? Der traditionelle Religionsunterricht hat den Kindern das Staunen vermiest und es durch Angst, Schuld und Glauben ersetzt. Seit meiner Lehrtätigkeit – unter anderem vor dreißig Jahren als Religionslehrer – wird der Religionsunterricht aus den genannten Gründen einmal abgeschafft, dann wieder eingeführt, dann Lebenskunde genannt, einmal nach Konfessionen getrennt abgehalten, dann wieder für alle gemeinsam, dann soll er bloß Religionsgeschichte vermitteln und so weiter und so fort. Dieses Mäandern zeigt: Glaube muss man Kindern beibringen gegen deren gesunden Widerstand, sie würden sich mit Hoffnung begnügen und bloß staunen wollen über die Geheimnisse der Welt. Und begnügt sich ein Religionslehrer damit, wollen Kinder sogar von sich aus in der Bibel lesen. Die Neugier ist gratis.

Ein Katechet könnte die Wunder des Univesums mit Lust und ohne Anstrengung vermitteln, wenn er denn selber staunte statt glaubte, und die Jugendlichen würden ihm folgen, weil sie schon sind, was die meisten Religionslehrer erreichen wollen: Sie sind religiös und lernwillig von Geburt.

Fernrohre und Mikroskope sind vielleicht besser geeignet,

«Gottes» Gegenwart sinnlich vorzuführen, als jeder Bibeltext es kann. Hinterher kann man immer noch aus dem Buch der Bücher zitieren, um zu zeigen, dass auch frühere Generationen nicht auf den Kopf gefallen waren. Dann staunen die Jugendlichen erst recht. Meine Religonsstunden waren allen Kindern des Schulhauses offen, ob sie nun christliche, muslimische oder atheistische Familienhintergründe hatten. Anders als einige Eltern und Behörden hatte nicht einer von ihnen je gefragt, ob das nicht sonderbar sei. Denn Staunen verbindet, Glaube trennt, das ist das Fatalste am Glauben.

Das Fatalste am Glauben ist, dass er Menschen von Menschen trennt, die etwas anderes glauben. Glaube treibt beständig Keile zwischen Menschen und behauptet, ohne Glaube wäre kein Friede. Glaube ist ein Unfriedestifter in Bezug auf alles außerhalb seines Einflussbereichs.

Staunen jedoch, wie gesagt, ist auf von Grund auf interreligiös und ohne den ökumenischen Umweg, der dann gebraucht wird, um die durch den Glauben Getrennten wieder zusammenzuführen. Am Mikroskop jedoch vergisst jeder seine Tracht, der Christ staunt neben dem Mohammedaner, der Buddhist neben dem Juden.

Von der Hoffnung

Eine Geschichte aus dem glaubenslosen Fundus des Zen-Buddhismus: Ein Blinder wird von einem Freund zum Abendessen eingeladen. Als er um Mitternacht gehen will, bietet ihm der Gastgeber eine Laterne an, damit er gut nach Hause käme. Ich bin doch blind, sagt der Freund, ich brauche keine Laterne. Du nicht, sagt der Gastgeber, aber die anderen sehen dich nicht und laufen in dich hinein. Der Blinde lässt sich überreden und geht zum ersten Mal mit einer Laterne in der Hand seines Weges. Lange geht das gut, da wird er kurz vor seinen Haus von einem Passanten zu Boden geworfen. «Siehst du meine Laterne nicht», ruft der Blinde empört. «Die Kerze ist abgebrannt», sagt der andere und geht seines Weges.

Eine wahre Geschichte aus dem katholischen Glaubensgebiet: Karstgebirge sind gefährliche Gebiete, weil sich unter der Erdoberfläche kleine Seen bilden können, die in exponierten Lagen Blitze anziehen. Und weil sie Blitze anziehen, steht da auf einem Hügel in einem Innerschweizer Karstgebiet eine «Blitzkapelle». Maria und einige zuständige Heilige sollen Wanderer und Bauern vor Blitzen bewahren. Natürlich verlangen die Schutzheiligen, dass man ihnen huldigt. Also braucht es einen Priester, der ab und zu heraufkommt und da eine Messe liest, und es braucht eine Kustodin, die die Kapelle pflegt und in Abständen frische Blumen auf den Altar stellt. Aus praktischen Gründen ist das die Bauersfrau von einem benachbarten Hof, Mutter von acht Kindern; vielleicht verdient sie auch ein kleines Zubrot durch ihr Amt. Abgesehen profitiert ihre Familie am meisten vom Schutz durch die Blitzkapelle.

Dann passiert das Schreckliche: Als sie an einem schwülen Tag die Blumen richtet, fährt unerwartet der erste Blitz eines nahenden Gewitters quer in die Kapelle, durchbohrt ausgerechnet das Votivbild, worauf Maria die schützende Hand über das Tal hält und erschlägt die achtfache tiefgläubige Mutter, die jahrelang hingebungsvoll die Kapelle gepflegt hat ...

Dieses Ereignis stand in allen Schweizer Zeitungen.

Trotzdem hat dieses Ereignis nicht die Glaubensinnigkeit in dieser Gegend erschüttert.

Glaube ist etwas Eigenartiges. Man hält an einem Inhalt fest, von dem man nicht weiß, ob es ihn gibt oder nicht, richtet aber sein ganzes Leben danach aus, als ob es ihn gäbe, wirbt unter Umständen auch andere an mitzuglauben, ja ist bereit, sein Leben sogar dafür zu lassen oder im Extrem das Leben eines anderen dafür zu zerstören.

Es wäre wohl nicht so, ginge Glaube nicht mit der Hoffnung einher, dem stärksten Motor menschlichen Lebens. Hoffnung stirbt nicht nur zuletzt, sie wird auch zuerst geboren. Und darum ist sie gerade in der christlichen Tradition im Osterfest so deutlich ins Zentrum gesetzt. Ostern wird im Frühling zelebriert, in der Jahreszeit des Aufblühens, die jede fühlende Kreatur feiert und schon immer gefeiert hat. Sie duftet gratis nach Veilchen, Eiern und Hasen, es ist die Zeit der Verheißung, der Neuanfang. Ostern ist Hoffnung, mit der Auferstehung Jesu beginnt das Christentum und wird an Pfingsten in der Ekstase nur noch verstärkt.

Aber die Osterbotschaft hat es nicht leicht: «Die Welt ist ein dunkler und grausamer Ort», meint Woody Allen in einem Interview. Und wenn es einem gerade schlecht geht, würde man es sofort unterschreiben. Von allein ist das Leben jedenfalls nicht lustig; man muss schon etwas dafür tun. Leben ist gefährlich, oft brutal, in der Regel anstrengend und zeitweise von argem Leiden begleitet. Das Allerschlimmste: Man kann es verpassen, es läuft auf das Sterben hinaus und ist letztlich in jedem Fall tödlich, was wir im Unterschied zu den Tieren leider im voraus wissen, mit allen seelischen Konsequenzen, die daraus erwachsen.

Wir leben mit einer Grundpanik, mit der jeder auf seine

Weise fertig werden muss. Denn kaum haben wir es uns materiell etwas bequem eingerichtet (in einem Loft in New York), müssen wir alles auch schon wieder «loslassen», wie die Psychologen sagen, heißt es Abschied nehmen von allem Bekannten und lieb Gewonnenen ... Da soll einer nicht Halt und Trost suchen bei Glaubenssystemen, Ideologien, der Psychologie und Drogen aller Art?! Es kann keinen Menschen geben, der auf die Länge zumindest ohne jede Hoffnung leben kann, man müsste ihn künstlich am Leben erhalten.

Dass Woody Allen noch nicht in den Hudson River gesprungen ist, hat wohl damit zu tun, dass er ein Hoffender ist wie wir alle. Alles gründet auf Hoffnung. Hoffnung ist der Hauptschlüssel zum Verständnis der Religionen mit all ihren oft bizarren Erscheinungen. Religion hat Hoffnung nicht nötig, staunendes Erkennen genügt, Religionen kommen jedoch ohne Hoffnung und Hoffnung machen nicht aus.

Nun ist aber Hoffnung eine äußerst schillernde Dame, vom Schöpfer der Evolution angeblich zum einzigen Zweck losgeschickt, damit wir rennen und uns den Planeten untertan machen und uns vermehren. Hoffnung ist die Rübe am Stecken, der der Ochse nachtrottet und doch nie satt wird. Denn auch Tiere hoffen, was alles sagt über die Macht der Hoffnung. Es ist leicht zu beobachten, wie sie Rituale wiederholen in der Hoffnung, damit mehr Futter herbeizaubern zu können. Hauskatzen sind voller Rituale, vom Morgen bis zum Abend.

Hoffnung ist eine unheimlich starke Glücks- und Trostdroge der Natur, ein fieser Trick der Evolution genau genommen, der das Tier in uns optimistischer stimmt, als es normalerweise wäre, damit es die Risiken unterschätzt, die objektiv gegeben sind, und das nach den Schlafphasen stets wieder aufsteht, um sein Ding zu tun und sogar Neuland erkundet, koste es das Leben.

Die Natur rechnet mit der großen Zahl; das Individuum zählt nicht und wird umgehend ersetzt, neue Hoffende stehen schon Schlange und sind «guter Hoffnung». Millionen zogen in Vernichtungskriege, in der Hoffnung, es würde schon nicht sie treffen. «Zum Frühstück nach Paris», schrieben deutsche Soldaten beim Ausbruch des Ersten Weltkrieges auf ihre Viehwaggons, in denen sie an die Front gekarrt wurden, buchstäblich wie Vieh ins Schlachthaus. Mit anderen Worten: Das Transportmittel des Glaubens, die Hoffnung, ist blind.

Diese hoffnungsvollen Jungen dachten, nach vierzehn Tagen wieder in Berlin zu sein. Wenn sie die sinnlosen Grabenkämpfe überhaupt überlebten, konnten sie frühestens nach vier Jahren wieder hoffen, zurückzukehren, traumatisiert für ihr ganzes Leben, während sich der deutsche Kaiser Wilhelm II, der nicht genug Gott und Vaterland zitieren konnte, mutig wie er war, klammheimlich über die Grenze nach Holland absetzte. Oft mussten eine Hunderttausende junger Franzosen und Deutscher für die Eroberung eines einzigen Hügels ihr Leben lassen, auf dem heute bestenfalls ein paar Schafe weiden – lange Zeit nach dem Krieg nicht einmal das, weil der ganze Grund zerfetzt und vergiftet war. Ich habe diese Hügel besucht – außer martialischen Denkmälern ist da nichts außer Wind und Schafen ...

Es wurden rund 5000 Bücher allein über die Katastrophe des Ersten Weltkrieges geschrieben. Zwanzig Jahre später, im «Fortsetzungskrieg II», war es der Mythos des U-Boot-Fahrers, geprägt durch die Nazipropaganda um den U-Boot-Kapitän Günther Prien, der Tausende von Jugendlichen mit

Hoffnung erfüllen sollte, sich als Helden des Vaterlandes zu profilieren. Dabei kamen 90 Prozent der deutschen U-Boote nie mehr zurück. Soweit die Blindheit der Hoffnung ...

Hoffnung und Wille

Hoffnung und Wille werden maßlos überschätzt. Sie haben für unser Leben nicht die Bedeutung, die man ihnen in der Regel zuschreibt. Sie treiben uns in gleicher Weise ins Leben oder in den Tod hinein. Hoffnung und Wille, beides bedeutet noch nicht, dass wir auf den Sinn des Lebens gestoßen sind.

Das ist nicht verwunderlich, denn Sinn ist per se für uns nicht erkennbar, es sei denn, wir könnten das ganze kosmische Spektakel von außen her betrachten und uns einen brauchbaren Reim darauf machen. Es gibt nach meinem Verständnis nur eine Instanz – der Hoffnungsmacht entzogen –, die uns wenigstens unzweifelhaft angibt, was *keinen* Sinn macht: die Seele, als Korrektiv verstanden, das Unbewusste, das weiß, wo wir in unserer Entwicklung zu mehr Reife stehen sollten und was uns nicht gut tut.

Den Rest, das nicht zu Wissende, müssen wir aushalten, und das hat wohl seinen guten naturgesetzlichen Grund. Würden wir ganz nach dem Verstand leben, es endete in der Katastrophe. Es ist schon ausreichend, dass wir stets versucht sind, die Lücke des nicht zu Wissenden mit zweifelhaftem Erfolg durch Philosophie und Theologie aufzufüllen suchen. Es bleibt uns nur, dem Leben selbst einen Sinn zu geben, und der liegt leider nicht in der Hoffnung begründet.

Oft finden wir aber auch, was wir erhoffen – und werden

wir enttäuscht, hoffen wir bald wieder. Wir haben keine Wahl, wir können uns nicht für oder gegen die Hoffnung entscheiden, wir können sie nur allenfalls verlieren – womit wir wieder beim Thema der Depression wären. Uns Hoffnung und Wille zu entziehen, ist die Notbremse der Seele, damit nicht noch Schlimmeres passiert. Der Depressive bleibt vorerst im Bett, wird von den Anforderungen der Evolution ausgespart; das Rennen hat ein Ende. Und findet er nicht wieder heraus, lebt er nicht mehr lange. Denn verschwindet die Hoffnung, verschwindet auch der Wille, und ohne Wille überlebte früher kein Mensch länger als drei Wochen.

Aber auch das ist nicht anders als früher: Viele Krankheiten und Unfälle haben mit Hoffnungslosigkeit zu tun; sie haben somit Einsamkeit zur Ursache. Sie sind genau genommen gestundete Suizide, das Tabuthema schlechthin im Gesundheitswesen.

Man kann es nicht genug in Rechnung stellen: Alles, was auf Hoffnung gründet, steht auf einem äußerst unzuverlässigen Fundament, das nur durch Glaube einigermaßen stabilisiert werden kann, einem seltsamen, nur uns Menschen eigenen Willensakt gegen die Verzweiflung vor dem Faktum: Hoffnung wird in Realität mehr enttäuscht als bestätigt; dass Mensch und Tier trotzdem noch nicht ausgestorben sind, hat allein damit zu tun, dass sie selbst hoffen, ihre Hoffnungen würden erfüllt.

Diese enorme uns eingegebene Zuversicht war auch notwendig, wenn man bedenkt, dass die Population der Menschenart zu periodischen Eiszeiten zuweilen auf weniger Exemplare zusammenschrumpfte, als heute das Etikett «Vom Aussterben bedrohte Tiere» verdient. Von dieser Macht der Hoffnung profitieren die Religionen; Hoffnung macht sie so stark. Auch Religionen leben davon, dass mehr Hoffnungen enttäuscht als erfüllt werden – denn dann sind sie die großen Tröster, die den Menschen wieder mit Hoffnung erfüllen. Aber Größe und Stärke eines Systems sagt an sich noch nichts über seine Berechtigung aus.

Es gibt etwas Bedeutenderes als Hoffnung, weshalb das Leben trotzdem so enorm «robust» ist. Es ist die brutale Dialektik der Evolution, für die Hoffnung nur ein Antrieb unter anderen darstellt. Wenige Religionen haben den Mut, dieser Tatsache ins Auge zu sehen und auf Hoffnung, Glaube, Gott und Fetisch zu verzichten. Es ist zu verstehen, dass diese rein auf Erkennen basierenden Religionen (wenn man sie denn überhaupt Religionen nennen will) keine Chance haben, zu Volksreligionen zu werden. Selbst wenn wir den Hoffnungszauber mit seinen Feuerwerken durchschauen – das Leben ist zu hart, als dass wir auf Drogen verzichten könnten.

Vom Staunen

Da kreisen die Jupitermonde, ungeachtet unserer Interpretationen und Papstbullen. Und Staunen vor dergestalt Grandiosem und den unbedeutendsten Fakten des Alltags kann nicht enttäuscht werden wie Glaube; man kann nicht vom Staunen abfallen oder zu einem anderen Staunen übertreten. Man bedenke, was Gläubige unbedenklich finden: von einem Glauben zu einem anderen zu konvertieren. Man sieht also ein, dass man sich in der einen Sache getäuscht hat, und anstatt sich zu fragen, warum sich Menschen täuschen können, glaubt man umgehend einfach etwas anderes.

Das einzige was man durch Konvertieren erreicht, ist der

Verlust seiner Familien- und allenfalls Landeskultur, eine Entwurzelung, weil die Konvertierer nur noch die neue Botschaft haben, nichts weiteres. Das kann gewaltsame Folgen haben. Al qaida ist ein Sammelhafen entwurzelter Gläubiger. Wäre Glaube nicht so gefährlich und brächte Unfriede in die Welt, man könnte ihn uns lassen.

Man kann vom Glauben abfallen, aber nicht vom Staunen. Darum sollte Kindern bloß beigebracht werden, was sie experimentell überprüfen können. Man kann «Gott» herleiten, das scheint wenig bekannt zu sein. Ob er es kann, sollte das einzige Kriterium sein, nach dem ein Religionslehrer zu prüfen wäre. Wie kann er den Kindern begreiflich machen, was sie schon ergreift, ist seine vornehme Aufgabe.

Die frohe Botschaft, das Evangelium, heißt: Staunen genügt. Staunen gerade erst recht über nicht Bekanntes. Hätten sich die größten Wohltäter der Menschheit, die vormals stets verfolgten Forscher, an die Schranken des Glaubens gehalten und nicht hoffnungsvoll Neuland betreten, es könnte heute nicht so viele Gläubige geben, weil sie gar nicht lebten. Was sie antrieb, war Staunen und daraus folgend Neugier. Sie wollten dem Unbekannten eine Ecke entreißen zum Wohl der Menschheit, wie Prometheus den Göttern das Feuer entriss. Was uns heute das Leben lebenswert und einigermaßen sicher macht, ist zweifellos das Resultat von Tabubrüchen, die viele Neuerer mit dem Leben bezahlten. Und Neugier, Staunen, ist genau genommen die auffälligste unserer Affenart, ihr verdanken wir alles.

«Die Neugier steht immer an erster Stelle eines Problems, das gelöst werden will», sagte Galileo Galilei (1564–1641). Er hatte auch so seine Erfahrungen mit der Toleranz von Gläubigen gemacht …

Die Priester des Vatikans kommunizieren mit den neuesten Handys, missionierende Päpste gegen die Moderne werden mit Spitzentechnologie und Spitzenmedizin bis zu ihrem letzten Atemzug begleitet. Bedenkenlos werden Flugzeuge bestiegen und Fernsehstudios benutzt. Man nimmt wissenschaftliche Entwicklungen für selbstverständlich, während ihre Grundlagen von Ketzern vormals unter Lebensgefahr oder durch Ruin ihrer Gesundheit trotz kirchlicher Verbote enthüllt wurden. Hat man einmal von einem Dank an die Ketzer gehört? Bestenfalls erinnert man sich in Rom – peinlich berührt – an das Todesurteil gegenüber Giordano Bruno von 1600 und hält es endlich nach vierhundert Jahren, im Jahr 2000, für falsch. Nicht anders bei Galileo Galilei: 1633 fällte die Inquisition ihr Urteil über Galileo; im Jahr 1992 geruht eine päpstliche Kommission, das 359 Jahre vorher verfasste Urteil zu annullieren.

Beten – Appell an das Unbewusste

Beten ist ein komplexe Materie. Man kann seinen – auch areligiösen – Sinn nicht verstehen, wenn man sich nicht über so etwas wie das «Unbewusste» im Klaren ist. Obwohl es eine entscheidende Bedeutung für unser Handeln und Denken hat, stellen wir es bei unseren Überlegungen praktisch nie in Rechnung. Mein subjektives Gefühl ist: Ich bin der Herr in meinem Haus, da ist kein anderer, erst recht nicht im Kopf. Gleichzeitig wundern wir uns über so viel Unerklärliches, das wir dann mit unseren willkürlichen Begriffen behängen, damit es unter unserer Kontrolle bleibe – mit Begriffen aus dem Inventar der Religionen zum Beispiel.

Beim Beten spielt das Unbewusste eine herausragende Rolle. Es ist der Schlüssel zum Verständnis der meisten religiösen Phänomene. Auch wenn die Inhalte des Unbewussten ja eben unbewusst sind, hat man in den letzten hundert Jahren doch hinreichende Kenntnisse gewonnen, was sich in dieser *Black Box* unserer Seele ungefähr abspielen könnte.

Die Frage lautet häufig nicht: «Wie habe ich mich entschieden?», sondern: «Wie hat *es* entschieden?» Die ungeheure Tatsache, dass neunzig Prozent unserer Gedanken und Entscheidungen im Dunkeln unseres Gehirns – sozusagen ohne uns zu fragen – getroffen werden, stellen wir so wenig in Rechnung wie die Relativitätstheorie Einsteins, wenn wir in den Sternenhimmel schauen. Das ist verständlich; unsere Sinne versagen vor solchen Dimensionen. Die Dimensionen des Raums reichen Äonen zurück, die Dimensionen des Unbewussten desgleichen, und dazwischen leben wir ein paar Jährchen mit einem Bewusstsein, das gerade knapp den Alltag begreift.

Früher kam die Ahnung vom Unbewussten durch die Sagen, Fabeln und Märchen, durch das Volkslied, durch Sprichwörter oder auch Bauernregeln zum Ausdruck, das, was man gemeinhin «Volksmund» nennt. Sie waren Ausdruck einer kollektiven Erfahrung und eines kollektiven historischen Gedächtnisses. Jesus, der Weise der Straße «im Dienste des Volksmunds» in einer Zeit des Umbruchs vor zweitausend Jahren? Oder stand der Volksmund vielmehr im Dienste Jesus'? Es ist jedenfalls erstaunlich, wie viele Sprüche dieses Aufrührers in den Fundus der Volksweisheit eingegangen sind.

Im Vergleich zu heute scheinen mir unsere Vorfahren in vielerlei Hinsicht geradezu Experten im Umgang mit dem Unbewussten gewesen zu sein. Die bildhafte Wortkargheit des Alten Testamentes spricht Bände. Man wollte nicht gescheiter sein, als man als Mensch nun einmal sein kann. Darum treten uns unsere Ahnen unverdient unwissend oder abergläubisch in Erscheinung. In den Zeugnissen dieser vergangenen Zeiten, die die Archäologen aus den Boden graben, leuchtet aber ein tiefes Verständnis für das auf ewig nicht zu Wissende, das Unbewusste, entgegen, für das, was wir aufgeklärten *Masters of the Universe* glauben, im Griff zu haben glauben. Mir scheint vielmehr, das Unbewusste habe uns heutige Menschen umso mehr im Griff, gerade weil wir es für besprochen halten und so ganz auf den Verstand setzen.

Das Unbewusste aber ist und bleibt ein blinder Fleck unserer Wahrnehmung, weil wir von Natur aus wohlweislich blind zu sein haben für die wichtigsten Zusammenhänge unseres Lebens, wir würden uns nur dilettantisch einmischen und Katastrophen herbeirufen.

Die Hirnforschung gibt unumwunden zu: Zwar wissen wir mittlerweile, *wo* im Gehirn etwas passiert, aber nicht, *wie* es funktioniert; wir stehen erst am Anfang. Wir, Bürger des dritten Jahrtausends, sind geblendet von all dem Detailwissen, das unseren Alltag zweifellos erleichtert. Aber die Wahrheit über letzte Dinge bespielt eine andere Bühne. Nach wie vor wissen wir nicht, woher wir kommen und wohin wir gehen – Wissenschaft hin oder her, medizinische Versorgung hin oder her, Google hin oder her –, und die Religionen, so wie sie stehen geblieben sind, steuern heute an Erkenntnis leider das Wenigste bei.

Menschen, die meist richtig entscheiden, wissen aber: Je weniger ich über den aktuellen Sachverhalt weiß, desto weniger lasse ich mich täuschen, desto mehr bin ich darauf angewiesen, auf die Körpersprache der anderen, auf die

Sprache der Umstände, auf kleinste Vibrationen in meinem Innern zu achten: auf die Sprache des Unbewussten eben, die Sprache der Seele.

Ein guter Personalchef schaut Zeugnisse und Referenzen erst gar nicht an, er achtet vor allem auf seinen allerersten Eindruck, den er bekommt, wenn ein Bewerber zur Tür herein tritt: Meldet sich ein «Oh ja!» oder ein «Oje!» im Unbewussten? Das nämlich hat in Bruchteilen einer Sekunde alle visuellen, akustischen und olfaktorischen Informationen verglichen und sich ein Bild gemacht, bevor wir auch nur anfangen zu denken. Unsere ständig in Lebensgefahr lebenden Vorfahren hätten nicht drei Tage überlebt, hätten sie immer erst nachgedacht, bevor sie handelten. Der aus dem Unbewussten mit allen verfügbaren Daten aufgerechnete und in einer hundertstel Sekunde geborene Reflex war alles entscheidend in einer Umgebung, die von Säbelzahntigern nur so wimmelte.

Der Erfinder der Psychoanalyse, Sigmund Freud (1856–1939) verglich das Bewusstsein mit einem Eisberg, bei dem nur die Spitze aus dem Wasser ragt und uns im Licht des Tages bewusst wird. Im Schlaf tauchen wir gänzlich unter, genau genommen ergeben wir uns im Schlaf ungefähr ein Drittel unserer Lebenszeit im «Bewusstlosen», ohne uns gewahr zu sein, was es mit uns in dieser Zeit anstellt. Es ist verständlich, dass wir uns lieber mit der sichtbaren Spitze und nicht mit dem unsichtbaren Hauptteil identifizieren, weil uns «Unterwassersinne» fehlen, es wahrzunehmen.

Die Ergebnisse der Hirnforschung der letzten Jahrzehnte bestätigen Freuds Bild vom Eisberg rundum. Man kann dem Gehirn heute mittels Computertomographie beim Denken zusehen, und was wir erkennen können ist: Wir haben praktisch nichts im Griff, wir werden gleichsam aus einer *Black-*

box heraus regiert. Was wir freier Wille nennen, ist an einem kleinen Ort zu Hause, was wir für unsere freie Meinung halten, ist vielmehr bloß Verkündigung dessen, was längst entschieden ist.

Und was hat das alles konkret mit Beten zu tun?

Beten, nun, ist ein derart zentrales Ritual fast jeder Religion, dass es sich lohnt, den Hintergrund dieses angeblichen Dialoges zu kennen. Denn mich wundert, wie leichtsinnig viele damit umgehen, mehrmals täglich in sich hineinzusprechen, nur weil sie es von jemandem gelehrt bekommen haben. Ich behaupte: Unsere Vorfahren zu Jesu Zeiten hatten mehr Wissen darüber, wie es sich mit diesem Pool ungeahnter Weisheit in uns verhält. Wir heutigen Siebengescheiten haben den Respekt verloren vor der ungeheuren Macht des Unbewussten. Und es ist die Macht der magischen «Medizin des Südens», die wir gerne belächeln, und mit der Jesus tagein, tagaus mit einfachsten suggestiven Mitteln Kranke geheilt haben soll, woran ich nicht zweifelte, auch wenn ich am gesamten biographischen Hintergrund der Jesusfigur meine Zweifel habe. Aber gehen wir einfach einmal von dem Bild aus, dass uns die vier Apostelberichte des Neuen Testaments liefern.

Beim Beten kommen Mächte ins Spiel, die unwissend besser nicht geweckt werden. Jesus scheint mir jedenfalls einer gewesen zu sein, der wusste, wie man richtig betet. Dass Jesus vor dem Beten warnte, vielmehr als dass er es empfahl, sollte zu denken geben. «Nicht jeder, der zu mir sagt: ‹Herr, Herr!›, wird in das Reich der Himmel hineinkommen, sondern wer den Willen meines Vaters tut, der in den Himmeln ist.» (Mt 7:21)

Beten sollte somit simples Handeln bedeuten; Liebe

sollte man zeigen, nicht davon sprechen; Gott verehren muss heißen, seine Schöpfung zu achten und zu genießen, nicht Opferfleisch zu verbrennen.

Was geht nun endlich beim Beten vor? Was ist das für eine doch eigenartige Handlung? Außerirdische würden sich wundern, was wir Menschen da tun. Wir murmeln vor uns hin, wippen im Takt einer Mauer zu, flüstern immer die gleichen Sätze, in Indien Mantras genannt, lassen Rosenkranzkugeln durch die Finger gleiten, drehen an Blechbehältern, Gebetsmühlen genannt, heben die Hände zum Himmel oder knien murmelnd vor einer Bettkante, ja, manchmal legen wir uns sogar flach auf den Boden und so weiter. Mit wem sprechen wir da?

Menschen sprechen in ihr Unbewusstes hinein, auf ihr Unbewusstes ein. Menschen monologisieren und repetieren Wünsche in ihr Gehirn hinein, programmieren es unbewusst auf diese Weise, und wenn das Unbewusste den Wunsch erfüllt hat, sofern er erfüllbar ist, danken es diese Menschen nicht ihrem Hirn, sondern ihren eingebildeten Göttern, danken es einem längst verblichenen Jesus oder der Mutter dieses Jesus, der Maria. Dem Unbewussten dankt niemand, denn es hat ja kein Gesicht und ist für Menschen nicht sinnlich erreichbar. Menschen brauchten fassbare Aufhänger, um auf ihrem Planeten zurechtzukommen. Und wenn das Unbewusste das Gegenteil des Erbeteten bewirkt, wird es dem Teufel zugeschrieben.

Was können wir daran erkennen? Wir haben kein Gehirn, das Gehirn hat uns. Was uns und unsere Umwelt ausmacht, ist Gehirn. Gott, Jesus, Maria, die Heiligen, zu denen wir beten, und die stets stoisch und unverschämterweise schweigen vor unserer Not, sind Resultate unseres kollektiven Unbewussten, projiziert auf imaginäre Personen, Leinwände und Kirchenmauern. Aus diesem Blickwinkel verschieben sich die Maßstäbe in fundamentaler Weise. Darum können sich Gläubige und Nichtgläubige im Kirchensinne niemals verstehen; Diskussionen sind zwecklos, bei aller Sympathie füreinander.

Denn wie sollen sie reden, diese unsere Projektionen, die Götterbilder an den Wänden, wenn es uns Menschen richtigerweise die Sprache verschlägt vor dem Grandiosen? Sie schweigen, weil wir zu schweigen haben zu unserem Besten. Wir sind stumm, nicht «Gott». «Gott» redet pausenlos. Durch das Unbewusste, durch das Korrektiv Seele mahnt er leise und unentwegt, wenn wir missachten, was in einer bestimmten Lebensepoche angesagt wäre.

Das ist die Frohe Botschaft: Man kann seine Stimme vernehmen, die uns großzügigerweise nicht einmal sagt, was wir zu tun haben, sondern, was wir besser nicht tun sollten. «Wer Ohren hat zu hören, der höre», heißt es bei Jesus (Matthäus 11:15). Wer den Pazifik überqueren will, der folge dem Kompass, sagen die Seefahrer.

Aber als Kehrseite dessen kann Beten auch als Disziplinierung eingesetzt werden – wozu das System der Beichte bestens funktioniert: Beten als Strafe für unkeusches Berühren, genannt Selbstbefriedigung: zehn Vaterunser oder Ave Maria («Gegrüßet seist du Maria, voll der Gnade»), damit es nicht mehr vorkomme ... Welch ein Unsinn: Der Beichtvater heftet an eine ohnehin problematische Botschaft an das eigene Unbewusste auch noch einen Selbststrafbefehl; Selbstbestrafung für einen Tatbestand, der für den Körper einen natürlichen Übergang zu einem gesunden Sexualverhalten darstellt und somit für einen Jugendlichen nur Zerrissenheit und Verwirrung zur Folge haben kann.

Wenn man seit einem Jahrhundert nicht vom Unbewussten wüsste und wenn die Theologie an den Universitäten nicht präsent sein wollte, könnte man es übersehen. Man darf es aber nicht zulassen, meine ich, dass Generation um Generation immer noch in ihrem Fühlen und Handeln auf diese Weise verkrüppelt werden. Es ist eine Beschneidung psychischer Art, die die Internationale der moralischen Empörung genauso geißeln sollte wie sie die körperliche Genitalbeschneidung verurteilt.

Auch der Prozess, den Exorzisten einen heiligen nennen und bei dem durch Banngebete imaginäre Heilige mit Kreuzen gegen Teufel und Dämonen hetzen, ist eine Methodes des Betens als Strafe. Zwar ließen sich die dem Exorzismus zugrunde liegenden Vorgänge mit dem Wissen eines Erstsemesters der Psychologie erklären – für einen Körpertherapeuten gehören sie zur täglichen Erfahrung –, aber der Vatikan hat kein Interesse daran, diese simplen Vorgänge so darzustellen, wie sie sind.

Es zeigt das simple Phänomen, dass etwas, an das man glaubt, Macht bekommt, wie absurd es auch sei. Den Teufel gibt es, wenn man ihn sich einbetet. Professor Ratzingers (der spätere Papst Benedikts XVI) Ziel war es, dreitausend neue Exorzisten auszubilden und in die Welt zu schicken, damit sie dem Teufel auf den Pelz rücken. mit ihnen sollen den Menschen Probleme ausgebetet werden, die sie nicht hätten, hätte man sie ihnen nicht vorher eingeredet.

Diese Priester sind restlos von ihrem Tun überzeugt; die nicht Eingeweihten hätten ja keine Ahnung vom Unwesen, das der leibhaftige Teufel mit uns treibe. Würden wir nur einmal an einer Austreibung teilnehmen, wären wir geheilt von unserer Ignoranz gegenüber den sieben Teufeln, die in und durch uns wirken. Ihr herablassendes mildes Lächeln gilt unserer Unwissenheit über all die vielen Dinge zwischen Himmel und Erde, die wir nicht einmal zu träumen wagten.

Sie sollten sich besser fragen, warum diese Phantasmen solche Macht über sie ergriffen hat. Aber daraus ziehen sie die Berechtigung, ins Leben von Psychotikern einzugreifen, nicht anders als es die Inquisitoren vor fünfhundert Jahren taten. Die Tatsache, dass die Psychologie längst zu einer Ersatzreligion geworden ist, sollte allerdings als Phänomen zu denken geben, wenn auch Psychologie die Religion weder ersetzen kann noch soll.

Wenigstens könnte sich ein jährlich von Tausenden von Fachleuten besuchter internationaler Kongress in Kalifornien zum Thema «Psychologie im Dienste des Menschen» einmal dazu aufraffen, ein fachliches Machtwort Richtung Vatikan abzuschicken, wenn doch diesem Berufsstand angeblich das psychische Wohl der Menschen am Herzen liegt.

Gehen wir also davon aus, das Unbewusste sei ein Riese, der seelisch und physiologisch alles erledigt, was im und um unseren Körper zu tun ist, damit wir am Leben bleiben und es uns gut geht. Darüber hinaus hat dieser Riese Kapazitäten, die auf einen Befehl warten wie das Pferd auf das Zeichen des Kutschers.

Damit sind wir zu einer zweiten Funktion beim Beten: Beten ist wie ein Befehl, damit die Kutsche ins Rollen komme, damit der Berg sich von selbst versetze, damit das Kind sein lange ersehntes Fahrrad bekomme oder wieder gesund werde. Leider wird den Betern nicht beigebracht, wie sie das Beten richtig anstellen, wenn sie es schon tun. Dieser im Grunde wohlmeinende, aber auch gleichgültige Riese in uns, das Unbewusste, versteht nämlich kein Nein. Was aber die meisten beten, ist ein Nein: Mach, dass dies oder jenes *nicht* geschieht. Und das hat unabsehbare Konsequenzen.

Wenn ich zu diesem unbewussten Riesen befehle: «Gehe nicht auf den Berg!», geht er schnurstracks hin. Wenn ich bete: «Heiliger Antonius, verschone mich vor Krankheit!», versteht er nur Krankheit. Es ist, als verstehe er überhaupt nur Hauptwörter. Das immerhin machen die positiven Programmierer der evangelikalen Sekten besser: Sie lassen nicht repetieren: «Verschone mich vor Armut!», sondern sie lassen repetieren: «Ich bin reich!»

Die angewandte Psychologie der Werbung weiß es bestens. Nach einer Plakatkampagne mit dem Slogan: «Rauche nicht!», rauchen hinterher nicht weniger, sondern mehr Menschen. Gut ist das nur, wenn man genau das möchte. Wie sehr ist die Tabakindustrie an einem Ja zum rauchfreien Leben interessiert, und wie viel verdient sie am altbekannten Nein? Wie profitieren die Kirchen vom Nein gegen das Böse? Aus dem Nein gegen das Böse wird ein Ja für die Kirche; es muss gar nicht explizit gesagt werden.

Ein großer Teil der Beter – insbesondere im Schauerkabinett des katholischen Märtyrertums und Schuldwesens – betet sich um Kopf und Kragen. Denn finstere Gedanken werden zu finsteren Räumen und umgekehrt. Die katholischen Betstätten sind vielmehr Totengrüfte mit Goldrändern, Ruß und Blechzauber fürs Volk, das angeblich nichts anderes versteht. Schuld und Sühne durchwehen die hallenden Gänge; es ist feucht, kalt und karg, sogar im Sommer. Kein Kind versteht, warum es da hinein sollte.

Warum wohl geben die Räume des Betens, die Kirchen, Dome und Klöster, beliebte Kulissen für Krimis und Schauergeschichten ab («‹Illuminati› von Ron Howard ist an Spannung nicht zu überbieten»)? Und warum hängt selbst in der modernsten und hellsten katholischen Kirche im Fokus aller Perspektiven ein gemarterter Mensch, als begegneten wir draußen im Alltag lauter gemarterten Menschen? Es ist schon egal, was man betet, es ist schon im vornherein eine Negierung des saftigen, fröhlichen Lebens – und das hat Folgen für Gesundheit und Aussehen. Wenn die Körpersprache recht hat, sind die Sünder auf dem besseren Weg.

Kirchen und Klöster als Horte des intensiven Betens waren zweifellos einmal das Neue, das Lichte und Erfrischende gewesen. In einfachen romanischen Kirchen und Kapellen in den Bergen ist dieser karge Geist der Demut vor dem Großen noch zu spüren, der Geist des Staunens vor dem Sternenhimmel und den greifbaren Wundern der Natur. Diese mitten in summenden und winters verschneiten Alpwiesen stehenden Kapellen sind mir das Liebste an katholischem Inventar. Geheimnisse müssen da nicht angeschrieben werden, sie liegen vor der Schwelle. Das und nichts anderes ist nach meinem Verständnis und Empfinden die Essenz des Religiösen, die keine Vermittlung und keine Massenmobilisierung braucht, im Gegenteil.

Diese Orte, namentlich die Klöster, waren Orte des Lebens und des Forschens, Horte der Bildung, der Medizin und Kunst und haben eben, wie es der Lauf der Welt will, ihre Funktion allmählich verloren. Forschung und Bildung wurden von den Verwaltern der klerikalen Gewissheiten in geheime Zirkel verdrängt – geheim aus naheliegenden, nicht etwa geheimnisvollen Gründen. Denn bald begannen die Glaubenden die Wissenden zu verfolgen, weil sie ihre Pfründe naturgemäß in Gefahr sahen. Kirchliche Institutionen wurden zu Horten der Inquisition, zu Bollwerken gegen den Zeitgeist, des freien Forschens und Erkennens. Allmählich erlosch das Licht. In dem Roman «Der Name der Rose» und in dem gleichnamigen Film ist diese Thematik großartig und spannend abgehandelt.

Beten ist ja durchaus nichts Falsches, wenn man es nur richtig angeht. Bei den bestehenden Strukturen, in denen die meisten Menschen beten, kann jedoch das Gebet nur fatal herauskommen. Wer aus Schuld heraus betet, schafft erst den Grund, sich schuldig zu fühlen. Aufgrund der eigenen (negativen) Erwartungen gibt es sich «von selbst» erfüllende Prophezeiungen (*self fullfilling prophecy*), und einige der am meisten beobachteten Phänomene finden sich in psychiatrischen Kliniken – es ist der Hauptmechanismus des katholischen Inventars.

Wir kreieren die Welt, in der wir morgen leben werden, wir und noch mehr unsere Kinder. Denn Beten kann nachweisbar und tatsächlich Berge versetzen. Wir kreieren unsere Welt im Kopf. Was wir denken und vielmehr noch uns *ein*beten, wird existent; das kann im Positiven wie im Negativen erfolgen. Solange wir beten – und erst noch gemeinsam beten –, lassen wir Götter entstehen. Darum ist es nicht egal, was man Kindern ins Gehirn pflanzt und was wir uns selbst ins Hirn setzen. Einbildendes Beten kann fatale und manifeste Konsequenzen nach sich ziehen.

Dass wir bittend und jammernd beten in der Not, ist nichts als verständlich. Der Spaß hört aber auf, wo de facto selbstschadendes Programmieren gelehrt wird. Es ist nicht harmlos, wenn intellektuelle Kirchenobere geradezu obsessiv auf sexuellen Themen herumreiten und angebliche sexuelle Abwege mit sinnlosen Schuld- und Sühnemechanismen verknüpfen, nur damit der Apparat Kirche erhalten bleibe. Wer mit dem Zeigefinger auf andere zeigt, hat meist drei Finger, die auf den einzelnen weisen. Wie entlarvend diese Verlogenheit ist, zeigen die bekannten Missbrauchsskandale der katholischen Kirche in Irland, den Vereinigten Staaten, Italien und Deutschland.

Am besten verzichtet man darauf, dem Unbewussten dreinzureden. Dankbar und liebevoll zu sein mit «Gottes» Kreatur, den eigenen Ahnen zu danken, den Kindern liebend Grenzen zu setzen – all das *ist* das stärkste Gebet. Gebet muss man, wenn schon, nicht reden, sondern *tun*.

Bereits sich vorzunehmen, den Menschen im persönlichen Umfeld gegenüber aufmerksam zu sein, ist ausreichend. Einen versöhnenden Monolog mit einem Verstorbenen halten, ist ausreichend. Sich zu nähren, wie es die gefrässigen Raupen tun, damit einst Flügel wachsen, den Versuchungen folgen, durch sie hindurchzugehen, daraus zu lernen und deinen Nächsten beizustehen, so gut es geht, ist ausreichend. Denn würde sich der überwiegende Teil des Unbewussten nicht weitgehend selbst davor schützen, eigenwillig programmiert zu werden, die Bittbeter sähen nicht nur bleich aus, sie wären längst tot.

Unserem Einmischen im Positiven wie im Negativen sind Grenzen gesetzt – leider nicht unüberwindbare. Wer seinen Eigensinn bis zur letzten Konsequenz durchsetzen will, wird aus dem Verkehr gezogen; es gibt Gelegenheiten genug, die Seele lässt sich Unfälle und Krankheiten nicht verbieten. Dem Unbewussten ist auch der Tod eine Option, es nimmt uns aber in den meisten Fällen vor uns selbst in Schutz. Das sind – nach außen projiziert – die berühmten Schutzengel.

Nichts ist aber so sehr zu raten, als dass man sich pro Tag eine Viertelstunde aus dem öffentlichen Infoterror herausnimmt, sich an einem stillen Ort hinsetzt und sich darauf besinnt, was jetzt wohl im gegebenen Alter und am aktuellen Ort als Erstes anstünde. Fahre ich erfolgreich in eine Sackgasse, oder sollte ich lieber wenden? Wenn einem die parkenden Autos alle von vorne anschauen, dann hat man wohl das Einbahnstraßenschild übersehen.

Wer beim Innehalten dialogisches Beten und kollektive Anflehung vermisst, sollte es in Zukunft einfach Meditieren, Nachdenken, auf die Seele hören oder wie auch immer nennen. Man habe Respekt vor der Macht des Unbewussten, es steht mit dem ganzen Universum im Bunde und fegt eitlen Eigensinn weg wie Fliegen vom Tisch. Ich bin verantwortlich für alles, was ich dem Riesen einflüstere, so wie er sich verantwortlich zeigt für mich, wenn ich auf ihn höre. Es ist nicht egal, was man da an Eindrücken und Absichten einwirft.

Wer für die eigenen Fehler das Unbewusste verantwortlich macht, hat etwas nicht verstanden («Ich handelte eben unbewusst»). Auch «Ich war betrunken» ist eine Ausrede. Denn bevor ich betrunken war, war ich nüchtern; bevor ich unbewusst war, war ich wach, also hätte ich die Folgen abschätzen können. Wenn ich mir ein Gewaltvideo nach dem anderen reinziehe – wen wundert's, wenn mein Unbewusstes gewaltsame Lösungen meiner Probleme in Betracht zieht? Und wenn ich mir leibfeindliche, unnatürliche Inhalte einbete, brauche ich mich nicht zu wundern, wenn ich schließlich anecke und darbe im reichen Fluss der Dinge.

Aber der Riese folgt freundlicherweise nicht nur ein Stück weit meinen Befehlen, er gibt auch automatisch auf mich acht. Er zeigt mir über den Kompass der Seele, was ich verfolgen soll, über den Appetit, was ich essen soll, durch Müdigkeit, wann ich ruhen soll, zeigt mir über sexuelles Verlangen, dass ich mir Befriedigung holen soll und zeigt mir über die natürliche Angst, was ich meiden soll.

Und es hat Zeit, das Unbewusste. Sie hat Zeit, meine Seeleninstanz, sie kennt keine Zeit, sie registriert nur das Kleinste auf meinem Lebensweg und gleicht es ab mit dem, was ich in meinem jeweiligen Alter sein und tun sollte. Die

Kompassnadel folgt der Gravitation, zeigt Raum nicht Zeit. Das ist der Ewigkeitsaspekt der Seele. Er ist schon dem griechischen Philosophen Platon (428/427–348/347 v. u. Z.)vor 2400 Jahren aufgefallen.

Die Seele führt nur gleichsam eine Checkliste, einen Laufzettel durch mein Leben, ein Menschenleben. Man kann lange über diese leise mahnende, wegweisende, vielmehr bremsende Stimme donnern wie ein Kampfjet über ein Schlachtfeld – allenfalls ein Leben lang – , aber am Ende kann es sein, dass man Tage, die Ewigkeiten sind, darüber nachdenken kann, was man alles eigentlich hätte anders machen wollen und müssen. Und man wird allenfalls keine Zeit mehr haben, etwas zu ändern. *Game over!* Auch Gebete werden es nicht mehr drehen können. Das ist das denkbar Schlimmste. «Schlimm lasten begangene Sünden,» weiß der «Mund» des dummen Volkes wieder besser, «aber schlimmer lastet ungelebtes Leben.»

Der Teufel, den ich hier einmal mehr an die Wand male, muss einem nicht begegnen. Sicher ist, diesen Teufel gibt es. Er hat keinen Bocksfuß und ist schon gar nicht leibhaftig, wie es die katholische Kirche will. Das ginge noch. Es ist die lebenslang aufgrund falscher Selbstprophezeiung (auch «Glaubenssätze» genannt) unterdrückte Stimme unserer Seele, die ihn auf den Plan ruft, wenn ich mich aufgrund Besserwissens lange genug vom Pfad des Natürlichen entferne.

Dieser Teufel erwartet uns nicht unter dem Boden, sondern in diesem Leben noch, dann, wenn man noch handeln möchte, aber nicht mehr kann. Es ist niemandem zu gönnen, ihm zu begegnen! Der Teufel des «nicht aufmerksam genug gelebten Lebens», wenn man es so nennen darf, macht einem die Hölle so heiß, bis man es vorzieht, die Hölle durch den Haupteingang wieder zu verlassen und ein bescheideneres, aufmerksameres Leben zu führen. Das ist der vornehme Job des Teufels. Man sollte ihm danken, statt ihn zu exorzieren.

Denn er hat unseren unnötigen Ballast verbrannt in seiner Unterwelt, den man nicht länger herumtragen sollte, es aber freiwillig nicht schaffte loszuwerden. Der Teufel steht nicht im Dienste Gottes – schon gar nicht ist er sein Widersacher –, der Teufel steht im Dienste unserer inneren Ordnung. In der Bibel wäre es bei Hiob (Hion 1–42) nachzulesen, womit sich der zeitlose Nutzen alter Schriften beweist. Die Spur dieser Erkenntnisse führt bis in die Gegenwart, und dort zu guten psychologischen Fachbüchern.

Religiöse Pädagogik aber kann nur verquer herauskommen, weil sie auf längst entlarvten Grundirrtümern beruht und Menschen in schmerzhafte Läuterungsprozesse hineintreibt, die gar nicht nötig wären. Die subtilen und handfesten Züchtigungsmechanismen brauchen wir heute nicht mehr, die Zeit der Geißler ist vorbei. Sie waren vor dem Hintergrund des Faustrechts und der brutalen Einforderung entfesselter Triebe vielleicht einmal das Beispielhafte: Nimm dich zusammen, wollten sie darstellen, man kann sich züchtigen, wir sind keine Tiere mehr. Disziplinere dein Handeln und Denken, wollten die Gebote sagen, anders ist ein Leben in Städten nicht denkbar, denn Städte sind kein Affenfelsen, auf dem jeder mit jeder und der Silberrücken mit allen herummacht. Die großen Norm gebenden Religionen sind nicht ohne Grund aufgekommen. Sie waren Spender einer normativen Ordnung des Zusammenlebens, und sie brauchten damals leuchtende Vorbilder: Mönche, Nonnen, Landpriester, die aber nicht nur beteten, sondern auch arbeiteten, die heilten, Horte des Vorbilds und der Bildung errichteten, die Klöster, in denen man vorlebte, was man sagte: Disziplin statt entfesselte Gier.

Beten könnte und kann etwas Schönes und Meditatives sein. Da ohnehin nie jemand am anderen Ende der Leitung war, spricht man also endlich einmal sich selbst an. Es ist geradezu eine zärtliche Handlung. Und hebt uns auch ohne Unterdrückung der Triebe Lichtjahre über das Tierische hinaus. Man nimmt sich für ein paar Momente aus dem ganzen – schon als normal empfundenen – Erregtheitszustand, den die Medien noch ständig befeuern, und begnügt sich einmal mit sich selbst. Wunderbar! Nur immer zu empfehlen: Sich bewusst sein, so oft es geht: «Wo Es war soll Ich werden!», auch wenn das nie so weit kommen wird. Es ist, wie wenn man an sich selbst ein Mail oder SMS schreibt, um etwas nicht zu vergessen. Mehrmals am Tag und leider viel zu wenig, führe ich bewusst solch kleine Dialoge mit mir selber. Es tut einfach gut.

Noch stärker wirkt Singen. Singen ist ein Gebet, das augenblicklich erfüllt wird. Der unbewusste Riese im Bauch, der stets auf Befehle wartet wie ein Maschinist auf die Stimme des Kapitäns, vernimmt vergnügtes Singen und weiß unmittelbar und ohne Worte: Der Mensch ist gut gelaunt, wir liegen offenbar richtig.

Musik wirkt wie eine ungemein starke Selbsthypnose, und Beten ist Selbsthypnose. Hypnose ist weder böse noch gut, sie ist nur eine direktere Methode eines Befehls an das Unbewusste, eine Befehlsweise, die ungeheuer wirkungsmächtig sein kann. Menschen unter Hypnose sind denn auch zu allem fähig. Denn in Hypnose geht ein Befehl an den seelischen Prüfmechanismen vorbei. Der Verstand ist wie ein komplizierter Chef, den man besser nicht informiert, soll etwas zügig vonstatten gehen. Böse ist nicht die Hypnose, böse sind die Machtmenschen, die sie missbrauchen. Und das ist die Kehrseite der Hypnose: die Möglichkeiten, die sie eröffnet. Der deutsche Diktator Adolf Hitler war ein hervorragender Hypnotiseur, es war das einzige, was er wirklich konnte. Er übte es vor dem Spiegel und ließ sich noch fotografieren dabei. Hypnose wirkt auf ganze Völker! Darum kann Beten Berge versetzen und Götter erschaffen.

Beim Singen aber kann nur wenig schief gehen. Singen drückt Dankbarkeit aus gegenüber dem Geschenk des Lebens. Singen lobt den Schöpfer. «Mein letztes Denken sei ein Danken», sagt der Volksmund auch. Die ersten Christen falteten auch nicht die Hände und schauten zu Boden, sie beteten mit ausgebreiteten Armen nach oben. Es gibt Historiker, die das Symbol des Kreuzes darauf zurückführen, nicht auf den Schädelberg Golgotha («Ort des Schädels»).

Ist Meditieren Beten? Wenn Beten das Programmieren oder Deprogrammieren des eigenen Unbewussten ist, zweifellos. Denn Meditieren signalisiert Ruhe nach innen. Also sorgt «Riese Unbewusst» für Ruhe. Er wirft die zeternden Gedanken vor die Tür und verschließt sie dahinter. Und nichts ist nötiger in dieser nervösen Zeit, als Ruhe ins Getriebe bringen. Es gibt nichts Würdigeres als ein Mensch in wacher, bewusster Versenkung. Ein Zen-Mönch in Meditation ist ein Schaubild menschlicher Größe. Tiere schlafen, Menschen meditieren.

Meditation ist das Gegenteil von Schlaf. Wachet auf!, ruft Jesus immer wieder. Und was wird er wohl in der Wüste anderes gemacht haben, als sich zu sammeln? Erweckung aus dumpfem, blinden Dahinvegetieren – von den Bedürfnissen anderer mehr bestimmt als von den eigenen, vollgestopft mit Informationen, die keiner wirklich braucht, abgelenkt durch ununterbrochenen Unterhaltungslärm ...

Meditation meint aber nicht Konzentration, obwohl wir uns hinterher besser konzentrieren können. Konzentration ist die abhängige Variable von Meditation. Mit Meditation, bloß als Konzentration verstanden, haben wir gemeinhin keine Mühe, denn es lässt sich ein Ziel ausmachen, und unser Hirn liebt Ziele bis zum mentalen Kollaps. Es gibt Meditation für Manager, auf dass sie die Märkte umso effektiver aufmischen und für noch mehr Stress sorgen, damit Stress als Surrogat für Sinn nicht ab-, sondern noch zunehme. Auch *power nap* ist hier nicht gemeint. Richtig verstandene Meditation ist nicht zweckorientiert. Ihre Botschaft an unser Unbewusstes heißt: Erinnere dich, du bist ein Teil des Ganzen und Großen und darfst daher ruhig sein. Es ist schon gut, wie es ist, auch wenn du den Sinn des Ganzen nicht erkennst.

Meditation ist einfach da, wie das Universum einfach da ist, nicht mehr und nicht weniger. Sinnsuche entspringt der menschlichen Unruhe vor dem Tod. Tod aber ist schon physikalisch eine Lüge. Der Tod ist nicht das Ende, weil der Anfang nicht der Anfang war. Es gibt nur Transformation. Vor meinem Leben war nicht nichts, nach meinem Leben wird nicht nichts sein, aus diesem Meer kommen wir, und in dieses Meer münden wir wieder, wenigstens wenn wir meditieren, soll es gelten und vielleicht etwas in den Alltag abfärben.

Meditation ist eine Rückbesinnung auf das Eigentliche. Um zu meditieren, braucht man sich jedoch nicht einmal niederzusetzen. Ein berühmtes Meditationsbuch des Amerikaners Robert M. Pirsig heißt: «Zen oder die Kunst ein Motorrad zu warten» (worauf sich die Fans dieses Buches Motorräder kauften …). Sich jeder Geste bewusst zu werden, die der Pflege eines Gerätes dient, ist schon Meditation, bewusst gehen, essen, liebevoll mit Pflanzen und Tieren umgehen, ein Baby wickeln, Kochen, vor allem Putzen –

schlicht etwas bewusst tun statt aus einem Automatismus heraus, das ist Meditation, das ist Beten.

Sich bewusst werden, achtsam werden, ist beten. Und bewusst sein ist der unmittelbare Lohn des Betens. Kann man bewusst Menschenverachtendes tun? Kann, wer wirklich achtsam ist, anderen Menschen Schmerzen zufügen, sie hintergehen, «abzocken»? Ein achtsamer Mensch braucht sich nicht einmal an den wichtigsten Satz menschlichen Verhaltens zu erinnern: «Was du nicht willst, das man dir tu', das füg' auch keinem andern zu.» Die Engländer nennen das Prinzip treffend *The Golden Rule*. Ein achtsamer Mensch spürt intuitiv, dass er selbst der erste Andere wäre. Jesus' Selbstliebe-Gebot fasst es noch kürzer zusammen. So lange es Menschen gibt, wird diese Formel stets alles Wesentliche auf den Punkt bringen.

Bezeichnend und offenbar wenig auffallend ist, dass Jesus vom Beten geradezu abrät. Gott wisse ohnehin, was wir bräuchten, sagt er ausdrücklich, und wenn wir das Beten schon nicht lassen könnten, dann sollten wir uns auf ein paar Sätze beschränken. Und er gibt auch vor welche, damit wir keine weiteren Dummheiten machen. Aber das wichtigste sei: Liebe deinen Nächsten wie dich selbst. Warum nur fangen so viele Leute der Kirchen mit dem Anderen an, mit der Anrufung von mittlerweile 5200 Heiligen und nicht mit dem Lieben bei sich selbst? Wenn schon beten, dann sollte man Kinder darauf aufmerksam machen, was sie da zu tun im Begriffe sind. Denn, wie gesagt, beten ist nicht harmlos, es setzt den inneren Riesen in Marsch. Für oder gegen sie. Für oder gegen die Gesellschaft. Für die einen und gegen die andern. Was wollen sie damit, wovon profitieren sie, jene, die immer noch fatalistisches, bettelndes, sogar selbststrafendes in sich Hineinsprechen lehren?

Ich möchte nicht wissen, was unser Schöpfer denkt (sollte es ihn geben), wenn er die kraftlosen schleppenden Gesänge der Kirchgänger hört, das dünne Stimmchen des Priesters, das ewige Jammern der Gläubigen oder die verkrampft künstlichen Lobeshymnen vieler evangelischer Sekten. Ich wette, er leiht sein müdes, sonntägliches Ohr lieber den Straßenmusikanten oder den schwarzen Kirchen und den Südamerikanern. Oder er geht bei den Zenbuddhisten vorbei und setzt sich da zum Abschalten unerkannt eine Weile in eine Reihe schweigender Mönche und erholt sich von der Hölle, die ihm seine Gläubigen bereiten. Ab und zu, da bin ich sicher, geht er – Ersatzreligion hin oder her – in einen Wellnesstempel und lässt sich massieren. Oder er schaut sich den Film «Blues Brothers» zum x-ten Mal an oder «Sister Act» und rückt schon einen Stuhl neben sich, damit Whoopy Goldberg neben ihm sitze, wenn sie Petrus dereinst heraufholt. Spaß muss sein bei der Beerdigung, die sich diese Christen selber bereiten, wird er denken, mein Wille ist es nicht!

Wenn nicht sogar das ganze Universum als Spiel zum Spaß der Götter erschaffen wurde, wie es die Griechen sahen: Zeus, Poseidon, Hera, Demeter, Apollon, Artemis, Athene, Ares, Aphrodite, Hermes, Hephaistos und Hestia sitzen im griechischen Götterhaus, im Olymp, und schauen auf die Erde, und manchmal mischen sie sich auch in die Sache der Menschen ein.

Stellen wir uns das doch plastisch vor: Vielleicht sitzen sie auf Klappstühlen und kugeln sich über den Unsinn, den sich Menschen ausdenken. Manchmal schicken sie einen frischen Spieler hinunter, der etwas Aufruhr veranstalten soll, damit der Match nicht einschlafe, mal Hermes, mal Gabriel, mal Jesus – mit oder ohne Flügel. Und manchmal, wenn Zeus, den obersten Herrn, trotz seines astronomischen Alters die

Lust in den Lenden plagt, begibt er sich selbst heimlich hinunter, um in Gestalt eines Schwans eine Jungfrau zu beglücken. So ungefähr sahen das die Griechen: Das Leben ein Spiel, ein Drama, damit man lerne.

Ist es etwas anderes, wenn wir Menschen Ameisenhaufen untersuchen oder uns Tiere halten im Zoo? Um Pfingsten, wenn die Schnecken über meinen Garten herfallen, werfe ich sie über den Zaun ins Gras, mitsamt ihren Häusern. Dort kriechen sie unbeschadet weiter. «Ein Wunder!», sagt die eine Schnecke zu einer andern, wenn sie sanft im hohen Gras gelandet ist, «du glaubst es vielleicht nicht, aber ich wurde von Außerirdischen zu einem Flug eingeladen ...»

Rituale des Opferns

Mit der menschlichen Denk- und Kommunikationsfähigkeit, der Technik, der verfeinerten Nahrung, dem allmählichen Entstehen von Städten, mit all den allmählichen Emanzipationsfortschritten wurden stets neue Gottesbilder in den Himmel projiziert und damit änderten sich auch die Opferrituale. Modernere Götter hatten wohl auch moderatere Bedürfnisse, dachte man. Statt Menschen sollten jetzt Tiere als Opfergabe genügen.

Abraham, auf den sich heute drei Religionen berufen, verweigert Gott sein Teuerstes, seinen Sohn, einen Menschen! Eine ungeheure Frechheit und ein gewaltiger Fortschritt! Der Mensch wurde selbstbewusster. Die «Agronomen» und «Techniker» hatten den Boden bereitet. Ungefähr zur selben Zeit, im sechsten Jahrhundert vor Christus, erklärte Buddha

Siddhartha Gautama in Indien opfern für sinnlos. Man wollte jetzt verhandeln, statt nur geduckt erleiden. Man wollte jetzt Zivilisation, nicht länger Kannibalismus. Es ist den Schreibern des Alten Testamentes hoch anzurechnen, dass sie es – nach meinem Verständnis – klar bebilderten.

Noah verlangt von Gott sogar einen verbindlichen Vertrag. Durch den Regenbogen solle Gott gefälligst öffentlich zeigen, dass er das Kleingedruckte gelesen habe (Gen 9,8–17). Die archaischen Gesellschaften hatten jetzt technische Möglichkeiten, Überschwemmungen und Dürren zu begegnen. Hausbote mitsamt Tieren hoben und senkten sich mit den Wasserständen, ohne Menschenleben zu kosten. Kanalsysteme leiteten Wasser in die Felder und garantierten Überschüsse. Die Geometrie ermöglichte das exakte Markieren der Felder nach jeder Schlammflut des Nils. Aber Hallo! Die Götter sollten sich also gefälligst benehmen!

Dieser Sprung vollzog sich im Nahen Osten von ungefähr 3000 bis 500 vor der Zeitwende. Die Rückdatierung verliert sich irgendwann im Dunkel der Geschichte und ist auch – die Bibel symbolisch, nicht wörtlich verstanden – von geringer Bedeutung. Da und dort gab es vor 8000 Jahren schon stadtähnliche Siedlungen mit Schutzmauern und Türmen.

Das Neue Testament spricht eine ganz andere Sprache. Es lässt bereits psychologische Feinheiten erkennen, die ich für ganz außergewöhnlich halte in jener Zeit an jenem Ort. Palästina war ja ein *No Place* und vielmehr eine Heeresstraße, Jerusalem ein Provinznest, in das römische Statthalter eher strafversetzt als hinbefördert wurden. Es ist, als wäre dieses Neue von einer anderen Welt gekommen.

Und ausgeschlossen ist es nicht: Vieles begann in Indien, das damals seit langem eine mit nichts zu vergleichene Hochkultur war. Wo Seide hinfindet, finden auch Schriften hin, wenn man bedenkt, dass unsere Stammfamilien in Afrika vor 80 000 Jahren schon über Hunderte von Kilometern Handel trieben, wie Archäologen wissen wollen.

Opfern – etwas opfern vielmehr – ist ein zeitloses Thema. Aber die Form von Ritualen und die Haltung zu Ritualen ist stets vom Zeitgeist abhängig. Vor Abraham war mit Opfern gemeint, Menschenblut könne die unberechenbaren Götter am besten geneigt machen. Die Geschichte mit Abraham wollte den Stämmen sagen: Tierblut genügt, wir wollen keine Tiergötter mehr, unser Gott soll jetzt ein Mensch sein, vielmehr opfern wir jetzt unsere goldenen Kälber. Moses verbot den Tierkult sogar mit Androhung der Todesstrafe.

Heute könnte man jedoch meinen, die Inhalte religiöser Rituale seien für die Ewigkeit festgeschrieben. Der Vatikan insbesondere denkt anmaßend und erklärtermaßen in Jahrhunderten, die katholischen Rituale sind seit dem Mittelalter praktisch unverändert geblieben, sie tradieren mittelalterliches, ja antikes Denken, am liebsten in alle Ewigkeit. Trotz einer sich rasant verändernden Welt, trotz wachsendem globalen Heimatverständnis, will sich diese Kirche bloß in Millimeterschritten anpassen, oft Hunderte Jahre nach eindeutig gewonnenen Erkenntnissen. Die von Galilei 1610 entdeckten Jupitermonde (siehe auch Seite 46) dürfen sich seit 1992 ohne schlechtes Gewissen und mit dem Segen der Kirche um ihren Mutterplaneten drehen.

Der Limbus, die Vorhölle für ungetaufte Kinder, an dem die Kirche in ihrem Lehrgebäude immerhin 1600 Jahre festgehalten hatte, wurde 2007 weitgehend, aber nicht ganz abgeschafft, weil nun wirklich keinem katholischen Paar mehr weisgemacht werden konnte, dass unschuldige Kinder in einer Hölle auf den Tag der Erlösung warten sollten. Interessanterweise kennen Päpste die Ablaufdaten ihrer eigenen Erfindungen aufs Jahr genau. Wer das bis heute zu glauben abverlangte katholische Höllensystem mit seinen Über-, Neben- und Unterhöllen studiert, kann wirklich nur noch den Kopf schütteln.

Auch das Ritual des Exorzismus, das in Deutschland unlängst wieder den Tod eines angeblich besessenen Teenagers zur Folge hatte, wird in katholischen Seminaren munter weitergelehrt. Zu seiner Inauguration hatte Benedikt XVI, wie gesagt, vierhundert Exorzisten aus aller Welt eingeladen. Würden diese Experten auch mal über den Rand ihrer Glaubensüberzeugungen schauen (was sie geflissentlich vermeiden), sähen sie, dass die spektakulären Phänomene des Exorzismus (Reden mit veränderter Stimme, unverständliches Reden, Ausbrüche aller Art, Gefühl der Befreiung hinterher usw.) bei Atem- und Körpertherapeuten längst bekannt sind und mit Traumata und Neurosen zu tun haben, aber ganz sicher nicht mit Teufel und Dämonen. Nicht nur beim Exorzismus, sondern durch viele Rituale werden hochenergetische Zustände erzeugt, die unbewusste Inhalte aufscheinen oder innere Dämme brechen lassen. Rituale sind Stunden der Wahrheit, und mit der vollen Wahrheit kann niemand leben. Es liegt in der Verantwortung des Ritualleiters und der Umstehenden, damit maßvoll umzugehen. Abraham ist Gott in den Arm gefallen, nicht umgekehrt, als er in Trance sein Messer zückte, um seinen Sohn Isaak zu opfern (Gen 11,27–25,10). Im dritten Jahrtausend nun ist es an uns, Rituale auch verstehen zu wollen, die wir vollziehen.

Andere Religionen sind auch nicht beweglicher, ja, sie gehen aus Verzweiflung, vom weltweiten Wertewandel abgehängt zu werden, vorerst einmal noch in der Zeit zurück (siehe Islamischer Staat). Die Steinigung einer jungen Frau in einem durch den Islam geprägten Land, bis zum Kopf in

Erde eingegraben und mit Steinen beworfen, wurde sogar ins Internet gestellt. Oder man stelle sich vor: Steinigung wegen eines Kusses in der Öffentlichkeit oder einer angeblich gleichgeschlechtlichen Veranlagung, wie ebenfalls im Iran geschehen. Öffentliches Aufhängen Jugendlicher an Baukränen in der Innenstadt Teherans wegen angeblichen Sexualkontakts, vorgeführt im Abendprogramm des Fernsehens. Warum sind wir so nachsichtig mit den doch verantwortlichen Vordenkern solcher Gräuel der alten Religionen, mit ihrem angeblich würdigen Gehabe und ihren Bärten? Warum fallen diese Würdenträger ihren jungen Heißspornen im Dienste der Gewissheit nicht in den Arm, wie ihr Gott es tat? Wie können sie im Jahre 2015 Kreuzigungen noch zulassen, wie kürzlich im Nahen Osten geschehen?

Der Buddhismus ist in seinen Stammlanden in Indien fast verschwunden und geht inzwischen im Westen in einer «Light-Version» eine Verbindung mit der Esoterik ein. Indien ist weitgehend auf Tiergötter zurückgefallen und kennt auf dem Land weiterhin das Kastenwesen mit Zwangsverheiratungen und Witwenverbrennungen.

Viele Länder Afrikas sind den Evangelikalen in die Fänge geraten, die den Armen – nicht anders als die Scientologen – im Schneeballprinzip innerkirchliche Karrieren anbieten. Daneben lähmt der Schamanismus flächendeckend jegliche Entwicklung. Einige Experten halten ihn sogar für den Hauptgrund der Rückständigkeit dieses Kontinents.

So sieht es aus im Zeitalter des Internets und des entschlüsselten Gencodes des Homo sapiens.

Opfern als Ballast abwerfen – so verstanden, nicht Beschwörung, kann es ein wichtiges Ritual sein, und Rituale kommen ohne Religionen aus, Religionen jedoch nicht ohne Rituale. Rituale begleiten uns durchs Leben und den Alltag, selbst wenn wir nicht wollten. Sie sind in schlechten Zeiten und extremem Leid neben der animalischen Robustheit des Einzelnen noch das einzige, das trägt und den Tag strukturiert.

Daher geht Trauer wohlweislich mit einer ganzen Reihe Rituale einher. Wer Depression erfahren hat, kann bestätigen, dass Glaube sich mit der Hoffnung verflüchtigt wie Wasser aus dem heißen Topf. Die banalsten Rituale jedoch – oder sage man auch nur Gewohnheiten – retten einen durch die Verwandlungen dieser seltsamen Verpuppung hindurch. Wenn wir etwas mitnehmen sollten im Zusammenhang der Religionen, dann sind es die Formen ihrer Rituale (Taufe, Initiationen, Partnerverträge, Begräbnis) – die Formen wohlverstanden, und dann füllen wir sie mit unseren zeitgemässen Inhalten.

Wir könnten uns an Abraham ein Beispiel nehmen.

Was ist mit Barmherzigkeit?

Ich habe rund dreißig Jahre in der einen oder anderen Weise als Sozialarbeiter, Lehrer in einem Kinderkrankenhaus und Therapeut gearbeitet und behaupte rückblickend pauschal: Die Hälfte dessen, was wir als Hilfe bezeichnen, bedeutet vielmehr Schaden als Unterstützung.

Unter den Schwächeren ist der Schwache König, heißt es auch. Übers Helfen ist es am einfachsten, an das Eingemachte des anderen zu kommen, man beobachte sich selbst. Altruistisches Helfen gibt es nicht, wir haben immer ein Motiv, wenn wir anderen unter die Arme greifen. Warum auch nicht? Helfe ich dir heute, so hilfst du mir morgen.

Sehen möglichst viele zu, wie ich helfe, steigt mein Status in der Gesellschaft. Tue Gutes und sprich darüber, weiß der Volksmund. Wenn einer beim Helfen ein besonderes Kleid trägt, muss er nicht einmal darüber sprechen; das Bild spricht von alleine.

Da wir Gemeinschaftswesen sind, sollen wir einander helfen und tun es auch – gerade, weil wir alle rechnen. Gut und recht. Aber man kann es einem anderen Menschen aus einem Zuviel an eigennützigen Motiven auch vermasseln, durch ein weiteres Nadelöhr seiner Entwicklung zu passen – ein unterschätztes Delikt vor der eigenen Entwicklung, die sich gleichermaßen nicht fortsetzt. Denn sich vorwiegend mit Geschwächten abzugeben, statt sich an Stärkeren zu messen, wird über die Jahre seine Konsequenzen haben. «Arme und Kranke» sind letztlich ein geistiges Minenfeld.

Denn wirklich helfen ist eine hohe Kunst, der Chirurgie vergleichbar, die mit einem Minimum an Eingriff und einem Maximum an Präzision arbeitet. Wir könnten von diesen Meistern lernen, wenn nicht auch sie am liebsten scannen und operieren, wo sie nur können, was ehrliche Mitglieder ihrer sonst segensreichen Zunft bereits selbst beanstanden.

«Was mich nicht umbringt, macht mich stark», weiß der Volksmund auch. Gerne zitieren es natürlich Leute, die über Leistung alles definieren und nicht glauben können, dass man auch liebenswert sein kann, wenn man nicht leistet. «Wer nicht arbeitet soll auch nicht essen», wie es eine verflossene englische Premierministerin formulierte, die man «Eiserne Lady» nannte, ist hier bestimmt nicht gemeint.

Nicht zu helfen meint hier ganz und gar nicht, kalt neben dem Leiden eines anderen Menschen zu stehen, sondern ihm mit Respekt zuzumuten, eine nicht lebensbedrohliche Situation allein zu regeln und etwas zu lernen dabei. Jemandem «beistehen», heißt es zutreffend, denn mehr als neben jemandem zu stehen, kann man nicht. Wir meinen aber in eingestanden oder uneingestanden christlichen Sinne «zuspringen», kaum dass der Andere drei Tage nicht weiter weiß. Dabei schlummern in der Desorientierung vor den Mitteln der eigenen «Hausapotheke» die größten Chancen zur heilenden Veränderung.

Wir müssen akzeptieren, dass wir nun einmal nicht viel füreinander tun können. Der eine Baum kann dem andern grundsätzlich nicht beim Wachsen helfen. Was sich viele Helfer zumuten, sollte man schon vielmehr Übergriff nennen. Das Gegenteil von Gut sei nicht Böse, sondern gut gemeint, brachte es ein Denker auf den Punkt.

Das reflexartige Helfen, ohne sich überhaupt zu fragen, ob man energetisch dazu überhaupt zur Hilfe in der Lage ist und dem schon Schwachen vielmehr nicht noch Energie entzieht, ist außerhalb des christlichen Einflusses in der Welt nicht zu beobachten. Wir Christen nennen es stolz Barmherzigkeit und können uns Religion ohne dieses milde Niederbeugen gar nicht mehr vorstellen. Barmherzigkeit üben, ist es auch, dass christliche Gläubige von früh bis spät glauben, etwas tun zu müssen; es ist diese mildsüße Haltung, die den innigen Christen gegenüber seinem Nächsten und Fernsten am deutlichsten bezeichnet. Da Christen nicht bessere Menschen sind als Menschen anderen Glaubens, sollte man sich weniger fragen, ob unter der Tarnkappe des barmherzigen Helfens nicht noch andere Motive stecken, sondern welche. Denn Barmherzigkeit, das zeigt der erste kritische Blick in unser eigenes Innere, überfordert unsere Menschenart gewaltig. Wer dauernd meint, milde sein zu müssen, landet zwangsläufig im Feld der Heuchelei.

Man musste nicht erst auf die Missbrauchsskandale der

letzten Zeit warten, um das festzustellen. Es ist schon immer aufgefallen, wenn man den Kanon der als Ketzerei abgetanen Kirchenkritik früherer Zeiten betrachtet. Nicht zuletzt ist die Reformation daraus hervorgegangen, dass die Kluft zwischen Anspruch und Wirklichkeit im damals herrschenden Klerus nicht länger zu ertragen war. Die barmherzige Kirche der Armen war zu einem maßlos korrupten System der Nimmersatten verkommen, der barmherzige Mönch ein Dieb, der barmherzige Kirchenvater ein Päderast und hemmungsloser Schürzenjäger im Namen des Herrn. Der Vatikan und die Engelsburg, der Schutzort der Päpste, waren zur Zeit der Renaissance ein einziges Bordell. Der Borgia-Papst Alexander VI. (1431–1503) ging als einer der übelsten Päpste in die Geschichte ein. Machtgerangel und Morde in den heiligsten Hallen waren an der Tagesordnung. Noch immer gibt es da Kunstwerke, die nur mit Sonderbewilligung betrachtet werden dürfen, weil sie unverhohlen «zu sündig» sind. Erst die durch spanische Seeleute aus Amerika eingeschleppte Syphilis, die sich von Neapel aus rasend ausbreitete, machte dem wilden Treiben ein Ende.

Die Gegenreformation mit ihrer schrecklichen Inquisition zog im letzten Moment die Fingerschraube an. Statt Orgien gab es jetzt Folter und Gemetzel, was noch schlimmer war. Rückblickend gingen die Orgienpäpste nicht einmal als die Schlimmsten in die Geschichte ein.

Der junge Luther war jedenfalls maßlos schockiert und enttäuscht bei seinem Besuch im Rom, er habe nur «stinkend Ass» vorgefunden berichte er nach seinem Besuch der heiligen Stätten der Christenheit. Er sah im maßlosen Gebaren der Päpste sogar den Antichristen am Werk. Schon vor den Jesuiten versuchten Bettelorden den Missbräuchen im Namen des Guten Gegensteuer zu geben, bis sie selber in Misskredit gerieten. Über den Heiligenschein, die eine Mönchskutte oder eine Bischofsmütze weit sichtbar umgibt, an das Eingemachte der Bauern und Handwerker zu kommen, war einfach zu verführerisch, die allgemeine Not zu schrecklich, als dass man nicht in Versuchung geriet, einen eigenen Vorteil daraus zu schlagen.

Dass Klöster und Wandermönche wohl überwiegend Gutes und Not Linderndes in die brutale Wirklichkeit mittelalterlicher Zustände brachten, sei gleichzeitig unbestritten. Auch heute ist christliche Nächstenhilfe für viele nicht wegzudenken. Man sehe sich nur vor im Feld der Armen und Schwachen, dass man nicht «Schaden nehme an seiner Seele».

Trotz alledem darf gefragt werden, ob Nächstenhilfe nicht besser ohne religiöses Motiv auskäme, wie schließlich die staatlichen Institutionen beweisen, die die reine Professionalität des Helfens fördern und betonen. Helfen denn Menschen in anderen Kulturkreisen einander weniger, bei denen Helfen nicht unbedingt mit Religion verbunden wird?

Natürlich bin ich auch schockiert, wie in Ländern mit anderem religiösen und kulturellen Hintergrund (Indien) Menschen scheinbar gleichgültig an verelendeten Menschen vorbeigehen können. Aber dieser scheinbaren Gleichgültigkeit sollte gegenübergestellt werden, dass Helfen in unserem christlichen Westen ein knallhart umkämpftes Milliardengeschäft geworden ist, das ganze Industrien und Bürokratien am Laufen hält, die in zynischer Weise damit rechnen und mit gezielter Beeinflussung von Studien darauf hinwirken, dass sich Menschen Not und Krankheiten einfallen oder einreden lassen, um der Härte im täglichen Kampf ums Überleben zu entgehen.

Am offensichtlichsten zeigt sich dieser verlogene Mechanismus vor Weihnachten, dem christlichen Fest der Liebe, wenn die Briefkästen vor lauter Hilfsappellen überquellen und gleichzeitig die neuen Versicherungstarife eintreffen, die in meinem Fall auf wunderbare Weise noch nie gesunken sind ...

Früher galt: «Friss oder stirb» und «Eine Hand wäscht die andere». Man half einem anderen Menschen so weit, wie man ihn brauchte, um selber zu überleben. Helfen hieß Stammessolidarität. Hatte einer der Gemeinschaft nichts mehr zu geben, wurde er zurückgelassen oder er zog sich selbst aus dem Verkehr. Er «legte den Löffel weg», wie es heißt, denn mehr zu nehmen als zur Sippe beizutragen, wurde als Schande begriffen. Ich war selber dabei, als mein Vater – Vorstand unserer über fünfhundert Jahre alten Bauernsippe – im wahrsten Sinne und erklärtermaßen den Löffel weglegte. Drei Tage lang verweigerte er jegliche Nahrung – und es hätte ihm keiner barmherzig kommen müssen – dann war er tot. Sein Arzt, ein Landarzt alter Schule, verhinderte es nicht. Er wusste offenbar, was echte Barmherzigkeit heißt. Ganze Völker wissen es noch, darum reden sie nicht davon. Mein Vater gehörte noch zu einer Generation, die keine obligatorische Krankenkasse kannte.

Zu Jesu Zeiten war jede Hand und jede gebärfähige Frau von Nöten, wollte ein nomadischer Stamm überleben. Menschliches Leben, das über die enorme Kindersterblichkeit hinauskam, war kostbar, und erst recht kostbar in den Urzeiten, als die Menschheit periodisch vor dem Aussterben stand. Einmal nach einer besonders argen Eiszeit gab es wahrscheinlich nicht mehr noch als sechzigtausend Menschen auf dem Planeten Erde. Nach heutigen Massstäben hätte man, wie gesagt, von einer vom Aussterben bedrohten Spezies gesprochen. Nur Fruchtbarkeit konnte den enormen Verlust menschlichen Lebens ausgleichen. Also musste man zusammenstehen. Die schwangere Frau musste umsorgt und beschützt werden, die Säuglinge mussten genährt werden, auch von anderen Frauen (was bei Tieren kaum zu beobachten ist). Dem verletzten Jäger oder Krieger musste aufgeholfen werden, aus eigenem Interesse. Konkurrenz durfte gelten, soweit es um Stammesgebiete oder das Balzverhalten ging, aber Kooperation war wichtiger, sie musste selbstzerstörerische Tendenzen bremsen. Kooperative Zuwendung galt jedoch nur innerhalb des engsten inneren Kreises. Trug einer, ein einsamer Jäger oder Reisender, das falsche Stammeszeichen, wurde er umgehend getötet oder zumindest ausgeraubt. Zum Verständnis des Alten Testamentes und für das, was davon immer noch in uns steckt, ist es erhellend, dies in Rechnung zu stellen.

Jesus Aufruf zu allgemeiner Nächstenhilfe ungeachtet des Stammes und der Herkunft war vor diesem Hintergrund und in jener Zeit schon etwas Ungeheuerliches, Revolutionäres. Man soll sogar seine Feinde lieben und für sie beten, ja seine andere Backe auch noch hinhalten, damit die sinnlos dezimierende Blutrache ein Ende habe! War der noch bei Sinnen?! Es ist eine andere Frage, ob uns dieser Anspruch im Alltag nicht immer noch heillos überfordert, aber es ist kaum zu fassen, was diesem Jesus an mitfühlenden, intelligenten Aussagen zugeschrieben wird, in einer Zeit, als das Leben von einer Härte war, die wir uns heute gar nicht mehr vorstellen können.

Nun aber, aufgrund «technischen Fortschritts», entstanden Städte, man wollte Handel treiben. Es ging nicht mehr an, jeden schwächeren Reisenden gleich umzubringen oder auszurauben, nur weil er nicht zum eigenen Stamm gehörte. Durchaus im eigenen Interesse musste der Solidaritätsgedanke ausgeweitet werden. Auch Andersfarbige und sogar Andersdenkende sollten geschützt werden, denn morgen schon sah man sich selber in der Rolle des Reisenden und Handelnden in fremden Landen. Und war der Fremde schwächer, hieß das ja nicht, dass er nicht auch als Kunde in Betracht zu ziehen war. Die Parabel vom Barmherzigen Samariter sollte als Beispiel für diese neue Haltung dienen. Helfender und Bedürftiger treffen sich in Jesus' Beispiel bezeichnenderweise unterwegs, wahrscheinlich auf einer Handelsroute, offenbar an einer einsamen Stelle, wo der Stärkere den bereits ausgeraubten Schwächeren mühelos hätte noch ganz erledigen können.

Kurzum, eine neue Zeit mit neuen gesellschaftlichen Möglichkeiten brauchte zeitgemäße Gleichnisse und einen Helden, mit dem man sich identifizieren konnte. Und die Zeichen der Zeit zeigten auf einen der vielen Wanderprediger auf den Handelsrouten Palästinas – wäre es nicht Jesus, dann wäre es ein anderer gewesen. Christus hat nicht das Christentum erfunden, sondern das Christentum hat Christus erfunden, vielmehr aus einem jüdischen Rabbiner einen Christen gemacht. Nicht anders wie bei technischen Erfindungen und den Entdeckungen ist es auch bei den Ideen nicht so, dass sie nur einem einzigen zugeschrieben werden können. Der Zeitgeist bringt stets mehrere Erfinder oder Entdecker hervor, aber einer ist schneller als die anderen, die Entdeckung öffentlich zu machen. Zur gleichen Zeit als Galilei in aller Eile die Jupitermonde beschrieb, entdeckte und beschrieb sie auch der Astronom Thomas Harriot (1560–1621) in England.

Die Zeit war reif für Jesus und seine barmherzige Botschaft. Heute zwingen uns die Umstände zu einem weiteren Schritt. Es gibt Historiker, die einen Rhythmus der Umbrüche ausmachen, mit immer kürzerer Kadenz. Was früher ein Jahrhundert dauerte, wird heute in einem Jahrzehnt vollzogen. Man kann nach der Zeitwende im Jahre Null die Reformation um die fünfzehnte und die Revolution um die achtzehnte Jahrhundertwende «beschleunigte Übergänge» nennen, die neue Botschaften hervorbrachten. Genauso wie die Geburt, die Pubertät, das Klimakterium und das Sterben markante Übergänge sind, so sind es im Großen die gesellschaftlichen Umbrüche. Zweifellos befinden wir uns heute in einem neuerlichen Umbruch, der die anachronistischen Teile unserer kulturellen Überlieferung wegbrechen lässt. Was die christliche Religion betrifft, so werden die noch mitgenommenen Elemente des Mittelalters und der Renaissance wohl endgültig in den Geschichtsbüchern der Historie verschwinden, auch wenn dieser eingeläutete Abbauprozess noch lange dauern kann. Sicher ist: Wenn die katholische Kirche hustet, ist auch die protestantische erkältet.

Barmherzigkeit wird nicht mehr genügen, um sozialen Frieden in der Welt aufrechtzuerhalten. Hilfe aus spontanem, freiem Ermessen oder aufgrund berechnender Spekulation auf einen guten Platz im Himmel tut es nicht mehr. «Katholisches Helfen», katholische Spitäler und Heime aus Erbarmen von Nonnen für Gotteslohn betrieben, wird es allein schon aufgrund mangelnden Nachwuchses nicht mehr lange geben. Die Umstände sprechen eine deutliche Sprache. Sie erzwingen ein neues Modell, ob wir wollen oder nicht.

Helfen wird wohl nun allein auf Einsicht, nicht Glauben, Benefiz und christlichem Gutmeinen beruhen müssen – zum Beispiel der Einsicht, dass ein Seuchenherd in einem fernen Kontinent innerhalb weniger Tage die ganze Menschheit an den Rand des Abgrunds bringen kann und darum international und ohne jegliche ideologische Begründung für oder dagegen sofort vorgegangen werden muss.

Wir müssen wohl lernen, aus anderen Gründen zu helfen, als es der spontane Barmherzige Samariter damals tat. Die nationalen Sozialwerke gehen bereits in diese Richtung, aber auf Hilfsmaßnahmen gehören einmal keine Nationalflaggen und religiöse Embleme mehr. In einer globalen Welt hat die Rechte keine Zeit mehr nachzudenken, was die Linke tut; es gilt sofort zu helfen – anonym, nicht einzusehen ist, was die Beseitigung von Elendsquellen mit Religion zu tun haben soll. Es gilt, aus welchen Motiven auch immer, Elend auf die Stufe der Armut zu heben, damit für jeden Einzelnen eine soziale Verbesserung möglich ist. Internationale Gesundheitstrategien und Mikrokredite, nicht Barmherzigkeit und Benefiz beseitigen Armut und verhindern künftige Gründe, Hilfe leisten zu müssen.

Wie wäre es, man würde die Milliarden an mehrheitlich ineffizienter Entwicklungshilfe vom nächsten Jahr an ins erwiesenermaßen segensreiche Mikrokreditwesen stecken, ein Kreditwesen, das schließlich auch am Anfang der Industrialisierung Mitteleuropas stand (Kantonalbanken, Raiffeisenkassen),. Auch die Schweiz, damals das «Armenhaus Europas», ein Land ohne Ressourcen und zerrissen in zwei Konfessionen und vier auseinander strebende Kulturen mit kommunikationserschwerenden vier Sprachen, entwickelte sich aus solch einem Anfang heraus. Würden das die Geberbürokratien des christlich fundierten Westens, und würden das die patriarchalischen Nehmerbürokratien Afrikas tatsächlich wollen? Würden sie tatsächlich wollen, dass die Armen ihre Sache selber in die Hand nehmen? Könnte das nicht zu Sinnleere auf der einen und zu Machtverlust der Eliten auf der anderen Seite führen?

Und hat die Schweiz nicht etwas anderes geeint trotz aller Gegensätze, nämlich Prosperität aufgrund selbst erarbeiteten Wohlstands? Die christliche Barmherzigkeit war es jedenfalls nicht; man musste ihr geradezu verbieten, sich weiterhin in Bildung und die Staatsangelegenheiten einzumischen. Das letzte Ordensverbot wurde erst vor vierzig Jahren aufgehoben, weil von katholischer Seite keine bremsende Einmischung mehr zu befürchten war.

Erbarmen ist eine spontane Geste und kann von einem Helfer nicht über Jahre hinweg vorausgesetzt werden, ohne ihn in eine heuchlerische, zynische Haltung zu drängen. Die meisten Missbräuche ausgerechnet in katholischen Barmherzigkeitseinrichtungen erwachsen aus der Überforderung, stets züchtig und dienend daherkommen zu müssen, wo man doch unverbesserliche jugendliche Querköpfe und undankbare Simulanten von Patienten und ewig jammernde Bedürftige manchmal am liebsten aus dem Fenster werfen möchte.

Sogar in staatlichen Sozialwerken und Spitälern wird Helfern zuviel nüchterner Gleichmut abverlangt. Darum kommt es auch da immer wieder zu Übergriffen (Pfleger demütigen Alte und Behinderte, setzen ungefragt Todesspritzen und so weiter). Es wird einem als nüchternem, professionellem Helfer schon enorm viel an Beherrschung abverlangt. Fehlte noch, dass man auch noch von früh bis spät christlich zu sein hätte. Es ist einfach nicht nötig, Hilfe religiös zu begründen. Hilfe ist nur eine von vielen Blüten der Religion und vielmehr dem satten Überfluss vor dem Großen und der biologisch begründeten Solidarität zuzurechnen, die Millionen Jahre älter ist als das Christentum.

Und wieder tritt er genial in Erscheinung: Den Test aller Tests tatsächlicher Hilfe hat Jesus vor zweitausend Jahren schon entworfen: Die linke Hand solle nicht wissen, was die rechte tue. Warum im Wortsinne um Himmels Willen spenden und helfen wir nicht anonym; wir guten Helfer, wenn es doch allein um den Bedürftigen gehen soll?

Kürzlich bei einem Spendenwettlauf kam ein sonst öffentlichkeitsscheuer Milliardär an einer Samstagabendsendung des Fernsehens persönlich ins Studio, um tausend Franken zu überbringen. Er sei reich, sagte er in die Kamera (was alle schon wussten), und für ihn seien tausend Franken, wie wenn ein Schulkind einen Franken spende. Gemessen an seinen tausend Millionen Franken Vermögen müsste dieses Schulkind eine Million gespendet haben. Manchmal hilft auch bloß simples Rechnen, um dem menschlichen Helferphänomen auf die Schliche zu kommen.

Früher nannte man es Ablass. Der rund fünfzigfache Milliardär Warren Buffet will 85 Prozent seines Vermögens für gute Zwecke spenden, und andere Milliardäre wollen das auch. Darunter ist Bill Gates, der kürzlich fünftausend Angestellte entließ und sich rühmte, den Ansprüchen seiner Aktionäre gerecht geworden zu sein. Man habe die Dividende erhöhen und 47 Milliarden ausschütten können – wobei er nicht erwähnte, dass er der Hauptaktionär seines Unternehmens ist. Wie schnell haben diese Monopolyspieler ihre 85 Prozent wieder im Kasten und warum ausgerechnet diese Prozentzahl, wenn der Betrag sich nicht rechnete? Und welche nachhaltigen Werte hat Warren Buffet geschaffen? Kann man auf vertretbare Weise fünfzig Milliarden verdienen? Er spekuliert mit Rohstoffen und Nahrungsmitteln über alle ethischen Werte hinweg, treibt die Preise hoch, wo er nur kann, und will dann auch noch ein Heiliger werden. Der reichste Mann der Welt: den armen Bauern erst zehn Franken nehmen und dann mit großer medialer Geste einen Franken zurückgeben – man sollte dieses zynische Spiel langsam durchschauen.

Barmherzigkeit und die weltliche Verlängerung von Ablass, das Charity- und Sponsoringwesen sind unzuverlässige Zwillinge. Amerika, das Land des beliebigen Spendens, erlebt es gerade: Ausgerechnet dann, wenn es allen schlecht geht, geht es Hilfswerken, die auf Liebe und Freiwilligkeit gründen, noch schlechter. Effizient helfen in Zeiten von Not und Krise kann nur der Staat, vielmehr der internationale Verbund von Staaten. Der Staat allein konnte 2009 die Banken retten, die beim Sponsoring logischerweise zuerst Abstriche machten. Bei Weltseuchen, die immer häufiger auftreten, sind Nationalstaaten wie gesagt schon heute gezwungen, über alle Unterschiede hinweg sofort zusammenzuarbeiten. Wie lange man sich die traditionelle nationale Entwicklungshilfe noch leisten will, ist ebenfalls abzusehen.

Der Elende und der Samariter treffen heute nicht mehr an einem einsamen Ort aufeinander. Es gibt keine einsamen Orte mehr auf diesem Planeten. Elendsgebieten muss jenseits von Gefühlen – die erfahrungsgemäß und bezeichnenderweise mit jedem Kilometer Entfernung abnehmen – Hilfe zur Selbsthilfe zukommen, denn Elend irgendwo in der Welt liegt heute direkt vor unserer Haustür, ja hat schon unsere Klinke schon in der Hand.

Demut – eine ungeliebte Tugend

An der Küste wird ein Hochwasser angekündigt. Man solle die Häuser verlassen und an die höher gelegenen Orte kommen, die sicher seien. Die meisten gehorchen der Radiostimme ohne weiteres, einige bleiben trotzig in ihren Häusern zurück. Auch ein Pfarrer, der meint, in Gottes Namen ausharren zu müssen. Als das Wasser in seinem Vorgarten steht, kommt ein Bus daher, um die letzten Besserwisser einzusammeln. Unser Pfarrer bleibt. Er sei in Gottes Hand, sagt er, ihm könne nichts passieren. Als das Wasser schon in der Stube steht, legt ein Rettungsboot an: Er solle nun aber mitkommen, rufen die Helfer durchs Fenster. Nichts da! Gott werde ihm schon helfen, sein Glaube sei fest. Die Helfer drehen kopfschüttelnd ab. Als der Auserwählte schon auf dem Dach sitzt, fliegt auch noch ein Hubschrauber heran. Durchs Megaphon fordern sie ihn auf, jetzt sofort auf die Strickleiter zu steigen und hoch zu klettern. Nichts da! Ihn werde der Herrgott schon retten, schreit er hinauf. Der Hubschrauber muss abdrehen, es sind noch Kinder in Not ...

Es kommt, wie es kommen musste, das Haus bricht ein, der Pfarrer ertrinkt. Klitschnass vor Gott gebracht, schreit er: «Du bist mir ein schöner Gott, warum hast du mich ersaufen lassen, wie einen Hund, habe ich nicht mein ganzes Leben zu dir gebetet und dir gedient?!»

Da sprach Gott: «Erst schickte ich dir eine Radiobotschaft – du wolltest nicht hören. Dann schickte ich dir einen Bus – du fandest dich zu schade, zu den anderen einzusteigen. Dann sandte ich dir ein Boot – der Herr Pfarrer wollte nicht, allenfalls würde seine Heiligkeit ja übers Wasser laufen. Dann unter erheblichem Kostenaufwand schickte ich dir auch noch einen Helikopter vorbei – aber nein, der Oberhirte wollte vom obersten Chef persönlich abgeholt werden ... Voilà da bin ich! Und nun beschwerst du dich weiter ... In die Hölle mit dir, dort wirst du getrocknet werden, bis du begreifst, was Demut ist, die du dein Leben lang gepredigt hast!»

«Die Ersten werden die Letzten sein», steht in der Schrift. «Hochmut kommt vor den Fall», heißt es im Volksmund,

und dem Volksmund genügt das an Theologie, er kann sich nicht irren. Denn handfeste Wahrheiten kommen stets von unten: Wer sich auf einen Sockel stellt, auf den er nicht gehört, stürzt eines Tages, weiß man im Volk, und zwar nach unten, zu uns. Es ist aber nach meinem Erleben nicht so, dass stets die Andern dafür sorgen, dass wir stürzen, vielfach – ja genau genommen immer – sind wir es selbst. Vielmehr ist es die Seele, so wie ich sie erlebe und verstehe. Die Seele als unsere innere Leitstelle begriffen, weiß genau, wo wir stehen sollten, wie hoch und wie tief in der Hierarchie der Reifediplome. Preschen wir vor, holt sie uns zurück, wie andernorts beschrieben.

Besonders in religiösen Kreisen ist man in der Begeisterung für den eigenen Glauben schnell bereit, sich «in aller Bescheidenheit» besonders hervorzutun. Nicht selten kommt Überhebung im Gewand der Erniedrigung daher, ja versteckt sich dort am liebsten. Wer würde unter einem Talar, einer Mönchskutte, einer Nonnentracht, schon Überhebung vermuten! Wie kommen aber Demütige auf die Idee, sich so auffällig zu kleiden? Je demütiger, je höher der Hut, je selbstloser, desto größer die Anschrift, damit man sie ja nicht übersehe, ihre Demut. Schlimmer als simple Übertreibung ist die subtile Untertreibung. Der Hochstapler macht sich wenigstens angreifbar, er setzt sich dem Risiko aus, entlarvt zu werden. Der subtile Hochstapler schnappt sich die Beute indirekt. Denn entlarvt man den Untertreiber, wird man ihn höher heben, als er es verdiente, weil er auch noch bescheiden war, und entlarvt man ihn nicht, behält er das süße Gefühl, eigentlich über allen zu stehen, weil er profane Anerkennung abglich nicht nötig hat – im Himmel dann aber der Lohn erfolgt.

Wenn der Ausschluss aus der Sippe das schlimmste ist

– schlimmer noch als zu sterben –, dann ist für uns ein starkes Ego besonders wichtig, damit nur das nicht geschieht. Und daran ist erst einmal nichts falsch. Im Alter, wo der Ausschluss aus dem Leben ohnehin bevorsteht, ist es zu wünschen, dass sich das Ego allmählich verflüchtigt. Aber bei allen, die sich im täglichen Kampf um Brot und Stellung bemühen, gehört ein ausgeprägtes Ego zur Grundausstattung für den gesellschaftlichen Lebenskampf. Wenn da jemand behauptet, er oder sie habe sein Ego transzendiert, wie viele Esoteriker und Gläubige behaupten, sollte man hellhörig werden. Da Hundertjährige relativ selten sind, kann es somit nur solche geben, die ihr Ego zeigen und jene, die es subtil zu verstecken versuchen. Zum Beispiel unter einem Birett, einer Zucchetto oder einer Tiara – allesamt Kopfbedeckungen der Kirchenhierarchie. Man verzichtet angeblich auf das diesseitige Leben – um aber nicht weniger als das ewige Leben neben dem Stuhl des Herrn anzupeilen

Demut ist anders. Demut könnte heißen: Authentisch zu sein, wie die Tiere es aus biologischen Gründen sind. Sie sind nicht zu Hybris fähig, obwohl sich der eine oder andere Affe auf dem Felsen wohl auch überschätzen kann und es dann zu spüren bekommt. Und ja – wo kommen die Tiere in der Bibel vor, außer bei Noah, wo sie gnädig von Menschen gerettet werden? Wo kommen sie vor, einmal als Vorbilder, statt als Lebensmittel, Lastvehikel oder Krippenfiguren?

Eine neue Religion wird demütiger sein müssen, als es die jetzigen Religionen sind. Der Amtsname des neuen Papstes «Franziskus», dessen Namensvetter mit den Vögeln parliert haben soll, müsste verpflichten. Denn ohne ein demütiges, also adäquates, würdiges Verhältnis zu Tieren und Pflanzen wird uns die Puste ausgehen auf der Überlebensarche Planet Erde 3000. Immer mehr Menschen begreifen, dass wir ohne würdigen Umgang mit Pflanzen und Tieren keine Zukunft haben können.

Aber wie demütig ist dieser Franziskus wirklich, der es seinem Klerus weiterhin verbietet, mit Protestanten am selben Abendmahlstisch zu sitzen, damit die katholische die einzig legitime Kirche bleibe?

Auch Nationen können sich überheben und stürzen. Paare, Familien, Sippen steigen und fallen. «The harder they come, the harder they fall, on and on», sang Bob Marley, ein weiterer Erlöser. Ob Seele individuell oder kollektiv in Erscheinung tritt, sie sorgt auch ohne Propheten und Erlöser für Demut und Einsicht unter den Menschen. Sicher ist, was für den Einzelnen gilt, gilt auch für Kollektive: Vernichtung aufgrund fortgesetzten Mangels an Demut ist eine Option neben anderen. Ganze Völker sind am Hochmut ihrer Eliten zugrunde gegangen. Die entvölkerte Osterinsel ist ein beständiges Mahnmal für kollektive Hybris und Blindheit.

Man muss kein Prophet sein, um eine neue Runde von Demut und Überhebung vorauszusagen – sie hat längst angefangen. Und natürlich wird eine neue Religion aus den Bruchstücken der alten Religionen herauswachsen – woraus sonst, wenn nicht aus den Bedürfnissen des Ewigmenschlichen – aber Scherben ergeben in einem Kaleidoskop stets ein neues Bild – ob man es vor- oder zurückdreht, spielt keine Rolle. Im besonderen die katholische Kirche hat sich mit der Überhebung, die einzig richtige christliche Kirche zu sein und zu bleiben, selbst aus der Zukunft verabschiedet. Jahrhunderte des Stillstandes seit dem Mittelalter, ja Rückschritt, haben sie zum Untergang verurteilt, obwohl das Begräbnis hundert Jahre dauern kann – getanzt wird längst anderswo.

Demut oder Überhebung? – Als ich vor zwanzig Jahren im Zürcher Kinderspital als Lehrer arbeitete, entschieden sich schon acht von zehn Eltern dafür, wissen zu wollen, ob ein kommendes Kind behindert sein werde oder nicht, um es allenfalls rechtzeitig noch abtreiben zu können.

Abends am Fernsehen aber waren mit Moraltheologen die heftigsten Debatten im Gange, ob man diesen Test einführen dürfe oder nicht und ob sie – die Moraltheologen – es dann wären, die schwer behinderte Kinder rund um die Uhr betreuten. Diese pränatalen Untersuchungen haben sich einfach eingeführt, nicht anders als die Pille oder die Versuche um das Klonen – wie schon immer das Machbare gemacht wurde. «Was einmal gedacht wurde, kann nicht mehr zurückgenommen werden», lässt Friedrich Dürrenmatt (1921–1990) seinen Physiker Wilhelm Möbius in den «Physikern» sagen. Theologen, die früher bestimmten, was Überhebung und was Demut war, werden heute zwar dem Schein nach noch gefragt, aber eben übergangen.

Man kann in den Möglichkeiten der Machbarkeit eine ungeheure Überhebung sehen, sich in den Lebensplan Gottes oder der Natur einzumischen oder aber die Demut, Gottes Plan, der sich auch in der Forschung zeigt, ohne eitlen rhetorischen Firlefanz zu folgen: Schöpfung als Kontinuum, dankbar wahr- und in Dienst genommen.

Die Pille könne auch als Geschenk Gottes gesehen werden, sagte kürzlich die zurückgetretene Ratsvorsitzende der Evangelischen Kirchen Deutschlands Margot Käßmann, die bereits vor Papst Benedikt bewies, dass man auch aus hohen Kircheämtern jederzeit zurücktreten kann, ob aus Demut vor dem Amt oder Altersgründen.

Dagegen wollte der aufgrund von Missbräuchen zum Rücktritt gezwungene katholische Bischof von Augsburg Walter Mixa unbedingt sein Amt wiederhaben, als wäre ein Amt – erst Recht ein Kirchenamt – mehr als einfach nur ein

Amt und ohne ihn, ob zu Recht oder Unrecht relegiert, nicht denkbar.

Demut und Hybris werden aufgrund unserer Veranlagungen bestimmt immer ein Hauptthema von Religion bleiben, auch in diesem im neuen Jahrtausend. Und die Forschung, die Politik, die Wirtschaft und das Militärwesen schrecken, wie die Gegenwart zeigt vor nichts zurück. Wenn nicht eine neues, bewusst gelebtes Verständnis für Religion Schranken setzt, welche Instanz dann? Die personalen Götter und Heiligen sind es heute und in Zukunft nicht mehr, auch nicht die verkopfte Theologie. Es geht allerdings nicht darum, umgehend eine neue (Theo)logie zu formulieren, sondern die Zeichen der Zeit, die leise Stimme der «Weltseele» hören zu wollen. Sie ist so leise, wie der Klimawandel, aber beim Überhören plötzlich so laut wie ein Tornado. Wollen wir doch hören, bevor wir fühlen müssen!

Nenne man es besser Hingabe. Das Wort Demut ist von einem etwas eigenartigen, alten Frömmlermief umgeben. Es ist, als wäre der Verdacht der Heuchelei schon inbegriffen. Tatsächlich ist unter dem Label «Demut im Namen des Herrn» Enormes zusammengerafft und angerichtet worden. Der falsche Mönch, die herrschsüchtige Nonne im Demutskleid ist schon ein literarischer Standard gewesen, als Mönche und Nonnen noch zum Straßenbild gehörten. Denn kommt einer im Namen des Herrn daher, denkt man erst einmal nichts Böses und attestiert ihm Demut und Redlichkeit. Ein Bonus, den sich Schlaumeier im Büsserkleid natürlich nie entgehen ließen.

Eine eher hochmütige Haltung haben religöse Organisationen immer dort bewiesen, wo sie mit besonderer staatlicher Unterstützung im Sattel saßen. Vor kurzem gab es noch katholische Internate, die geradezu Horte des «Übergriffs im

Namen des Herrn» genannt werden mussten. Die katholische Kirche Irlands sah sich gezwungen, sich für die systematischen Übergriffe in den Landesschulen zu entschuldigen. Die Proteste aufgrund der erlittenen Demütigungen und Missbräuche Tausender ehemaliger Klosterschüler hatten das Ausmaß einer Staatskrise angenommen. Jeder Ire scheint eine Missbrauchsgeschichte zu haben oder zu kennen. Von Demut, ausgerechnet bei Demutsbehauptern keine Spur.

Die Phrase «Wir unterstehen göttlichem, nicht weltlichem Recht», wie es aus Kreisen der Kurie hieß, als ein neuer Fall von Vertuschung aufflog, zeugt nicht gerade von einer demütigen Haltung und passt in die skandalösen klerikalen Wahn, niemandem unter der eigenen Stufe der Kirchenhierarchie verantwortlich zu sein.

Kirchliche Rituale sind geradezu überladen mit Demutsgesten, sodass man meinen könnte, man wohne eingeschüchterten Heiden bei, die sich vor Blitzen fürchten. Ein vatikanisches Jahresritual will es, dass der Papst einem Pilger oder Bürger Roms die Füße wäscht. Bisher zeigte das Bild einen Machtkaiser in vollem Ornat, der sich zu einem Durchschnittsbürger niederbeugt. Papst Franziskus wählte dafür immerhin ein Gefängnis und zieht es vor, im Gästehaus des Vatikans zu wohnen, als in den üblichen Papstgemächern. Er hat offenbar verstanden, wo die einzige Chance dieser Kirche in Zukunft noch liegen könnte, wenn sie denn eine hat: in einer von Grund auf von Heuchelei und Eitelkeit befreiten Institution, in einer Kirche mit Humor und Volksnähe.

Jesus wusch in der Nacht vor seinem Tod seinen Jüngern als Geste der Demut die Füße, und er wird kaum von einem der ihren zu unterscheiden gewesen sein. Das päpstliche Ritual setzt aber voraus, dass der Pilger die Füße von einem gewaschen bekomme, der es gar nicht nötig hätte, sich zu ihm niederbeugen zu müssen.

Einmal mehr kann man sich fragen, warum Demut denn ständig Thema sein muss. Wie können Religionen, die eitle Abgrenzung im Glauben wichtiger finden als simple, vernünftige Anpassung und Vermischung, Demut üben? Wie bringt man das klägliche Scheitern interkonfessionelle, geschweige interreligiöse Ökumene mit Demut zusammmen? Wie können Religionen, die nicht genug Ritualuniformen anbieten können, damit jeder hersehe und sich vorsehe, auf welcher Stufe spiritueller Reife man stehe, im Kern demütig sein? Wie kann die katholische Elite in Purpur, Hermelin und dem Machtzepter von Renaissancefürsten von einem Thron herab von Demut reden, wenn sich die demütigsten Diener Gottes, die Päpste, üblicherweise in der Sänfte über den Petersplatz tragen lassen und so tun, als säßen sie mit den Pilgern im gleichen Boot? Franziskus hat an diesem Punkt zweifellos verstanden, aber, wie kann man ein Haus renovieren, dessen Fundament im Laufe der Jahrhunderte zu Sand zerbröselt ist?

Demütige Menschen sind anders, sie sehen anders aus, halten sich vielmehr für Sünder denn für Demütige. Sie sind «die Letzten». Für sie gibt es diesen Begriff Demut nicht einmal. An den Orten natürlicher Hingabe an Arbeit und Familie habe ich noch nie jemanden von Demut reden hören. Auch von meinen vielen Freunden im Dienste der Kirche nicht, die tatsächlich Großartiges leisten, die das Fischen lehren statt Fische austeilen, damit man danke. Es gibt bewundernswerte Straßenpfarrer, die Jesus und seinen überlieferten Lebensstil beim Wort nehmen. Von all diesen Menschen und der schweigenden wohltätigen Mehrheit in Christo ist hier nicht die Rede. Was getan werden muss,

muss getan werden, was ansteht, tut man einfach, Punkt. Demut? – nie gehört, aber getan.

Aber wie wollen wir «Normalmenschen» damit umgehen, wenn uns der tägliche Lebenskampf alles zeigt, was wir brauchen, Ellenbogen, ein kräftiges Ego, «ich bin doch nicht blöd» – nur keine Demut? Besser ist, wenn wir dazu stehen, dass uns Demut überfordert, als dass wir sie für uns reklamieren.

Noch besser ist, wenn wir in Zukunft von Hingabe sperechen. Hingabe belässt das Ego in seinem Recht, verhindert aber mögliche Exzesse durch tägliche, kleine Übungen des Weggebens von Privilegien an weniger Privilegierte. Vor allem ist damit die fatale Idee von einer Erbschuld vom Tisch, die allein schon den Kopf jedes Katholiken niederbeugen soll und zu Geständnissen von Sünden führt, die gar nicht begangen wurden. Eine professionelle Pflegerin in einem weltlichen Spital bezieht ihren gerechten Lohn aus dem Pool, den der Kranke selber mitfinanziert hat (sprich: Krankenkasse) und tut es nicht für einen Platz im Himmel, noch muss der Kranke erst zu der richtigen Religion übertreten, wie in Missionsspitälern üblich gewesen und heute immer noch gern gesehen wird. Was hindert die weltliche Pflegerin jedoch daran, ihre Arbeit mit Hingabe zu tun und am Abend befriedigt und erfüllt nach Hause zu gehen?

Postscriptum: Und ob einer Demut übt, der über Demut schreibt, ist eine andere Frage ... Demut kann man an sich selbst nicht feststellen, hingegen ist Hingabe leicht zu identifizieren. Sie ist nicht zwingend mit dem so genannten Guten im Bunde. Man kann auch das so genannte Böse mit Hingabe betreiben. Das ist doch immerhin befreiend ...

Mitgefühl contra Mitleid

Der Unterschied vom Neuen Testament zum Alten Testament ist markant. Das Neue enthält die Aufforderung, doch Mitgefühl auch mit dem Fremden zu haben, sogar mit dem unattraktiven Anderen, dem Ausgestoßenen, dem Leidenden. Das war schon etwas wirklich Neues, geradezu Sensationelles vor zweitausend Jahren.

Diese neue Botschaft kam aber nicht von ungefähr. Nicht Jesus hat sie erfunden, es war schon immer zu beobachten, dass das Mitgefühl schubweise wuchs mit jeder technischen und energetischen Revolution und deren neu eröffneten Kommunikationsmöglichkeiten. Das ist eine enorm gute Botschaft, gerade in unserer Zeit, wo die Kommunikationsgeschwindigkeit fast mit der Lichtgeschwindigkeit zusammenfällt.

Die Empathie der Jäger und Sammler endete an der Sippengrenze, sie konnten über die Rufdistanz hinaus nicht kommunizieren und nichts erfahren, wer nicht dazugehörte, wurde getötet (Diese Tendenz hin zu den Eigenen unter Ausschluss der anderen zeigt der Glaube noch heute).

Dann kam die Agrargesellschaft und verlangte nach Rechnen und Schreiben; die Keilschrift entstand, Tauschverträge wurden auf Tontäfelchen gestempelt, man kommunizierte bald von Stamm zu Stamm, Gott wurde religiös, auch er schrieb jetzt auf Berggipfeln Gebote; die Kontinentalreligionen kamen, man sprach jetzt vom Nächsten.

Die Handwerks- und Manufakturgesellschaft brachte

den Buchdruck hervor, die Industriegesellschaft, basierend auf Kohle und Stahl, das Telefon.

Jetzt verlässt die Kommunikation die Materialität: Es kommt das Funkgerät, man kommuniziert jetzt weltweit. Ein Erdbeben am anderen Ende der Welt löst Mitgefühl rund um den Globus aus – und da stehen wir heute, in einer Welt, wo Menschen über Satelliten in Australien zuerst erfahren, dass in meinem Stadtteil die Wasserleitung geplatzt ist.

Wie mag es aber zur Zeit Jesu gewesen sein? Mit dem Aufkommen der Städtekultur und der Handelsstraßen zogen dauernd Fremde durch die Stammesgebiete. Früher wäre man Andersstämmigen – wie gesagt – mit grundsätzlichem Misstrauen begegnet oder hätte sie sofort niedergemacht und ausgeraubt. Das war unbestrittenes Wüstengesetz: je schwächer die anderen, je sicherer die eigenen.

Bald erkannten aber die Sesshaften den eigenen Vorteil, mit Waren beladenen Fremden allenfalls etwas netter zu sein. Vielleicht konnte man tauschen, etwas erfahren, das überlebensnotwendig war, vielleicht war eine Armee im Anzug, und man konnte sich noch rechtzeitig retten. Und morgen war man vielleicht selbst unterwegs und brauchte ein Obdach. Wie sollten Arme reisen, gab es nicht Gastfreundschaft?

Wäre Mitgefühl, also das Hineinfühlen in einen anderen, nicht durch Jesus gekommen, es wäre auf anderen Wegen in die Gesellschaften gekommen. Es war in fortgeschritteneren Weltgegenden schon lange gang und gäbe. Die Begabung zu Empathie im engsten Kreis der Familie ist eine unabdingbare Bedingung menschlicher Gemeinschaften. Mitgefühl über den engen Kreis der Sippe hinaus brauchte aber einen Anker, ein Symbol, und der Wanderprediger Jesus war offenbar zur richtigen Zeit am richtigen Ort in Palästina – wenn man einmal von der Kreuzigung absieht. Nicht Gott hatte einen mitfühlenden Sohn auf die Erde hinunter gesandt – das notwendige Mitgefühl hatte einen Jesus in den Himmel gehoben. Die notwendige Ausweitung der Menschlichkeit hatte eine neue Göttlichkeit geschaffen.

Mitgefühl wurde mit der Zeit an allen Orten des Planeten notwendig. Gesellschaften ohne Mitgefühl kamen im Wettbewerb um die Ressourcen sträflich ins Hintertreffen, wurden ausgerottet oder aufgesogen. Mitgefühl war die Voraussetzung für komplexeres Denken und komplexere Gesellschaften. Oder nenne man es bloß Vertrauen als Voraussetzung für Handel und Arbeitsteilung, von den Ökonomen «Sozialkapital» genannt. Oder nüchtern: Empathie als Training selbstreflektierenden Denkens.

Der Begriff Mitleid kommt aber im weiteren religiösen Vokabular bei weitem häufiger vor als Mitgefühl. Die Kirchen tun sich schwer mit Gefühlen. Man unterstehe sich zwar, die religiösen Gefühle der eigenen Gläubigen zu verletzen – mit anderen Gefühlen, allenfalls sogar sexuellen, will man nichts zu tun haben. Auch die vielzitierte Liebe soll möglichst frei von schummrigen Gefühlen bleiben. Hier bieten die christlichen Schriftgelehrten das Wort «Agape» an. Agape, die reine Liebe im Gegensatz zur Liebe aus Anziehung und Lust. Mitgefühl liegt außerdem gefährlich nahe an der großen modernen Konkurrentin der Religionen, der Psychologie. Und sind Heilige versucht worden, dann haben Dämonen versucht, Gefühle in ihnen zu wecken. Also muss man Dämonen austreiben und mit ihnen die kindischen Gefühle. Die Geißler, die in Gruppen durch die mittelalterlichen Gassen zogen und sich selber blutig schlugen, setzten ein Beispiel. In gewissen asiatischen Religionen gibt es sie immer noch.

Die Kirchen halten sich darum lieber an den Begriff

Mitleid. Leiden, für andere leiden, die Schulden anderer übernehmen, ist schließlich die zentrale Mechanik des katholischen Glaubens. Dem Mitleidensollen verdankt diese Kirche ihre innerste Dynamik. Darum sind die älteren Kirchen katholischen Glaubens mit Marter Szenen geradezu vollgepflastert. Was hilft aber Mitleiden, außer dass es Verkrampfung und negative Stimmungen in uns erzeugt? Denn kann man ehrlicherweise mitleiden? Von einem griechischen Philosophen ist der Spruch überliefert: Nur wer das gleiche Schicksal teile, dürfe mit dem Trauernden traurig sein. Diesen entscheidenden Satz haben die sonst ganz und gar griechenfreundlichen Kirchenväter wohlweislich übersehen. Er stellte die Hälfte dessen infrage, was heute unter Christentum verstanden wird.

Mit einem anderen mitfühlen oder mit einem anderen leiden sind zwei fundamental verschiedene Dinge. Mitgefühl respektiert den anderen als Leidenden und traut ihm zu, sein Leiden zu tragen. Ich sehe nicht gern, dass du leidest, aber du wirst die Wende schon schaffen und gestärkt daraus hervorgehen, ich bin stolz auf dich, wie du dein Leiden nimmst! Ich fühle mit dir, aber verstehe bitte, dass ich auch auf mein Wohlergehen achten muss, denn schließt einer aus Mitleid mit einem Blinden seine Augen auch, geraten zwei unter den nächsten Laster ... Es ist schon zuviel, dass du leidest – vielleicht verführt dich aber meine Lebensfreude dazu, dich etwas leichter zu fühlen, und falls du mich brauchst, bin ich für dich da, du hast ja meine Telefonnummer. Außerdem: wie kann ein Baum dem anderen beim Wachsen helfen?

Mitgefühl heißt, man stehe jemandem bei, wie es richtig heißt. Das ist im Wortsinne etwas anderes als: Ich werde mit dir leiden. Man leiste einem Leidenden Gesellschaft, aber unterstehe sich, sich in seinen seelischen Prozess einzumischen. Man reiße nicht Knospen auf, nur weil sie noch keine Blüten sind, und schmücke sich nicht mit Blüten, die nicht vom eigenen Baum gefallen sind. Man zerstört einen Schmetterling, wenn man ihm hilft, auszuschlüpfen, nur weil man es nicht aushält, wie er doch leidet, so eingeschlossen in seinem Kokon. Es könnte aber sein, dass er morgen fliegt und der Mitleidende die Verpuppung noch vor sich hat …

Mitleid kommt von oben herab, und Herablassung kommt vor den Fall. Man überlasse mitleiden denen, die das gleiche Schicksal teilen (Selbsthilfegruppen). Teilt man nicht des anderen Schicksal, macht man sich bloß interessant mit seiner Mitleidsbehauptung. Denn wer kann schon behaupten, mit einem chronischen Schmerzpatienten oder gar Sterbenden mitleiden zu können! Nach meinem Krankenbesuch bleibt der andere im Spital zurück, und ich zünde mir auf der Straße im prallen Alltag eine Zigarette an und gehe in die nächste Bar, um den Spitalgeschmack runterzuspülen. Und Recht haben wir: Das Ziel des zurückgelassenen Freundes im Spital, den pralle Alltag mit all seinen Facetten und Widersprüchen wiederzugewinnen, muss ein lohnendes Ziel bleiben. Und warum soll ich mit einem Jesus mitleiden, der es geradezu provozierte, ans Kreuz zu dürfen. Warum soll ich mit all den Märtyrern Mitleid empfinden, die unbedingt unsterblich werden wollten, statt sich etwas anzupassen und ihr wertvolles Leben in die Gesellschaft einzubringen?

Was uns das Kirchliche oft unangenehm nahe bringt, ist der Hang zur Heuchelei aufgrund Mitleidensüberforderung. Wir nehmen es einem Priester nicht wirklich ab, dass er nachkommt mit Fühlen, was er Kraft seines Amtes oder seiner Worte glaubt, vorgeben zu sollen. Das Resultat ist all zu oft eine devote Haltung, die nicht überzeugt und uns von der Kirche entfremdet.

Das ist einem meiner Freunde tatsächlich passiert: Nach der Abdankung in der Kirche steht die Gruppe der Trauernden vor dem offenen Grab. Der Pfarrer hebt an mit den üblichen Formeln und spricht schon eine Weile, einige weinen, andere stehen stumm betroffen – da kommt der Friedhofsgärtner von hinten diskret heran und tippt dem Pfarrer auf die Schulter: «Sie stehen am falschen Grab ...»

Kein Wunder, das immer mehr Zeitgenossen nach eigenen Formen für Hochzeiten und Begräbnisse und Formen, die mit ihren Gefühlen tatsächlich übereinstimmen. Und sie suchen Ritualleiter, die nicht aufgrund einer Uniform gezwungen sind, mehr Gefühl zu zeigen, als sie haben.

Sollte diese Ehrlichkeit nicht zuerst von den Kirchen zu erwarten sein?

Es wäre an der Zeit, die lebensbegleitenden Rituale wieder selbst an die Hand zu nehmen.

Pilgern – auch mal weg?

Vier Wahrheitssucher sitzen in der Herberge mit dem etwas eigenartigen Namen «Zur Hingabe». Aber Kneipennamen sind ja manchmal schwer nachzuvollziehen. Sie suchen jedenfalls nicht weniger als die Wahrheit, Erlösung von dem Bösen, Gott, Erleuchtung, ewigen Frieden oder wie man es noch nennen will. Dafür geloben sie sich in jugendlichem Idealismus, alles zu geben. Da erzählt ihnen der Wirt von einem Eremiten weit oben in den Bergen, der dies alles gefunden habe. Allerdings wisse keiner den richtigen Weg dahin und der Weg sei umständlich. Man müsse suchen, der

Eremit verstecke sich mehr, als dass er sich zeige und wechsle auch immer wieder mal den Ort und seine Identität, um sich zu vieler Anhänger zu entledigen, denn Fans hasse er auf den Tod.

Die Wahrheitssucher sind ganz aufgeregt und beschließen, am nächsten Tag schon um fünf Uhr aufzubrechen, um diesen Meister zu finden. Als sie zum Abmarsch bereit stehen, fehlt schon einer. «Meine Tochter ...», sagt der Wirt augenzwinkernd, indem er ihnen Sandwiches einpackt, jener andere sei schon die letzten Nächte in ihr Zimmer geschlichen und habe sich verliebt; er bleibe wohl da, so wie es aussehe.

Die drei beschließen unverzüglich und ohne ihren liebestrunkenen Kumpel abzureisen. In einem Kloster halten sie Rast. «Ich kann nicht anders», sagt ein weiterer, Buchbinder von Beruf, «habt ihr die Bibliothek gesehen im oberen Stock und den erbärmlichen Zustand dieser wunderbaren Werke? Schließlich sind es Bücher der Wahrheit, sie rufen nach meinem Talent. Macht's gut Freunde, ich bleibe und widme mich diesem kostbaren Schatz, ich habe schon mit dem Abt gesprochen.

Da waren es nur noch zwei.

Die Berge sind noch in weiter Ferne. Die beiden Verbliebenen müssen eine karge Ebene durchwandern, sie heißt «das Tal des Todes». Die Bauern sind mausarm in diesem Hochland, zudem werden sie von brutalen Provinzpopanzen auch noch ausgebeutet aufs Blut.

«Ich muss diesen Leuten eine Stimme geben», sagt der eine, «ohne soziale Gerechtigkeit kann ich mir Wahrheit nicht vorstellen. Ich werde diese Ausgebeuteten hinter mich scharen und sie zum Sieg führen. Es wird vielleicht ein langer Marsch werden, aber wir werden die Ausbeuter stürzen und ein Reich der Wahrheit und des Friedens errichten, nötigenfalls mit Gewalt!»

Da war es nur noch einer.

Dieser eine ging weiter und kam in die Berge.

«Einen Meister der Wahrheit suchst du?», fragten die Leute erstaunt. «Bei uns? Warum kommen nur immer solche Sucher wie du mit ihren Rucksäcken zu uns herauf. Uns ist nur ein Meister bekannt. Er führt eine Herberge jenseits des Todestals, er nennt sie ‹Zur Hingabe›, Gott weiß warum ...»

Seit einigen Jahren ist Pilgern wieder ins Repertoire der Suchenden gekommen, und viele pilgern nach Santiago de Compostela in Galicien in Spanien zu pilgern. Der so genannte Jakobsweg war früher einer von vielen anderen Pilgerwegen zu einer Reliquie oder einen für besonders heilig angesehenen Ort. Vorschnelle Esoteriker nennen sie «Kraftorte». Ich habe mir auf meinen Reisen einige Kraftort angeschaut und muss sagen, dass viele dieser Plätze nicht unbedingt an Orten liegen, die mir Kraft gäben. Die Grotte von Lourdes, eines der beliebtesten Ziele katholischer Pilger, liegt an einem geradezu finsteren Ort.

Über Jahre lag der Bestseller «Ich bin dann mal weg» des deutschen Blödelkönigs Hape Kerkeling an der Spitze der Bestsellerliste. Er beschreibt seine Pilgerwanderung nach Compostella mit seinen Versuchungen, Mühen und Fragen und warum man ein solches Unternehmen überhaupt in Angriff nimmt. Pilgern, vielmehr Suchen, sich selber wieder finden, in all den Ablenkungen des Tages und der Zeit scheint, was nicht verwundert, ein echtes Bedürfnis zu sein – zumindest scheint es heute ein Bedürfnis zu sein, sofort ein Buch darüber zu schreiben, kaum glaubt einer, etwas erlebt zu haben.

Dass sich dieser moderne Pilger schon am zweiten oder dritten Tag von einem Bauern auf dem Traktor mitnehmen lässt, als die Füße zum ersten Mal schmerzen, lässt etwas an seinem Verständnis über den Sinn des Pilgerns zweifeln, passt aber zum Ganzen dieser Zeit.

Einige Pilgerorte sind wunderschön gelegen, weil sie schon immer besonders auffällige sonnige Plätze waren, Orte, wo man das wichtigste Gebäude, die Kirche hinstellen wollte (oft auf die Stelle germanischer Feuerplätze), meist auf Hügeln, wo man strategisch die größte Übersicht hatte. Wieder andere Orte sind an und um eine auffällige Höhle entstanden, wo etwas überspannte Hirtenmädchen unbedingt die Maria gesehen haben wollten (Lourdes), und Plätze, die man gerne wieder verlässt. Die Ursachen solcher Erscheinungen sind heute geklärt, genauso wie das Phänomen der Spontanheilungen an solchen Orten. Ich habe in der Zeit meiner Lehrtätigkeit am Kinderspital in Zürich wie gesagt mehr Spontanheilungen gesehen als die 67 in Lourdes angeblich wissenschaftlich bezeugten Wunder. Ja, im Vergleich zu den geschätzten sechzig Millionen Kranken, die sich in Lourdes schon Heilung erhofften, sind Heilungen da geradezu unverhältnismäßig selten.

Psychosomatische – also mehrheitlich selbst erzeugte Leiden – können verschwinden, so schnell sie gekommen sind. Die Heilung dieser Leiden geschieht im Kopf, dort, wo sie angefangen haben. Fällt die Ursache weg, zum Beispiel auf die Schultern eines Heiligen, ist das Leiden zumindest vorübergehend fort. Nach Lourdes wandern kann eine solche Umstellung bewirken. Immerhin sind es Hunderte von Kilometern, auf denen man da an der frischen Luft in Bewegung ist. Oder es ist der freudige Schock vor der endlich erblickten Statue, ein Erlebnis, auf das man jahrelang hingespart hatte.

Für die Armen unter den Behinderten und Kranken ist diese Pilgerfahrt vielleicht die einzige Reise in ihrem Leben. Fest steht aber so oder so: Noch nie hat ein Mensch physikalische Gesetze überlisten können. Wunder dieser Art haben sich noch immer als Betrug herausgestellt. Und wenn man insgeheim gar nicht gesund werden will – und dafür gibt es sehr gewichtige Gründe – , können auch die über fünftausend Heiligen nicht helfen.

Die meisten, die nach Compostela wandern, gehen nicht unbedingt aus explizit kirchlichen Gründen. Auch nicht, weil sie glauben, von einem körperlichen Leiden nun geheilt zu werden. Es sind durchaus achtenswerte Gründe der «Selbstfindung», des Rückzugs aus dem Ablenkungsterror, den wir einander bescheren in dieser von den Medien stets aufgerührten Zeit. Jeder der nur schon hundert Kilometer des beschaulichen Wanderns unter die Füße nimmt, tut sich bestimmt nichts Schlechtes. Religion als Konzentration auf das Wesentliche (*relegere* = bedenken», «achtgeben») wäre denn auch durchaus beachtenswert. Kommen allerdings Glaube, Buße und Vergebung ins Spiel, ist es naturgemäß vorbei mit der Wahrheitsfindung. Denn indem ich meine Bedrängnis im Glaubenseifer auf die Schultern eines Heiligen überführe, verpasse ich trotz der vielen mühseligen Schritte einen eigenen.

In entlegenen Gebieten katholischen Glaubens pilgert man, um ein Gelübde abzuleisten, einen stillen Vertrag, den man mit Maria oder Gott einseitig beschließt: Wenn du mir diesen Wunsch erfüllst, wenn dieser Kelch an mir vorübergeht, gebe ich dir meine Anstrengung einer Pilgerreise. Weder Maria noch Gott werden gefragt, ob sie dieses Opfer auch wollen.

Einseitige «Deals» dieser Art können nach meinem Verständnis außer dem körperlichen keinen anderen Nutzen bringen, sie verstärken nur mit jedem Schritt die eigene Unmündigkeit.

Einen Rückzug in einen stillen, nur einem selbst vorbehaltenen Raum, wo alle anderen, auch Gott Vater und Mutter Maria nichts zu suchen haben, kann man sich jederzeit einrichten. Wer nicht verrückt oder zur Konsummarionette werden will, muss ihn unbedingt für sich finden; es ist so wichtig wie die Pflege des Körpers. Der Mensch lebt nicht von Brot allein, heißt ein wunderbarer Satz aus der Bibel (Mose 3.1–7).

Man werfe erst restlos alle aus aus dem eigenen Heiligtum. Wir werden allein geboren, sterben allein, und in allen existentiellen Situationen dazwischen sind wir auch völlig allein. Die anderen können uns möglicherweise beistehen, aber viel ist es nicht, was wir für einander tun können. Das ist schrecklich und hat gleichermaßen seine eigene Schönheit und Größe. Das ist die Würde und die Läuterung des wahren Pilgers, das ist Meditation: den Mut zu zeigen, sich dieser Tatsache schonungslos auszusetzen. Und darum stand man Pilgern bei (wenn man denn nicht eigenen Ablass erhoffte): Da ist einer dabei, eine wichtige Erfahrung zu machen und bringt seine Weisheit in die Gesellschaft zurück.

VII.
Vom Heiligen und Teuflischen

Was ist schon heilig?

«Hoch und heilig» schwören wir gerne, wenn wir etwas bekräftigen wollen. Wozu aber schwören, wenn wir doch so sehr überzeugt sind, es einzuhalten? Schwörende, erst recht noch bei ihrem Heil schwörende, sind zutiefst verunsichert. Bezeichnend, dass nirgendwo mehr geschworen und beschworen wird, als auf dem Feld des Religiösen. Schwört jemand etwas, dann ist geraten, gut aufzupassen. Und entschuldigt sich jemand, oder entschuldigt man jemanden, dann erst recht – er fühlt sich jetzt frei, es wieder zu tun. Versprechen und entschuldigen macht oft die Hälfte unserer privaten Korrespondenzen aus und meint nur eines: Dich will ich in petto halten, vielleicht brauche ich dich noch. Wenn das so ist, wirft es ein erhellendes Licht auf die Funktion der Vergebung im Beichtstuhl Gottes.

Wird gar Liebe und Freundschaft geschworen, sitzt schon mit Sicherheit der Wurm drin, denn man dürfte doch erkannt haben und wissen, dass beim andern Wein in der Flasche ist, wozu es noch anschreiben. Schwörende zweifeln zutiefst an sich selbst, ob sie es sich gewahr sind oder nicht, darum rufen sie noch eine hohe und heilige Instanz zu Hilfe, die ihnen den Rücken stärken soll. Das könnte ja egal sein, wir sind eben Menschen, vom hysterischen Geschlecht der Affen abstammend und abends nicht immer in der Lage zu halten, was wir am Morgen versprochen haben. Schwüre sind aber oft der Anfang von Verhängnissen, die man «Teufelspakte» nennt und deren Retourkutschen je nach dem lebensgefährlich werden können – erst Recht, wenn Hoch- und Heiliges im Spiel steht. Diese Kräfte können stärker werden, als man es auszuhalten imstande ist. Früher wusste man noch darum: Man kokettiert nicht mit dem Vertrauen der andern, der Preis könnte Ausschluss aus der Gemeinschaft heißen, früher der sichere Tod – auch die Auslöschung der Familie. Man kann sich auch heute noch «versündigen», ob man gläubig ist oder nicht. Auch gegen sich selbst, es braucht nicht zwingend einen andern. Man kann mit einem hoch und heiligen Schwur auf ein Ziel hin, das die wissende Seele nicht vorsieht, in eine Sackgasse rennen und plötzlich keinen Ausweg mehr sehen. Die Suizidraten in angeblich aufgeklärten Gesellschaften, die den Sinn für die Subtilität der wegweisenden Instanz Seele verloren haben, reden eine eindeutige Sprache. Heilig heißt: bei deinem Heil. Denn nichts Heiligeres ist irgendwo im Wolkenhimmel als in meiner eigenen Psyche zu finden. Und mit seinem Heil Lotterie zu treiben ist nicht nur dumm, es kann uns das Seelenheil kosten mit allen körperlichen Folgen.

Denn es gibt nichts Schlimmeres seit Menschengedenken, als sich von der Gemeinschaft der Menschen und vor sich selbst als Versager und Verräter zu fühlen, ob das die andern auch so sehen oder nicht – nenne man es Depression oder anders, was daran nichts ändert. Ich behaupte, es ist der Hauptgrund der Selbsttötungen in allen auch schleichenden und subtilen Formen durch Krankheiten und Unfälle.

Anders als bei den Kommissaren im Fernsehen entgeht eine offiziell gerne verschwiegene Zahl der Morde den ermittelnden Instanzen – wie viel mehr Selbsttötungen muss es geben, die von chronisch überforderten Ärzten als normale Todesfälle deklariert werden …

Vor zwei Millionen Jahren haben Menschenaffen angefangen, ihre Jungen gemeinsam aufzuziehen, sie andern in die Arme zu geben, im Vertrauen darauf, dass diese sie nicht gleich tot beißen werden, weil sie nach einer anderen Sippe rochen. Es hat hunderttausende von Jahren gebraucht, bis Menschenaffen es schafften, die Angst vor dem Feuer zu besiegen, mit Feuer sogar zu hantieren. Vor hunderttausend Jahren sollen Menschen zu kochen angefangen haben und essend zusammenzusitzen, kauend die Zähne zu fletschen, ohne diese Geste am Gegenüber gleich falsch zu deuten, ja sich freundschaftlich in die Augen zu blicken, was Tiere eher nicht tun, sogar darauf zu vertrauen, dass andere Sippenglieder Nahrungsmittel beiseite legen würden, bis man von der Jagd oder vom Sammeln heimkommt und auch essen möchte. Alles in allem enorme Anpassungsleistungen unserer fernen Vorfahren, man kann sie nicht genug würdigen! Und es hat zehntausende von Jahren gebraucht, um uns an das Zusammenleben in Städten zu gewöhnen, an einen gewissen Hygienestandard und einen relativ gewaltlosen Umgang mit Mitmenschen und Fremden. Leben in einer globalen Welt, für die wir uns schwer tun, Gefühle zu entwickeln, fordert uns zweifellos noch weitere gewaltige Anpassungsleistungen ab. Aber trotz Kriegen und Genoziden hat die menschliche Gemeinschaft immer wieder in ein einigermaßen menschenfreundliches Gleichgewicht zurückgefunden. Demokratie nimmt trotz aller Konflikte weltweit zu, nicht ab. Korruption wird immer schärfer angegangen, der Atomkrieg – das kann man auch einmal so sehen- ist nach einem halben Jahrhundert seit der ersten Bombe noch nicht ausgebrochen, Mauern fallen eher als dass welche errichtet werden – alles in allem können wir stolz sein, dem Menschengeschlecht anzugehören, das muss auch ab und zu gesagt sein!

Die Frage vor diesem Hintergrund ist: Welchen Anteil an dieser Anpassungsleistung dürfen die Religionen für sich beanspruchen, Religionen, die aufgrund Wahrung des eigenen Glaubenbestandes stets teilen und bremsen, wenn nicht vernichtend eingreifen, wenn sie ihre selbstformulierten Werte in Gefahr sehen. Religionen und Konfessionen stärkten und stärken zweifellos den Zusammenhalt gegen innen, um den Preis der Ausgrenzung aller andern. Tatsache ist: das Heilige taucht vor einigen zehntausend Jahren auf und wird zur Richtschnur gesellschaftlichen Handelns. In einigen Weltgegenden ist das Leben nach heiligen Werten noch immer bestimmender als nach verfassungsmässigen Normen. In Theokratien, wie es sie heute noch gibt sind heilige Schrift und Verfassung ein und dasselbe.

Wir haben zweifellos eine unzuverlässige, leicht verführbare Affennatur, die ständig im Zaum gehalten werden muss, wollen wir einen einigermaßen zivilisierten Umgang pflegen. Darum kamen Religionen mit ihren Geboten, Tabuzonen und Vorbildern auf, unabhängig voneinander in allen Weltgegenden, und sie wären nicht entstanden, hätte es ihren zivilisatorischen Impuls nicht gebraucht. Entsteht eine neue Religion, ist die Welt noch in Ordnung, kann gerade einer Anpassung an neues Wissen beobachtet werden. Aber leider sehr bald, zeigt sich auch, werden Religionen zu Bremsklötzen, die neue fällige Anpassungen über Jahrhunderte ausbremsen, oft mit brutalsten Mitteln.

Brauchen wir das noch? Religionen mit theokratischem

Willen zu Macht, wie sie die evangelikale Kirche unverhohlen zeigt – allenfalls noch, wie gehabt, mit einem evangelikalen Präsidenten der USA, der dringende Anpassungen um Jahre zurückgeworfen hat? Heute, sollte man meinen, haben wir, den Aufklärern aller Epochen verdankt, ausgeklügelte gescheite Gesetzeswerke, die unseren Umgang untereinander regeln, Götter und Heilige werden zur Disziplinierung nicht mehr gebraucht. Wir kommen trotz allen Einbrüchen in die alte hysterische Affenweise erstaunlich gut miteinander aus. Nehmen wir noch dazu, dass sich heute alle Ethnien mit ihren verschieden Kulten und Moralvorstellungen an ewig gestrigen Patriarchen vorbei vermischen, so ist es fast ein Wunder, wie brav wir in einem überfüllten U-Bahnwagen nebeneinander stehen, ohne tätlich zu werden. Tiere würden schon längst um sich beißen und tun es auch. Wir beweisen täglich, dass wir nun reif genug geworden sind, die Dinge selber in die Hand zu nehmen, und zwar nicht aufgrund kirchlicher Gebote. Um damit den bisherigen Päpsten zu widersprechen: Diese Zivilisation hat mit dem Vorhandensein des heiligen Vatikan längst nichts mehr zu tun, wir sind es allein aus natürlicher Veranlagung und Einsicht durch alle Ethnien und Religionsauffassungen hindurch, und zwar gleichermaßen in Tokyo, Mumbai, Zürich und Dakar. Wir dürfen stolz sein!

Religionsführer pochen auf Heiliges («Wenn es keinen Gott gäbe, müsste man ihn erfinden»), weil sie glauben – glauben sie es wirklich? –, es bräche die Hölle auf Erden aus, wenn die alten Religionsstrukturen wegfielen. Sie profitieren davon, dass uns kooperatives Verhalten gratis in die Wiege gelegt ist, mehr als konkurrenzierendes, die Menschheit wäre sonst schon längst ausgestorben. Darwins «survivel of the fittest», weiß mittlerweile jeder, heißt nicht wie ursprünglich falsch übersetzt «Gesetz des Stärkeren» sondern Gesetz des Angepassteren. Und Darwin war durchaus kein Kirchenfeind, er sah seine Beobachtungen nicht im Widerspruch zu der metaphorisch verstandenen Schöpfungsgeschichte, obwohl er annehmen musste, er würde missverstanden. Die Gläubigen seiner Zeit hörten gar nicht hin.

Biologische Tabus, wie sie die Tiere kennen, reichten irgendwann einmal nicht mehr, es mussten differenziertere, den neuen städtischen Lebensformen angepasste Tabus formuliert werden. Heil in Städten und im Verkehr untereinander brauchte nun Heiliges, das durch Rituale beschworen wurde. Das war die vornehme Aufgabe der entstehenden Religionen, wie wir sie heute noch zu brauchen meinen. Selbst wer intellektuell noch nicht imstande war, Gesetze zu verstehen, sah so auf den ersten Blick, was tabu war und was nicht. Tempeldiener und Wächter bewachten nun heilige Bezirke, heilige Gesetze wurden erlassen, die jeder verstehen konnte, und weil die allermeisten Schrift unkundig waren, mussten sie repetiert werden, wie man es heute noch tut: Du sollst nicht dies und du sollst nicht das. «Achtung Tabu», war an jeder Ecke augenscheinlich und offensichtlich, heilige Symbole erinnerten daran bis in die Schlafgemächer hinein, religiöse Lieder sollten sie verkünden und verankern, wie es heute noch geschieht. Und wer noch immer nicht begriff, wurde durch Theaterdarstellungen oder öffentliche Schwüre auf den gemeinsamen Nenner gebracht. Die Zugehörigkeit zu der jeweiligen Religion sollte sich bis in die Knochen jedes Einzelnen hinein verankern, darum tun wir uns so schwer, die Religionen abzuschütteln, auch wenn wir längst im Digitalen Weltzeitalter angekommen sind.

Wir leben längst ein Leben nach den Massgaben internationaler Menschenrechtsvorgaben. Es kann nichts mit unseren Religionen zu tun haben, im Gegenteil, dass ich mit einem Chinesen zusammen friedlich durch den Suk von Tanger schlendern kann. Aber noch immer gibt es Tabus, Heiligkeiten und «Wächterräte», und sie werden uns wohl noch einige Zeit erhalten bleiben, weil sie alles tun, sich selber nicht überflüssig zu machen. Aber ihre Zeit ist um, nicht weil ich das sage, sondern weil ihre Notwendigkeit objektiv nicht mehr gegeben ist. Die staatlichen Gesetze genügen vollauf. Dass da und dort Gesetzeswerke noch mit der Anrufung Gottes beginnen, ist nur noch eine Formsache, die man auch lassen könnte. Die europäischen Gesetzeswerke verzichten auf Gott – mit der angepeilten Aufnahme der Türkei wüsste man auch nicht mehr, welcher Gott gemeint ist. Zu dieser Entwicklung ist es nicht darum gekommen, weil am Heiligen etwas falsch wäre. Heilig ist ein gutes Wort, wer wollte nicht sein Heil und das Heil seiner Familie und der Gemeinschaft, und uns nicht gelingen, Heil als globalen Wert zu sehen, werden die Apokalyptiker unter den Gläubigen Recht bekommen. Sie tun bereits alles, was in ihrer schwindenden Macht liegt, dass es geschieht.

Es ja gibt keinen Grund, da «heilige Bezirke» abzuschaffen, wo wir uns ständig zu nahe kommen müssen, wollen wir in Städten leben. Es wäre vielmehr zu wünschen, wir würden in Zukunft wieder mehr auf heilige im Sinne von heilender Distanz achten. Was wir einander oft leichtsinnig schwören – vor allem Freundschaft und Liebe, erst Recht lebenslange Treue – und rituell vor Altaren bekräftigen, überfordert uns sichtlich, nicht anders als die devot süsse Milde, die sich Geistliche meinen abfordern zu müssen, vor allem, wenn sie auf den Balkonen der Öffentlichkeit stehen.

Wie wir aus Angst vor Alleinsein aneinander herumzerren und einander» in den Garten» treten, ist bedenklich.

Man schwöre daher besser nie hoch und heilig, wir kennen die nächste Zukunft nicht. Schaffen wir besser aus weiser Einsicht ein paar private heilige Bezirke, in denen niemand etwas zu suchen hat. Ich stelle mir einen Tresor vor in mir, in dem ich einige Dinge einschließe, die niemanden etwas angehen, weder ein Therapeut noch ein Ideologe, noch ein Geistlicher. Mein Testament gehört dort hinein (das man geschrieben schließlich auch in einem richtigen Tresor aufbewahrt), Liebesverhältnisse, die niemanden etwas angehen und beliebige Geheimnisse, die niemandem schaden. Meistens ist es geboten, sein Schlafzimmer als heiligen Bezirk zu bezeichnen, in das man sich zurückziehen kann. Ich finde es nicht gescheit, alles und jedes mit allen und jedem zu teilen. Mit einer offenen Tür durchs Leben zu rennen, ist einfach nur dumm. Man hat sich schnell überfordert mit zuviel Offenheit und Nähe und ist dann aus Reaktion gefährdet, die Menschen wegzustossen, die man eigentlich zu lieben gedachte. Die Härten des Lebens legen uns nach wie vor eine gewisse Berechnung nahe. Und wenn einige unter uns unbedingt als reine Heilige angesehen werden wollen und es noch mit einer auffälligen Soutane demonstrieren, dann sollen sie uns offenlegen, wie sie ihre tägliche Versorgung finanzieren.

Die meisten Partnerschaften scheitern an zuviel Nähe, nicht zuviel Distanz. Jede zweite Ehe wird aufgrund Überforderung wieder geschieden. Darum finde jeder selber heraus, was in seinen heiligen Bezirk gehört und was nicht. Heilige Bezirke kann man auch jederzeit ausweiten oder enger ziehen. Man bestehe darauf, dass unsere innersten Bezirke respektiert werden. Innige Beziehungen sind nur möglich, wenn wir uns gleichzeitig in unseren privaten Winkeln erholen können und vor allem die alles entscheidende Kunst des Alleinseins erlernen. Wer nicht auch ebenso gut allein sein kann, kann nicht wissen, ob er einen Nächsten liebt oder einfach nur braucht oder gar benutzt. Erfahrungsgemäß beschwören jene ihre Nächsten am innigsten und heiligsten, die ohne sie nicht leben zu können glauben.

Heilig hat so gesehen vielmehr mit Heil und Heilung zu tun als mit Religion. Früher war heilig und Obrigkeit anders als eins nicht denkbar mit allen bekannten Folgen. Wer die Nomenklatur der offiziellen Seligen und Heiligen der katholischen Kirche näher anschaut, wird darunter schlimmste Folterer und fragwürdigste Päpste finden, die sogar vor Anstiftung zum Mord und Krieg nicht zurückschreckten. In Zukunft braucht uns kein Papst mehr vorzuschreiben, wie unsere heiligen Bezirke aussehen sollen. Ich denke, wir sind nun erwachsen geworden.

Davon sollten wir endlich ausgehen.

Keine Ökumene

Die hier geschilderte Tendenz zur Einzigartigkeit und Ausschließlichkeit ist natürlich nur eine und eine extreme Dynamik dessen, was Religionen ausmacht. Trotzdem – oder vielleicht gerade deshalb – ist es illusorisch zu glauben, die verschiedenen Religionen würden eines Tages ökumenisch verbrüdert in die Zukunft schreiten, wenn es nicht einmal ihre Konfessionen es können. Theologischer Streit findet ja nicht nur im Christentum statt, sondern auch Islam und Buddhismus sind in verschiedene Fraktionen zerfallen, die sich teilweise gewaltsam bekämpfen.

Tatsache ist, dass die christlichen Religionen es nicht einmal fertigbringen, das alles entscheidende Ritual christlichen Geistes, das Abendmahl, gemeinsam zu feiern. Abendmahl heißt hier: alle Kirchen an einen Tisch, alle. Leider besteht der Vatikan darauf, dass sich alle an den *katholischen* Tisch setzen; andere Tische stehen gar nicht zur Diskussion. Daran lässt auch der geliebte Papst Franziskus nicht den geringsten Zweifel.

Es muss gesagt sein: Es sind die Protestanten, die bereit sind, ihr wichtigstes Ritual mit den Katholiken zu teilen, und es ist die katholische Hierarchie, die sich dagegen sperrt. Auch die Zwinglianer und Lutheraner hätten 450 Jahre gebraucht, um sich an einen Tisch zu setzen, zitiert die katholische Seite gerne – als hätte sie noch 450 Jahre Zeit, es sich zu überlegen, ob sie allenfalls doch noch geruhen würden … (Der Streit wird am Begriff Transsubstantiation geführt. Dabei geht es um die dauerhafte Wandlung von Brot und Wein beim Abendmahl. Wer daran nicht so glaubt wie der katholische Klerus, darf nicht an den Tisch – deshalb ist katholischen Priestern verboten, das Abendmahl mit den evangelischen Priestern zu feiern.)

Aus einem trügerischen Gefühl der Stärke («Weltkirche») heraus verbittet es sich der Vatikan, an seiner einzig richtigen, daher katholischen Lehre auch nur kratzen. Bei solch einer Haltung ist es kein Wunder, dass sich Zynismus und ebenso fanatische Abneigung gegenüber einer solchen Haltung im weiten Feld der Religionskritiker breitmachen. So werden die großen Religionen stets nebeneinander bestehen, im günstigsten Fall friedlich, sich aber tendenziell befehdend. Und sie werden auch in ihrem Nebeneinander allmählich schwinden, sich nebeneinander allmählich auflösen, wenn ihre Vulkane restlos ausgebrannt sind.

Religionen bewegen sich, weil sich vom Ultimativen

ableitend, stets in Richtung Theokratien und gehören darum vom Staat abgekoppelt, was das sich inden Verfassungen der westlichen Demokratien zeigt. Zwar berufen sich viele in ihren Präambeln auf Gott, aber de facto ist die Religion nicht mehr Teil des Staates.

In der Schweiz war man 1847 derart konsequent, dass man die Jesuiten aus dem Land verwies. Und hat auch die Reformation der Demokratie indirekt das Feld bereitet – Demokratie war das letzte, das der Theokrat Jean Calvin (1509–1564) im Sinn hatte, und es ist das Letzte, das die neuen Evangelikalen wollen. Sie verhehlen auch gar nicht, dass sie eine Gottesherrschaft anstreben. Denn Gewissheit will herrschen, nicht teilen. Die Bewegung «Islamischer Staat» führt es gerade einmal wieder vor.

Der kirchliche Glaube

Glaube führt wie gesagt zwangsläufig zu Abgrenzung, und Abgrenzung ist die Mutter des Krieges. Glaube stärkt das Eigene gegen das Andere. Und je fleißiger Glaube repetiert wird, und je früher er Kindern beigebracht wird, desto stärker wird die Abgrenzung gegen außen ausfallen. Wird das Einbeten der «richtigen» Inhalte noch motorisch verankert (Hin- und Herwippen, Bewegungen im Singsang), ist die Abgrenzung perfekt. Du hast es jetzt sogar in Muskeln und Knochen, du gehörst nun zu den Besonderen, den Auserwählten, den Richtigen, Eifrigen, alle anderen haben zweifelsfrei den falschen Glauben oder sind der Hölle verschrieben.

Nun bist du so weit zu akzeptieren, dass Abfallen vom einzig richtigen Glauben, ja erst Recht zu Konvertieren zu einem anderen, mit Ausschluss aus der Gemeinschaft, im Islam sogar mit dem Tode, bestraft werden soll. Tod dem Abtrünnigen! Ja: Tod den Ungläubigen überhaupt!

Man stelle sich vor: Tod allen Menschen auf diesem Planeten, die nicht das glauben, was du denkst und glaubst! Im Christentum wird kein Abtrünniger mehr mit dem Tode bedroht, das war früher einmal anders, jedoch lässt die katholische Kirche noch immer keinen Zweifel daran, dass sie die einzig richtige ist, die einzige, die ins Himmelreich führt. Genau genommen – und manchmal rutscht es ihren Würdenträgern heraus – genau genommen gehören die Orthodoxen und erst recht die Protestanten immer noch zu den Abtrünnigen, mit denen man besser nicht verhandeln sollte, bis sie reuig dereinst in den Schoß des richtigen Glaubens zurückkehren.

Nur werden sie aufgrund glaubensimmanenter Dynamik niemals zurückkehren können, und – davon abgesehen – es wird diesen Schoß des einzig Richtigen und Unfehlbaren nicht mehr lange geben.

Dass es zum Phänomen des kirchlichen Glaubens überhaupt kam, hatte natürlich vormals seine Gründe. Nicht umsonst ist Glaube an höhere Wesen weltweit unabhängig voneinander entstanden. Das repetierende Beten des Eigenen, des Stammesdenkens, der Stammesgesetze, hatte im harten Überlebenskampf – erst recht in Wüstengebieten – offenbar seinen Sinn.

Stammeszeichen, wie sie zum Beispiel der Stamm David vor zweieinhalbtausend Jahren vorschrieb, werden von vielen jüdischen Gemeinden noch immer peinlich beachtet. Erst recht, da sie sich aufgrund ihres Auserwähltheitsdenkens ständig neu in eine nicht enden wollende Diaspora hineinmanövrieren. Die Juden haben sich als Sündenböcke der Geschichte geradezu angeboten, obwohl das grundlegendste aller Gesetze «Gottes» zweifelsfrei Anpassen vor Abgrenzen heißt. Unverwechselbare Rituale stärkten aber auch bei anderen nomadischen Stämmen den Zusammenhalt und die Entschlossenheit gegen außen (Haartracht, Tätowierungen, Kleidervorschriften, Ess- und Trinkrituale, Embleme etc.).

Aber es gibt für die meisten Weltbürger keine Sanddünen mehr, hinter denen Feinde lauern, gegen die man sich, vereint im selben Stammeszeichen, zu wehren hätte. Der archaische Abgrenzungswahn des Glaubens schafft vielmehr neue Feinde im Dschungel der Großstädte und Ideologien, und ihre Priester empfehlen gern ihre einzig richtige Strategie gegen die Feinde, die sie selber herangezüchtet haben.

Überleben durch Abgrenzung bis zur Vernichtung, das war einmal, auch wenn es leider an vielen Orten dieses Planeten heute noch so stattfindet. Viele scheinen noch nicht begriffen zu haben, dass die eigene private Welt nicht mehr an einem Fluss oder Gebirge endet, sie reicht von nun an rund um den Globus, die Fühler der Geheimdienste reichen sogar bis in unsere Schlafzimmer und Adresslisten hinein.

Abgrenzung und Intoleranz sind unbrauchbare Haltungen geworden in einer globalen Welt, das gilt für Einzelne wie für Ethnien und Länder. Mich beelenden Bilder von Betschulen, die lustlosen Kindern ein Weltbild einhämmern, das sie nicht mehr brauchen können. Da sitzen sie in verstaubten buddhistischen Klöstern, in düsteren Koranschulen, in christlichen Schulbänken unter Kruzifixen und lernen auswendig, als ob es nichts Gescheiteres zu lernen gäbe – Sprachen zum Beispiel, die Sprachen der anderen.

Und zehn Jahre später rennen sie in ihrer Ignoranz gegen

andere an, die bloß etwas anderes auswendig gelernt haben, verlieren wertvolle Jahre, während andere Kinder in anderen Weltgegenden aufgrund Staunens und Neugier das Lernen lernen. Mich beelenden islamische Mädchenschulen, die künftigen Frauen einhämmern, minderwertig zu sein und ins Haus gesperrt zu gehören, damit ihre von den Eltern bestimmten Ehemänner des eingekauften Besitzes sicher sein können – und das, obwohl sie in deren Abwesenheit über Kabel «Sex and the City» schauen und die Welt nicht mehr verstehen.

Aber machen wir uns nichts vor, alle sind wir Gläubige in Bezug auf etwas. Die Hoffnung eines jeden fokussiert sich mit der Zeit auf etwas Besonderes, Eigenes, das uns gegen außen unverwechselbar und erfolgreich macht. Das ist auf privater Ebene auch gar nicht weiter schlimm, so lange wir diese automatisch sich einschleichenden Glaubensanteile permanent aufspüren und beobachten. Aber schon aus der griechischen Philosophie kommt die Erkenntnis, dass nie alles so bleibt, wie es ist: *Panta rhei* (πάντα ῥεῖ), alles fließt, sagte der griechische Philosoph Heraklit (520–460 v. u. Z.).

Die Dinge bleiben im Fluss, und wenn wir bei diesem Bild auf unser Leben bleiben, dann stellen wir fest: Leben heißt vom ersten Tag an schon, sich dem Meer zu nähern, und Sterben heißt, ins Meer wieder einmünden. Das Schlimmste ist, einsam zurückzubleiben, nicht tot, nicht lebendig, weil man sich dem Fluss nicht übergeben wollte, so lange er Wasser führte. Man möchte Friede in Fluss und Meer finden, sitzt aber in Glaubenskonzepten gefangen auf dem Trockenen. So kann es Individuen passieren, so kann es Gemeinden passieren, ja ganzen Ethnien und Ländern, die sich einigeln mit ihren Glaubenssätzen, statt sich der Welt zu öffnen. Theokratien, wie sie fanatische Islamisten herbeibomben wollen, haben heute keinen Stich mehr. Selbst ihr gewaltsames Auftreten im arabischen Raum wird an ihren aussichtslosen Perspektiven nichts ändern.

Glaube ist auch eine gehörige Portion Selbsthypnose, und als Hypnotisierte ist uns alles zuzutrauen. Ich habe darum auch aufgehört, über den Glauben zu diskutieren. Kommt Glaube ins Spiel, kommt etwas Hypnotisches ins Spiel, und was wir unter Hypnose sagen, verkennt Tatsachen, nicht nur auf dem Jahrmarkt.

Glauben, das muss man jedoch auch sehen, heißt, nicht zu wissen, aber statt sich das Nichtwissen einzugestehen, wie es der Agnostiker tut, so lange ein Bild einer Gewissheit zu fixieren, bis es durch Kritik kaum mehr erreichbar ist. Die Wunde des Nichtwissens wird vom Leben abgeschnitten und bleibt ein Herd potenzieller Entzündung. Der Agnostiker weiß, dass er nicht weiß, und lässt es so stehen; die Türe, der Zugang bleibt offen und vielleicht findet er morgen eine Antwort. Vielleicht trägt der Wind eine Botschaft hinein, vielleicht auch nicht. Aber es ist auch in Zukunft niemandem zu verdenken, dass er sich in dieser brutalen Welt etwas vormachen will. Wir könnten dieses Leben kaum bestehen ohne zumindest ein bisschen Glaube. Na und!?

Aber es ist wie mit dem Rauchen, einer anderen Droge: Es wäre besser, wir könnten es lassen. Kürzlich sagte mir jemand: Es ist doof zu rauchen, aber mit Rauchern kann man wunderbare Feste feiern! Mit Gläubigen auch. Niemand singt so oft und gekonnt bis zum letzten Psalm. Und das ist nicht doof, sondern das Wichtigste. Feste sind Lobpreisungen an das Geschenk des Lebens und sie laden ein, statt dass sie ausgrenzen.

Manchmal denke ich, wenn ich in einer Kirchenbank Psalmen mitsinge, das wir das Feste feiern selbst Außerirdischen voraus haben.

Ich glaube an das Fest des Lebens!
Glaube sollte vor diesem Hintergrund eine Lappalie sein.

Aberglaube

Was ist dann Aberglaube? Aberglaube ist einfach Glaube, ein anderer, ein von einer anderen vorherrschenden Glaubensrichtung für minderwertig erachteter Glaube. Die Ideologie der kleinen christlichen Sekte galt vor Kaiser Konstantins (ca. 270–337) Herrschaft als Aberglaube und wurde darum von den Römern verfolgt. Aber kaum waren die Christen von Konstantin als Staatsglaube eingesetzt, fingen sie sofort an, die anderen Religionen zu drangsalieren.Die Geschichte des Glaubens ist weltweit verknüpft mit der Geschichte des Kampfes um die Macht in Regionen und Kontinenten.

Aber ist etwas wahrer, nur weil eine Überzahl es für wahr hält? Oder weil das Siegel des Papstes darauf haftet oder eines religiös verehrten Diktators? Es wäre ein Irrtum zu meinen, Glaube sei nur in der Kirche zu finden.

Karl Marx (1818–1883) war ein Realist, er erkannte die Macht des Religiösen. Religion sei nicht nur Aberglaube, sondern schlimmer: das «Opium des Volkes», sagte er nicht zu unrecht. Das Volk war zu Marx' Zeit bettelarm. Und arme Leute haben einen reichen Gott, weiß der Volksmund.

Man kann nicht nicht religiös sein. Man kann aber weitgehend ohne Glaube sein. Die Natur will offenbar weder Glaube noch Aberglaube, sie benötigt nur Hoffnung, Ausgleich, Anpassung, letztlich friedliche Koexistenz, auch wenn das Diktat der Konkurrenz das Bild etwas verzerrt.

Fundamentalistisch Glaubende sehen sich ausschließlich störrischen Abergläubischen gegenüber, die unter Umständen mit Gewalt missioniert werden sollen. Glaube wie Aberglaube müssen ständig eingeschworen und repetiert werden, je öfter pro Tag, desto besser. Wenn man will, ist auch das ein Akt der Aggression, eine Aggression gegen unsere innerste Natur, die den Glauben lieber verflüchtigt als verfestigt sehen möchte.

Das ist es, was die Kirchen aufs äußerste beunruhigt: die Gläubigen könnten abfallen oder auf andere Ziele abschwenken, auf einen Aberglauben hin. Denn man kann nicht nur durch Jesus von Heroin loskommen – man kann auch durch Heroin von Jesus loskommen.

Darum tauchen die Mormonen («Kirche Jesu Christi der Heiligen der Letzten Tage») immer zu zweit an der Haustür auf, einer allein könnte umfallen. Einer allein könnte durch die Argumente des zu Bekehrenden zum Atheisten oder zum Christen einer anderen Konfession werden. Ein Missionar allein könnte zum bösen Sexus verführt werden, sitzt er doch schon mal auf dem Sofa einer fremden Wohnung, und es ist schon spät, zu spät für die Straßenbahn ... Bei einem allein hat's ja niemand gesehen, bei zweien ist da stets ein Denunziant mit am Tisch, also ist die Gefahr der Verführung gebannt.

Am besten, wir geben unseren Glaubenskämpfern noch eine Uniform, sagen sich die Missionsoberen, zumindest ein makelloses weißes Hemd mit Blazer und ein eng geschnürtes Rucksäckchen, ordentlich gebohnerte und gebundene Lederschuhe und die Bibel (oder das Buch Mormon) in die Hand – ein Bollwerk zu zweit, ein Beispiel der Anständigkeit. Aber die Gefahr bleibt, denn gute Redner gibt es nicht nur vor, es gibt sie auch hinter der Haustür; und es gibt gewisse Häuser, die allein durch ihr so Sein Gläubige über Nacht zu Ungläubigen machen ...

Und darum wurden die jungen Terroristen, die ins World Trade Center fliegen sollten, zu zweit losgeschickt, mit der ausdrücklichen und auf den ersten Blick seltsamen letzten Order ihres Terrorpriesters, am Morgen des entscheidenden Tages «sich die Schuhe fest zu binden» («sich am Riemen zu reißen» würden wir sagen). Denn Abfallen von einem fanatisch verfolgten Ziel ist wie gesagt das Natürliche und könnte schon passieren, wenn man bloß in Flipflops daher schlenderte, das wissen die Hintermänner des Terrors aus eigener Versuchung.

Wie kann der universelle Geist aber Vernichtung wollen, wenn er doch offensichtlich Evolution und Ausfaltung will? Kurz: Würden Menschen die natürlichen Paritäten nicht andauernd stören, die Welt wäre von allein eine friedlichere, als sie uns die Geschichte der Kriege und Glaubenskriege offenbart.

Der natürliche Gang der Dinge will den Fokus auf Ostern, nicht auf den Karfreitag haben. Karfreitag ist der Tag des Todes: Jesus wird an Karfreitag um etwa neun Uhr vormittags Eastern European Time («zur dritten Stunde») ans Kreuz genagelt. Ostern wäre die Auferstehung Christi von den Toten.

Die Geschichte des Christentums ist aber im Wesentlichen die Verschiebung von Ostern auf Karfreitag, von Pfingsten gar nicht zu reden. Es ist die pure eigene Panik der institutionellen Umdeuter der Geschichte, die aus dem Leiden eigenes Kapital schlägt aus Angst, verschwinden zu müssen. Die Festhalter und Festschreiber halten ihre eigene Bedeutungslosigkeit unter dem Sternenhimmel nicht aus, das ist alles. Hoffnung darf ihnen nicht genügen, es muss

Glaube an das Leiden herrschen, und zwar bei allem rundherum, am besten auf der ganzen Welt das eigene, selbst festgeschriebene, koste es was es wolle.

Das Übernatürliche in den Religionen

Dass Glaube repetiert werden muss, weist auf den Zweifel hin, der im Glauben immanent ist. Deshalb gehört zum Gläubigen wie der Deckel zum Topf, dass er ständig der Gefahr der Verführung unterliegt. So wird die natürliche Versuchung, damit wir Erfahrungen machen und uns vermischen, die Verführung zum Abfallen vom Künstlichen, zu einem legitimen Bestandteil des Glaubens und muss nicht mehr hinterfragt werden. Der legendäre Heilige Antonius der Große in seiner ägyptischen Höhle (251–356) soll uns als Beispiel dienen. Ständig umschwirren ihn nackte Frauen (!), flüstern Teufel und Dämonen, aber was man zu sehen glaubt, muss es noch lange nicht geben; das hat wohl jeder schon erlebt.

Antonius bleibt standhaft – jedenfalls der Legende nach. Tausende von Märtyrerlegenden sollen uns unsere Schwäche vorführen und uns als leuchtende Beispiele der Standhaftigkeit dienen, die Wände der katholischen und orthodoxer Kirchen und der Hinterzimmer islamischer Indoktrinierer sind voll von Heldentaten gegen die Natürlichkeit. Der Beruf des Mönchs und die Funktion des Märtyrers ist es, als Vorbild zu dienen.

Darum müssen diese Religionen stets neue Heilige und Selige hervorbringen, damit man sehe, dass man auch heute standhaft sein kann. Rom produziert sie am Laufmeter, und Papst Franziskus erweist sich auch darin als der eifrigste von allen. Ob Gott seine Freude daran haben kann, dass seine Menschengeschöpfe selbst entscheiden, wer selig und wer heilig zu sein hat? Heiligsprechung im dritten Jahrtausend?

Darum gehört ein Zeichen des Himmels unabdingbar dazu. Es ist retrospektiv schnell gefunden, wer weiß denn nach Jahren und Jahrzehnten noch so genau, wie das war mit der Heilung jenes Kranken war? Ein Komitee aus Theologen prüft das Wunder nach Katalog, damit das Ganze einen wissenschaftlichen Anstrich bekomme. Bei der bevorstehenden Heiligsprechung des verstorbenen Papstes Johannes Paul II. musste kürzlich allerdings ein Wunder flugs durch ein anderes ersetzt werden, denn die Frau, die er geheilt haben soll, erkrankte erneut ... Wunder, die bewiesen werden müssen, können keine Wunder sein, das scheint den Heiligsprechern nicht aufzufallen. Die wahren Wunder des Universums müssen nicht bewiesen werden, sie lassen weder Sinn noch Zweck erkennen. Die Milchstraße haut einfach um.

Glaube oder Aberglaube sagt leider nichts weiter aus, als dass man *glaubt*. Und wenn Millionen glauben, heißt das nur, dass es ein enormes Bedürfnis nach Glaube gibt, nichts weiter. Glaube heißt nur, dass dieses Erdenleben als Mensch offenbar ohne zumindest Hoffnung nicht zu bestehen ist.

Aber ob es Gottesglaube braucht? Auch das ist widerlegt. Millionen aufgeschlossene Zeitgenossen leben ein gutes Leben ohne Gott. Millionen von Marxisten, Millionen von Nationalsozialisten, Millionen von Maoisten haben geglaubt und sich geirrt. Aus heutiger Sicht hatten aber jene Recht behalten, die als Irregeleitete galten, die Ungläubigen, die Wenigen. Insgesamt über hundert Millionen Menschen wurden in jenen Zeiten umgebracht, noch viel mehr in Lagern gequält und psychisch zerstört. Dabei waren sie nicht einmal Abergläubige, sondern Nichtgläubige, also einfach nur Realisten. Der Marxismus erwies sich im Nachhinein als einer der größten Irrtümer der Geschichte, nicht vom Anliegen – das dem christlichen nicht unähnlich ist –, sondern der Methode der Durchsetzung her.

Ich wüsste allerdings nicht, auf welcher Seite ich in diesen Regimes gestanden hätte, auf welcher in den Glaubenskriegen. Sein Leben lassen für einen Glauben? Giordano Bruno ließ sich für seinen Realismus auf den Scheiterhaufen stellen. Er hatte recht; es gibt andere Planeten, die um andere Sonnen kreisen. Galilei soll seine Erkenntnis, dass es noch andere Gravitationszentren als die Mutter Erde gibt, widerrufen haben. Der Papst wollte nun mal nicht durchs Fernrohr schauen, es hätte ihn als geglaubtem Mittelpunkt des Universums vom heiligen Stuhl gefegt. Wir hatten es gut – meine Generation, wir so genannten Achtundsechziger, wurden bis dato nie auf Glaube und Aberglaube, Lehre und Irrlehre geprüft, und in großes Wort zu führen, war relativ ungefährlich.

Aberglauben – also Glauben – lohnt sich nicht, in die Zukunft mitzunehmen. Es ist damit genug Leid unter die Menschen gebracht worden. Und das Gute, das Glaube bewirkt hat, ist heute und in Zukunft besser durch andere Mittel gewährleistet.

Insbesondere die katholische Kirche warnt selbst vor Glaubensverwirrung, obwohl sie ihr Bestes tut, um diese zu erzeugen. Ihre eigene Unterscheidung von normalem und überspanntem Gottesglauben soll potentiellen Kritikern den Wind aus den Segeln nehmen. Wäre aber Gott wahr, könnte zuviel Gott nicht schaden.

Und die Geschichte zeigt: Sobald eine Gruppe erst als

Glaubensverwirrte Bezeichnete eine gewissen Größe erreicht hatte, wurde sie gerne in den Schoß der allein selig machenden Mutterkirche zurückgenommen. Erst wurde vor dem ausgewiesenen Betrüger Padre Pio (Pio von Pietrelcina, 1887–1968) von päpstlicher Seite explizit gewarnt und vor dem Hinpilgern abgeraten und, als die Pilgerströme exponentiell zunahmen und nicht abebben wollten, erst mal selig und dann heilig gesprochen. Desgleichen geschah mit der Bewegung der ultrakonservativen Lefebvristen, den Anhängern des radikalkonservativen früheren Bischofs Marcel Lefebvre (1905–1991), einem üblen Antisemiten. Seine Bewegung wurde zuerst von der Kirche «verteufelt» und dann noch anerkannt.

Luzifer – who the hell is Lucifer?

Luzifer gilt als gefallener Engel, der den himmlischen Anforderungen nicht gewachsen war und in der Hölle die Hoffärtigen bestrafen muss. Wenn wir Gott «das Positive» nennen wollen, und Teufel «das Negative», dann will der Volksmund sagen: Schatten ist bloß eine Folge des Lichts, das Dunkle ist bloß ein Knecht des Hellen; wenn ich das Licht verschiebe, muss der Schatten mitwandern, der Teufel hat also Gott zu gehorchen, er ist sein Schatten und hat kein Mandat zum eigenmächtigen Handeln, man kann den Teufel an und ausknipsen. Physiker würden sagen, der Teufel sei eine abhängige Variable von Gott.

Wie jedoch im Besonderen die katholische Kirche und der Islam den Teufel zeichnen und vermitteln, hat mit der

Realität der Dinge nichts zu tun, sie vermitteln einen aktiven, «leibhaftigen» Teufel, so, als ob der Schatten mit dem Licht kämpfen könnte. Ihre berechtigte Aufgabe sehen sie darin, das Licht stets siegen zu lassen, als ob es nicht von vornherein schon gewonnen hätte.

Die abendländischen Religionen haben uns das Vertrauen in das allein aktive Wesen des Lichts gründlich ausgetrieben. Es gibt neben Politikern selbst Philosophen, die vom absoluten Bösen reden, als wären es nicht die Umstände, die uns zu Bestien werden lassen können.

Licht ist das allein gültige Prinzip, nicht Dunkelheit. Das ist eine ungeheure Botschaft, das wahre Evangelium. Und sie ist Tatsache, nicht Interpretation, sie muss nicht geglaubt werden, jeder kann es feststellen! Jeder, der einmal geflogen ist, kann bestätigen, dass über den Wolken stets die Sonne scheint und Nacht nur der Drehung des Planeten Erde geschuldet ist. Der Teufel ist der falsche Widersacher. Die echten Widersacher sollten wir schleunigst und im eigenen Interesse in jenen sehen, die uns mit diesem Inbegriff des Bösen so schändlich an der Nase herumführen und blind machen vor den möglichen Folgen dieses Denkens. Sie wollen uns vom Licht abwenden und den Blick auf das Teufelsphantom richten, weil mit «sonnigen» Menschen kein Machtspiel zu spielen ist.

Dunkelheit ist doch jedem Kind offensichtlich bloß Abwesenheit von Licht, eigentlich zu vernachlässigen. Genauer noch: Dunkelheit ist Abwesenheit von Energie. Jeder, dessen Energie einmal am Ende war, kann es bestätigen. Und sehr oft taucht zutiefst Erschöpften dann der Teufel auf. Was Exorzisten austreiben, ist nicht der Teufel, es ist die letzte Kraft, die der angeblich Besessene noch hat. Dass es immer wieder Todesfälle gibt, zeigt die ganze Ignoranz und Verwirrung, die die katholische Lehre in Köpfen anrichten kann. Man indoktriniere einen Dämon, um ihn dann austreiben zu dürfen und den Beweis für die Richtigkeit des ganzen Lehrgebäudes schauerlich vorzuführen. Würde man diese Lehre auf *Self-fullfilling prophecies* abklopfen, bliebe herzlich wenig übrig. Das herzliche genügte doch!

Wir sagen gegen besseres Wissen: Die Sonne geht auf und die Sonne geht unter; unsere Sinne haben sich mit diesem über Millionen von Jahren ausgebildeten Erleben entwickelt und können nicht mehr anders. Aufgrund der gleichen Konditionierung unserer Sinne geht es in den Volkstheatern handfest um Gut gegen Böse, wobei am Ende richtigerweise das Gute siegt, oder – nüchterner betrachtet – das Gut-Böse-Spiel, vielmehr noch: es gewinnt das Spiel über Gut und Böse, die Dialektik. Denn kaum haben wir uns über das Happy End gefreut, kommt schon wieder das Böse um die Ecke und fordert Revanche. Darum nehmen pseudoreligiöse Fantasyfilme kein Ende; immer kommt ein noch Böserer daher, der von einem noch Heiligeren in die Schranken gewiesen werden muss. Denn der Bösewicht ist gar nicht über die Klippe gestürzt, er hat sich noch von allen unbemerkt an einem Grasbüschel festhalten können und lebt. Der kannibalisch veranlagte Hannibal Lecter in dem Thriller mit dem vielsagenden Titel «Das Schweigen der Lämmer» taucht in Teil II plötzlich wieder auf. Kein Wunder lebt der so genannte Böse, solange der sogenannte Gute lebt. Aber das ist Kino und nicht Nachdenken über die letzten Dinge im dritten Jahrtausend, die man Wortführern von Religionen doch hätte zumuten dürfen, statt sich ohne Ende mit den Spielzeugen der Licht-Schatten-Täuschung abzugeben, wie es das Licht-Schatten-Spiel des Kinos tut.

Ich wünschte mir in unserer narzisstischen Zeit mit ihren

absurden Exzessen manchmal dringend von diesem Geist eines von Anfang an versöhnten «Wir». Es käme vor allem den Kindern zugute, die im urbanen Raum kaum noch vorgesehen sind. Und ich wünschte mir eine Religion, die das Böse nicht abgelöst zu einem Schreckgespenst stilisiert, damit die Herde der Lämmer zusammenbleibe und schweige, sondern es begreift als das, was es ist und wie es der weise Volksmund schon sagt: Luzifer als ein Teil des einen gleichen Lichtspektrums. Die Botschaft aller religiösen Botschaften rund um die Welt ist eine frohe. Sie heißt: Es gibt nur Licht! Dunkelheit heißt bloß: «Gott ist immer zuhause, er löscht nur manchmal das Licht.» Und wenn ein Gott dieses Gut-und-Böse-Spiel erfunden hat, dann ist es eine Sie, eine Gebärerin von Anfang an, die nur das Wohl ihrer Kreaturen im Auge haben kann, auch wenn es in den Augen von selbsternannten Individuen anders aussehen mag.

Wird das Erscheinungsbild unserer Kirchen dieser sogar physikalisch beweisbaren Tatsache gerecht? Der Tatsache, dass man Gott wissen kann und nicht zu glauben braucht? Wo ist das Halleluja aus tiefstem Herzen über diese ungeheure Tatsache? Es gab einmal eine Tagesschausprecherin im deutschen Fernsehen, die am Schluss stets sagte: «Alles wird gut.» So wie ich die meisten Kirchgänger jeweils ins Freie treten sehe, habe ich nicht den Eindruck, sie hätten diesen Satz gerade in ihrer Kirche gehört. Jedoch freut sich sichtlich jeder, draußen im wärmenden Licht der Sonne zu stehen und eine Zigarette anzuzünden und noch einen Schwatz zu halten.

Ich finde es jedenfalls ungeheuer fair vom «Alten Herrn», dass wir nicht nicht sind und dass es von Anfang an gut ist – dass wir also gar nie anders als dazugehören können. Die Existenz des Schöpfers ist ein Wir, insofern sind wir von seinem Bilde. Ich finde meinen Trost nicht im Glauben, sondern darin, dass es am Ende gar nicht anders als richtig herauskommen kann. Es ist eine ungeheure, beruhigende Tatsache, dass der Optimist und der Pessimist nicht zu gleichen Teilen Recht haben, wenn sie – je nach dem – vor einer halbvollen oder halbleeren Flasche stehen. Der Optimist hat recht – die Flasche ist nicht nur halbvoll, sie ist überhaupt da. Diese Tatsache allein ist doch völlig ausreichend, sich als Religiösen zu begreifen.

Es stehen bloß manchmal Wolken vor der Sonne. Sonnen kommen locker sogar ohne Wolken aus. Und von weitem gesehen leuchtet unsere Erde ins All, als wären Wolken gar kein Thema. «Über den Wolken muss die Freiheit wohl grenzenlos sein!», singt der Berliner Liedermacher Reinhard Mey. Recht hat er! Wir kommen zwar vorläufig nicht darum herum, immer wieder zu landen und ein paar lächerliche Kilometer tiefer unsere menschlichen Dramen zu absolvieren, aber eigentlich ist das alles doch gar nicht unser Ernst ...

Warum lassen wir nicht diesen ganzen Umweg über Glauben, Erbsünde und Schuld? Vermeintlich religiöse Haltungen, auf dieser Pflichtübung begründet, sind «ein Haus auf Sand gebaut», wie es heißt. Ich behaupte, die Urchristen, die diesen ganzen Umweg noch nicht kannten, schöpften ihre Kraft aus anderen Quellen. Sie tanzten ekstatisch an Pfingsten. Und wenn sie sich lieber foltern ließen, als unumstößliche Tatsachen zu verleugnen, dann schöpften sie ihre Kraft aus dieser *potion magique*, nicht aufgrund starken Glaubens.

Die Sedimente der Ausflucht vor der «Wahrheit des Lichts» (die von den Kirchen verbal zwar beschworen wird) haben, zugegeben, imposante Dimensionen angenommen. Die Umgewichtung von Licht und Freude auf Schuld und

Angst hat über die Jahrhunderte einen gewaltigen Berg geboren. Man führt Touristen mit gedämpfter Stimme durch seine dunkeln Labyrinthe. Kinder kämen nie auf die Idee, in einer katholischen Kirche zu spielen, sie wollen draußen spielen, im Licht, im Gras. Wenn Jesus spricht: «Lasset die Kinder zu mir kommen, denn ihrer ist das Himmelreich», dann kann ich mir nichts anderes darunter vorstellen, als dass er meinte: Nehmt doch die Kinder zum Beispiel: sie kommen positiv auf die Welt, es sind Lichtwesen von Geburt und nicht Schuldwesen, und wenn sie verquer herauskommen, dann habt ihr Schriftgelehrten sie so gemacht! Wer diese Unschuld missbraucht, sagte Jesus auch, dem sollte ein Mühlstein um den Hals gebunden werden und der gehöre ins Meer versenkt.

VIII.
Schuld und Sühne

Erbsünde und Schuldhaftigkeit

Kürzlich, zur Einsegnung unserer kleinen Dorfkirche im Tessin, nahm ich an der Messe teil, die ein junger aus dem Haupttal herauf gerufener Pfarrer zelebrierte, weil die Pfarrstelle des größeren Nachbardorfes mangels Nachfolger gestrichen werden musste. Er begann den Gottesdienst mit der jedem Katholiken bis in die Knochen geläufigen Formel: «Mea culpa, mea culpa, mea maxima culpa» (meine Schuld, meine Schuld, meine übergroße Schuld). Somit wusste einmal mehr gleich jeder Kirchgänger von Anfang an, was er von sich selbst zu halten hatte und in welchem Rahmen alles weitere zu verstehen war: «So wie du dasitzt, Mensch, hast du allen Grund dich zu schämen!»

Hinterher, beim Umtrunk danach, draußen im hellen Sonnenschein, erwies sich der frische Abgänger des Priesterseminars durchaus als gewiefter Kenner theologischer Abstraktion. Woran soll man nun diese Kirche messen?

Da wir Menschen sind, tragen wir den Treuebruch mit Gott in uns, nicht ohne Grund hat Gott den Adam aus dem Paradies geworfen. Noch schuldiger ist natürlich Eva; sie soll sich aus lauter Schuld verhüllen, schweigen und mit Schmerzen gebären. Besser noch, sie werde gleich beschnitten wie in gewissen Ländern des Islam bis heute, der anderen Männerreligion, und in ihrem intimsten Wesen, dem Geschlecht, erniedrigt und im Zaum gehalten.

Sogar die Schlange hat Schuld, die Eva verführte (immerhin wird einmal ein Tier ernst genommen!), darum sollen Menschen nach ihr treten, wo sie sie nur finden. Am besten, man tritt gleich gegen alle Tiere, diese schamlosen Wesen, die Pferde und Esel, die öffentlich kopulieren und Geschlechtsteile ausfahren, größer als Unterarme. Hauptsache Schuld als Erstes und von Anfang an, wo man nur hinschaut, und wenn ein schuldig Gemachter schaut, sieht er überall nur Schuld und Schuldige – wie es dem Kirchenvater Augustinus (354–430) nach seinem Bekehrungserlebnis im entscheidenden vierten Jahrhundert ergangen sein muss. Er wurde sozusagen zum ersten Opfer seiner eigenen Lehre, die die beiden christlichen Konfessionen bis zum heutigen Tag beeinflusst.

Auch wenn selbst die evangelischen Kirchen durch Augustinus beeinflusst wurden, sind Protestanten irritiert darüber, dass das katholische Glaubenssystem so sehr auf die «Erbsünde» als Grundschuld besteht: Man ist schuld, obwohl man sich noch nicht einmal schuldig gemacht hat. Ich habe mich immer gefragt, welches Element ausmacht, dass man beim spontanen Erraten der Konfession eines Gegenüber oft richtig liegt: Ergebenheit ins Einverständnis des Mea Culpa glaube ich jedenfalls meist auf Anhieb zu erkennen – aber auch den Lustaspekt und eine gewisse Entspannung und Geborgenheit darin, weil sich daran ohnehin nichts ändern lässt. Wer damit aufwächst, unabhängig davon, ob er in der Kirche bleibt oder austritt, hat diesen Gestus in und um sich und trägt ihn in alle Winkel seines Lebens hinein, mit allen Konsequenzen für Leib und Leben. Katholizismus ist ein Geruch. Protestantismus hat keinen, auch mit allen Konsequenzen für Leib und Leben. Man muss die Schwere der Jahrhunderte durchaus in Rechnung stellen, wenn man davon spricht, Religionen und Konfessionen in Nischen der Historie gleiten zu lassen. Es wird nicht schon morgen sein.

Allerdings nehme ich es dem katholischen Glaubenssystem übel, dass es mich am liebsten in Angst und Gewissensnöte hineintreiben würde, wenn sie könnte. Andere Religionen verzichten auf den Trick, Menschen erst schuldig zu machen, um sie dann im eigenen Betrieb zu erlösen. Die Symbole der Urchristen sind dem saftigen Leben zugewandt, nicht dem finsteren. Die christliche Staatskirche hat nur eines umgehend verstanden: Schuldige sind lenkbar und leicht bis zur Selbstaufgabe an der Stange zu halten.

Das haben auch viele Sektengurus schnell begriffen. Gib deinen Jüngern das Gefühl, dass sie noch lange nicht genügen und schon ganz lange nicht an dich, den allweisenden reinen Sektenguru, heranreichen; dann kannst du von ihnen verlangen, was du willst. Sie werden sich selbst umbringen für dich. Frauen werden sich darum streiten, sich dir hinzugeben zu dürfen, ja werden sogar schweigen, wenn du dich an ihre Kinder heranmachst. Man wird dir Vermögen und Legate nachwerfen, um nur manchmal ein anerkennendes Wort aus deinem Munde zu erfahren. Je mehr du als Wortführer mit Anerkennung geizt, desto besser, desto *cooler*. Am besten rufe ständig in Erinnerung, viele seien berufen, aber wenige nur auserwählt, und der Auserwählte seist du, der Guru, und vielleicht in ferner Zukunft einmal einer der Gruppe.

So geschieht's bis heute. Jeder Schürzenjäger und Fischer kennt den Trick: Angel ran und dann Leine geben. Es ist egal, was du dann verkündest, es kann der hanebüchendste

Unsinn sein (siehe Scientologen mit ihrem Ron Hubbard), etwas um Ufos oder Engel, es ist egal – und selbst noch, wenn die Tricks auffliegen, wie jene des Betrügers Sai Baba in Indien oder des Padre Pio in Italien, die Sekte wird dir treu bleiben.

Und warum bleiben die Mitglieder treu? Einzig darum, weil man als Jünger nicht Jahrzehnte seines Lebens an einen Schwindler vergeudet haben will und der eigene Glaube an Phantasmen der Lächerlichkeit preisgegeben würde. Es darf nicht wahr sein, dass alles Unsinn war, und damit die besten Lebensjahre draufgingen, also ist es wahr. Punkt.

Ebenso wenig beweisen die Tradition der Kirchen, ihre gewichtigen Kathedralen und Nekropolen, die Gewichtigkeit ihrer Lehre. Sie weisten vielmehr auf den Zweifel hin, der über ihren Krypten liegt.

Nachdem sich ein Teil der Sekte der «Sonnentempler» 1994 auf Befehl ihres Meisters in einem Ferienhaus im Wallis in der Schweiz vergiftet und verbrannt hatte (ich leitete anderntags ein paar Häuser weiter ein Seminar über Atemtherapie – man kann sich die Stimmung im Dorf vorstellen!), brachten sich rund ein Jahr später nochmals mehrere Jünger um, obwohl nachgewiesen worden war, dass das System des Joseph Di Mambro auf Schwindel beruhte und das vom Großmeister stets vorgeführte Flammenschwert im Zentrum ihres Rituals eine simple Neonröhre war. Sektenchefs könnten das Wort «Hochstapler» noch auf die Stirn schreiben; es würde ihnen nicht geglaubt, im Gegenteil. Es würde heißen: er will uns nur prüfen!

Oder man lese Ron Hubbards Schriften. Abwegigere Fantasien als die des Begründers der Scientology Church kann sich ein Verrückter nicht ausdenken, und das dient durchaus einem Zweck: Der Glaubensinhalt muss absurd

(*Credo quia absurdum*) oder zumindest sehr unwahrscheinlich sein, sonst gäbe es nichts zu glauben und würde nicht abfärben auf alles andere, was auch noch zu glauben ist um eine Machtstruktur herum. Dass sich Glaube solcher Dynamik verdankt, darf man als praktizierender Ungläubiger schon bedenklich finden.

Es ist im gewissen Maß skurril, wenn die katholische Kirche Beratungsstellen unterhält, die über Sekten und deren Phantasmen aufklären, während der christliche Glaube mit unbefleckter Empfängnis, Himmelfahrten (ohne technisches Gerät), Auferstehung von Toten, mehrstöckigen Höllenuntergeschossen und Himmelsoberetagen und so weiter nicht weniger abenteuerlich ist. Zu diesem Sammelsurium passt beispielsweise die Ideologie der Raelianer, die an Ufos glauben. Ihr Chef Claude Vorilhon alias Raël will Kontakt mit einem Vertreter einer außerirdischen Zivilisation gehabt haben.

Aber so oder so: Locke einige Menschen an, lasse sie auf irgendeine Weise als schuldig oder minderwertig empfinden, und deine Machtmaschine wird rasant an Umfang zunehmen.

Missbrauch in Sekten und Kirchen ist heute ein Standardthema in den Medien. Schlimmer noch: Schuldige ziehen den Missbrauch geradezu an. Jemand, der ständig glaubt, das Opfer zu sein, wird früher oder später einen Täter auf sich aufmerksam machen. Wenn ich mich wie ein Schaf benehme, werde ich einen Schäfer finden, und wenn ich Beute spiele, kommt einer schon um die Ecke, in dessen Beuteraster ich passe. Die gesamte göttliche Kreatur von der Mauerassel bis zum Menschen trachtet beständig danach, sich aus Abhängigkeiten herauszuwinden, und Menschen bringen Menschen Abhängigkeit bei! Wer ist hier blind, die

Natur oder der Mensch, der sich ihr in christlichem Geiste überlegen fühlt? Die Vögel schubsen ihre Jungen über den Nestrand hinaus, damit sie fliegen lernen – es ist offenbar der Wille des Herrn, dass sich seine Schöpfung emanzipiert ... und die Kirche hat nichts besseres im Sinn, als Menschen durch Schuldmechanismen im Nest zu behalten ...

Dass nicht alle Sekten und Kirchen des Teufels sind und die wenigsten Vorsteher von religiösen Vereinigungen Missbrauch im Sinn haben, sollte klar sein. Aber Schuld und Minderwertigkeitsdenken sind ein äußerst subtiles Gift, es lähmt und infiltriert die Seele in homöopathischen Dosen.

Ein Beispiel aus dem richtigen Leben gegriffen: Im Hauptort unseres Tales im Tessin gibt es am Kiosk ein Wochenmagazin zu kaufen, das sich tatsächlich «Meine Schuld» nennt (zur Auswahl steht auch noch «Meine Sünden» im Gestell ...). Darin beschreiben durchwegs Frauen (!), was sie durch ihre eigene Schuld zu erleiden hatten oder haben: Ich bin selber schuld, dass mich mein Mann verlassen hat ... Weil ich zu dick bin, habe ich die Stelle nicht bekommen ... Meine Tochter schämt sich für mich ... und so weiter und so fort. Wahrscheinlich bin ich der einzige Mann, der das Heft stets kauft. Unter den Bildern steht jeweils «nachgestellte Szene», und natürlich ist dem Stil anzumerken, dass alles aus einer einzigen Feder stammt, der des Redakteurs, einem Mann.

Wenn der Protestantismus über sein Leistungsethos den Katholizismus infiltriert hat, dann hat der Katholizismus den Protestantismus mit Schuld angesteckt. Denn in protestantischen Kirchen geht es nicht wirklich fröhlicher zu, es gibt nur weniger Spielzeuge. Treten auch hier am Sonntag Menschen in die Kirche ein, werden sie im Orgelgetöse gleich kleiner, als hätten sie es nun noch immer mit diesem

Gott zu tun, der gerade eben Blitze geschleudert und mit Donnergrollen nachgedoppelt hatte. Von der Empore herab sieht es so aus, als sitze da unten eine Schulklasse in ihren Bänken, die etwas verbrochen hat und als habe der Rektor der Schule eben ausgerufen: «Keiner verlässt diesen Raum, bevor sich der Dieb der Klassenkasse unter euch nicht gemeldet hat!»

«Meine Schuld, meine Schuld, meine übergroße Schuld», lassen sich rund zwei Milliarden Katholiken mindestens einmal in der Woche, wenn nicht täglich einreden. Man bedenke die Folgen dieser Hypnose weltweit! Unterstehe dich, an deiner Grundschuld zu zweifeln, und sollte sich das Schuldgefühl auflösen – was es naturgemäß täte – dann seist du ständig daran erinnert, wie lau dein Glaube ist! Ein einträgliches Geschäft und ein Hemmschuh sondergleichen für die natürliche Entfaltung immer weiterer Generationen.

Der Fluch – Wie Menschen zu Fröschen werden

«Aus dir wird nie etwas», hörte ich einen Vater zu seinem Kind sagen. Das war zu einer Zeit, als ich noch ein Kind war. Etwas Schlimmeres kann ein Erzieher zu einem Kind nicht sagen. Dieses Kind aus meinem Dorf, wo man solche Sätze öfters hörte, ist heute ein erwachsener Freund von mir und versucht noch immer seinem inzwischen verstorbenen Vater zu beweisen, dass der nicht recht hat. In seinem Fall behält der Vater leider immer noch recht: alles, was mein Freund in die Hände nimmt, scheitert früher oder später auf die subtilste Weise. Er weiß längst, was eine sich selbst erfüllende

Prophetie ist, und tut mit Hilfe seines Psychiaters alles, um ihr gegenzuhalten. Gerade deshalb ist er ihr ausgeliefert. Er hatte es sich als Kind zu gut gemerkt.

Flüche und Segnungen sind unheimlich starke Befehle an unser Unbewusstes. Sie bestimmten früher den künftigen Platz in der Gemeinschaft, ohne die ein Überleben unmöglich war. Der Fluch eines Stammesführers oder Medizinmannes bedeutete, wie gesagt, Ausschluss aus dem Clan und damit langsames Umkommen. Ritualtod war vergleichsweise die mildere Variante. Wir sind für Prophezeiungen, Segnungen und Flüche äußerst empfänglich, zuviel hing über hunderttausende von Jahren von ihnen ab. Ständig segnen oder verfluchen die Herren der Bibel das eine oder den anderen. Päpste konnten allein schon mit der Androhung der Exkommunizierung Könige auf Knien ankriechen lassen (Der Gang nach Canossa des Königs Heinrich IV, 1076). Die Volksgunst hätte sich von ihnen abgewandt.

Schuldig sprechen oder von Schuld freisprechen ist nichts anderes. Die Macht «des Wortes» oder vormals bloß erst der Geste ist ungeheuer, das Machtmittel der Religionen schlechthin. Im Anfang war das Wort – so beginnt die Bibel. Die ersten Bibelschreiber wussten, was sie da sagten, sie waren Patriarchen, die das Wort sprachen. In den Märchen geht es stets um Flüche und Segnungen, die sich erfüllen würden. «Du wirst einmal Königin werden» – und schon wird aus einem Aschenputtel eine Königin. Aber durch das Wort werden Menschen auch zu Fröschen gemacht. Der Fluch der Erbsünde ist so ein «Froschfluch». Dabei könnten wir alle Könige sein.

Man achte darum stets, was man sagt, erst recht in symbolträchtigen Momenten, bei Hochzeiten und Initiationen jeder Art, und noch vielmehr gegenüber Menschen die in unserem Machteinfluss stehen. Worte können Welten vernichten oder erschaffen, sie können krank oder gesund machen, sie können töten, sie können Glück aber auch das schlimmste denkbare Leid bereiten, schlimmer als der Tod: den Ausschluss vom Wohl und der Anerkennung durch die Gemeinschaft der Menschen. Denn der Geächtete fällt tiefer, als das Tier fallen kann. Ein Tier kann nicht über sich hinauswachsen, wie es der Mensch kann, es kann aber auch nicht unter das Niveau seiner Art sinken. Tiere bewahren selbst in deplorablen Zuständen ihre Würde. Der Buhmann der Familie, des Quartiers, des Landes hingegen steht einsam außen vor und sieht Nachbarn mit ihren Hunden reden, aber keiner redet mehr mit ihm. Und umgekehrt ist zu erleben, wie Hunde und Katzen dich zu meiden beginnen, wenn du dich selber als Ausgeschlossenen siehst und benimmst. Es kann dir passieren, dass dich selbst deine geliebte Katze anfaucht und verlässt. Am Tag als Sigmund Freud, der Vater der Psychoanalyse, von Krebs geschwächt, von seinen geliebten Hunden verlassen wurde, wählte er den Freitod durch eine Überdosis Morphium.

Ein Gerücht ins Internet gesetzt, kann einen *Shitstorm* auslösen, der den Betroffenen schlimmer bestraft als der Tod. Er wird den Verdacht, ob die kollektive Verfluchung zu recht erfolgt oder nicht, nie mehr abschütteln können bis an sein physisches Lebensende. Darum sind Suizide von Jugendlichen, die solcherweise gemobbt werden, nicht selten. Das Internet, das nie mehr vergisst, ist neben allem Segensreichen auch zu einem gnadenlosen Hinrichtungsinstrument geworden. Und was im Namen der Bibel auf diese Weise angerichtet wurde, ist Legion. Nicht ohne Grund haben Luther und Zwingli auf die Macht des Wortes gesetzt und nur auf das Wort.

Opfer

Tiere brauchen keine Religion, sie benötigen auch kein Korrektiv «Seele», da sie keine Grundangst kennen und nicht vor lauter Schreck in Sackgassen laufen. Tiere opfern nicht und spielen nicht Opfer, sie würden umgehend gefressen. Opfern, sich opfern: Opfer und Täter spielen entspricht somit Haltungen, die nur dem menschlichen Denken entspringen können.

Man könnte Religionen in Opferreligionen und Erkenntnisreligionen unterteilen, wenn das noch irgend etwas brächte. Denn der Gott des Zen-Buddhismus hat es gut – es gibt ihn nicht. Er muss sich nicht die ganzen Klagen der selbsternannten Opfer seines offenbar verfehlten Werkes anhören und musste auch nie den Gestank verbrannten Fleisches einatmen, der seinen Himmel verpestet hätte, wie Gottvater der drei anderen Religionen.

Und trotzdem bezeichnet man Zen als eine Religion – eine Religion, die ohne das ganze Übrige auskommt, das wir für unverzichtbares Glaubensinventar halten, zum Beispiel das Opfern. Ihre Qualität besteht darin, Menschen zu zeigen, wie sie mit der Panik vor ihrer erkannten Endlichkeit umgehen könnten, statt auf Bestechung durch Opfergaben zu setzen.

Immer wieder tauchten religiöse Bewegungen auf, die sich nur auf diese Essenz beschränkten, wie ursprünglich auch die Sufitradition. Sie werden meist von den Opferkirchen grausam verfolgt, die ein Abwandern aus ihren Einflusssphären fürchten. In Pakistan gibt es eine Sufitradition um einen verflossenen Sufimeister, die alljährlich ein orgiastisches Fest veranstaltet, wo Frauen und Männer jenseits aller gesellschaftlicher Normen sich ohne jede Beschränkung dem Rausch hingeben, eine Fasnacht der Sinne, ein Ostergelächter, wie es die christliche Tradition kannte und auch das Judentum in aller Bescheidenheit noch nachfeiert.

Inwieweit das direkte oder subtile Opferspiel in anderen Kulturen gespielt wird, sei offen gelassen. Der Opfertod des Jesus bietet jedenfalls eine hervorragende Kulisse, um es zu inszenieren. Die einen spielen Opfer, damit die andern Täter spielen können. Oft sind aber Opfer bloß unfaire Täter, die auf subtile Weise die Fäden in den Händen halten. Heerscharen von Psychologen leben prächtig davon, diese Fäden wieder zu entwirren, Exorzisten warten geradezu darauf, vor einem jungen Opfer die Präsenz des Teufels vorführen zu dürfen. Der alttestamentarisch motivierte Strafvollzug bis hin zur Steinigung und dem «Prisonbusiness» in den USA beschwören den Status quo, Regierungswechsel und Revolutionen hin oder her, die Opfer plötzlich auf die Tribünen der Macht erhebt und Täter in die Zellen vormaliger Opfer.

Was hat Opfer spielen mit Opfern zu tun? Wir wollen uns sozusagen zurückkaufen, da wir durch unseren mehr oder weniger freien Willen als Produkt des Denkens die Freiheit erlangt haben, uns vom Natürlichen zu entfernen. Zu opfern ist sozusagen eine Bestechung des Göttlichen. Und insofern wir die Opferrolle spielen im willkürlichen Wirken der Götter, bestätigen wir sie als Verantwortliche für uns arme gebeutelte Menschen – ihr da oben, wir da unten. In Beziehungsdingen sagt die Opferrolle: Du glaubst wohl, der Akteur zu sein, aber du bist genauso gebunden, nur bin ich schuldfrei, und du wirst dein Tun verantworten müssen, ob auf Erden oder dereinst vor dem Herrn.

Angesichts von Blitz und Donner das Schicksal bestechen zu wollen, ist wohl eines der ältesten Rituale, die Menschen kennen. Millionen von Erwachsenen, Kindern – von den Opfertieren gar nicht zu reden – sind diesem Bestechungswahn zum Opfer gefallen. Das Aztekenreich hatte sich geradezu zu Tode geopfert, einige wenige Spanier genügten, um die Reste noch umzustoßen.

Opfern steckt uns zutiefst in den Knochen – auch darum, weil wir jenseits vom Thema Religionen täglich erfahren, dass alles seinen Preis hat, auch intimste Dinge. Wenn wir etwas wollen, lehrt die Erfahrung, müssen wir etwas opfern. Und so vermischt sich unser bewusstes oder unbewusstes Wissen um den Preis aller Dinge mit der «Postkutsche aus der Vergangenheit»: das gelernte Opfern. Es gibt eine ganze Reihe Beschwörungs- und Opferrituale, die wir gar nicht als solche mehr wahrnehmen. Dauernd versuchen wir das Schicksal zu bestechen. Straßenkinder in aller Welt fischen Münzen aus Brunnen, die Touristen über ihre Schultern ins Wasser werfen, damit sie das Schicksal ein zweites Mal an diesen schönen Ort führe. In Singapur kaufen Chinesen wertlose bedruckte Banknoten, um sie in kleinen Öfen auf dem Bürgersteig zu verbrennen. Sie versprechen sich davon, ein Mehrfaches der eingesetzten Summe finde zu ihnen zurück. Bettler rund um den Globus leben davon, dass wir meinen, ein paar Münzen zu geben, verschone uns vor ihrem Schicksal. Was wir mit unserem Opfern bewirken, ist Bettelei, nichts weiter, und es ist egal, ob wir die Münze ins Wasser, einen Hut oder einen Opferstock werfen.

Den Göttern zu opfern ist verschwendete Zeit und Geld. Man kann sich ausdenken, wie viele angeblich religiöse Rituale direkt und indirekt mit dem unsinnigen Opferdenken zusammenhängen: praktisch alles, was man fälschlicherweise unter Religion versteht. Hat nicht Gott seinen Sohn für uns geopfert? Und wie viele lehnen Religion pauschal ab, nur weil sie verständlicherweise eine Abneigung vor dem Opferdenken haben? Es ist völlig ausreichend, dass wir weiterhin mit Autos sprechen, wenn sie auf der Autobahn ins Stottern kommen, dass wir dreimal auf Holz klopfen und nicht über Kreuz anstoßen – also Zeit und Energie opfern für Dinge, die nachgewiesenermaßen nichts bringen. Oder haben die Millionen Voodoo-Opfer die Afrikaner ins Finale der Fußballweltmeisterschaft gebracht? Gott lässt sich nun einmal nicht bestechen. Ich wundere mich, dass ihn Gläubige als das Höchste verehren und gleichzeitig für so dumm und korrupt halten können, auf solche Opfer hereinzufallen.

Aber wenn Gott nicht geholfen hat, dann war eben das Opfer nicht groß genug, sagen dann die Priester; an Gott kann es nicht gelegen haben, an uns Beschwörern schon gar nicht. Schlimmer aber: Gerade weil Opfern außer Enttäuschung nichts bringt, wird umgehend ein Sündenbock gefunden, der schuld gewesen ist: wahlweise die Juden die Roma, die Homosexuellen! Opfern wir die! Die «Farbigen» sind's, Abel ist's! – so beginnt es, und endet stets schrecklich.

Was sollen Opfer bringen? Auf eine Lebenszeit gerechnet steht der Nüchternere der beiden mit Sicherheit besser da, als jener, der jedes Mal umso mehr glaubt und opfert, je mehr er durch Glaube im Stich gelassen wird. Absurderweise glauben wir nicht, weil uns Glaube bisher etwas gebracht hat, sondern weil wir durch Glaube immer wieder enttäuscht werden.

Auch die ganzen Bergketten, die der Glaube schon versetzte und noch versetzt, bringen unter dem Strich nichts, was unsere Grundfucht mindert; sie stehen dann nur an einem anderen Ort, womöglich mitten in fruchtbaren Ebenen oder verstellen unsere Sicht auf den Himmel erst recht. Darum glauben Erdbebenopfer umso mehr und spenden Gott eine neue Kathedrale, auf dass es aber nun wirklich nicht wieder geschehe. Dass Gott beim «berühmtesten» Erdbeben der abendländischen Geschichte, jenem in Lissabon 1756, die Kathedralen einstürzen ließ, jedoch das Bordellviertel unversehrt ließ, gab zum ersten Mal Anlass, an Gottes Weisheit und dem Sinn des Opferns öffentlich zu zweifeln. Wird das bei weitem schlimmere Erdbeben in Haiti mehr oder weniger Gläubige hinterlassen?

Opfern im Sinne der Religionen bestraft das Leben, weil es ein sinnloser Aderlass darstellt. In Dimensionen alttestamentarischer Opfertiere ausgedrückt meine ich: Gebt das Fleisch lieber euren Kindern als Gott, es wäre der Menschheit besser zum Wohl und würde etwas von der Not lindern, die man durch Opfern abzuwenden versucht.

Denn was ich hier übers Opfern niederschreibe, sind nicht meine Worte. Man kann sie in der Bibel recherchieren. Es steht ausdrücklich von Gottes Sohn überliefert geschrieben, dass «sein Vater» liebend gerne auf den Gestank verbrannten Fleisches verzichten würde, das von unseren Altären kerzengerade und mit unserem bestem Gewissen begleitet aufsteigt und seinen Himmel verpestet ...

Dummheiten und unnütze Gewohnheiten zu opfern, darf in Zukunft ruhig geläufig bleiben, Werte und Nahrungsmittel zu verbrennen, sollten wir jedoch sanft der Vergangenheit überlassen.

Über die Sünde

«Unsere Religion ist geschaffen, die Laster auszurotten; doch sie beschirmt sie, zieht sie groß, und spornt sie an», schreibt der Philosoph Michel de Montaigne (1533–1592) im sechzehnten Jahrhundert.

Es ist leicht festzustellen: Was am einen Ende der Welt eine Sünde, ist am anderen eine gute Tat. Heute sind oft alle Welten unter einem Dach eines Mehrfamilienhauses vereinigt und benützen die gleiche Waschmaschine: Christen, Muslime, Hindus, Juden, Atheisten, alle mit ihren eigenen Vorstellungen von Gut und Böse. Das ist in diesem Maße noch nie vorgekommen in der Geschichte. In Großstädten ist es geradezu die Regel. In Singapur findet man die Tempel und Kirchen aller Religionen in einer Straße nebeneinander stehen, und es fällt den Einwohner dieses Stadtstaates nach zwei Generationen verordnetem Religionsfriedens nicht einmal mehr auf, dass es auch anders sein könnte und leider anderswo noch anders ist. Zum Beispiel in der Schweiz, wo ein Kanton kürzlich per Volksabstimmung ein Burkaverbot eingeführt hat, obwohl ich dort noch nie eine einzige Burkaträgerin gesehen habe.

Sünde definiert sich an einem Maßstab. Die Frage ist, wer die Moral an einem Ort definiert. In der Regel sind es die Normgeber der Mehrheit der Ansässigen. Im christlichen Kulturraum sind es die vom Klerus vorwiegend aus dem Mittelalter abgeleiteten Vorstellungen über Glaube und Aberglaube, und diese wiederum begründeten die maßgebenden Kirchenlehrer mit dem Wertekanon der Heiligen Schriften, die sie selber redigierten. Diese Regeln wären nicht entstanden, hätte es sie nicht einmal gebraucht in einer Zeit, als sich nomadisierende Familien zu Sippen auswuchsen und Sippen zu Völkern, als Völker infolge Kriegen durcheinander gerieten, größere Städte entstanden und der Warenverkehr «internationale» Dimensionen annahm.

Moralgesetze sind identitätsbildend, und da Gesetze kraftlos sind, wenn sich nicht eine Macht dahinter befindet, die im Widersetzungsfall strafend eingreift, beriefen sich Stammesführer und Könige liebend gerne auf Götter, für deren Vertreter auf Erden sie sich selber sahen. Moses kommt mit Gesetzestafeln vom Berg Sinai herunter, auf dem ihm Gott die Zehn Gebote diktiert hat. Die germanischen Stammesführer ihrerseits drohten, der Himmel werde auf sie alle niederfallen, würde nicht gelebt nach Germanenart, und was Germanenart war, bestimmten die Anführer.

Nun haben wir die Zehn Gebote und die Katholiken noch einige mehr. Auf der ganzen Welt aber sind Lügen, Stehlen und Morden verboten oder zumindest verpönt, weil ein einigermaßen gesichertes Gesellschaftsleben anders nicht denkbar ist. Nicht alle Gemeinschaften berufen sich dabei auf einen Gott. Vielmehr entstehen Gesetze einfach, wo Menschen einigermaßen reibungslos zusammenleben wollen, ob in Papua Neuguinea oder in Zürich. Überall sehen Menschen ein, dass es Gesetze braucht, aber immer weniger Menschen sehen ein, dass es dazu Götter braucht wie vor zweitausend Jahren oder einen Sündenkatalog einer Kirche, die für jede Todsünde einen separaten Teufel aufzählt (Luzifer, Mammon, Leviatan, Satan, Asmodeus, Belzebub, Belplegar).

Nicht aber Götter haben Gesetze gemacht, Gesetze

haben Götter gemacht. Die Formel «Im Namen Gottes des Allmächtigen» als ersten Satz der Schweizerischen Bundesverfassung hat nicht Gott diktiert, sondern eine Verfassungskommission; auch die häufig vor Gott triefenden Nationalhymnen haben stets einen Dichter zum Paten. Diese Anrufungen können also abgeschafft werden, wie sie eingeführt wurden.

Im Übrigen tickt der Zeitgeist gegen Götterhimmel und Teufelskataloge. Der unaufhaltbare Globalisierungsprozess wird mit jedem Schritt aufräumen im Religionsdurcheinander. Es wird sich allmählich ein globaler Verhaltenskodex herausbilden, der dem neuen Weltbewusstsein entspricht. Ein Prozess, der schon lange begonnen hat und mit jedem Jahr an Tempo zulegt.

Auch wenn es gegenwärtig mit ISIS oder Taliban oder jedem anderen zurzeit in Mode befindlichem Obskurantismus anders auszusehen scheint: Was nicht Hand und Fuß hat, um sich festzuhalten, wird durch einen moralischen Konsens hinausgeschleudert werden. In den Großstädten Indiens ist das Kastenwesen rasant im Auflösen begriffen; es taugt einfach nichts mehr im modernen Geschäftsverkehr.

Auch in westlichen Kulturen werden Sünden neu definiert werden und nicht mehr Sünden heißen. Schon in fünfzig Jahren wird die Welt eine andere sein. Auch die strafrechtlichen Belange werden sich in fünfzig Jahren verschoben haben. Sein Handy nicht eingeschaltet oder den «Chat» verlassen zu haben, wird wohl in Zukunft als Straftatbestand gelten. «Unterlassenes Erreichbarsein» wird mit guten Gründen vor Gericht erklärt werden müssen. Das Internet wird schon in wenigen Jahren nichts mehr mit seinen anarchischen ersten Jahrzehnten gemein haben, Datensicherheit wird wohl oberstes Gebot sein. Der Zeitgeist und nicht wir wird auch in Zukunft die Ablaufdaten des Alten bestimmen und neue Themen ins Zentrum rücken, und das ist gut so.

Und in hundert Jahren wird man kaum glauben können, dass zu Beginn des Weltgehirns Internet noch an Götter geglaubt wurde und dass es Beichtstühle gab, in denen Siebenjährige kinderlosen Greisen erklären mussten, ob sie die Hände über oder unter der Bettdecke hielten.

Aber wagen wir doch einfach weiter einen Blick in die Zukunft: Verstöße gegen die Menschlichkeit werden nach wie vor als verwerflich gelten. Gut und Böse wird sich auf anderes beziehen als in unserer Zeit, möglicherweise auf Verstöße das Klima betreffend oder Epidemien, wer weiß. Chauvinismus und die wirtschaftliche Benachteiligung der Frauen wird man sich künftig nicht mehr leisten können, wenn noch der letzte Mann einsieht, dass Frauen schon immer alles genau so gut konnten und rein männliches Denken in einer total vernetzten Welt den gleichen Anachronismus darstellt wie die Hirtenreligionen.

Auf Beschneidungen, Steinigungen und Teufelsaustreibungen wird man hoffentlich mit Abscheu zurückblicken, über Unfehlbarkeitsauffassungen und Kreationismus den Kopf schütteln. Die alten heiligen Schriften werden neben den Klassikern der Weltliteratur weiterhin in den Regalen stehen – ab und zu wird ein Urgroßvater nach einer abgewetzten Bibel greifen und seinen Urenkeln erzählen, wie er daraus noch hatte auswendig lernen müssen. Und den Lauf der Dinge weiter extrapolierend, kann ich mir nicht vorstellen, dass von den Kultstädten der Religionen in hundert Jahren noch ein anderer als touristischer Reiz ausgehen wird.

Aber es wird ohnehin ganz anders kommen als hier vermutet. Wenn man fünfzig Jahre zurückblickt, kann man feststellen, dass die großen gesellschaftsverändernden Ereignisse und Erfindungen – von niemandem erwartet – eingetroffen sind. Es kommt bekanntermaßen immer ganz anders, und es ist meistens das ganz Andere, das kommt. Und dass es hinterher einige Wenige immer schon gewusst haben wollen, beweist gar nichts; sie hatten nur Glück und werden dann Propheten genannt. Weder die Allgegenwart des Internets noch die Handy Kultur noch die Börsencrashs und auch nicht der Fall des «Eisernen Vorhangs» ist vorausgesehen worden.

Auch nicht, dass der Terrorismus ein Dauerthema werden könnte und dass die Piraterie wieder aufblühte wie in alten Zeiten, ganz zu schweigen von den Ökonomen, die fast chronisch daneben liegen. Der libanesisch-amerikanische Wissenschaftler Nassim Nicholas Taleb nennt diese unerwarteten Wendungen «schwarze Schwäne». Neunzig Prozent der Menschen würden sagen, Schwäne seien weiß. Es gibt aber auch schwarze Schwäne. Hundertmal schwimmt ein weißer um die Ecke und unvermittelt ist es ein schwarzer. *Nine Eleven,* der Terrorangriff auf die Twin Towers in New York, war ein solcher. Wer hätte am Morgen dieses schönen Spätsommertages geglaubt, dass am Abend die Welt eine andere sein und auf dieses Ereignis hin ein Krieg ausbrechen würde, der als «Kreuzzug gegen das Böse» in die Geschichte eingehen sollte ...

Und hatten die Attentäter und ihre Hintermänner das geringste schlechte Gewissen dabei, Tausende in den Tod zu schicken? Sünde ist noch relativer als Gewissen.

Erwarte stets einen schwarzen Schwan, rät jener gescheite Autor, dann bist du nie überrascht. Ein nur auf schon Gewusstes und auf Sicherheit begründetes Leben allerdings ist ein langweiliges Leben. Sünde und gute Tat sind langweilig. «Brave Mädchen kommen in den Himmel, böse überall hin», heißt ein Buchtitel, der allein deshalb schon ein Bestseller wurde. Es wird enorm spannend sein, die Veränderungen der nächsten Jahre zu verfolgen und in den eigenen Alltag zu integrieren.

Das einzig Konstante sei der Wandel, sagte auch einer. Ein zeitgemäßes religiöses Bewusstsein sollte sich darauf einstellen. Ich kann mir nicht vorstellen, dass die Religionen bloß reformiert aus all dem hervorgehen werden.

Der Teufel – wir hatten ihn schon mal

Ich bin in meinem ganzen Leben weder dem personalen Gott noch dem leibhaftigen Teufel begegnet, auch in extremen Umständen nicht. Und da es den Teufel für mich nicht gibt, schließt er auch keine Teufelspakte mit Menschen. Die können allerdings aus Menschen wahre Teufel machen, darum sei von ihnen hier die Rede. Die Teufel der Historie hatten jedenfalls alle Menschengestalt und es wäre den noch künftigen Würdenträgern, insbesondere der katholischen Kirche, zu raten, sich nicht mehr neben ihnen auf den gleichen Balkonen zu zeigen.

Teufelspakte entstehen, wenn wir uns nach altem Sprachgebrauch «versündigen», das heißt absichtlich und fortgesetzt gegen die Gebote der Kirche verstoßen. Auf den Jahrmarktstheatern vormals verkaufte der Held dem Teufel seine Seele, damit dieser ihm einen Vorteil verschaffe. Jeder Straßenjunge verstand und jeder Kinogänger in Fantasyfilmen oder Videospielen versteht noch heute intuitiv, was damit gemeint ist: Eines Tages, wird unser Held dafür in des

Teufels Küche geraten und bezahlen müssen – wird es ihm gelingen, den Teufel auszutricksen oder nicht?

Teufelspakte sind Grenzüberschreitungen, die sich einmal rächen; sie begründen den berühmten «Fluch der bösen Tat». Shakespeare war ein Meister darin, ihn auf der Bühne auszubreiten. Auch Goethe kannte sich aus in der Materie.

Wir glauben heute, jedes Tempo, alles und jedes Verhalten sei möglich, nur weil das Angebot des Möglichen fast grenzenlos geworden ist. Scheinbar ist alles und jedes möglich, und weil alle es offenbar wollen und tun, halten wir es für bedenkenlos. Welche Instanz außer der juristischen sollte uns daran hindern, stets zuzugreifen, und wer wollte uns schon zur Verantwortung rufen in der Anonymität der Großstädte und Kommunikationsnetze? Man kann sich aber sehr wohl versündigen, auch wenn man die Religionsgebote nur noch vom Hörensagen kennt.

Früher warnten Märchen und die Bibel vor den genannten Teufelspakten, sie warnten bildhaft und eindrücklich von Überschreitungen innerer Grenzen. Würde man diese Grenzen «Grenzen des Anstandes» nennen, wäre das zu kurz gegriffen. Papst Benedikt XVI. hielt Moral «in die Natur des Menschen eingeschrieben».

Ich halte dagegen Anstand und Moral als etwas vom Relativsten im Verhalten der Menschen, wenngleich sie nahe am hier Gemeinten liegen. Der Teufelspakt überschreitet eine subtilere Grenze, die wenig mit Landesgepflogenheiten und Prägungen von Religionen zu tun hat. Diese Grenze ist wirklich eingeschrieben, sie ist – anders als Moral – übernational und interkulturell verbindlich und hat mit nichts weniger als mit den Entwicklungsstationen eines *Homo sapiens* zu tun, die angepeilt und durchschritten werden sollen, weil sonst keine Reife möglich ist bis hin zum letzten

Kapitel, wo sonst im Jahrmarktstheater der Teufel nochmals auftaucht und nun die Seele will.

Teufelspakte sind unter anderem Versprechungen, die man nicht machen sollte, weil man sie eventuell nicht halten kann oder ganz sicher nicht halten kann. Es sind Überschreitungen von Grenzen, durchaus auch moralischen Grenzen, wobei Missbrauch, falscher Rat, gar Mord nur die drastischsten Teufelspakte benennt, hinter die man nicht mehr zurück kann, so sehr man es auch wollte. Es sind Pakte, deren Einhalten mit bestem Wollen nicht allein von uns abhängt, sondern auch vom Lauf der Dinge, von sich ändernden Umständen, von unberechenbaren «schwarzen Schwänen» und von der Einmischung anderer.

Die Schockwellen der Teufelspakte der Nazizeit («Tausendjähriges Reich») sind eben erst am auslaufen. Die Führer des nationalsozialistischen Staates haben wie Hasardeure darauf spekuliert, Ihr Hassregime könnte die ganze Welt beherrschen. Aber zumindest Hitler und Göring ahnten schon 1942, dass die Geschichte anders auslaufen könnte. Und es wird vielleicht noch eine Generation dauern, bis der letzte Fußballfan bei einem Match England – Deutschland keine rassistischen Parolen mehr schreit.

War Hitler ein Teufel? War Stalin ein Teufel? Sie waren Produkte katastrophaler Erziehung und Umstände, die schauten, wie weit sie gehen konnten, nichts weiter. Das Teuflische war, dass sie niemand ernsthaft daran hinderte. Die bösen Taten des Einzelnen sind kaum je einem Einzigen anzulasten. Hitler und Stalin hatten Millionen hinter sich, die sich mit den beiden auf ihre Teufelspakte einließen, und Millionen mussten es büßen und tun es noch.

Vor ein paar Jahren wurde «der größte Betrüger aller Zeiten», der Börsenspekulant Bernie Madoff, zu einhundertfünfzig Jahren Gefängnis verurteilt. Er hatte über zwanzig Jahre lang das größte Schneeballsystem der Finanzgeschichte betrieben und seine Familie, seine Freunde und tausende von Anlegern um ihr Vermögen gebracht. Die Holocaust-Stiftung verlor ihr ganzes Geld, viele andere «wohltätige Organisationen», die durch Madoff für das Gute wuchern (!) lassen wollten, verloren ihr ganzes Kapital. Einige Kunden und einer seiner Söhne brachten sich um, weil sie ihrerseits ihre Verwandten und Freunde mit in das Madoff-System hineingezogen hatten – denn was ist ein Schneeballsystem anderes als ein Versprechen, das nicht gegeben werden dürfte?

Madoff wird in die Geschichte eingehen und vielleicht wollte er das. Ich war am Tag seiner Verhaftung (12. Dezember 2008) in New York. Wie die Morgenzeitung berichtete, soll er als erstes geradezu stolz gesagt haben, es sei im Fall von Anfang an alles nur Schall und Rauch gewesen. Damit wohl niemand daran zweifle, dass er sein Schneeballsystem als eine Art teuflisches Kunstwerk begriff. Angeblich wussten nicht einmal seine Söhne, die in der selben Firma arbeiteten, vom Betrug ihres Vaters.

Ein gewaltiger Teufelspakt! Du weißt zwanzig Jahre lang, dass du jeden auf deinem Weg aufs hinterhältigste betrügst, doch du lebst mit ihnen, isst mit ihnen, spielst Golf mit ihnen, küsst sie zur Begrüßung. Du spekulierst darauf, dass dein Betrugssystem nach deinem Ableben erst zusammenbrechen wird und dann deine Söhne die Sache auslöffeln müssen.

Wie ich höre, will man prüfen, ihn aus der jüdischen Gemeinde, die er am meisten geschädigt hat, auszuschließen, wenn das der jüdische Glaube überhaupt vorsieht. Mit seinem Verhalten hat er sich alle Möglichkeiten genommen, jemals wieder ein geachtetes Mitglied der menschlichen Gesellschaft zu sein. Welch ein Preis für zwei Villen und ein Penthouse in New York!

Das Teuflische ist nicht der Teufel, sondern dass es lange dauern kann, bis der Preis fällig wird. Bei Madoff dauerte es zwanzig Jahre. Unsere Seele lässt es locker zu, den Verstand Wege weisen zu lassen, die vom eigentlichen Verbrechen an der Seele ablenken. Aber aus dem Unbewussten flüstert es: Wenn du ehrlich bist, merkst du doch jedes Mal, dass du gerade mal wieder betrügst und schummelst; es ist deiner Stimme anzumerken, wenn du lügst, es ist deinen Gesten anzumerken, wenn du täuschst, geübte Beobachter der Körpersprache merken es sofort.

Ich finde, es gibt nichts Lohnenderes als unsere eigenen Teufelspakte aufzuspüren und unverzüglich aufzulösen. Es genügt, dass wir viele Teufelspakte auch so noch übersehen. Denn ob bewusst oder unbewusst – Überhebung (die katholische Kirche redet von der Todsünde Stolz) kommt früher oder später vor den Fall.

Worin Hiobs Überheblichkeit bestand, wird in der Bibel nicht näher genannt, aber seine Strafe war happig, er verlor den ganzen Besitz, seine Kinder und seine Gesundheit. Als er sein Besserwisserei aufgab und sich Gottes Willen ganz unterwarf, ging es wieder aufwärts. Ich wünsche jedem, der gerade aufgrund eines Teufelspaktes leidet, dass es wieder aufwärts gehe. Die Währung des Preises dafür ist bekannt, und es führt kein Weg daran vorbei: Bescheidung, Demut, Heruntersteigen vom Podest, Rückzahlung, Versöhnung, den Geringsten die Füße waschen, nicht den Machtgeilen, die, kein Gewissen kennend, Grenzen der Menschlichkeit überschreiten.

Der in der christlichen Kultur wohl berühmteste Teufelspakt ist jener von Judas mit dem jüdischen Establishment, das den Juden Jesus nach der gängigen Darstellung den Römern auslieferte (Markus 3,19), wobei der Römer Pilatus, einen Teufelspakt witternd, die Verantwortung für dessen Tod aber richtigerweise nicht übernehmen mochte («Ich wasche meine Hände in Unschuld»).

Einen weiteren kann man in Goethes «Faust» nachlesen. Dort wird der Pakt mit dem Teufel literarisch: Faust verspricht dem Teufel Mephisto seine Seele, wenn er für ewige Abwechslung sorgt. Danach finden nur noch gräßliche Geschichten statt, allerdings wie versprochen: Langweilig wird es nicht.

Und ein weiterer klassischer Fall von einer Überschreitung und ihren Folgen erzählt der Film «Damage» (Verhängnis) des französischen Regisseurs Louis Malle. Ein Vater verliebt sich in die Verlobte seines Sohnes und gibt der Versuchung nach. Die beiden halten ihr Verhältnis vor der Familie geheim und spielen ihr teuflisches Spiel, das in einem tödlichen Fasko mündet. Der Sohn stürzt vor Schreck im Treppenhaus zu Tode, als er vor deren Liebesnest auf einen Schlag das teuflische Spiel inflagranti erkennen muss ...

Der Betrüger Madoff kassierte einhundertfünfzig Jahre Gefängnis; er käme demnach am ersten Juli 2159 wieder in Freiheit ... Ob er während seiner betrügerischen Jahre ein gutes oder ein schlechtes oder gar kein Gewissen hatte, und selbst wenn er noch einmal ein Leben hätte, er müsste es von Anfang an im Gefängnis verbringen, und es würde noch nicht einmal genügen. Von den Umständen her beurteilt ist er nun zu einer Existenz als Untoter verurteilt, denn selbst wenn er lieber sterben wollte in seiner Zelle, man würde es verhindern. Auch jener Vater im Film «Verhängnis» muss ein Leben als Untoter ertragen, er lebt fortan anonym in einem kargen Zimmer einer nicht genannten südlichen Stadt.

Offenbar glaubt er sich und seiner zerstörten Familie schuldig zu sein, am Leben bleiben zu müssen ...

Wie die junge Frau mit der Katastrophe fertig wurde, wird in dem Film nicht gezeigt. Es wird seine Gründe haben, warum sie vom Teufelspakt offenbar weniger betroffen war als der Vater ihres Verlobten. Diese Gründe kann nur sie wissen, vielmehr ihre Seele. Einmal noch sieht er sie zufällig auf einem Flughafen – als Hausfrau mit Kindern an der Hand.

Die meisten Teufelspakte können zu Lebzeiten noch ausgeglichen und damit aufgelöst werden, das ist die gute Nachricht. Teufelspakte sollten so schnell wie möglich aufgelöst werden, denn selbst wenn andere nichts von meiner Überschreitung ahnen – mein Unbewusstes, meine Seele war Zeuge und will den Ausgleich, ob andere dabei zusehen oder nicht. Nicht umsonst zieht es uns an die Tatorte zurück. Mich wundert nur, dass Religionslehrer von allem anderen reden als von solchen Mechanismen, die doch entscheidend in unser Leben eingreifen und allenfalls schreckliche Konsequenzen haben können!

Was die Sache teuflisch macht: Die Stimme des Gewissens und die Stimme der Seele sind manchmal identisch und manchmal wieder nicht. Gewissen ist weitgehend anerzogen und vom Kulturkreis abhängig, in dem man aufgewachsen ist. In einem Haus, in dem fünf verschiedene Ethnien leben, gibt es fünf verschiedene Gewissensmaßstäbe – was in der einen Familie Ehre, ist in der anderen Schande, was in der einen moralisch, ist in der anderen verwerflich.

Gewissensmaßstäbe sind relativ, und doch kann sich unsere Seele auch dieser Maßstäbe bedienen, um sich bemerkbar zu machen, denn sie braucht eine Sprache, um zu sprechen; sie braucht Umstände, um uns zu zeigen, dabei sind ihr alle Mittel recht. Wann wir, um unserer Seele zu folgen, gegen vorgegebene Moralvorstellungen verstoßen müssen und wann nicht – das herauszufinden, ist uns selber aufgegeben. Sollten wir aber bei der Klärung Hilfe brauchen, sollten wir Hilfe bei weltlichen Instanzen suchen, nicht religiösen – aus nahe liegenden Gründen. Leider muss ich als ehemaliger Religionslehrer davon abraten, bei meiner Zunft Rat zu holen, solange die Zunftregeln die gleichen bleiben. In meiner Jugend hatte ich jedenfalls auf keine meiner dringendsten Fragen je eine plausible Antwort bekommen. Unser Religionslehrer wusste selber nicht, was er unter Seele verstehen sollte, hatte uns aber aufgegeben, die Generationenfolgen von Abraham bis David auswendig zu lernen. Ich kann nicht behaupten, dass mir dieses Wissen in meinen Leben jemals geholfen hätte.

IX.
Wohin mit den Religionen?

Religionen und Ökumene

Zu beobachten ist eine nur scheinbare Widersprüchlichkeit: Die abendländischen Religionen grenzen aus und rufen gleichzeitig zum Dialog auf, damit niemand sagen kann, man sei nicht offen. Eine Religion ist aber per se ausgrenzend, und die Fortsetzung von Ausgrenzung heißt Konflikt und deren Fortsetzung Krieg und deren Fortsetzung unter Umständen globale Vernichtung. Religion und Atombombe wären das Ende aller Themen. Zweimal, seit es die Bombe gibt, haben nur noch Zufälle verhindert, dass die Geschichte der Menschheit an ihr Ende kam. Dieses Risiko ist inzwischen nicht kleiner geworden. Wollen wir damit leben mit noch der Hypothek von sich tendenziell befehdenden Religionen und Konfessionen?

Abrüstung im weitesten Sinn ist heute im Zeitalter des Zusammenwachsens ohne Zweifel das dringlichste aller Anliegen und beginnt naturgemäß im Innern jedes der noch konkurrierenden Systeme, seien es politische oder theologische. Wie geht das damit zusammen, dass die Religionen Friedensstiftung für sich reklamieren, ihre Theologen sich aber hauptsächlich mit den Abgrenzungsmechanismen ihrer eigenen Konstrukte beschäftigen? Was interessiert die christlichen Opfer von islamistischen Terrorattacken die stets auf den Fuß folgenden Beteuerungen, der Islam sei im Kern eine friedfertige Religion? Und wie sieht es da heute aus in diesen Ländern, die am Rande eines Gottesstaates stehen, in dem sich islamische Glaubensbrüder bekriegen, die sich auf verschiedene Verwandte Mohammeds berufen, die vor fünfzehnhundert Jahren gelebt haben?

Religionen und Konfessionen haben als Unterscheidungsmerkmale in unserer Zeit ihre Berechtigung verloren. Dass sie sich in noch nützlicher Frist auflösen werden, ist zwar zu hoffen, aber zu erwarten ist es nicht.

Längst wäre eine Ökumene aller Religionen fällig gewesen. Die große Schnittmenge ihrer Haltung läuft doch auf Folgendes hinaus: Dieses Universum ist unergründlich; es muss wohl einen Anfang gehabt haben. Ich bin ein Sippenmensch und will dazugehören; vielleicht gibt es einen Gott, der mir hilft in der Not, ich möchte wissen, wo ich hinkomme nach dem Tod und welchen Sinn mein Leben hat ... Oder wie es ein mittelalterlicher Sinnspruch auf den Punkt bringt:

Ich leb', weiß nit wie lang,
ich sterb', weiß nit wann,
ich fahr', weiß nit wohin:
Mich wundert's, dass ich fröhlich bin.

Woher komme ich? Wohin gehe ich? Wer bin ich? Das sind seit jeher die Grundfragen der Philosophie und der Glaubenswelten. Dann kommen bei allen Religionen noch fast identische Benimmregeln dazu, je nach Konstruktion sind es zehn oder sechshundert Gebote.

Mystiker aller Religionen stellten vor Jahrhunderten

schon fest: «Persische Trauben sind türkische Trauben, sind arabische Trauben sind griechische Trauben ...» Naturgemäß waren die Mystiker, die Sufis und freien Denker des Christentums nie tonangebend in ihren Religionen, weil sie nicht auf Abgrenzung, sondern auf Erkenntnis aus waren. Religion ihrer Auffassung hieß Vermischung und Erkennen wollen – und erkennen muss man *wollen*.

Unverständlich bleibt bei all den Gemeinsamkeiten also, warum sich Angehörige der verschiedenen Religionen und Konfessionen über alle möglichen, prinzipiell sowieso nicht beantwortbare Fragen (und erst noch die immer gleichen) bereit sind, sich ihre Köpfe einschlagen zu lassen. Selbst in den Slums bekämpfen sich die Bibelgruppen, was vieles über den Segen aussagt, den die Religionen den Ärmsten der Armen bringen. An der Essenz aller Religionen kann das wohl nicht liegen. Denn wenn man Kinder nicht davon weg erziehen würde, sie würden mit allen Kindern anderer Glaubensgemeinschaften fraglos Ökumene leben. Wäre doch der Abendmahlstisch ein Sandkasten – Jesus hätte seine helle Freude daran ...

Die Bahnhofskirchen, Flughafenkirchen und Autobahnkirchen machen es doch schon vor: Wenn man schon noch an einem Zeichen des eigenen Ritus festhalten will, dann wenigstens im gemeinsamen Kultraum. Später einmal, wäre zu wünschen, dass auch diese Interimszeit in eine Zeit ohne eigene Fähnchen übergehen wird und einfach Raum ist für die wichtigsten Initiationen, Meditation und Besinnung.

Eines meiner protestantisch getauften Patenkinder fragte seinen Vater: «Warum gehen wir nicht in diese Kirche?», er zeigte auf die katholische in unmittelbarer Nachbarschaft, «die liegt doch näher...» (als die protestantische am Stadtrand von Marseille).

Woher nur die Gewissheit, mit seiner eigenen Religion so sehr im Recht zu sein, dass man Andersgläubige (die nicht einmal anderes glauben) lieber tötet als sie zumindest duldet? 1994 dezimierten sich in Ruanda zwei durch die gleichen Missionare christlich geprägte Volksgruppen aufs Blut. Es gab rund eine Million Tote. Ihr Glaube verhinderte es nicht, im Gegenteil. Erst fühlten sich die Tutsi von den Missionaren bevorteilt, dann die Hutu. Teilweise beteiligten sich katholische Priester an den Massakern. Wo doch alle Religionen Konfessionen und Religionen betonen, dass es falsch sei, andere Menschen zu töten!

Schön wäre es, könnte man bei so vielen grundlegenden Gemeinsamkeiten auf Ende Sommerferien einfach beschließen: Wir legen alle Religionen zusammen – ist doch einfacher und weniger gefährlich. Überdies spart es Bürokosten. Aber so einfach ist es nicht. Grundsätzlich geht es doch nur darum, die Fäuste zu öffnen, die das eigene Amulett umklammert halten und es fahren zu lassen. Aber Glaube schafft Identität – ob berechtigt oder nicht –, und Identitätsverlust wird als eine Art Sterben wahrgenommen.

Obwohl Milliarden Erdenbürger beweisen, dass niemand stirbt, der den Glauben an eine spezielle Dogmatik fahren lässt, und obwohl es immer mehr werden, die diese Erfahrung machen, wird es noch Jahrzehnte dauern, bis sich Religionen und Konfessionen aufgrund ihrer geistigen Implosion annähern werden.

Denn das völlig undenkbare Zusammenlegen der Religionen und Kirchen würde Millionen von Glaubensverwaltern die Existenzgrundlage entziehen. Genau das scheint der heikle Punkt zu sein. Wichtiger als die religiöse Essenz werden umgehend die Pfründe der Glaubensverwalter, kaum ist eine Religion den Kinderschuhen entwachsen. Den auf keinem anderen Gebiet ist es einfacher, umgehend Verfügungsmacht zugesprochen zu bekommen.

Der Unmöglichkeit im Geiste entspricht die Unmöglichkeit in der konkreten Organisation.

Kulturelle Synthese

Denn das Mir-nach-Prinzip als verabsolutierende Haltung hat ausgedient, auch wenn die Ereignisse in Arabien und in Schwarzafrika (Boko Haram, ISIS) oder die in den letzten Jahren neu entstandenen Krisenherde etwas anderes anzudeuten scheinen. Die Synthese verschiedener Haltungen, Kulturen und Wirtschaften und nicht deren Antagonismus ist auf dem Vormarsch – der seit Jahrhunderten unaufhaltsame Globalisierungsprozess erzwingt es ganz einfach.

Autokraten und Diktatoren fallen oder werden fallen gelassen, die Zeit starker Männer läuft ab; erstmals gibt es – wenn auch noch wackelige – Gerichte der internationalen Gemeinschaft, die sie vorführen. In dieser neuen Zeit werden anachronistische Blöcke, wie sie die Religionen darstellen, nicht länger bestehen können.

Vor einiger Zeit sagte Barak Obama bei seinem viel beachteten Besuch in Ghana: «Starke Institutionen sind wichtiger als starke Einzelpersonen.» Damit wies er darauf hin, dass die Zeit der starken Männer langsam, aber sicher ihr Ende findet.

Die Welt will abwählbare Funktionshalter, die Neues zu denken wagen und den Mut haben, es auch zu versuchen, die Verbindendes wagen, nicht auf Abgrenzungen bestehen.

Das ist die Chance der Demokratien, auch wenn die demokratische Meinungsbildung manchmal einige Irrwege der Erkenntnis durchläuft.

Ist Philosophie eine Alternative?

Vom Gottesglauben abgefallene Intellektuelle neigen dazu, Religion und Religionen durch die Philosophie zu ersetzen. Tatsächlich hat die Philosophie bei den Griechen und in der Zeit der Aufklärung eine wichtige Rolle gespielt; wir verdanken ihr viel. Auch die christliche Dogmatik verdankt den polytheistischen Griechen mehr, als sie zugeben möchte. Und Philosophie sollte weiterhin – aber bitte gleich, nicht erst Jahre hinterher – die adäquate Sprache zu neuen Technologien und gesellschaftlichen Entwicklungen liefern.

Viele hoffen auf die Philosophie. Philosophien und in deren Windschatten die konkreten Lebensberatungstheorien, gibt es jedenfalls wie Sand am Meer.

Philosophie ist nüchtern; das soll sie auch bleiben. Wer aber stoisch bleibt beim Anblick des Sternenhimmels oder beim Einblick in einen Vulkan, hat nichts begriffen. Und man kann leider nicht philosophisch Weihnachten feiern.

Die Philosophie bleibt in den beschränkten Möglichkeiten des Denkens hängen und hat nicht weniger Bücher von Philosophen für Philosophen hervorgebracht als Theologen Bücher für Theologen – Bücher mit nicht mehr zu überbietender Komplexität, die sich im Extrem nur Masochisten antun können.

Gescheit sein und intelligent sein ist, jedenfalls nach meinem Verständnis, nicht dasselbe. Gescheit ist ist gleichsam das Teleobjektiv und intelligent ist das «Fischauge». Intelligent bedeutet mit allem verbunden sein (*relegere*), ja, ist die Verbindung selbst (*Religion*). Religion ist das Feiern des ganzen Zusammenhangs.

Die Aufteilung von Körper und Geist, von Gott in Vater, Sohn und Heiliger Geist, ist das Werk unverbundener ängstlicher Intellektueller – nicht von Mystikern, die die Courage haben, sich dem ganzen Weltenspektakel auszusetzen, mit Leib und Seele, wie es heißt, die keine Grenzen kennen im Rausch. Und nicht weniger ist auch die Psychologie dem Spaltpilz Verstand verfallen, mit ihren Kategorisierungen ohne Ende.

Insofern Intelligenz verbundener Intellekt bedeutet, muss ein intelligenter Mensch zwangsläufig bescheiden werden vor dem Mysterium Welt; er braucht somit keine Gebote. Die Mysterien des Lebens und des Universums können nur zelebriert, nicht gedacht werden, sie sind zu groß.

Die Philosophen nervt die berechtigte zentrale Frage an ihre Zunft nach dem Sinn des Lebens nicht weniger als Theologen die Frage nach Gott angesichts des schreienden Elends in der Welt. Es ist auch ungefähr die gleiche Frage, wie eben Philosophie und Theologie auf der gleichen Etage zuhause sind – die Philosophie stellt Fragen über Fragen, wo wir gebeutelten Zeitgenossen gerne Antworten hätten; die Theologie gibt Antworten über Antworten auf Fragen, die gar niemand stellen würde, gäbe es keine Theologie.

Gleichwohl erhoffen wir doch zumindest Mithilfe auf unserer Suche, ebgal ob die Frage nach dem Sinn des Lebens je beantwortet werden kann oder nicht. Stattdessen eröffnen Philosophen stets neue Bündel von Fragen, als dass sie sich durch Antworten behaften ließen. Ich fuhr stets ratloser von einem philosophischen Wochenende nach Hause, als ich gekommen war. Ich hatte wie bei den Theologen stets das Gefühl, die brauchten mich mehr als ich sie. Tatsächlich erhielten die letztangemeldeten Teilnehmer oft einen Rabatt, damit die lohnende Teilnehmerzahl erreicht werden konnte und die Veranstaltung überhaupt zustande kam.

«Besuchst du meine Veranstaltung, besuche ich deine», hat leider nicht nur auf diesen Gebieten wenig Ausstrahlung nach außen. 90 Prozent des Philosophie- und Kunstbetriebs funktionieren auf diese Weise – was nicht falsch wäre, hätte man nicht gleichzeitig Ambitionen.

Psychologie zur Sinnfrage

Trotz aller Ausuferungen befriedigt die Psychologie am ehesten in gewissem Maße unser Bedürfnis nach Religion. C. G. Jung (1875–1961), ein der Gründerväter der Psychologie in Zürich, wurde eher wie ein Priester verehrt denn als Wissenschaftler wahrgenommen. Die Hoffnung auf die Psychologie (und die Interpretationen der Biologie) statt Religion kann jedoch dem Druck des Existentiellen auch nicht standhalten. Letztlich hilft es in der Not wenig zu wissen, woher ein Verhalten oder Denken rührt (Psychoanalyse), sondern wir wollen wissen, was zu tun ist, jetzt, so wie wir nun einmal sind oder geworden sind.

Das Bedürfnis nach Religion überfordert die Kommode der Psychologie mit ihren vielen Schubladen. Religion war vor allen Schubladen da und braucht auch keine. Denn Religion will nicht teilen und herrschen, sie ist ihrem Wesen nach Mysterium, Rausch, Fest, Ritual. Und Rausch ist das menschliche Maximum an *relegere*. Rausch verbrüdert und verschwistert augenblicklich, das weiß jeder Saufbruder besser als der Pfarrer, Religion ist Pfingsten, Wirtshaus, Pfarrhaus und Dogma.

Und der Kater danach – auch wenn es Moralisten gerne so hätten – widerlegt nicht den Rausch vom Vorabend, er besagt nur, dass wir noch nicht im Himmel sind und nach dem kurzen Einblick in diesen wieder auf die Erde zurückzukehren haben. Aber erkannt ist erkannt: Wer nicht den Mut hat zum Rausch in allen seinen subtilen Formen, darf nicht der Verbrüderung und dem Frieden das Wort reden – schon gar nicht dem himmlischen, wo angeblich Manna in derartigen Mengen fließt, dass es tropft. Glaubt denn ernsthaft jemand, man könne Rausch in Schranken weisen?

Wir hoffen einmal mehr vergebens – Ersatzreligion ist und bleibt Ersatzreligion, sie kann uns nicht wirklich nähren. Die Grenzen zwischen Religionen und Ersatzreligionen sind jedoch fließend und wenig interessant vor der Tatsache, dass man Religion auch ohne Religionen und Ersatzreligionen leben kann.

Fallen die Feste, wie wir sie feiern – als Ritual?

Man kann heute, ohne mehr als den Telefondaumen zu rühren, ein fixfertiges Fest beim Catering bestellen. In reichen Verhältnissen war früher der Partyservice wenigstes unter dem eigenen Dach zuhause. Heutige Dienstleister schicken Lieferwagen los, inklusive Personal und sogar mit Clown zur Unterhaltung. Auch aufräumen muss man nicht mehr hinterher, ein *Clean Team* übernimmt das auf die Minute bestellt, fertig Party.

Man kann also bis fünf Minuten vor Eintreffen der Gäste am Computer sitzen, sich dann kurz frisch machen und zur Weihnachtsfeier in die Wohnhalle hinuntergehen. Eine enorme Zeitersparnis insgesamt, Zeit, die man, vor Börsenkursen sitzend, weiß Gott besser einsetzen kann.

Bezeichnenderweise kommt diese Catering-Unsitte aus Amerika und hat sich mittlerweile wie eine Seuche um den ganzen Globus ausgebreitet. Dieselbe Firma stellt in Singapur das exakt gleiche Partyset hin wie in Las Vegas, in Kapstadt wie in Reykjavik, man braucht nur anzukreuzen. Wahrscheinlich sind die Zaubertricks des Clowns und die Farbe der Trinkhalme auch im Partyreglement festgehalten.

Ein Fest kostet, ein Event rentiert. Da sei diesen Gestressten, die es bestellen, und jenen Gestressten, die es in einem geeigneten «Zeitfenster» ausrichten, das Studium der langsamen Steigerung, der Klimax und des langsamen Abebbens des heidnisch-christlichen Adventrituals empfohlen.

Advent, das steht für *Adventus Domini* und, meint lateinisch «Ankunft des Herrn», also jene Zeit vor dem Fest der Geburt Jesu von Nazaret, also Weihnachten. Es ist eine Zeit der Vorbereitung. Eine Lichtwende oder das (darauf gesetzte) Weihnachtsfest ist ohne diese langsame Steigerung gar nicht nachvollziehbar. Ich bin meiner Bauernsippe dankbar, dass ich als Kind eine Vorstellung davon bekommen durfte, was es heißt, ein richtiges Fest auszurichten. Davon können wir auch von den so genannten Entwicklungsländern noch vieles lernen.

Denn ein Fest, unter welchem Motto es auch steht, kann nur die Krönung einer Steigerung sein, sonst ist es keins.

Das Fest selbst ist dabei das am wenigsten Wichtige, es ist bloß noch das Schlussbouquet eines Feuerwerks, das längst begonnen hat. Richtig vorbereitete Feste können gar nicht schiefgehen, das Wort Anlass sagt es schon: Ein Fest muss sich anlassen. Woodstock, das Rockfestival von 1969, war ein Anlass; was dann folgte und folgt an Festivalkultur, ist bloß noch Kommerzspektakel, die meist unter dem Patronat einer Bank oder einer Turnschuhfirma stehen.

Nicht ohne Grund haben Menschen angefangen, Feste zu feiern. Es gibt nichts Heilsameres und Friedlicheres. Ein Fest hat das Zeug, Feinde an den Tisch zurück zu bringen, Schwache zu stärken, Starke zu mäßigen. Eine Religion, die nicht zu feiern versteht – und zwar ohne Vorbehalte –, hat ihren Auftrag verpasst. Das ist der protestantischen Kirche vorzuwerfen: sie hat das Feste feiern verlernt. An indischen und afrikanischen Religionen könnte Maß genommen werden. Wohl, weil man die Potenz ihrer Feste nicht aushielt, musste missioniert werden, bis sie, die tanzwütigen Heiden, den nötigen religiösen Ernst erwarben, für Jesu Leiden bereit zu sein. Aber ganz abkaufen ließen sie sich das wortwörtlich richtig verstandene Evangelium nicht. Wenn das Christentum noch irgendwo pulsiert, dann in Afrika und in Südamerika, wo heute bezeichnenderweise die meisten Christen leben.

Ob Kinder überhaupt noch wissen, was ein Fest ist? Erst recht, ob man noch weiß, dass Feste in einem Zusammenhang mit Initiationen oder Jahreszeiten stehen könnten? Weihnachten feiern am Äquator? An einem Ort, an dem es das ganze Jahr genau um sieben Uhr dunkel wird und um sieben Uhr hell. In Singapur ist Weihnachten ein Kommerz-Event erster Klasse, der, weil aus dem ganzen klimatischen und historischen Kontext herausgelöst, noch früher beginnt als bei uns. Oder was soll ein Valentinstag als Erfindung von cleveren Floristen? Oder Halloween am Abend vor dem christlichen Fest Allerheiligen (*All Hallows' Eve*), ein mit christlichen Ergänzungen gefeiertes keltisches Fest, bei dem noch nicht einmal klar ist, ob es keltisch ist? Gleichzeitig ist der Erntedanktag – früher mit dem Ernst des Überlebens gefeiert – völlig aus dem Repertoire gefallen. Die Lebensmittel kommen doch aus dem Supermarkt.

Ob man will oder nicht, man wird zum Opfer einer atemlosen Kadenz von hingeklotzten Events ohne Bezug auf Jahreszeiten, Land und Leute. Ständig ist in Großstädten das Zentrum abgesperrt – Sponsoringanlässe, die einen nichts angehen. Im Sommer werden künstliche Eisarenen erstellt, weil ein Snowbord-Firmenkonglomerat mit Sponsoring der Banken die letztjährige Performance toppen will.

Von Advent steht allerdings nichts in der Bibel. Auch die wunderschöne Weihnachtsgeschichte ist von A bis Z erfunden und später eingefügt worden, weil die Umstände der Geburt Jesu an eine Prophezeiung aus den alten Schriften, später Altes Testament genannt, angepasst werden wollte. Damit sollte der Rabbi Jesus für die Christen einmal mehr der richtige Messias gewesen sein, umso mehr, als man von ihm nichts Gesichertes weiß.

Maria hat soeben geboren. Josef geht auf und ab im Stall zu Bethlehem und sucht einen Namen: «Herbert»?

«Nein», sagt Maria, «tönt so nordisch irgendwie, unser Kind ist ja fast schwarz.»

«Moses?»

«Heißen alle.»

Vor lauter Studieren stößt Josef mit dem Kopf an einen Balken. «Jesses!», schreit er und hält sich die Stirn ...

«Das wäre doch ein schöner Name!», ruft Maria. «Nennen wir ihn Jesus.»
Und so kam es.

Und jetzt eine wahre Weihnachtsgeschichte: Eines meiner Patenkinder kommt vom Kindergarten ganz aufgeregt nach Hause. «Mami», ruft er schon im Treppenhaus, «heute haben wir die Weihnachtsgeschichte gehört. Da ist ein Josef und eine Maria und ein Esel auf dem Weg nach Bethlehem und im Bauch der Maria, da ist einer drin ... Oh ... jetzt habe ich den Namen vergessen!»

Von Advent und Weihnachten als Lichterfest steht nichts geschrieben. Der Countdown des Lichts und der Temperatur war die Erfahrung der Germanen. Aber vom Feste feiern müssen die Frauen und Männer um Jesus eine Menge verstanden haben. Dauernd sind sie am Essen, Trinken und Tanzen, Palmwein macht die Runde. Jesus, der Wasser in Wein zu verwandeln verstand, musste da sehr willkommen gewesen sein ...

Natürlich hat noch niemand außer Weinpanschern Wasser zu Wein gemacht. Ich halte aber dagegen, dass vieles aus dem neuen Testament ohne ekstatische Erfahrung gar nicht wirklich verstanden werden kann. Man sollte sich daran erinnern, dass Räusche bis noch vor hundert Jahren auch in unserem Kulturkreis keine verdammenswerten Zustände waren und in der Sufitradition des Islam noch immer nicht sind. Erst recht waren sie es nicht im Orient zur Zeit Jesus. Die Mumien und Überreste von Erdenbürgern jener Zeit weisen zum Teil Rauschmittelrückstände auf, die heute einen Ochsen umschmeißen würden.

Dass unsere nordischen Vorfahren zu Lichtwende Eibenbäumchen ins Feuer warfen und den Rauch einatmeten, um berauscht und hellhörig zu werden, passte dazu. Ob unser Weihnachtsbaum darauf zurückweist, ist umstritten, aber noch immer halten wir einen kleinen Zweig über eine Kerze und atmen den Rauch ein, wie die alten Germanen.

Dass Rausch die Erkenntnisfähigkeit einschränke und nicht vielmehr erweitere, ist eine neue Interpretation. Die Hirnforschung bestätigt Freud darin, dass rund zwei Drittel, wenn nicht viel mehr unserer Entscheidungen im Unbewussten fallen. Zugespitzt gesagt, tun wir nicht, was wir wollen, sondern wir wollen, was wir tun, nach Maßgabe dessen, wie es in uns unbewusst gewichtet. Auch über unsere Stimmungen haben wir weitgehend keine Kontrolle. Ein Geruch aus einer schönen Jugendzeit genügt, und wir werden froh, ein anderer, und wir fallen in Melancholie. Die griechischen Wahrsagerinnen weissagten vorzugsweise im Rausch. *In vino veritas*, hieß es bei den Römern. Gleichwohl muss man die Strenge der späteren Reformatoren verstehen, die der ausufernden Festerei ihrer Zeit ein Ende bereiten wollten. Es gab bald mehr Feier- als Arbeitstage. Die Ausschweifungen in Adel und Klerus – was weitgehend dasselbe war (man denke an die Adelsfamilie der Borgias) – hatten ein lähmendes Ausmaß angenommen. Hochzeiten dauerten vierzehn Tage und nahmen ganze Dorfschaften in Beschlag …

Immerhin wusste man noch, was Feste feiern heißt, und dass das Vor und Nach eines Festes von wesentlicher Bedeutung ist. Der Winter, den Germanen war das klar, ist die aktive Zeit, nicht der Sommer, auch wenn die Erdoberfläche scheinbar schläft. Der Frühling faltet nur auf, was sich im Geheimen im Bauch der Mutter Erde vorbereitet hat.

Auch die Geburt eines Menschen ist vielmehr Abschluss als Anfang. Neun Monate hat dieses neue Wesen alle Zeitalter und Erfahrungen biologischer Kreatur im Zeitraffer durchlebt und holt am Licht unter dem Sauerstoffzelt des Planeten Erde bloß noch ein, was die nächsten (damals) dreißig, selten fünfzig Jährchen, noch an Neuem bereithalten. Aber der Wassertropfen ist mit dem Eintreffen auf der Erde schon unerbittlich Richtung Meer unterwegs, das Sterben ist allgegenwärtig, es ist ein Kreislauf, der Einzelne bloß eine Episode … Viele Texte, vor allem aus dem Neuen Testament, sind ohne den Blick aus dieser Perspektive gar nicht mehr zu verstehen.

Man erwartete das eigene Ende und das Ende der Welt innert Jahresfristen. Mit Vierzig war man im alten Rom ein greiser Mensch – kaum eine(r) wurde so alt. Umso heftiger wollte man ungehemmt feiern, wenn es auch nur das Geringste zu feiern gab, sexuelle Ausschweifungen inbegriffen, wie sie auch zu Pestzeiten und beim Dreißigjährigen Krieg zu beobachten waren.

Man lebte im Einklang mit dem Unsicheren, Dunkeln, Verborgenen und wollte den naturgemäßen Übergängen durch Rituale Ausdruck geben. Die Kräfte des Rituals sollten erhellen, bestätigen, sichern. Die Lupe des Fokus auf das Kind, das Paar, den Anwärter, sollte dem Unsicheren Beständigkeit entgegensetzen.

Rituale sind auch Tests: Wer besteht und wer nicht, wer hat es überstanden und wer nicht? So wie es aussieht, sind die Frühlings- und Sommerrituale auch den höheren Säugetieren nicht ganz fremd, es sind zumindest Ventile im sozialen Lebenslauf. Der Advent jedoch ist das Entscheidende, hier zündet der Mensch (und nicht die Götter) Lichter an. Mit dem Erntedankfest und dem Advent beginnt erst der Mensch. Und es ist erstaunlich, was dieser Jesus an Licht in die Welt gebracht hatte; dabei ist es egal, ob es ihn gegeben hat oder nicht. Nicht umsonst besuchen ihn laut Legende gleich drei Könige aufs Mal. Und nicht umsonst fährt ein bedeutsamer Komet über das Ganze.

Jedenfalls ist vor zweitausend Jahren Entscheidendes geschehen, das sich lange im Geheimen vorbereitet haben muss. Die Jesusbotschaft war ein Paukenschlag nach einer langen Ouvertüre, nach einem langen Advent, als alles scheinbar schlief, nicht nur die Hirten auf dem Felde.

Haben wir noch ein Gefühl für den Advent, dieses Untergründige, Unfassbare und Unsichere? Für das, was wie eine Inkubationszeit auf ein Ereignis hin funktioniert, weil es Zeit braucht, sich zu entwickeln? In unserer Instant-Ökonomie und in unserer Instant-Gesellschaft besteht die Gefahr, dass das Gefühl, dass Dinge ihre Zeit brauchen, langsam verloren geht. sogar bei Festen, gerade bei Festen. Denn Warten hat eine Wucht, der nur authentische Menschen gewachsen sind. Die heutige Eventkultur, unter diesem Blickwinkel besehen, kann da nicht mithalten.

Auch in einer möglichen Zukunft des «gläsernen Bürgers», in der die Geheimdienste sogar die Marke deines Shampoos abrufen können – das Ritual des Festes wird sich auch der Mensch der Zukunft nicht abkaufen lassen. Und es wird gefährlich bleiben, unberechenbar, wie die Kräfte des Unbewussten.

Die größten Umwälzungen der Geschichte sind aus spontanen Festen hervorgegangen, bei denen die Unterdrückten ihre Angst vergaßen und sich in der Euphorie verbrüderten. Wenn auch der Diktator alles wusste über seine Untertanen und die üblichen Aufrührer – schon anderntags standen sie an der Wand oder flohen in Panik zu ihren Flugzeugen. Der Advent ist zwar ein stilles Fest, denn es ist kalt an der Oberfläche der Erde, aber im Untergrund bereitet sich vor, was man in den Apriltagen Explosion nennen kann, dann: Gnade Gott dem Falschen! Man unterschätze auch in Zukunft diese Vorbereitung nicht! Das Fest unterscheidet uns im Wesentlichsten vom Tier, das seinen Happen schnappt und alleine in der Ecke, alle anderen Artgenossen vertreibend, verzehrt. Es liegt an uns, ob wir uns mit Events zufrieden geben wollen oder Experten des Festes bleiben oder werden wollen. Denn vergessen wir nicht – ob wir zum Warten gezwungen werden oder bewusst warten, die aufgestaute Potenz wird ihr Recht einfordern. Insofern gibt es keine unmotivierten Taten oder Krawalle.

Über Agnostiker

1870 erhob das Erste Vatikanisches Konzil die Unfehlbarkeit des Papstes zum Dogma. Das heißt, wer sich Katholik nennt, hat seither zu glauben, dass Päpste sich, durch die göttliche Wahrheit inspiriert, in grundlegenden Glaubensfragen nicht irren können. Päpste sagen: Ich weiß.

Ein Agnostiker sagt: Ich weiß nicht. Der Agnostiker sagt: Es gibt in dem Segment der existierenden Welten, das von Menschen wahrgenommen werden kann, verschiedene Grade der Wahrscheinlichkeit, einigermaßen gültige Aussagen zu machen. Er sagt: Es ist extrem unwahrscheinlich, dass ein Gott, wie ihn die Kirchen entwerfen, existiert, aber es kann allein aufgrund mangelnder Erkenntnismöglichkeit auch nicht völlig ausgeschlossen werden. Dass es einen Gott im Himmel gibt, lässt sich so wenig negieren, wie die Wahrscheinlichkeit, dass es auf einem der Jupitermode Mc Donalds gibt. Ist es aber die Mühe wert, ein Theologiegebäude abzustützen auf einer Wahrscheinlichkeit gleich Null? Es ist verständlich, dass Sigmund Freud vor hundert Jahren schon fand, man sollte aufgrund einer solch wackeligen Beweislage Theologen die Universität verbieten.

In allen anderen Lebensbereichen ist es üblich, dass derjenige den Beweis für eine These antreten muss, der sie aufstellt, nicht jener, der sie für unwahrscheinlich hält. Aufgrund Jahrtausende alter Deutungsallmacht der Kirchen hat es sich jedoch eingebürgert, es in Bezug auf Gott und von ihm abgeleitete Berechtigungen auf Pfründe umgekehrt zu halten. Immer noch finden die Glaubensdefinierer, dass die Nihilisten, Agnostiker und Atheisten den Beweis anzutreten hätten, dass es einen Kirchengott nicht gibt. Zu Zeiten war es auch in christlichen Landen geradezu lebensgefährlich, Gott anzuzweifeln. In Ländern des strikten Islam, gar in Theokratien, steht noch immer die Todesstrafe darauf.

Zu erkennen ist die Selbstverständlichkeit eines personalen Gottes vor allem an der Verschämtheit der meisten «Ungläubigen» selbst, zu ihrem freidenkerischen Standpunkt zu stehen und an ihrer – wenn auch von wenig Begeisterung getragenen – Bereitschaft, sich stillschweigend eingemeinden zu lassen. In den USA geben, wie gesagt, neunzig Prozent an, an einen personalen Gott zu glauben. Kein Politiker kann es sich da leisten, öffentlich zu behaupten, er glaube nicht an Gott.

Wie viele sind es aber wirklich, die von einem personalen Gott überzeugt sind? Zumal rund siebzig Prozent der Wissenschaftler angeben, Atheisten zu sein, wie der amerikanische Wissenschaftler Professor Miron Zuckerman von der *University of Rochester* (USA) ermittelte. Im Freiraum eines Campus hat man wenig zu befürchten. Dabei ist die Gemeinde der eingestandenen Atheisten und Agnostiker weltweit größer als die der Muslime und auch größer als die der Katholiken.

Auch wenn die meisten nicht in mehr die Kirche gehen – im Grunde glauben sie eben doch, behaupten die Kirchenverwalter. Oder doch ein bisschen. Kommt's dicke, kehren sie dann schon reumütig zurück in die Kirchenbänke und zum Vater im Himmel, deshalb belassen wir im Zweifelsfall und weiterhin in den Verfassungen die Präambel «Im Namen des Allmächtigen». Und wer getraut sich schon zu lügen, wenn er vor Gericht auf die Bibel schwören muss ... Na also, die Kirche lebt!

Die abendländischen Religionen stehen und fallen mit diesem «Wir sind gewiss». In theokratisch geführten Staaten hängt wie gesagt Leben und Tod eines Bürgers noch immer vom Bekenntnis zu Gott ab. Erst kürzlich wurde im Iran ein bekennender Ungläubiger hingerichtet. Agnostiker leben also mitunter gefährlich, und es ist mir schon ein Anliegen, mit allen erdenklichen Mitteln wenigstens herzuleiten, warum Wahrheitsbehaupter mit Richteranspruch auf dem Holzweg sind und aufhören sollten, ihre Ignoranz auf immer neue Generationen zu übertragen. Religion sollte nicht geglaubt, sondern hergeleitet werden, nicht anders, als es auf profaneren Gebieten unseres Erkenntniswillens üblich ist.

Deshalb kann es nach meinem Verständnis nur Agnostiker geben, ob wir wollen oder nicht. Mit dem gleichen Recht kann man sagen: Wir sind alle Gläubige (in Bezug auf etwas) und wir sind alle Agnostiker vor dem unbestreitbar nicht zu Wissenden. Wir können bestenfalls Aussagen machen über das Segment, in dem wir leben, Aussagen, die erst noch allein nach Maßgabe der Zwänge für unser Überleben gelten können, abre garantiert keine Aussagen darüber hinaus. Wir sehen nur, was wir brauchen. Gehirne sind zum Überleben entstanden, nicht zum Theologisieren. Religion aber im Sinne von Verbundensein mit allem, weist in alle Dimensionen hinein – wer kann also sagen, er *wisse*, wie Glaubensverwalter es tun!

Man kann es drehen und wenden, wie man will – Astronomie und moderne Physik führen uns die Begrenztheit unserer Existenz vor. Menschen tauchen im Ausdehnungsprozess des Universums vergleichsweise nur ein paar Millisekunden auf. Unsere hilflose Umtriebigkeit auf dem Glaubensgebiet wie auch der weltlich philosophischen Spekulation verdankt sich dem Umstand, dass die Evolution das Erkennen des Sinns des Ganzen offenbar für hinderlich hält. Vorhang zu!

Und wir orientieren uns an Materie, woran sonst. Materie aber ist genau genommen bloß Energie in verschiedenen Schwingungszuständen, Abermilliarden unsichtbare kleinste Einheiten an Energie sausen täglich durch uns hindurch. Für sie gibt es uns gar nicht, die Abstände der Teilchen, aus denen wir zusammengesetzt sind, sind für sie so groß wie die Abstände der Sterne für uns. Was ist also ein Weltbild? Wie gewiss können wir sein? Was reden da Päpste von Unfehlbarkeit!

Materie nehmen wir durch unsere Sinne wahr. Aber außerhalb unseres Gehirns existiert weder Licht noch Ton noch Geruch, so wenig Farben ohne Wassertröpfchen einen Regenbogen hinzaubern. Unsere Weltbilder sind nicht mehr als Regenbögen; sie haben bloß einen Hauch von Realität.

Darum gibt es Forscher und gab es Weise, die sagen und schon lange sagten: Es ist alles nur in unserem Hirn. Wir haben kein Gehirn, das Gehirn hat uns. Das menschliche Gehirn ist einer unter vielen Decoder, die für jede Spezies die brauchbare Energie in Bilder, Töne und Gerüche umwandelt. Auch die Signale unseres Körpers landen über die Nerven im Gehirn.

Außenwelt, das Andere, die Anderen, fängt schon außerhalb meiner innersten Hirnwindungen an. Ich gehöre sozusagen selbst zu den Anderen, zur Außenwelt. Ich bin bloß auch ein Anderer mehr, ein Anderer mit ein paar «Hausprivilegien.» Insofern ist auch, was ich von mir selber halte, nur ein Konstrukt aufgrund von Impulsen. Der Buchtitel eines Nobelpreisträgers heißt folgerichtig: «Ich, ein anderer». Ein anderer erfolgreicher Titel heißt: «Wer bin ich, und wenn ja, wie viele». Und ein Hirnforscher sagte es ungefähr so: Wir sitzen in einem Flugsimulator und sind selber simuliert. Beim Aufwachen frühmorgens, noch verschlafen, sind alle gleich. Wengistens ein paar Sekunden herrscht *Egalité* im Menschenreich. Dann beginnt es wieder. Jeder erinnert sich, wer und wie er gestern war und zieht sich mit den Kleidern seine Identität wieder an. Aber was ist das? Was heißt das?

Wir müssen uns jeden Morgen neu erfinden und setzen uns aus purer Gewohnheit immer wieder etwa gleich zusammen. Aber es gibt Lebensumstände und psychische Krisen, in oder nach denen man nicht mehr weiß, wo diese gewohnten Teile hingekommen sind, und man steht da und weiß nicht mehr, wer man ist. Wer weiß jetzt was? Wer ist jetzt Hiob, der Unfehlbare? Wie gewiss ist ein Papst, erwischt ihn das Burnout-Syndrom bei der Last seines Amtes, die Depression? Ist der übliche Zustand «im Vollbesitz seiner Kräfte», die Garantie für eine objektive Sicht auf sich und die Dinge des Lebens oder die Garantie, seine Lieblingstäuschungen aufrecht zu halten? Vieles, was selbst durch eine Psychose aufblitzt, erweist sich hinterher als wertvoller Einblick in die Relativität von Wahrheiten. Viele Gründe somit, Unfehlbarkeit ins real existierende Reich der Illusion zu schicken.

Schon der geringste Defekt im Gehirn katapultiert uns in eine andere Wirklichkeit, die dann für uns genauso Gültigkeit hat. Taubblinde von Geburt leben auf einem anderen Planeten. Und wir würden nichts wieder erkennen, sähen wir einmal durch die Augen einer Hauskatze auf unsere so vertraute Alltagswelt. Oder durch die Sinne eines Schmetterlings, der einen potenziellen Geschlechtspartner auf Kilometer aufspüren kann. Man bedenke die Relativität unseres Seins und unserer Aussagen über uns selbst und die Welt! Und dann die Arroganz der Aussage: «Ich weiß.»

Die Welt ist in unserem Hirn, wir selbst sind in unserem Hirn, denn alles außer Hirn ist Umwelt, und diese Umwelt ist bloß eine «Energiesuppe», aus denen die Gehirne aller Lebewesen, die eins haben, ihre zum Überleben notwendigen Impulse herausfiltern. Alles ist nur Heimkino, unsere ach so teuren Überzeugungen sind bloß Gebrauchsanweisungen. Unser Gehirn ist alles, darum kann es nicht transplantiert werden.

Das wussten unsere Vorfahren noch nicht, als die großen Religionen ihren Anfang nahmen. Einige Wenige ahnten die extreme Beschränkung und Relativität unseres Weltbildes und unserer Innenwelt, aber selbst wir, die wir das alles ja wissen oder wissen könnten, leben nicht mit dem Bewusstsein, dass das tatsächlich so ist. Wir sagen noch wie vor dreitausend Jahren: «Ich» und «Gott» und «Die Sonne geht auf». Wir wissen mittlerweile – und die Ägypter wussten es schon – , das die Welt eine Kugel ist. Aber wir sehen nach wie vor eine Scheibe.

Die katholische Kirche rehabilitierte Galilei, der den offensichtlichen Trugschluss des Sonnenaufgangs mittels Fernrohr am Jupiter entlarvte, vor noch nicht einmal fünfzig Jahren. Der selbst von Luther als «Narr» bezeichnete Astronom Kopernikus, der es vor Galilei ohne Fernrohr schon tat, durfte in seinem ostpreußischen Frauenburg erst kürzlich mit Erlaubnis des Papstes in ein geweihtes Grab umziehen – und war da doch sogar Domherr gewesen ...

Wollen wir uns, die wir uns nach einem zeitgemäßen Ausdruck unserer eingegebenen Religiosität umsehen, eine solche Trägheit des Denkens noch leisten? Denn Gott hin oder her – es ist nicht egal, ob Religionen den Erkenntnissen der Gegenwart und der Zukunft noch immer ihre Glaubenskonstukte in den Weg stellen und – noch schlimmer –, es immer neuen Generationen als Hausaufgaben aufgeben.

Es ist unseren Vorfahren und Begründern von Religionen nicht vorzuwerfen, dass sie vieles noch nicht wissen konnten. Es ist sogar erstaunlich, wie viel sie trotzdem wussten und ohne die Geräte, die uns heute zur Verfügung stehen. Wo ist aber das religiöse Verständnis, wo ist Religion, die das heutige Wissen fasst?

Oder: Ein paar geeignete simple Psilocybin-Pilze in eine Suppe geworfen, und man ist in einer anderen Welt – keineswegs in einer falschen, wie besorgte Erzieher immer betonen, nein, in einer anderen, einer von ungeahnt vielen möglichen. Ein geeignetes Rauschmittel und unser für eine unerschütterliche Instanz gehaltenes Ich fragmentiert auf alle Seiten. Drogen stellen das Gehirn etwas anders ein, sie fügen den körpereigenen Chemikalien noch einige weitere zu, und siehe da: Deine Satelitenschüssel empfängt noch andere Programme; es ist noch viel mehr zu entdecken, als du gedacht hast.

Vor allem die Erkenntnis, wie beschränkt Erkenntnis und erst recht Gewissheit ist. Darum haben Urreligionen stets mit Drogen experimentiert. Rausch war noch lange ins letzte Jahrtausend hinein, wie gesagt, keineswegs ein verpönter Zustand, und ist es bei den verbliebenen naturnahen Völkern noch immer nicht. Dem berauschten Guru wird nicht weniger zugehört als dem nüchternen, im Gegenteil. Es gibt Forscher, die vermuten, die konstante Versorgung mit Drogen (Getreide/Bier/Mutterkorn) und nicht in erster Linie Hunger habe zum ersten Ackerbau geführt. Drogenerfahrung macht zumindest in einem Punkt bescheiden: Wer erfahren hat, wie relativ unser Ich und unsere Wahrheiten gestrickt sind, kann niemals mehr von «unfehlbar» reden.

Wir sind Gefangene in einem Haus, das «Zu den drei Dimensionen» heißt, und können nicht wissen, wie unser Haus von außen aussieht. Koryphäen zum Thema Universum wie Albert Einstein und Stephen Hawkings sind zu erschütternden Erkenntnis gekommen; sie haben aufgrund unverrückbarer Gesetzmäßigkeiten im Inneren des Hauses auf das Äußere geschlossen. Aber Einstein sagte selber, er habe zeitlebens nur sieben Menschen getroffen, die seine Theorie begriffen hätten ...

Nachdem die exakten Wissenschaften zu anderen Ergebnissen gekommen sind als die etablierten Religionen, ziehen sich ihre Vertreter in die nächste Verteidigunslinie zurück: Wie aus der Pistole geschossen behaupten die Theisten plötzlich, Religion sei nicht Wissenschaft, es sei deshalb unfair, beide zu vergleichen.

Damit zeigen diese Religionsinterpreten nur, dass sie versuchen, ihre Religionsvorstellungen von jeder Kritik fernzuhalten. Es ist ihre Machtpolitik. Und eine wesentliche Sache haben sie nicht verstanden: Religion als Produkt des Staunens entsteht durch «Wissenschaft», durch Erkennen; dabei ist egal, ob dieses Erkennen auf die inneren Welten oder auf die äußeren gerichtet ist. Vielmehr sollte für Religion die Erfahrung genügen, dass gerade das Staunen über alles nicht zu Wissende, das die Wissenschaften eröffnen und zur Ursache haben, die solideste Basis religiösen Lebens darstellt. Denn Glauben heißt gleichzeitig zweifeln. Über das nicht zu Wissende besteht jedoch nicht der geringste Zweifel und es existiert erst noch real, so real wie die Sonnen und Atome. Die anderen Welten gibt es! An den Grenzen der Wissenschaften herrscht nur noch *Begeisterung* im Wortsinne. Staunen über die immense Intelligenz, die das Universum durchwirkt. Aber folgt beim Agnostiker jenseits dieser Grenzen allenfalls die Vermutung, folgt beim Gläubigen der Glaube mit fundamental anderen Konsequenzen. Vor allem für Nichtgläubige, wenn es dicke kommt ...

Kurzum: Wissenschaft ist trotz aller eingestandenen Beschränktheit geeigneter, religiöse Gefühle zu wecken und Demut zu erzeugen als die Religionen, die den Einzelnen zu absolutem Glauben unterwerfen wollen. Einzig der Dalai Lama ist der erstaunlichen Meinung, dass wenn Wissenschaft Religion widerspreche, Religion abzuändern sei, nicht die Wissenschaft. Meines Wissens hat das noch kein Vorsteher einer Religionsgemeinschaft so gesehen. Er ist wohl auch einer der wenigen seiner Zunft, der der Meinung ist, es lohne sich nicht von einer anderen Religion zu seiner überzutreten. Wohlweislich – denn ob von einem blauen oder roten Brunnen – das Wasser ist das gleiche.

Es könnte doch auffallen, dass selbst der strikteste «Gewissheitsbehaupter» aufgrund gegebener Grenzen zum Agnostiker verurteilt ist. Der eingestandene Agnostiker sagt nur freiwillig noch: Ich weiß, dass ich über letzte Dinge nichts weiß. Der Gläubige sagt, ich weiß, dass ich weiß und bezeuge öffentlich mein Wissen, damit auch andere zu meinem Wissen finden.

Dabei ist allerdings verdächtig, dass er sich dieses Wissen mehrmals täglich einbeten muss und stets missionarisch auf der Suche nach Mitgläubigen ist. Muss sich ein Wissenschaftler täglich einreden, was er doch erkannt hat und sich in der Realität unseres Alltags bewährt? Und warum müssen die Religionen ständig lauthals auf dem Thema Wahrheit herumreiten, Wahrheit auf alle Wände schreiben, auf Buchumschläge prägen, wenn ihre Religion doch einfach die Wahrheit ist, wie sie behaupten? Muss ein Baum an seinen Stamm schreiben: Ich bin ein Baum? Das Schöne am Judentum ist, dass es nicht missioniert. Aber auch seine Angehörigen müssen sich auch laufend vergewissern, dass sie auf der richtigen Seite der Ewigkeit sind.

Ich sage gerne: Ich bin ein Agnostiker und stehe begeistert an den Klippen des Unbekannten. Und ich nehme es dem Universum nicht übel, dass wir nicht mehr wissen können oder dürfen, als ein menschlicher Geist zum Überleben braucht. Erkenntnis ist zweifellos nicht zu unserem Vergnügen entstanden, ob uns das passt oder nicht, Philosophie und Theologie sind bloß Dreingaben. Und eigentlich haben wir wenig Vergnügen an der Philosophie – man sehe sich die Philosophen an, Sauertöpfe durch die Bank – , wenn wir den Schock unser Endlichkeitserkenntnis bedenken, ein Hauptantrieb philosophischen Denkens.

Es ist vielleicht nur eine eine weitere Projektion menschlicher Beschränktheit zu meinen, der Sinn des Universums müsse von einer einzigen Instanz gewusst werden. Das Universum braucht vielleicht gar keinen Hausherrn. Wenn das hermeneutische «pars pro toto»-Gesetz seine Gültigkeit hat, gilt im Partikel, was im Ganzen gilt: Das Teil steht für das Ganze. Wo ist denn der Hausherr in uns? Was wir Ich oder Selbst nennen, ist ein Konstrukt von Außenreizen, und fehlen sie, wie bei dem berühmten Kaspar Hauser anfangs des 19. Jahrhunderts, der ohne menschlichen Kontakt aufwuchs, ist da nicht einmal ein Ich, das sagen könnte: «Ich weiß».

Selbst der Papst, der sagt, «ich weiß», ist nur Papst, weil Millionen beschließen, dass er es ist. Der geheimnisvolle Ausspruch Jesus', Gottes Haus habe viele Zimmer, kann auch heißen, dass völlig unklar ist, was hinter all den Türen noch alles abgeht. Nur weil sich in menschlichen Gesellschaften in mehr oder weniger deutliches Individualbewusstsein herausbildet, muss das Universum noch lange nicht von einem Universalherrn regiert werden, einem «einzigen Gott».

So, wie es aussieht, ist wohl alles Teil und Ganzes in einem – sowohl als auch, wie die kleinsten von uns beobachtbaren Teilchen Welle wie Partikel in einem sind – was dem patriarchalen Entweder-oder-Denken der Kirchen aufs Unangenehmste widerspricht. Auch darin tappen wir völlig im Dunkeln. Hatten jedoch Urvölker und die Antike so unrecht, von einer ganzen Götterfamilie auszugehen? Und trifft man in den heiligen Schriften nicht immer auch auf die Mehrzahl von Himmel, «die Himmel»?

Zum Thema Glaube und Agnostik sagte mir einmal ein guter Freund: «Ich stehe dazu, dass ich glaube, denn ich weiß ja, dass ich glaube.» Gewiss, die meisten Gläubigen, die ich kenne, sind sich mehr oder weniger bewusst, dass sie glauben. Ich halte es aber mit Jesus, der gesagt haben soll, man könne nicht zwei Herren dienen. Entweder *weiß* ich, oder ich *glaube*. Wenn ich mich selbst betrachte, haben meine Glaubenszustände etwas von einer Selbsthypnose. Erst wenn ich aus einem Glaubenszustand in die harte Realität «abfalle», wie es richtig heißt, merke ich jedes Mal, dass ich gerade nicht auf dieser Erde war. Zu sagen: «Ich weiß, dass ich glaube», hieße vergleichsweise: «Ich weiß, dass ich unter Hypnose stehe.» Einer, der das aber weiß, ist bereits aus ihr erwacht. Ich kann auch nicht sagen: «Ich weiß, dass ich träume.» Aufwachen ist nicht umsonst ein Dauerthema bei Jesus. Woraus denn aufwachen, wenn nicht aus dem Tagtraum der Selbsttäuschung, dem «Bildnis machen», dem Glauben?

Denken, Forschen und Wissen – erst recht das Wissen, dass ich nicht weiß – verträgt sich schlecht mit Glaube. Glaube hat die Hoffnung zur Grundlage und bringt massiv irrationale Vorgaben ins Spiel.

Denken wird zwar auch von Hoffnung vorangetrieben, darf aber nicht Glaube dulden oder gar favorisieren wie die «christliche Wissenschaft». Ein Forscher darf hoffen, aber nicht glauben, sonst befindet er sich von Anfang an auf dem Holzweg. Ein Theologe, dessen Wissen auf selbstformuliertem Glaubenssätzen beruht, wird zwar immer problemlos zu den gewünschten Resultaten finden, denn er kennt sie im vornherein, aber was ist solches «Erkennen» wert, das keine Grenzen überschreiten darf?

Toleranz ist kein religiöser Begriff

Religionsfreiheit ist den Verfassungen der westlichen Demokratien festgeschrieben. Das heißt nichts anderes, als dass die Religionen und Konfessionen von nüchtern denkenden Politikern gezwungen werden mussten, sich friedlich zueinander zu verhalten. Dieses «Toleranzdiktat» kam nicht von ungefähr. Von den Religionen ist nie Toleranz ausgegangen. Würden sie nicht weiterhin ausgebremst, sowohl die Hardliner der katholischen wie der evangelikalen Kirche, würden Demokratie und Gewaltenteilung am liebsten abschaffen und ihre einzig wahre Theokratie einführen.

Toleranz setzt keine Begeisterung für die Religion der andern voraus, sie will nur keinen Krieg. Und natürlich ist stets die schwächere Partei am meisten an Toleranz interessiert, und die stärkere kokettiert damit, dass sie im Fall auch anders könnte. Religionsfriede garantiert heute darum der Staat, die Kirchen waren wie gesagt dazu nicht in der Lage. Schon Pontius Pilatus musste widerwillig den Richter spielen, er hätte diesen Spinner Jesus am liebsten laufen lassen und sich wichtigeren Geschäften zugewandt.

Durch die ganze Menschheitsgeschichte hindurch mussten Religionsführer durch eine weltliche Macht ausgebremst werden, sie hätten Andersgläubige bis zum letzten Säugling ausmerzen lassen. Neben erstaunlichen Zeugnissen der Einsicht erzählen andere Texte fast nichts anderes: Krieg nach Krieg, Genozid nach Genozid, mit der Schärfe des Schwertes gegen Schärfe des Schwertes. Was gerade in Syrien passiert, ist nicht mehr fern davon.

Es liegt zweifellos im Interesse aller, Toleranz zu üben, aber man bleibe vorsichtig vor diesem Begriff. Toleranz ist schnell ausgereizt, und wehe du bist dann in der schwächeren Gruppe. Zwei Drittel der Türken wollen in ihrem Land laut Umfrage nicht neben einem christlichen Nachbarn leben, und die Schweiz verbietet Minarette, weil die ungefähr fünf Minarette schon als zu viel empfunden werden

Es lief im Laufe der Geschichte immer mal wieder darauf hinaus, dass man sich Religionen nicht länger leisten konnte. Ich denke, es ist heute einmal mehr so weit. Die Gefahren der vielleicht gewaltigsten globalen Umwälzung der Geschichte, in der wir gerade gerüttelt und geschüttelt werden, verträgt in Zukunft nicht auch noch das Gezänk der Religionen und Konfessionen um ein im Wesen kriegerisches Phantom: den einzigen Gott mit seinen einzig richtigen Dogmen.

Versöhnung oder: von Ohrfeigen

Jesus schlägt vor, sollte uns jemand eine Ohrfeige geben, sollten wir die andere Wange auch noch hinhalten. Na ja. Wer diesen Rat buchstäblich und nicht symbolisch nimmt, müsste ein rechter Masochist sein. Tatsache ist: Hass, Wut, Groll, Vergeltungsgedanken führen mich an eine Wand in mir, an der ich stehen bleibe. Die Gedanken fangen an, immer um das selbe zu kreisen, anstatt kreativ herumzuschweifen. Umgekehrt kann Verslöhnung von heute auf morgen den Damm brechen und ein Leben verändern. Hass ist ein permanenter negativer Monolog, der meine Energie verzehrt und mich auf ein Nein hin programmiert, das sich immer tiefer in mich hineinfrisst. Und da die Anderen schon außerhalb meiner Hirnschale beginnen, habe ich mich zuerst selbst im Visier mit allen negativen Folgen, wenn ich anfange, andere zu hassen. Das hatte Jesus sauber erkannt, rund zweitausend Jahre vor der Psychologie und der Hirnforschung. Mahadma Ghandi und Nelson Mandela setzten diese deseskalierende Einsicht sogar politisch erfolgreich um. Leider ist das bei Politikern selten zu beobachten, wenn man nach Israel oder Syrien schaut.

Ich meine schon, dass man sich angemessen wehren soll, wenn man in irgend einer Weise angegriffen oder hintergangen wird. Das ist gesund, aber dann Schluss. Blind zurückzuschlagen kann mich vom Opfer zum Täter machen und eine Spirale gegenseitiger Vergeltung auslösen, die mir am Ende erst recht schadet, wie die Blutrache in archaischen Gesellschaften zeigt. Versöhnen und Verzeihen hingegen kann ein großer Mobilisator sein in meinem Leben.

Versöhnen und Verzeihen heißt ja nicht, dass der Täter nicht wissen soll, was er mir angetan hat. Er soll es mit aller Deutlichkeit zur Kenntnis nehmen. Und es heißt auch nicht, dass ich mein Verhältnis mit ihm fortsetzten muss. Ich sage mir oder ihm nur: Mein Leben ist mir zu schade, um mit Groll herumzulaufen, niemand ist unfehlbar, ich will wieder frei atmen und wünsche dir, dass du mit deinem Teil auch fertig wirst. Außerdem sind beide frei, aus dem Konflikt etwas zu lernen. «Es ist notwendig, dass die Ärgernisse kommen», sagt Jesus. Ohne Leidensdruck bewegen wir uns nicht von der Stelle, sagt die Erfahrung. Aber anstatt in Selbstmitleid oder Revanche zu verfallen, entschließe ich mich, daran zu wachsen.

Sei dir zu schade, das Boot mitzuschleppen, wenn du auf der anderen Seite des Flusses angekommen bist, sagt eine asiatische Weisheit. Das Wunderbare: Man kann sich auch mit Menschen versöhnen, die längst gestorben sind. Ein kleiner Monolog, eine Kerze, eine Blume auf ein Grab, und man ist ein Gespenst los geworden. Das sind die Gespenster, die angeblich auf Friedhöfen warten, erlöst zu werden; sie sind aber nicht zwischen Grabsteinen zu finden, sondern in uns selbst, wo sonst.

Geister soll man erlösen, nicht interpretieren. Schon gar nicht kultivieren. Die Kirchen rufen zwar dauernd zur Versöhnung auf, schleppen aber ganze Geisterflotten mit, die längst auf Grund gehören. Wo ist bei den Wortführern der Religionen untereinander auszumachen, was sie von ihren eigenen Schäfchen dauernd fordern, damit sie beisammen bleiben? Versöhnung ist das Letzte, wozu sie imstande sind; es würde sie schlicht auflösen, und Auflösung ist geradezu mit Urpanik besetzt. Darum ist Ökumene oder das Zusammenfließen der Religionen in eine einzige eine Illusion. Nur aus und zwischen ihren Bruchstücken nach dem Fall, können Blumen erblühen. Und nirgendwo gibt es schönere als auf Steinbrüchen und Autofriedhöfen, wo sie niemand erwartet.

Das Neue wird eben neu sein, der Geist weht, wo er will. Seien wir gescheiter, als die Religionen es uns vormachen!

Adrian Naef im Elster Verlag

Adrian Naef

Rituale

Woher sie kommen – warum wir sie brauchen

ISBN 978-3-906065-09-0
160 Seiten, gebunden

Rituale sind überall: Sie sind kein Privileg der Religion, sondern begleiten uns auf unterschiedliche Weise durchs Leben. In ihnen spiegelt sich der Wunsch nach Gewohnheit und Vertrautheit ebenso wie das Verlangen, unsere alltäglichen und spirituellen Bedürfnisse leben. Rituale sind unverzichtbare Begleiter aller Religionen, denn in ihnen ist ein Teil des Wesens des jeweiligen Glaubens gespeichert.

Doch Religiosität ist kein Weg zur Erkenntnis, sondern eine Frage des Stils. Allerdings sind Rituale noch immer das tauglichste Mittel zum Überleben – sie müssen noch nicht einmal an die Religion gebunden sein. Adrian Naef hat über Rituale nachgedacht und zeigt, wie sie als geistige Begleiter unser Leben beeinflussen.

Elster Verlag
Hofackerstrasse 13, CH 8032 Zürich
www.elsterverlag.ch, info@elsterverlag.ch

Adrian Naef im Elster Verlag

Adrian Naef

Ein schamloser Blick auf die Dame in Schwarz
79 Thesen zu Depression und Gesundheit

ISBN 978-3-907668-90-0
160 Seiten, gebunden

Wie keine andere Krankheit schleicht sich die Depression in andere Krankheitsbilder hinein. Ihre mentalen Auswirkungen beeinflussen deren Verlauf ganz manifest. Was kann man tun – und vor allem: Was kann man nicht tun?

Adrian Naef meint: Dem Menschen in der tiefen Depression ist nicht zu helfen – man muss ihn lassen. Gleichzeitig aber wird die Depression von einem unbarmherzigen Gesundheitssystem intensiv bewirtschaftet, weil es ihm nutzt. Naefs Thesen sind heftig, wirken manchmal widersprüchlich, aber immer sind sie vom Gedanken getragen, sich der «Dame in Schwarz» aufrichtig zu nähern.

Elster Verlag
Hofackerstrasse 13, CH 8032 Zürich
www.elsterverlag.ch, info@elsterverlag.ch